教育奠基未来

——新中国教育70年70篇教育文章

总 主 编 周洪宇
本册主编 申国昌

长江出版传媒 | 湖北教育出版社

(鄂)新登字 02 号

图书在版编目(CIP)数据

教育奠基未来——新中国教育 70 年 70 篇教育文章/周洪宇总主编.

—武汉:湖北教育出版社,2019.10

ISBN 978-7-5564-3254-7

Ⅰ.①教…

Ⅱ.①周…

Ⅲ.①教育-中国-文集

Ⅳ.①G52-53

中国版本图书馆 CIP 数据核字(2019)第 203381 号

教育奠基未来——新中国教育 70 年 70 篇教育文章

JIAOYU DIANJI WEILAI —— XIN ZHONGGUO JIAOYU 70 NIAN 70 PIAN JIAOYU WENZHANG

出品人	方　平		
责任编辑	董　娟　刘书慧	责任校对	李　镧
封面设计	牛　红	责任督印	张遇春

出版发行	长江出版传媒	430070　武汉市雄楚大街 268 号
	湖北教育出版社	430070　武汉市雄楚大街 268 号
经　销	新　华　书　店	
网　址	http://www.hbedup.com	
印　刷	武汉中远印务有限公司	
地　址	武汉市黄陂区横店街货场路粮库院内	
开　本	787mm×1092mm　1/16	
印　张	28	
字　数	420 千字	
版　次	2019 年 10 月第 1 版	
印　次	2019 年 10 月第 1 次印刷	
书　号	ISBN 978-7-5564-3254-7	
定　价	98.00 元	

致敬教育前辈　鼓舞教育后学　献礼中国教育

——《教育奠基未来——新中国教育70年70篇教育文章》编选说明

百年大计，教育为本。1949年中华人民共和国成立，中华民族自此开启了崭新的篇章，中国教育也步入了新的历史发展阶段。经过70年的不懈拼搏，我国将人口压力转化为人力资源开发的动力，实现了由教育弱国向教育大国的历史性转型，正稳步迈入教育强国建设的新时代。70年来的教育文章浩如繁星，不仅反映了新中国成立以来我国教育科学研究的发展脉络与趋势，也为教育理论创新、教育学科建设以及教育改革发展做出了卓越贡献。呈现在本书中的70篇优秀教育文章是编者经过多轮筛选，从众多教育文章中评选出的精品佳作，反映了新中国成立以来我国教育学科各分支领域的探索轨迹与研究重点，是教育学科建设与教育实践问题研究的历史见证。

一、编选缘由

新中国成立以来，党和国家坚持发展教育事业，努力提高人民群众受教育水平与中华民族科学文化素质。70年来，中国教育不负众望取得了辉煌的成就，国民素质普遍提高，亿万人民的物质生活与精神世界愈发富足。教育文章是这段历程的见证和反映，它们不仅是教育工作者个人智慧的结晶与经验的总结，也是当时教育学科建设与教育实际问题的现实反映，共同勾勒了新中国成立以来教育领域的研究轨迹。文字是思想的表达，文章是观点的荟萃。值此新中国70华诞之际，梳理新中国成立以来的优秀教育文章不仅是为新中国教育70年献礼，也是总结以往成功经验，为今后加强教育学科建设、解决教育实际问题提供借鉴的现实需求。

（一）把握历史节点，为新中国教育70年献礼

中华人民共和国成立70年来，中国从一个积贫积弱的国家一跃成为当今世界第二大经济体，综合国力与国际地位的历史性飞跃举世瞩目。新中国成立至今，我国发生了翻天覆地的变化，各行各业都取得了傲人的成绩。教育作为民族振兴、社会进步的基石，在这个发展进程中为推动祖国繁荣、人民富强起到了不可磨灭的作用。站在这一特殊的历史节点，各领域都在回顾、总结自己的成果与经验，以期为新中国成立70周年献礼。

梳理新中国成立以来的教育文章，通过呈现教育领域各分支学科的优秀作品，

有利于总结教育理论建设的成功经验，分析各历史阶段教育发展问题的解决途径。这一方面是对新中国成立以来涌现的教育名家名篇的真诚致敬，对新中国教育70年的有力总结；另一方面也是对新中国教育70年献礼活动的积极响应，彰显中国特色社会主义教育自信。

（二）梳理研究脉络，为加强学科建设总结经验

教育文章是教育学发展的重要载体与教育研究重点的综合体现，细细梳理新中国成立以来的优秀教育作品，不难明晰70年间我国教育学科的发展脉络与历史走向。新中国成立初期，从事教育研究的学者甚少，且研究重点多集中于对教育本质问题的探讨，缺乏对教育学科自身建设的探索与教育实际问题的关注。改革开放后，我国教育界引进西方教育的先进理念与改革经验，教育科学研究渐趋繁荣，恢复和创建了许多新兴学科，如教育哲学、教育社会学、教育经济学等。

20世纪90年代以来，我国教育学界开始结合中国国情，创造中国特色社会主义教育理论。一方面，教育研究者密切关注国内教育现实，努力增强教育理论的针对性与实践性，为教育决策贡献智慧与力量；另一方面，中国教育界开始走自己的路，不断丰富和发展中国特色社会主义教育理论体系，致力于在世界范围内发出中国声音，提高中国的话语权。本书在编选教育文章时，有意识地将其分为教育基本理论问题研究、教育政策和教育管理学研究、教育史学和比较教育学研究、高等教育学和教育技术学研究以及教育心理学研究五大类，以期更直观地呈现教育领域各分支学科的研究成果，从而展示教育学科建设的整体发展脉络，为今后推动教育学科的建设和发展总结经验。

（三）回顾精辟要点，为解决现实问题提供借鉴

文字是作者本人思想付诸纸笔的永久性记录，不仅是个人心血的凝结，也是当时社会的反映。优秀的教育文章能够带领读者探索蕴藏于教育现象背后的、具有普遍性的教育规律，而认识教育规律的最终落脚点则是为了指导实践，推动教育改革进程。本书所选编的70篇教育文章，有的深入讨论了教育改革与发展中的重大理论和现实问题，在促进教育观念转变和方针政策制定中发挥了指导性作用；有的总结或梳理了不同时期、不同国别的优秀教育思想与制度，对促进古今中外教育理论成果和先进经验的交流发挥了沟通性作用；有的深刻反思了当时的教育现状或教育学科发展局限，对破解教育及教育学科热点难点问题发挥了解释性与启发性作用。这些佳作集厚实的理论功底、强烈的时代感、浓郁的本土气息、敏锐的问题意识与深刻的洞察力于一身，为深化教育理论研究提供了历史范本，也为推动当前教育改革、解决教育现实问题提供了具体的经验借鉴。

二、编选原则

编选本书的标准与原则是坚持导向性、专业性、应用性和创新性，以期甄选出最具学术价值和现实意义的教育文章，并能作为这一历史阶段我国教育发展的成果展示之一，为新中国成立70年献礼。

（一）坚持导向性原则

教育是国之大计、党之大计。编选出的优秀教育文章应坚守正确的政治立场，能够高举中国特色社会主义伟大旗帜，以马克思列宁主义、毛泽东思想、邓小平理论、“三个代表”重要思想、科学发展观和习近平新时代中国特色社会主义思想为指导，正确运用马克思主义的立场、观点和方法进行教育科学研究，对新中国成立以来的教育改革与发展具有理论和实践指导意义或重要学术贡献。

（二）坚持专业性原则

教育是人类社会特有的活动，它的专业性毋庸置疑，本书所编选的优秀教育文章应同样具备此种特质，主要表现在以下两个方面。一是对文章自身专业性的内在要求：入选作品本身所探讨的问题属于教育研究范畴，能够加深读者对教育规律的认识，提高人才培养的意识，且符合学术道德和学术规范要求。二是对文章产生影响力的外在要求：文章转载率与引用率高，为深化教育理论研究提供了历史范本，得到教育界或学术界的广泛关注与一致好评。

（三）坚持应用性原则

理论研究的任务不仅是为了解释世界，其最终目的是改造世界。因此，本书在编选优秀教育文章时坚持应用性原则，即选编的文章在现实情境中能为教育学科建设或国家教育决策提供指导，或促进教育学术繁荣、推进教育学科建设，或解决教育实际问题、引领教育改革实践，在教育界或学术界产生重要影响。

（四）坚持创新性原则

创新是人类主观能动性的高级表现，是推动民族进步和社会发展的不竭动力。本书所编选的优秀教育文章应具备一定的创新精神，不仅观点鲜明、论据充分、资料翔实、逻辑严密、方法得当，而且具有学术前沿性，对理论探索、学术创新和学科建设具有重要意义。要有观点创新、理论创新或方法创新，能够为制度创新、政策创新提供新思路，是对教育事业实现跨越式发展的有力尝试，得到学术界或教育界的普遍认同。

三、编选过程

全书由申国昌主编负责总体设计与策划，确定栏目及具体篇目，同时组建编写队伍，指导编撰人员查阅资料，谋篇布局；由申慧宁、吴艳君具体负责编排工作。在编选过程中，“新中国教育70年”总主编周洪宇教授审读全书内容，多次提出意见，并指导参与人员进行认真修改、补充和完善。自2019年4月至6月，新中国教育70年70篇文章的编选，主要经历了确定编选对象、进行文章补收、严格筛选文章以及具体编排四个阶段。

（一）确定编选对象

具体以2017年11月当代教育名家推选活动组委会（由中国教育学会、中国高等教育学会、中国职业技术教育学会、中国教育电视台、中国教育报刊社、人民教育出版社等联合成立）评选出的90位当代教育名家名单以及2019年1月由“改革开放40年中国教育改革发展典型案例征集活动”（长江教育研究院、教育智库与教育治理研究评价中心发起，方略研究院、陕西师范大学、宁波大学等协办）发布的改革开放40年“教育人物40名”名单为基本参考，罗列名单上教育人物的代表性文章。将既有教育论文又对教育实践做出重大贡献者的文章作为选录重点，将只有优秀教育论文而无教改实际贡献者的作品作为备选，初步组成编选库。

（二）进行文章补收

遗漏在上述两份名单之外但又确实是影响很大的老一辈教育名家，如陈鹤琴，叶圣陶，霍懋征，王承绪，东北师大王逢贤，西南师大张敷荣，西北师大李秉德、南国农，河北大学滕大春，陕西师大吴元训，华南师大朱勃以及华中师大萧宗六、杨葆焜等，收集其代表性教育文章，补收进编选库，以求全面与适当平衡。

（三）严格筛选文章

坚持导向性、专业性、应用性与创新性四项编选标准与原则，在备选库里进行最后筛选，力争做到以下三点。第一，在类型分布上保证每大类教育（学前教育、义务教育、高中教育、高等教育、职业教育、教师教育等）、每中类教育（德育、体育、美育、劳育、课程论、教学论、教育技术学等）以及新兴小类教育均有涉及；第二，筛除并替换非教育家本人在教育研究方面最有代表性且在教育界产生较大影响的文章；第三，只选录入选者作为单一作者的论文，凡一文有两位及两位以上作者的均删除，以免出现版权纠纷，最终形成新中国教育70年70篇教育文章篇目。

（四）进行具体编排

在编排体例上，因篇幅所限，部分较长的论文，只能忍痛割爱进行删节。不过在删节过程中，力争保留其中最精华的章节或片段。同时，在编辑与校对的过程中，对所收录内容中的标点、数字、文字不恰当之处做了适当的订正与修改，以期更加正确、规范与流畅，便于读者阅读。

在编排逻辑上，本书分为以下五大类（编）：一是教育基本理论问题研究（含教育基本理论、教育哲学、德育学、教育社会学、教学论、课程论等）；二是教育政策和教育管理学研究；三是教育史学和比较教育学研究（分中外教育史学和比较教育学）；四是高等教育学和教育技术学研究；五是教育心理学研究。同一大类里

（每编内）不再列明具体学科，且按主题和发表时间排列。

四、编选体会

优秀的教育文章是教育研究者思想的荟萃、实践的反思与经验的总结，不仅能体现教育工作者个人对教育问题或教育学问题的研究兴趣和独特思考，也能展示不同时期整个教育界的研究重心与研究热点，形成一定阶段内我国教育科学研究的发展脉络与趋势。筛选新中国教育 70 年 70 篇教育文章的过程是对 1949 年后我国教育研究发展历程的回顾与再认识，这些教育文章或推动了教育理论创新、或促进了教育学科建设、或指导了教育实践，在中国教育研究以及教育学研究领域做出了卓越贡献。编选本书最大的感受是，新中国成立以来我国教育研究事业的蓬勃发展得益于无数教育工作者的默默耕耘，具体体现在教育理论成果丰硕、教育学科分支扩张以及教育研究迈向基层三方面。

（一）新中国成立 70 年来，我国教育理论成果丰硕

新中国的成立标志着中华民族进入新的历史发展阶段，教育理论研究也掀开了崭新的一页。新中国成立后的 10 多年间，一些教育成果开始涌现，对学科建设、教材编写、教育实践发挥了奠基和支撑作用。厦门大学潘懋元在“国内外均尚未建立起这样的一门科学体系”的情况下，开拓出“高等教育学”这一崭新学科。1978 年于光远在一次教育座谈会上的讲话以《重视培养人的研究》为题发表于同年《学术研究》第 3 期上，自此拉开了对“教育本质”探讨的序幕。学术界虽未对这次讨论达成共识，但极大地解放了思想，形成了对教育较为全面的认识，为后来教育理论的繁荣奠定了坚实的基础。改革开放以后，中国教育理论界如饥似渴地汲取西方先进教育理念与教育改革的成功经验，促进了我国教育事业的恢复与发展。顾明远率先提出“现代教育”的学术概念，于 1981 年《比较教育研究》第 1 期上发表《现代生产与现代教育》一文，论述现代教育的生产性特征，逐步构建了教育现代化的思想体系。滕大春于 1986 年发表在《河北大学学报（哲学社会科学版）》第 1 期的《试谈外国教育史的“古为今用”和“洋为中用”》一文，详细分析了外国教育史研究的注意事项，不仅为后来者提供了具体的经验借鉴，也为外国教育史研究奉献了方法论上的指导。王英杰《试论美国高等学校的服务职能》、王承绪《英国高等教育改革的新阶段》则通过梳理国外教育实践的具体经验，为中国教育改革提供启示。20 世纪 90 年代以后，我国教育学界开始探索适应中国国情的教育发展道路，叶澜《论影响人发展的诸因素及其与发展主体的动态关系》、顾泠沅《教学任务的变革》、李吉林《谈情境教育的课堂操作要义》等文章均体现了教育研究者关注教育现实问题、对创造中国特色社会主义教育理论的尝试。

（二）新中国成立 70 年来，我国教育学科分支扩张

新中国成立初期，受特殊历史背景影响，从事教育学研究的人员相对较少，研究成果亦不丰富，且研究内容主要集中于理论层面上对教育或教育学基本问题的探析。譬如 1950 年韦悫发表在《人民教育》第 1 期的《教育是什么》一文，从宏观层面阐述了教育与生活、社会的关系，并揭示了教育的阶级性；1957 年曹孚发表在《新建设》第 6 期上的《教育学研究中的若干问题》一文，主要探究了教育学研究中的继承性问题以及教育史上人物评价的问题。进入改革开放期间，我国教育研究视野得到拓宽，除了对教育基本问题进行深入讨论，如教育本质的争鸣、师生关系的探讨等，教育学领域内开始重视教育学学科建设，恢复和创建了许多分支学科，包括课程与教学论、德育、比较教育学、教育经济学、教育管理学等。以德育为例，鲁洁、班华、朱小蔓作为德育师生三代，鲁洁的《生活・道德・道德教育》、班华的《创造性的培养与现代德育》以及朱小蔓的《当代情感教育的基本特征》均是德育研究中的代表作，为德育学科的建设与发展起到了推动性的作用。新世纪前夕，瞿葆奎陆续发表《中国教育学百年》（上、中、下），以时间为经，以教育学学科发展情况为纬，将百年划分为六个阶段，对每一历史时期教育学发展的大致状况以及在该时期曾经存留过的基本范畴、概念、命题、论争等进行了介绍和分析，是对中国教育学百年发展的系统梳理与有力总结。新世纪以后，课程论的异军突起是我国教育学科分支扩张的重要体现。在新课程改革的背景下，教育工作者基于现实需要重新审视课程论的地位，促使课程论从教学论中分化出来，成为一门独立的教育学分支学科，其间钟启泉、施良方等人的文章促进了课程论学科的自立。

（三）新中国成立 70 年来，我国教育研究迈向基层

回顾新中国教育 70 年的发展历程，我国教育研究的重点从单一走向多元，从理论层面步入实践层面。一方面，教育研究者不再局限于少数经过系统性专业训练的、专门从事教育研究的教育理论家，其他教育工作者包括一线教师、校长等也都参与到教育研究中来。2018 年 12 月，于漪老师荣获中共中央颁发的改革开放 40 年“改革先锋”称号和奖章，是唯一获此殊荣的基础教育工作者。作为语文特级教师，于漪在 2009 年《课程・教材・教法》第 6 期发表了《语文课堂教学有效性浅探》一文，总结了她在语文教学方面的独特认识与丰富的经验，对语文课堂教学有着现实性的指导意义。另一方面，随着教育研究中对“人”的重视，教育研究内容不再停留于理论层面，越来越多的教育研究者走出书斋，走向基层。进入新世纪以来，周洪宇《应实行农村九年义务教育完全免费制》、朱永新《农民教育和农村教师队伍建设》、谈松华《农村教育：现状、困难与对策》等文不仅体现了教育研究者对教育现实问题的密切关注，同时也是对中国特色社会主义教育道路的积极探索，在实践层面上促进了相关教育政策的出台，为推动教育改革、提高教育质量贡献了力量。

五、 编选不足

尽管编选团队在编选过程中付出了很多心血，但由于一些主客观原因，本书最后还存在以下不足。

首先，为献礼新中国成立70周年，本书仅选择了70篇教育佳作，篇目数额的限制致使其他同样具有学科代表性、理论价值与现实意义的优秀教育文章未能入选，在此深表遗憾与歉意。自新中国成立以来，我国教育学界英才辈出，取得了丰硕的教育研究成果，谨希望并期待今后有机会能为这些优秀的教育文章提供更全面、更集中的展示。

其次，由于时代背景不一、教育学二级学科发展不同步等因素，本书在篇目选定中未能做到各时间段、各二级学科数量分布的均衡。在时间维度上，受现实境况的制约，改革开放前我国教育学学科发展缓慢，本书中入选的优秀文章较少。在学科维度上，由于篇目数量的限制以及对教育论文权威性、代表性的追求，本书未能涵盖所有教育学二级学科，对学前教育学、特殊教育学、职业技术教育学等未能涉及。自新中国成立以来，教育学界就开始关注教育本质问题，而教育学科分支的急速扩张则出现在改革开放以后，二级学科发展的不同步也致使本书所选篇目存在学科数量不均衡的问题。譬如教育基本理论问题研究、教育政策和教育管理学研究、教育史学和比较教育学研究这三个模块的入选篇目分别比高等教育学和教育技术学研究以及教育心理学研究两个模块多。

再次，考虑到后期排版的需要，每篇入选的教育文章规定在6 000字以内，对于超出此篇幅的文章只能忍痛割爱进行删节。本书在编选过程中，对于有文章被选收入本书的原作者，尽量与本人联系，选择其最有代表性的文章，但由于种种原因，部分原作者一时无法联系上，只能根据编选原则，同时参考其他因素，综合考虑而定，还请原作者及其家属见谅。本书所收文章的原载刊物及出版社等，均已在各篇一一列明。

最后，比之现在的数字印刷与数据存储技术，改革开放前的教育文章多采用传统的铅字印刷与纸张存储方式，因此部分现存原稿存在字迹模糊、遗漏的问题，尽管编选组成员已尽可能联系上下文进行还原，但无法保证与原文完全吻合。此外，由于团队成员水平、时间与精力有限，本书难免会出现错误或谬误之处，有不当之处恳请读者及各位专家指正。

优秀的教育文章是教育研究者思想的荟萃、实践的反思与经验的总结，共同推动了我国教育研究事业的蓬勃发展。在新中国成立70周年之际，湖北教育出版社携手华中师范大学、长江教育研究院倾力打造“新中国教育70年”丛书为祖国献礼。其中《教育奠基未来——新中国教育70年70篇教育文章》秉持导向性、专业性、应用性与创新性的基本原则，编选了新中国成立以来在教育研究领域产生过重要影响并做出卓越贡献的70篇文论佳作，不仅是把握历史节点为新中国教育70年致敬的人文诉求，也是教育研究领域加强学科建设、解决实际问题的现实需要。总而言之，教育理论与实践的发展离不开前人的奠基，继往开来、求实创新，将中国教育推向新高峰则是我们后辈应当也必须担负起的责任。

谨以此书向新中国成立70年来为祖国教育贡献过、奋斗过的教育工作者致敬，也谨以此书鼓舞当今教育学人不忘初心，砥砺前行。

周洪宇　申国昌

目录

第三编　教育史学和比较教育学研究 / 243

第四编　高等教育学和教育技术学研究 / 353

第五编　教育心理学研究 / 413

第一编

教育基本理论问题研究

教育是什么[①]

韦　悫

一、 教育与生活的关系

人们生活在一定的社会，是一切教育的基础。在这个基础上，我们进行教育。人们在生活里学会怎样做，学会怎样解决问题，以满足生活的需要，使生活能继续下去，这就是广义的教育。

过去有些人把教育广泛地解释为一般的生活，是不正确的。有学习和教育的过程，以推进生活，改造生活，使生活更能满足我们的需要，更能符合我们的理想，才是教育。换句话说，教育是通过学习和教学来推进与改造生活的过程。离开了学习和教学，就没有教育。没有推进与改造生活的作用，也不能算是教育。生活要有学习与教学的过程及推进与改造的作用，才有教育的价值。因此，我们不能一般地说，生活就是教育。

我们可以从学习与教学方面来了解教育与生活的关系。最原始的两个学习方法是摸索与模仿。所谓摸索就是试做与改正错误的方法。一个人在开始学的时候，不晓得怎样做才对。于是他先试做，看做得对不对。如果做得不对的时候，他再试别的方法，一直到做得对为止。譬如一个小孩子学走路，就是经过这样的过程的。又譬如一个人学游泳，开始时手脚乱动。经过一再试做，逐渐改正错误的动作，就能够学会游泳。

模仿是看见人怎样做，就仿照做。小孩子学讲话，是明显的例子。如果把一个小孩子放在讲别的语言的地方，他很快就学会讲那个地方的话。成人许多的学习也是靠模仿的。模仿有时是不知不觉的；有时是半知半觉的；有时是全知全觉的。人们在共同生活里，很容易互相模仿，也就是说很容易互相学习。傅玄说“近朱者赤，近墨者黑”，就是这个意思。

人们凭着摸索与模仿可以学会许多东西，这是最原始的教育过程。人们的生活到了复杂的时候，教育的过程也就复杂起来了。人们经过社会发展的过程，所积累

①部分节选。文章来源于《人民教育》1950年第1期。

的经验愈多，把累积的经验传授给后代的工作，便愈加复杂。这种工作需要有目的地、有计划地和有组织地去做，这就不能单靠摸索与模仿了。换句话说，人们需要有目的地、有计划地和有组织地进行教育，这就需要比摸索与模仿更有系统和更经济的学习方法。教材的组织和教学法的应用是根据这个需要而产生的。

就教育与生活的关系来说，因为生活的范围广阔，不是全部有教育的价值，人们对生活等材料——过去的和现在的——须经过批判加以选择，然后系统地组织起来做教材。教材的接受、了解和融会贯通须经过有目的、有计划和有组织的教学。这样的教学需要有适宜的场所、适当的机构、完整的教学计划和一定的教学过程。学校是根据这个需要而产生的。

总而言之，人们在生活里得到教育和进行教育。从这点看来，教育的过程是生活的一种过程。这种过程的特点是通过学习与教学来推进与改造生活。它是有目的、有计划和有组织的学习与教学，从而推进与改造生活的过程。因为不是所有生活的过程都有上述的特点，我们就不能广泛地把教育解释为一般的生活，也不能一般地说，生活就是教育。

二、 教育与社会的关系

人们共同生活在一起。在共同生活中，人们得到教育和进行教育，而这共同生活是在一定的社会里形成的。不论共同生活范围是大或小，都是在一定的社会形态之下，互相关联着成为整个的社会。

就教育的社会任务来说，教育是使新生的一代变为社会成员的过程。小孩子生长的过程就是他如何变为社会成员的过程。他生出来的时候，只有简单的动作。环绕着他的人们，特别是他的母亲或抚养他的人，就不断地给他各种暗示与影响，逐渐形成了一套适合于一定的社会的要求的生活习惯。他是经过长期的社会影响而长大成人的。原始社会没有学校，但儿童很早就跟着成人学习劳动，并且有各种社会仪式，以加强社会对儿童的影响。各种社会仪式的举行是很隆重的。

一切教育史料都证明社会存在对教育的决定作用。教育的目的是根据具有一定形态的社会所要完成的任务来确定的。教材是从社会的过去、现在和拟想的未来生活得来的，教学法是根据社会生活的方式和其效能来决定的。

社会的物质生活条件，特别是生产方式——生产力和生产关系——是社会的性质及其生活方式的决定因素。生产方式是人类生存所必需的生活资料，如食物、衣服、房子、燃料、生产工具等的获得方式。生产方式包括生产力和生产关系。生产力包括生产资料和劳动力。生产关系是人们在生产过程中的关系。由于生产方式的不同，便有各种不同性质的社会及其生活方式。不同性质的社会各有不同的教育。教育的目的、内容、方法和设施是根据社会的性质及其生活方式来决定的。

我们可以拿过去中国封建社会做例子。这个封建社会的生产方式是农业为主，手工业为副。农业生产主要靠耕种和畜牧。手工业生产主要是纺织和生产工具与食物的制造。生产工具主要是人力所使用的简单工具和简单的机械构造。劳动力主要是靠人力和人所使用的牲畜与简单的机械构造。

生产关系是地主剥削农奴的关系。地主占有土地；农奴出卖劳动。农奴所得很少，甚至不能维持生活。佃农所付代价很大，也很难维持生活，或经常在贫困的状态中，占有土地的农民很少，并且大多数是贫农。在某种程度上，奴隶还存在着。

在这个生产关系上，地主是剥削阶级，同时是统治阶级。农民，其他劳动者及小商人是被剥削阶级和被统治阶级。皇帝是最大的地主；贵族次之；各地方的地主又次之。由此，建立了皇帝、贵族、各地方的地主及他们的走狗——官僚——的四位一体的专制政治，并形成了有等级的阶级社会。于是，名分和身份成为评定个人的社会地位的重要条件，也可以说唯一的条件。皇帝、贵族及其他地主对他们的从属有生杀之权，人权是毫无保障的。老实说，人权这个名词是不存在的。就君民的关系来说，君权第一。就父子的关系来说，父权第一。就夫妇的关系来说，夫权第一。就男女的关系来说，男权第一。这些是中国封建社会的主要特征。

反映在意识形态上，是拥护与维持封建社会的思想和制度。《诗经》中说："溥天之下，莫非王土；率土之滨，莫非王臣。"这就是说，在封建制度之下，帝王占有一切土地和人民。周礼，对帝王如何统治人民有详细规定，是封建社会的政治为封建社会的经济服务的集中表现的具体叙述。因为材料很多，本文篇幅有限，不能一一引述。

这样看来，教育是社会的上层构造，是随着社会的性质及其生活方式而转变的，而后者是随着社会的生产方式而转变的。

三、 教育的阶级性

社会发展史告诉我们，谁控制了生产资料，谁便控制了社会。少数人控制着生产资料，对没有生产资料的人们进行剥削，阶级由此产生。

自从有了阶级社会，剥削阶级做了统治者，同时控制了教育。教育为他们所占有，是为他们服务的。如上面所指出，在中国过去的封建社会，教育为皇帝、贵族、各地方的地主及他们的走狗们所占有，教育就变为他们维持其统治权和压迫人民的工具。人民没有读书识字的机会，再加上统治者的愚化与奴化的宣教政策，致人民长期在愚昧无知的状态中。

在资本主义社会里，由于资产阶级控制了生产资料并由此控制了社会，教育也是为他们所占有的和为他们服务的。资本主义国家的人民都有受若干年初等教育的机会，并且是强制执行的。在这方面，他们的文化水平是比封建社会的人民高的。

在另一方面，因为资产阶级控制了教育，资本主义国家的人民便有系统地接受了资产阶级的毒化教育的影响，而在各种不同的程度上，削弱了工农大众的阶级意识，从而降低了他们的政治觉悟。资产阶级是有计划地这样做的。在有些资本主义国家里，如英、法，资产阶级的子弟进另一种学校，与一般人民所进的学校是不同的。英国资产阶级的子弟进所谓“公立”学校和牛津与剑桥两个大学。“公立”学校和上述的两个大学是专为训练英国的统治阶级而设的。美国虽然基本上只有一种学校，事实上资产阶级控制教育是很周密的。

在苏联，资产阶级早已被消减了，所有文化教育事业都掌握在工农大众的手里。这样的教育是工人阶级领导的教育，是人民大众所有，并为人民大众服务的教育，是马列主义在教育过程中的具体表现。

这样看来，教育是有阶级性的。社会发展史和教育史都证明了这一点。问题是教育掌握在哪个阶级手里。在封建社会，教育掌握在地主阶级的手里，教育是封建社会的意识形态的具体表现。同样地，资本主义社会的教育是资本主义社会的意识形态的具体表现。

在中国，我们已经打倒了帝国主义、封建主义和官僚资本主义三位一体的反动统治，而建立了工人阶级领导的、以工农联盟为基础的、团结各民主阶级和国内各民族的人民民主专政。我们的教育应该是工人阶级的思想体系领导的教育，也就是马列主义、毛泽东思想在新民主主义教育过程中的具体表现。换句话说，我们的教育是在马列主义、毛泽东思想的指导之下，依照经济、政治、文化等建设的要求，运用教育的科学与技术及各有关的学问，培育新的一代和改造旧的一代的人类工程，使他们参加建设新民主主义社会，进而建设社会主义社会，最后建设共产主义社会的伟大工作。

实行全面发展教育中若干问题的商榷[①]

/

张凌光

一、 目前我们教育工作中一些重大的矛盾

我们在培养学生全面发展的教育中，发生了一些矛盾。这些矛盾怎样解决，是我们教育工作者普遍关心的问题。

首先最突出的问题是提高教学质量和加重学生负担的矛盾。有不少地方自从去年特别强调提高教育质量以来，已取得不少成绩。但有的地方实际上把提高教育质量只当作提高教学质量，并且有的学校只是增加教学数量。于是各门功课的作业都特别加重，弄得一些好玩爱闹的青少年，不敢玩了，城市里有不少学生连星期天也不敢看电影了，把星期日变成星期七，只在埋头搞作业、演习题。学生中患头疼神经衰弱以及其他疾病的都增加了，从而又产生了学习好与身体好的矛盾。

其次是普通教育和高等教育对中学生要求不同的矛盾。

再次是各科知识的教学和政治思想教育的矛盾。

还有一些矛盾，我不能一一谈到。最后只特别提出全面与重点的矛盾：毛主席的工作方法，是照顾全面同时也要有重点。我们培养学生个性全面发展，要全面是不是也要有重点呢？从现在社会成员所担负的不同工作来看，是有这种需要的。我们的教育虽是要培养全面发展的社会主义社会的成员，但每个成员并不是做一般工作，也不是做全面的工作，都是在做某项工作，因此都必须在普通知识的基础上有或深或浅的专门化。学生在接受普通教育时，除各门功课都要达到一定水平外，还须在某些方面更多钻研，一方面为今后专门化准备更好的基础，另一方面也更便于培养自动钻研的精神。因此，苏联的学校很重视学生研究小组的活动。现在我们各门教材分量既重，有些学校各门功课的作业又留得很多，学生往往把全部可用的自习的时间都用完了，还完不成作业，自然谈不到对某些方面更多钻研。这也就形成全面与重点的矛盾。

---

①部分节选。文章来源于《人民教育》1955年第2期。

以上这些矛盾，许多同志都以为是师资教材的问题，是学校领导上掌握不好的问题。自然，教材过重，教师又教得不好，考试突然加多并提高要求，那就必然加重学生作业的负担；教法不好，当然不能启发学生独立思考的能力；中学教得不好、学得不好，当然不能适应高等教育的需要；各校领导上掌握不好，常常注意这方面就丢掉那方面，当然不能全面。除师资教材和校长领导问题外，还有一个重要问题，就是对于全面发展的理解问题，以及怎样贯彻全面发展教育的办法问题。学生应该学些什么，教材应该怎样编辑，都和这一问题密切相关。现在我们普通教育的内容，从事实来讲，主要是传授知识、记忆知识，并且主要是传授书本知识、记忆书本知识。学习书本是需要的，因为自古以来的系统知识都是记在书本里头，问题是在没有逐步实行理论结合实际的综合技术教育，并且在各门知识上都是只顾多多地填到学生的头脑里，没有细问现在能不能消化，将来有没有用处，也没有细问有余或不足。因此必然产生上述许多矛盾。这就联系到对于学生全面发展的看法：把课本上各门知识都记住，考上四分五分就是全面发展么？因此我们必须细细研究什么叫作培养学生个性全面发展的问题。

二、马克思、恩格斯、列宁、斯大林关于全面发展教育的理论

马克思、恩格斯、列宁、斯大林只指出全面发展教育的基本原理，即消减劳心与劳力的对立、统治者与被统治者的对立，以及了解整个生产体系和只对某方面专精的对立。至于全面发展教育中许多具体问题，他们并没有谈。

至于最近将来做一个新中国公民或一般干部，究竟需要几多普通知识呢？这些普通知识作为高等学校各科系入学的基础来讲，有些有余又有些不足，这矛盾怎样解决呢？究竟今天我们社会上一般干部和人民需要怎样的普通知识呢？中等教育要为高等教育打下怎样的基础呢？

三、由于误解全面发展的教育，因而采取困累学生头脑的措施

现在因为学生负担过重，有很多人主张精简教材，这是对的。但精简教材中最大的困难是存在这样一个矛盾，中学教材如作为普通知识并考虑到将来工作中的应用，那么每个学生所学的东西，总有相当大的部分没用或不大有用，但如作为高等学校各科系入学的基础来讲，每一科教材的分量，都仅仅够用或者还不够用。作为普通的基本的知识来讲，不应该叫学生花费很多脑力去钻复杂繁难的题目，但为着锻炼思考、加深研究，并为升入高等学校打好基础，也需要对于少数学科钻些难题。

但作为普通知识来讲，无论如何只应该是些基本的东西。究竟哪些应该划在普通知识界限以内，哪些应该划在普通知识范围以外呢？在第一次全国中学教育会议上，讨论解析几何这门功课应该设在高中里还是应该设在大学里时，有些同志提出，这不应该只就双方的时间和方便来讲，而应该就普通知识的界限来讲。可是这种界限又是根据什么标准来规定的？随着社会和时代的发展，这种界限怕也要变动吧。

担负着未来社会主义建设任务的青年，处在今后经济文化更加发展的社会，普通知识的基础是应该比较高些。但只要把我们现在中学课本中基本的东西掌握住，也就够了。如果有这样的基础，将来需用时就便于发展。想把今后工作中需要的普通知识都在中学里就学够了，那是不可能的事情，事实上只能奠定必要的基础。

编辑教材精简教材，牵涉许多很复杂的矛盾，不能要求过高过急。但就已有的教材，研究学生应掌握哪些基本东西，经过协商，写在教学纲要上面，倒不是很难的事情。

各门功课的知识，不应叫学生记得很多，只应该叫他们掌握一些基本必要的东西。同时，应组织学生参加研究小组，每一个学生都可对于某一部分功课搞得更好、钻得更深。这样既有必要的基本的普通知识，又可以为今后专业化（升学或不升学）打下更好的基础，也为培养自动钻研精神打下初步的基础。学生多数功课考三分，只达到最必要的水平，能有少数功课考五分，那么这个学生就不算程度差，也并非不是全面发展。

再就教学计划来讲，什么才是全面发展的教学计划，也很值得研究。现在中学里有两种教学计划：一种是普通中学的教学计划；一种是工农速成中学的分类教学计划。工农速成中学的第一类教学计划，准备学生毕业后升入高等学校的文史、财经、政治等科，重点课程是语文、历史、地理；第二类教学计划准备学生毕业升入高等学校的理科、工科，重点课程是语文、数学、物理、化学；第三类教学计划，准备学生毕业升入高等学校的医科、农科、生物科，重点课程是语文、生物、物理、化学。普通中学的课程，除音乐图画外，在工农速成中学中一般都有（只第二类教学计划中没有生物方面的课程，音乐都在课外活动中练习），但分量大不相同。第一类教学计划中重点课程语文、历史、地理的授课时数，比第二类、第三类教学计划中这三门课程授课时数多得很多；第一类教学计划中数学、物理、化学授课时数比第二类、第三类教学计划中这三门课程的授课时数少得多。这就说作为今后专门化基础的课程，要加重学习，必须达到高中程度；至于其他各门功课，除政治外，只要学到略等于初中程度或略高。这样，工农速成中学的学生就不是全面发展么？只有普通中学学生才是全面发展么？绝不是。这些工农速成中学的学生一般都是工人阶级中年轻的先进分子，必须培养成为今后社会主义建设的骨干。难道全面发展的教育就不在他们身上进行，只向普通中学学生进行么？这些新中国的优秀骨干不是全面发展，那还有谁是全面发展呢？这种分类教学计划，对于培养干部，是有很大的方便，并不妨碍这些学生的全面发展。

四、 我们应就现有的条件进行综合技术教育

当然，作为普通知识，要学各门功课中最基本的东西，同时还要对几门课加深钻研，这只是今后一个不长时期的事情。将来随着生产发展和整个社会文化的提高，普通知识也要提高。随着综合技术教育的实施和开展，自然科学的教学更会一般加强。我们现在教学中理论结合实际很不够，教学效果不好，最重要的原因之一，就是没有实行综合技术教育。综合技术教育是全面发展教育中最重要的特征之一。有了它，才能很好地把理论和实际结合起来，才能很好地提高教学效果。我们有些学校已经证明：凡是师生动手制造教具注意实验实习的，都显示出很好的效果。这只是综合技术教育最初步的活动。从我们革命过程中的教育经验来看，由于学习理论是密切结合实际、结合工作来进行的，因而培养干部、锻炼干部的效果也非常好。我们现在并非完全没有条件进行综合技术教育，我们城市的条件并不低于苏联某些乡村，苏联进行综合技术教育也就是现有条件由简单到复杂逐步发展的。现在就我们现有的条件，鼓励师生自造教具、注意实验参观实习，就是综合技术教育的开端。没有综合技术教育，只能在课堂中空讲劳动，而在真正进行劳动时，智力活动的成分、教育的成分又很不足。有了综合技术教育，才真能把劳心与劳力、劳动与教育统一起来。我们仅从师生合作创造教具上，已可看出从劳动中发挥很多智慧。今后进一步贯彻列宁所说要学生学习关于电器、机械、化学农业的基本概念和农学原理，并教学生能够初步动手运用电器、机械工业、化学工业方面某些小的机器，那么动起手来也就很好地用起脑来。那不只是很容易了解书本上所学的东西，并且在学生时期就奠定了综合技术的基础。只有如此，才真能培养出劳心和劳力高度结合的全面发展的人。因此，我们现在必须就我们的条件，开始进行综合技术教育。当然，开始进行时要求不能太高，要在电气化学机械农业方面有较多的设备，提到很高的程度，那是不可能的事情。我们只有就现有条件，理论联系实际，用脑又动手。以为条件不够就不能进行综合技术教育的思想，过去会阻碍苏联综合技术教育的开展，今天也阻碍我国综合技术教育的开展。现在如不开始有重点、有步骤地实行综合技术教育，就不可能贯彻全面发展的教育方针，也很难把教育质量提高到我们社会主义建设需要的程度。

五、 我对于全面发展教育的概括了解

最后再谈谈培养学生个性全面发展这一概念，应该怎样概括地了解。我在去年《人民教育》七月号上《谈谈中学教育的目的》一文中曾说："我们对青年一代身心

各方面的教育都要注意，但重点和中心还是政治思想教育。”曾有同志批评这种说法是不适当的，认为这样中学便会办成政治训练班。我承认同志们的批评是有道理的，我那句话是存在着片面性。但全面发展的教育应该怎样概括地了解呢？我以为应该是：培养德才兼备、身心健康、手脑并用、智情并茂、意志坚定的共产主义的新人。全面发展的教育也是发展的，到了共产主义社会将会更圆满地实现。从全面发展教育的各方面来讲：马克思认为在全面发展的人的教育中智育，即教养，应占第一位。（见凯洛夫著《教育学》第二章）所谓智力，应包括用脑结合用手、能说、想说、能想、同样能做；有丰富的知识又有独立思考的能力；而在知识方面既有普通知识的基础，又有某方面的专精；尤其重要的是有综合各门科学使之系统化的辩证唯物的世界观、方法论。旧教育所培养出来的知识分子，有很大一部分只是记忆许多知识，却没有处理工作、独立思考的能力。从革命工作中锻炼出来的同志，富于处理工作、独立思考的能力，但如知识狭窄，也会使自己的思想受到局限。我们的全面发展教育，必须打破会说而不会做、用脑而不用手、有知识而不善于思维的状态。要使知识系统化，要善于思维、要能掌握行动的方向，必须好好学习辩证唯物的世界观、方法论。和辩证唯物的世界观密切关联的就是树立为共产主义奋斗、为人民服务的感情志趣。这种感情志趣的树立，除有正确的认识外，还必须从实际生活中，从课外活动中，从文学艺术中，从社会主义的伟大建设中，从革命先烈、劳动英雄、模范工作者的卓越事迹这些活生生的教材中加以培养。只有这样，才能不只从理性上而且还从感性上培养这种感情志趣。当然在培养青年一代理智感情的同时，必须保证一定时间的体育活动，以增进他们的健康。没有健康的身体，便就没有充沛的脑力和情趣。总而言之，我们全面发展的教育，最多的时间还是用在发展儿童的智力上，即教养上；学生最多的时间，还是用在吸收人类自古以来的系统知识上。但更要紧的是怎样才可以使学生运用这些知识以至创造性地运用这些知识，并使这些知识为人民服务呢？最根本的问题，还要着重培养学生辩证唯物的世界观、思想方法以及为共产主义奋斗的感情志趣。当然这种思想志趣，不能只靠政治课来培养，要通过各方面的教养和活动来培育。我在《谈谈中学教育的目的》一文中说，“重点和中心还是政治思想教育”。这会使人误解要在中学里以最多的时间上政治课，忽视了其他方面教学工作，这是不对的。我们要认识到，我们普通教育不能用很多的时间上政治课，而必须注意各门课程既有它本身的任务，也有政治思想教育的任务。认识世界发展的方向，建立辩证唯物的世界观以及为共产主义奋斗的感情志趣，这是我们教育中最根本的问题。特别是在我们进行社会主义改造的过程中，这一任务更带着特殊重要性。

我的以上意见，难免有偏激的地方，请大家指正。对于这一现实存在的问题，我们应该积极讨论，设法解决。

"全面发展因材施教"的方针是符合个性发展的客观规律的[①]

/
朱智贤

一

关于"个性全面发展"的教育思想，虽然在马克思以前的先进教育家们就已经提出来了，但在那时，既不可能提出完整的看法，也不可能把这一理想具体地实现出来。只有依据辩证唯物主义和历史唯物主义的观点，才能正确地看到教育与社会发展的关系，才能正确地看到人的个性发展的必然的前景，以及人的个性全面发展的客观规律。

马克思主义的经典作家们，从资本主义社会中看到了"把生产劳动和智力体力结合起来……唯一的生产一个全面发展的人类的方法的胚芽"，而且也看到了关于在社会主义社会中人的个性全面发展的必要性与可能性，以及把这些可能性转化为现实性的具体途径，并从而制定了关于人的个性全面发展的完整的学说。

个性全面发展，这只有在社会主义社会中才有实现的可能，这是由教育与社会发展的关系的客观规律所规定了的。作为社会上层建筑的教育，它不能离开一时代的生产力和生产关系而单独存在和发展。前社会主义的各种社会形态，由于生产力和生产关系的制约，使人们的个性的发展必然要受到一定的限制，以致使他们的个性不能得到全面的发展，而只能得到片面的发展。只有到了社会主义社会，生产力空前地提高了，剥削阶级退出历史舞台了，脑力劳动和体力劳动对立、城市和乡村对立消灭了，这才为人的个性全面发展的教育提供了物质基础和前提条件。因此，当谈到个性全面发展的教育思想时，不应当和资产阶级教育学中的"三育并重""五育并重"或"培养完满的人格"等思想混同起来，因为它们之间是有着本质的差别的。

关于在社会主义社会中的人的个性全面发展，和在它以前的社会中的人的个性片面发展，这两者之间的实质上的区别，是较为明显的，是容易辨别的，是大致没

①全文摘录。文章来源于《人民教育》1956年第9期。

有什么争论的。但一谈到“个性全面发展”这一社会主义的教育思想本身时，问题就比较复杂了，因而大家的看法也就不免有些分歧或混乱。例如，什么是个性全面发展？全面发展和个性发展有没有矛盾？全面发展中的各个方面有无主次之分？个性全面发展的教育方针是否适用于各级学校？个性全面发展的内容是否随着社会主义到共产主义的社会的发展而发展？在我国现在条件下如何正确地执行个性全面发展的教育方针？……所有这些，都是有待于我们创造性地加以思索和研究的问题。

在这篇短文中，我只打算扼要地谈一谈我对于上述问题的一些基本的看法。这些看法可能是不正确的，希望能得到同志们的指正。

二

什么是“个性全面发展”呢？

我认为“个性全面发展”这一教育思想所要解决的，主要是关于在社会主义社会中应当把新生一代培养成为什么样的人物的问题。

首先，我们已经明确地了解到：全面发展是和片面发展相对立的。我们所要培养的人，不是理论和实际脱节、思想和行动脱节、理智和情感脱节、身体和精神脱节的那种残缺不完、畸形发展的人，而是在德、智、体、美以及劳动各个方面都能正常地、健全地、和谐地发展的人。因为只有这样的人，才能够负担起建设社会主义社会的伟大任务。同时，也只有在社会主义社会条件下，才有可能培养出这样的新的、个性全面发展的人物来。

其次，“个性全面发展”却也并不等于“个性平均发展”。把个性全面发展误解为个性平均发展，用呆板划一的标准来要求所有的不同情况的儿童和青年，希望所培养教育出来的儿童和青年像一个模子所锻造出来的货品一样，个个相同，丝毫不差，那也是极端错误的。因为这种思想是违反客观事实和客观规律的。

马克思主义关于人的个性形成的学说指明了：人的个性的形成主要是受一定的社会生活条件，特别是其中的教育条件所制约，但同时，这些社会生活条件、教育条件对人的个性发展的制约性又不是完全一样的，这就形成了人的个性发展中共同性和差别性的辩证统一的关系。具体来说，新生一代所处的一定的社会生活条件，特别是其中的教育条件，决定着他们个性发展的一般方向，这就形成了他们这一代的共同性。但是，每一个人天生带来的素质并不是完全相同的，他们生下来之后的生活经历也不是完全相同的，甚至他们可能进入同一所学校，但由于种种原因，他们所受的教育，同样不可能是完全相同的，这些不同，就使得每一个人的个性彼此不同起来，这就形成了各个人不同的差别性。我们所谓“个性全面发展”中“个性”这个词或概念的内涵，是和“人格”“个人”的意义相同的，它应当既包括人们彼此相同的共同性，也包括人们彼此不同的差别性，而这两者的关系是辩证统一的。因为共同性是由差别性中概括出来的，是由差别性中体现出来的，没有个别性，也就没有共同性。但同时，共同性却又不能把所有的个别性包括无遗，因此，人们的共同性也并不否定或抹杀人们彼此之间不同的差别性。

在社会主义以前的各个社会里，由于生产力和生产关系的制约，特别由于被这种生产力和生产关系所制约着的教育的影响，使得人们的个性只能有片面的发展，而不能有全面的发展。“个性片面发展”也就是前社会主义社会中人们个性发展的共同特点，或共同性。例如，剥削阶级的人们，可能在智力的发展上占些便宜，但他们的体力、劳动能力以及道德方面常常是缺陷很大的；而被剥削阶级的人们，可能在体力、劳动能力以及道德方面的发展上比较好些，但他们的智力的发展则往往会受到很大的限制。当然，同一社会或同一阶级的人们，他们的个性也并不是完全相同的，他们彼此之间又存在着一定的差别性。例如，同是被剥削阶级的人们，有的智力发展得好些，有的发展得差些；有人某一方面的智力发展得好些，而他的另一方面的智力则发展得差些。

只有到了社会主义社会，人们的个性才有可能获得全面的发展。“个性全面发展”也可以说是社会主义社会中人们个性发展的共同方向、共同特点，或共同性。当然，在社会主义社会中，要求人们个性全面发展，却并不是要消灭各个人之间的差别性。恰恰相反，而是更好地发挥各人的差别性，更好地发展各人的兴趣和特长，从而更好地来建设社会主义事业，并推动社会主义事业向前发展。最近，党和政府所提出来的“百花齐放、百家争鸣”的方针，和有些同志提出的“全面发展，因材施教”的教育方针，正是与社会主义社会中人的个性发展的客观规律完全相符合的。

在我们的教育上，当谈到要把新生一代培养成为什么样的人物时，只看到社会主义社会人们个性中的共同性，而看不到他们之间的差别性，是不对的。同样，只看到人们个性之间的差别性，而看不到社会主义社会所要求的、并可能发展起来的共同性，也是不对的。遗传决定论者，往往只看到人们个性中的差别性，而看不到共同性；环境决定论者则又往往只看到人们个性中的共同性，而看不到差别性。这些观点都与马克思主义教育学关于人的个性形成的学说直接相对立的。

由此可见，“个性全面发展”这一教育思想，乃是属于社会主义体系的教育思想，这种教育思想只有在社会主义社会中才有实现的可能。而所谓个性全面发展的人，乃是指在德、智、体、美以及劳动能力各方面都获得正常的、健全的、和谐的发展，而同时又是能够充分发展各自的性格、兴趣和才能的活生生的人。也只有依靠这样全面发展而又各具兴趣和特长的新的人物，才能负起建设社会主义和共产主义社会的重任。

由此可见，“个性全面发展”的教育，既要培养社会主义社会新人的共同的特性，也要发展这些新人的个别的特性，并且要使这两者有机地统一起来。

由此可见，把“个性全面发展”看成是“个性片面发展”，是错误的；同样，把“个性全面发展”看成是“个性平均发展”，也是错误的。

在我们学校中，“管教不管学”“教书不教人”是“个性片面发展”的旧教育思想的残余表现。而抹杀学生个别特点，一味要求学生“样样五分”“个个优等”，则是“个性平均发展”的教育思想的具体表现形式。这两种思想都是错误的、有害的，是必须和它划清界限并努力加以防止和克服的。

三

关于“个性全面发展”教育方针的若干的具体问题，我只想简单地提一提自己的一些意见。

第一，全面发展和个性发展有没有矛盾？

我认为：在剥削社会中，人们的个性不但不能得到全面的发展，而且人们各人自己所特有的性格、兴趣和才能也都会受到压抑和摧残。只有在社会主义社会中，人们的个性不但能够获得全面的发展，而且人们各人自己所特有的性格、兴趣和才能得到充分发展的机会。至于在教育实施过程中，全面发展与个性发展会不会产生矛盾，那全看我们能否正确地掌握和运用“个性全面发展”中人的共同性和差别性的辩证统一的发展规律而定。

第二，“个性全面发展”中的各个方面有无主次之分？

我认为：就一个完整的个人或人格来说，个性全面发展的各个方面都是重要的、不可缺少的，不应该提：哪一方面是主要的，哪一方面是次要的。但在人的实际活动中，在教育实施过程中，由于某些方面对其他方面起着更重要的带动作用，因而把某些方面看成是重点，看成是中心环节，我想也是合乎规律的。在教育实施上，如果只是用平均主义的思想来看待全面发展的各个方面，如果只是孤立地从其内在联系上来看待全面发展的各个方面，那就不免会陷于机械主义和形式主义。例如，马克思认为智育是很重要的，但这并不等于说其他几方面是不重要的。我想，马克思之所以强调智育，这只是因为对人进行教育时，首先是通过人的认识或思维来进行的。在心理活动上来说，人的认识、情感和意志都有同样的重要性，我们不能说哪一样不重要。但从整个心理活动的过程来说，认识和思维则是一个更基本的方面。因为情感和意志都不能和认识脱离而孤立地进行，情感是人们认识时关于自己的态度的体验，而意志则是人们在认识时关于自己行动的调节。事实上，也只有人们首先具有一定的知识和思考力，他才能更好地改造自然、改造社会和改造自己。至于我们在某一时期，由于某种必要，特别强调政治思想教育，而在另一时期，由于另一种必要，特别强调劳动教育，这也绝不等于说，只有某方面是重要的，而其他方面是不重要的。

第三，“个性全面发展”的教育方针是否适用于各级学校？

我认为：这个“个性全面发展”的方针，乃是社会主义社会中整个教育所应遵循的方针。只是在各级不同的学校中，由于任务上的差异而有不同的体现而已。例如，一般中小学，应当比较着重于普通教育，而专业学校和高等学校，则应当比较着重于专业教育。至于高级中学，则可视实际需要而调和于两者之间，因为高中毕业的学生，可能升学，也可能就业。

第四，“个性全面发展”的内容是否随着社会主义到共产主义社会的发展而发展？

我认为：“个性全面发展”的内容一定是随着社会主义到共产主义社会的发展而发展的。不但如此，在社会主义社会不同的发展阶段中，个性全面发展的内容也会有所不同。至于高度的个性全面发展的教育，则要到社会主义发展到一定的程度或共产主义社会才有可能。综合技术教育问题就是一个最突出的例子。

第五，在我国现在条件下，如何正确地执行“个性全面发展”的教育方针？

我认为：

1. 在“个性全面发展”的教育方针上，随着各级学校的性质的不同，对学生的具体要求应该是有所不同的。

2. “个性全面发展”的教育，主要是通过教学来进行的。因此，教师首先必须树立全面负责的教育思想。所谓全面负责，就是从各个不同工作角度来共同培养各方面健全发展而又具有自己所特有的性格、兴趣和才能的活生生的人。既不应该本位主义地强调自己所教的功课，也不应该舍本逐末地放弃自己的教学工作。

3. 对于各科教学的内容（教学计划、教学大纲、教材）应该详细地加以研究，要求每一门功课的教学能在个性全面发展的教育中占它应有的地位和比重，要求每一门功课的教学都要符合于：知识的一定的系统性，它的现代水平，它和实际生活的联系，以及学生接受的能力。

4. 在“个性全面发展”的方针指导下，应当把课内和课外、校内和校外的活动，全部有机地配合起来。

5. 努力防止和克服学生负担过重的现象，给学生留出一定的独立工作、独立思考的时间，使学生在全面发展的基础上，有余暇和余力发展自己的兴趣和才能。

关于个性全面发展教育的几个问题[①]

/

刘佛年

我国自新中国成立以来执行个性全面发展的教育方针，已经积累了不少的经验教训，总结这些经验教训对于今后我国教育事业的发展会是有益的。下面所列举的问题也还只是许多已经讨论过和正在讨论的问题中的一部分。

1. 学与思：智育包含知识的提高和智力的发展两个方面。我们所要培养的人才不仅要有知识和技术，而且要有独立思考的能力。从认识的过程来看，我们必须在实践中观察了一定的事实和现象，才能引起思维活动，产生概念，进行判断和推理，然后形成理性知识。而我们在有了比较丰富的、系统的理性知识以后，一方面就能更深刻地观察事实和现象，正如毛泽东同志所说："只有理解了的东西才更深刻地感觉它。"另一方面又能引起更多的思维活动，在知识浅薄的人看不到问题的地方，知识高深的人能看到问题。在考虑问题时，前者只能盲目地、徒劳无益地进行思维，后者却能十分有效地、比较正确地进行推理。学习的过程也是一样。只有在学习知识的过程中才能发展智力，也只有通过智力活动才能真正获得知识。正如孔子所说："学而不思则罔，思而不学则殆。"学与思是一个统一过程中的两个矛盾方面。

在教育史上，除了某些阶级在它的上升时代以外，这两个方面是很少实现了统一的。例如，在中国和欧洲中世纪的封建时代，封建统治者为了使封建秩序绝对化、凝固化，企图培养崇信传统、墨守成规的人，就采用学而不思的教育方法。让青年用死背呆记的方法，盲从迷信的态度来学习各种教条。资产阶级为了适应工商业的需要，企图培养一种具有实用知识的人。在它和无产阶级的矛盾深化以后，它就害怕人民掌握科学的理论武器，因为人民掌握这个武器以后，就能正确地考虑和解决社会的根本矛盾问题。于是"实质教育"理论的拥护者就认为只要给学生一些实用的经验和知识，不必去理会认识能力的发展。实用主义者认为不必给学生以系统的科学知识，思维能力可以在解决生活的小问题的过程中培养。"形式教育"理

①部分节选。文章来源于《学术月刊》1957 年第 1 期。

论的拥护者则认为可以用一些脱离实际的教材来训练各种智力。他们都把学与思这两个方面割裂开来。在社会主义社会中，虽然教条主义和经验主义还有一定的社会基础，但阻碍学与思的统一的社会势力却已经不存在了。

但矛盾究竟是绝对的，统一是相对的。学与思不断有矛盾，也不断有统一，这种情况在今后的教育中是会长期存在下去的。教育工作者的任务就是要经常去克服这两个方面的割裂状态和片面发展的状态。

2. 知与行：在智育方面与前面一个问题有极密切的关联的就是认识与实践，也就是知与行的关系问题。马克思主义者认为：不和实践结合的理论是空洞的理论，不受理论指导的实践是盲目的实践。实践、认识，再实践、再认识，这是认识的一般过程，也是教学的基本原则。我们之所以给青少年以知识，是为了培养他们的独立工作能力，使他们将来能参加社会主义建设的实践。因此学生不仅要理解他所学得的知识，要巩固它，而且要学会运用它，掌握运用它的技能和技巧。学生只有深刻地理解了、消化了知识，才能把知识运用到实践中去。反过来说，也只有使学生经常在实践中运用他的知识，他才能更深刻地理解这些知识，明确知识的作用，对知识产生浓厚的兴趣。

知与行的矛盾是认识过程的内在矛盾。任何一个矛盾方面都是可以片面地强调、夸大，而把它和另一矛盾方面割裂开来的。因此就有脱离实践的读死书的教条主义的方法，也有不系统学习理论知识的“教育即生活”的实用主义的方法。当然在社会主义社会中理论脱离实践是不可能成为通行的原则的。但理论脱离实践的事实却仍旧会不断地出现。我们虽然是朝着理论结合实践的方向坚定地前进，但仍然很容易产生或者对理论注意不够，或者对实践注意不够，或者二者不能有机地结合的一些偏向。

因此教育工作者必须不断地和割裂知与行的这一偏向或那一偏向进行坚决的斗争。应该把二者的有机结合作为自己不懈地追求的目标。

3. 一个真理与百家争鸣：新中国成立以来智育工作的一大成绩就是用真正的科学知识武装了青少年。只要回想一下新中国成立前的情况，大家都会记得当时学校中所传授的知识有相当大的一部分是不科学的，伪装为科学的。新中国成立后在社会科学方面教学的进步，固然显得特别突出，就是许多种自然科学的传授也比以前更正确、更科学。

关于任何一个问题，客观真理只能有一个，我们当然应当把称得上客观真理的科学传授给学生，而不应当将显然是谬误的东西交给他们。教学改革的目的之一就是要使马克思主义的真正的科学在学校中占绝对统治的地位。

但另一方面科学的东西又是在和非科学的东西不断进行斗争的过程中发展的，比较全面的观念是由许多片面的看法互相补充而出现的。正如《周易》中所说：

“天下同归而殊途，一致而百虑。”要得到统一的意见，就要集中各种不同的意见。要发展正确的见解，就要使它和不正确的见解交锋。因为真理是愈辩愈明的。学习科学的过程在这一点上和科学发展的过程是一致的。假如没有怀疑，没有不同意见的讨论，不从各种不同的角度去研究一个问题，学生对科学知识的理解就不会比较深入和全面。理解得不深刻不全面，而只是从字面上掌握住的知识，只能产生教条主义。因此承认科学知识是反映客观真理，并用科学知识武装学生和对他们介绍不同的学说、让他们展开自由讨论虽是矛盾的两个方面，却是可以互相结合起来的。

用行政的权威来禁止所谓异端邪说，独尊某一种学说，是封建专制主义的做法，只会造成学术的停滞、思想的凝固。但是，如果不承认真理的客观性质，反对用某一种思想作为国家的指导思想，主张政治与学术完全分开，这是资产阶级的自由主义的说法。实用主义就是其中的一种。实际上这种论调的目的是要继续维持资本主义思想的统治地位，阻挠马克思主义的传播，也就是阻挠真正的科学知识的传播。

4. 社会需要与学生实际：进行个性发展的教育必须从两个前提出发：一个是社会的需要；一个是学生的实际。这两个方面虽是矛盾的，但在社会主义社会中又是可以有机地结合的。假如不重视学生的兴趣、爱好、志愿、才能、学业基础、年龄特征等，就不能充分地发展学生的才能、发挥他的学习积极性，因此也就不能满足社会主义建设的需要。另一方面，兴趣、才能等主要是在社会生活中形成的，而且只有在社会对某些兴趣与才能有需要时，它们才能得到充分的发展。

社会应当尽可能地照顾学生从小所形成的那些爱好和才能，使它们有充分发展的机会。但是社会的要求不可能在任何情形下都是和个人的兴趣、才能完全适合的。例如在某些情况下，学生不可能完全按照他的志愿升学。也有些学生对社会要求学好的全部课程中的某些科目特别不感兴趣，或是缺乏基础与才能。在这种情况下就应当让个人的兴趣、志愿等去服从社会的需要。因为在一般的情况下，兴趣与才能是可以培养的，许多缺陷是可以弥补的。凡是依据国家的需要，进行艰苦的努力的人，都可以培养出真正的浓厚的兴趣和卓越的才能。

不可能想象在我们将来的社会中社会要求与学生实际之间不再有矛盾，矛盾是要继续存在下去的。但我们只要经常努力去调整这两方面的关系，使它们合理地、恰当地统一起来，矛盾的任何一方就不会绝对化。而我们知道在阶级社会中两方面绝对地对立起来却是经常的现象。

不照顾儿童的兴趣与志愿，要学生绝对服从家长与师长的命令，家族与阶级的利益。这是封建的以及其他各种专制主义的教育的特点。这些社会的统治者最重视的是如何培养驯服的奴才型的人，而不是具有积极性和主动性的公民。他们不是要发展个性，而是要摧残个性。反过来说，主张不顾社会和国家的需要，教育工作应当完全从儿童的兴趣、爱好、才能出发，全部教育过程完全以儿童为中心，这就是资产阶级的实用主义的“儿童中心说”。道尔顿制设计教学法之类的教学方法就是这种思想的具体表现。实际上，不按照国家的教学计划，对学生进行系统的教育和提出严格的要求，学生的兴趣与才能是不可能得到充分发展的。学生会停留在那些肤浅的、偶然的兴趣和低级的才能上。

5. 集体与个人：在思想教育和道德教育上更是要解决集体与个人的关系这个基本的问题。社会主义社会和阶级社会的根本区别之一，就是《共产党宣言》中所说的，这个社会“将是一个以各个人自由发展为大家自由发展条件的”。在这里，社会的发展依靠每个人充分发挥自己的积极性、主动性和创造性。而社会又供给了个人以享受美好生活，和发展聪明才智的极其丰富的机会。集体与个人的矛盾在这个社会中是可以统一起来的，这个矛盾已经不像阶级社会中那样带有不可调和的性质，可是它仍要长期地存在下去。集体的利益不可能在任何具体情况下都和个人的当前的利益完全一致。因此，必须始终不懈地解决不断地出现的集体与个人的矛盾。

集体与个人的关系虽经常在变化，但一般的趋势是：社会主义建设要求个人具有愈来愈大的积极性、主动性和创造性。因此既要消除集体对个人的一些不必要的、不合理的限制，同时还要积极地制造各种条件和机会，使个人能充分发挥他的积极性和创造性。另一方面在社会主义建设中生产越现代化、社会化，生产的计划性越提高，社会各部门的互相依赖与联系愈增加，对个人就要求更高的组织性、纪律性和集体主义精神。为此既要使个人了解集体或组织所提的要求的合理性、必要性，使个人能自觉地遵守纪律，同时又要使个人经常提高自己的思想觉悟，锻炼自己的意志性格，使自己能在必要时牺牲个人的兴趣爱好，乃至生命，来服从集体的利益。这些原则也是教育工作者在思想教育和道德教育中所应遵循的原则。

6. 全面发展与培养专长：关于重视个性特征的问题还可以从另一个角度，用另一种方式提出来。科学、技术、文化、经济、政治等生活愈发展，就变得愈复杂，每一种工作都需要经过专门训练的人来从事。因此教育的任务是要培养各种各样的专门人才。可是我们又知道随着生产技术和其他工作的技术的进步，每一样工作所需要的科学和文化的知识基础就愈来愈多、愈广，而科学本身的发展又使每一门科学不断地从孤立的地位突破出来，各门科学之间的关系日趋密切，很多新的科学门类经常从不同的科学相互结合的过程中产生出来。生产技术的不断革新，新的生产方法与门类的迅速出现，又使一个人必须有经常适应工作性质变化的能力。这就使得今天要培养一个建设人才，不能不给他非常广博的科学与文化知识。因此我们给予下一代的教育应该尽可能是全面的、广博的。他不仅需要受德、智、体、美、劳动、基本生产技术等方面的教育，而且在每一方面都应当是比较全面的。例如在智育方面，他就应当有比较广博的全面的基础知识。在体育方面，就应当受着身体的全面的锻炼。其余也以此类推。

培养有专长的人和给予全面的教育也是教育工作中的不可分的两个矛盾方面。必须把它们恰当地统一起来。由于生产和科学经常在发展，这两个方面不断发生新的矛盾，因此需要不断地努力去克服这种矛盾。应该在全面的教育和广博的知识的基础上来培养专才。培养没有专长的所谓通才，是培养贵族和地主大资本家以及其他有闲阶级的教育目标，这种“通才”对于社会主义建设是没有用处的。培养极端狭隘的专长的技术人才，这是资本主义社会的做法。资产阶级认为这种办法投资既少，又可以得到不能自由转移职业、因而不能不对雇主俯首听命的技术人员与工人。为社会主义建设的长远利益计，我们不应当培养这样的专才。

7. 需要与可能：在全面发展的教育中还有需要与可能的矛盾问题。从需要来说，社会主义建设的目的就是要最大限度地满足人们的物质的和文化的生活上的要求，也就是要使人们得到全面的发展。例如满足人们对吸取各方面的知识和从事各种智力活动的要求，这句话的意义和人们发展的全面的知识以及提高他们的智力是完全相同的。因此随着建设的发展，人们对全面发展的要求必然日益增加。现在我们已经看到愈来愈多的劳动人民在如饥似渴地追求科学知识，欣赏文艺和锻炼身体。另一方面，社会主义建设又需要由全面发展的人才来担当，因为社会主义建设对建设人才的政治觉悟、共产主义道德品质、科学文化知识以及身体健康的要求都是不断地增加的。建设者的质量愈好，建设的速度就愈快，成绩就愈大。当然，需要也是逐步地发展的。从可能来说，人们的全面发展本身和全面发展的教育都受着各种实际条件的制约。例如当工业上的机械化、自动化、电气化在某些部门发展得还不够的时候，许多人就不能不从事一些比较单调的、机械的操作，他的知识眼界也不能不比较狭隘。又如在学校进行劳动教育和基本生产技术教育，就不能不受到工具、师资、经费和校舍等条件的限制。

需要与可能是经常有矛盾的。但是只有我们充分认识了需要以后，我们才会去充分利用现有的可能。反过来说，只有在现实的可能的基础上，需要才能得到真正的满足。因此又必须不断地把二者统一起来。每发生一次新的矛盾与统一就标志着全面发展教育在数量上和质量上有了一个新的进展。在这几年中，我们的主要问题还是对全面发展教育的需要认识不足，因而进行得不够有力，没有充分发挥潜力。但一经反对保守思想之后，又出现过不顾可能，不做充分准备，而轻率冒进的现象。试以劳动教育和基本生产技术教育为例。先从需要来说，在历史上，任何统治阶级的教育思想都是轻视劳动的，只有社会主义者，才尊重劳动，认为劳动是一切财富和社会生活的基础，而且认为人人都要劳动，不劳动者不得食。因此必须使每个人都受到尊重劳动、养成劳动习惯与技能的教育。马克思主义者更认为现代的生产是机器生产，生产技术是朝向自动化、电气化发展的，在社会主义制度下，这种需要较高度的科学文化知识做基础的生产技术，可以打破传统的智力劳动和体力劳动的分裂。推行基本生产技术教育还可以使学生学到的文化科学知识不脱离实际生活，又是进行道德教育的重要工具。因此马克思主义者还认为每个人应当受到基本生产技术的教育。推行劳动教育和基本生产技术教育应当成为社会主义教育的坚定不移的方针。

再从可能方面来说，进行这两种教育，特别是进行基本生产技术教育，必须拟定教学大纲和教材，训练师资，充实设备，解决场地问题，进行一些典型试验，积累初步的经验。假如没有一定的条件，不进行充分的准备，结果就会推行不通。

8. 独立性与联系性：在上面的问题中我们已经接触到另一个问题。全面发展教育包含德育、智育、体育、美育、劳动教育、基本生产技术教育等。这些方面都各有不同的目的、内容和方法。都具有相对的独立性。但同时这些方面之间又具有极其密切的联系，它们互相制约，互相影响。例如德育是建筑在共产主义世界观上的，而世界观是靠智育来形成的，各种道德品质大多数是在教学过程中形成的。反过来，假如不培养正确的学习的目的和态度、严格的学习纪律、坚强的意志等，要想学习好也是做不到的。前面已经提到劳动教育和基本生产技术教育与其他各育之间的关系，像这一类的相互关系是可以举出很多来的。这就因为个人是一个具有统一性的整体，他的一切方面都处在一定的相互联系中。要发展个性就必须全面地发展它，使各个方面相互适应，形成和谐状态。片面地、畸形地发展某一方面，不仅阻止了其他方面的发展，也损害了这一方面的发展。进行智力教育，而不同时进行体力教育，体力固然得不到发展，智力也不会得到健康的发展。但是独立性和相互联系性也具有相互矛盾的性质。它的有机的统一是在矛盾不断斗争的过程中实现的，而这种统一就某一局部来说，往往只是暂时的。因此教育工作者应当极力争取实现这种统一。任何主张全面发展教育的各方面可以分轻重主次先后的论调都是有害的。

教育学研究中的若干问题[①]

/

曹　孚

一、 教育中的继承性问题

最近几个月来，在中国的哲学界，展开了关于中国哲学史的研究问题的讨论。讨论中涉及的问题之一是哲学上的继承性问题。问题不在于唯物主义哲学思想与唯心主义哲学思想之间的继承，而在于唯物主义哲学思想对唯心主义哲学思想的继承关系。唯物主义哲学能不能从唯心主义哲学中吸取或继承一些东西呢？随着哲学中的继承性问题讨论而来的，我们又看见了关于道德学与法学领域中的继承性问题的讨论。假使关于继承性的讨论，在哲学、道德学、法学的研究中是有意义的，那么，继承性的讨论，在教育学研究方面，具有更为重大的意义。

参加哲学中的继承性问题讨论的同志们大致肯定，从唯心主义方面，我们是可以吸收与继承一些东西的。争论发生在这里：继承的分量有多少？范围有多宽？标准是什么？关于教育学，我们可以预先这样肯定：我们今天的马克思列宁主义教育学，可以而且应该从过去的教育学与教育思想中吸取与继承一些东西，而且它所吸取与继承的分量要比哲学、法学、道德学方面多，范围比它们广，而且在吸取与继承的标准上也自有其专门特点。马克思列宁主义教育学一向把历代的教育学方面的文化遗产，作为自己的科学源泉之一，而教育史的研究与教育学研究之间的关系之密切，也超过一般科学与其相应的科学史之间的关系，就足以说明这一点。

在过去一段时期中，由于斯大林的影响，哲学界中比较不注意否定之否定这一辩证法的规律。跟着对斯大林的个人崇拜的批判，否定之否定这一规律又被强调提出了。这一规律的主要内涵即是事物发展中的继承性。运用这一条规律，我们才能够正确地说明各种现象的发展的性质。譬如，上层建筑这一种社会现象，按照斯大林的说法，上层建筑会随着基础的变化消灭而变化消灭。现在大家认为，这“消灭”的提法是不正确的，因为它意味着新旧上层建筑之间的继承性的否定。根据否

①部分节选。文章来源于《教育学文集》(第1卷)，人民教育出版社1993年版，第579—599页。原载于《新建设》1957年第6期。

定之否定这一规律，旧的上层建筑不是完全与单纯地“消灭”了，它的一部分内容是要消灭的，但另一部分内容，会被保留在新的上层建筑中间，经过改造，作为新的上层建筑的构成部分。

因此新旧之间的继承性关系是作用于一切上层建筑的发展过程中的普遍规律。这条规律适用于哲学、道德、法律，也同样适用于教育。这是我们在一般的意义上肯定在教育学中的新旧教育的继承关系。但我们还应该在一种特殊的意义上来肯定教育事业与教育思想中的继承性。我们已经说过，教育学从过去的教育经验与教育思想中可以吸取与继承的分量比其他社会科学多，范围比较广，等等。这是根据教育这一社会现象的特点而来的。教育不仅是上层建筑，同时也是一种永恒范畴。

教育是一种上层建筑，教育的性质随着社会之改变而改变。新旧社会中的教育，就其整体来说，是有本质的不同的。教育目的、教育方向上的本质差异是无待说明的。在教育内容方面，新旧学校也有许多不同，尤其在社会科学的知识方面。已经说过，在资产阶级道德教育与共产主义道德教育之间有着本质的不同。社会主义学校中的教学方法，作为一个体系来说，也远比资产阶级学校中的教学方法优越。我们在上文中只举新旧教育中的相同之点，没有说明它们之间的不同，因为后者是已经受到充分注意了，对于前者，则一般注意不足。我们肯定新旧教育之间，存在着不少共同因素，即是肯定教育中的继承性。作为上层建筑，新旧教育之间存在着继承关系，何况教育除了是上层建筑之外，又同时是永恒范畴?

教育中的继承性问题，对教育理论的研究、对教育实践的指导，都有重要的意义。列宁在《青年团的任务》的演讲中指出，旧学校是必须改造的，但同时也指出了旧学校中的好的东西必须接收过来。我们过去几年中，在进行教学改革的时候，对我们自己的教育传统是否有了足够的注意呢？重要的问题还在今后。今后，我们对旧教育采取一笔抹杀的虚无主义态度呢，还是采取去其糟粕、取其精华的批判接受的态度？我们说，我们要用我国历史上的教育遗产来丰富我们自己的教育学，这是没有问题的。但对于近百年来的新教育这一段，包括国民党统治下的教育这一段的经验，应不应该加以总结呢？这种经验是应该总结的，假使我们肯定了新旧教育中的继承性关系。我们今后各级教育领导应该比从前更多跟老教育家商量，多向他们请教。老教育家有的是旧教育的经验。肯定我们应该更多向老教育家商量，也是以肯定教育中的继承关系为前提的。

二、 教育史上人物的评价问题

在哲学史的研究中，一个基本出发点就是：一部哲学史是唯物主义与唯心主义斗争的历史。从恩格斯到日丹诺夫都是这样肯定的。他们指的是“哲学史”。在教育学史中，是否也体现着这两个阵营、两条战线的斗争呢？我以为，在教育史中，存在着进步与反动的两条路线的斗争是没有问题的。但这种斗争是不是唯物主义与唯心主义之间的斗争呢?

要解答这个问题，我们首先要澄清一点：一个哲学家或教育学家的哲学观点与他的教育主张之间究竟存在着什么样的关系?

在有的哲学家或教育学家身上，一般哲学观点与教育主张之间的关系是十分密切的。例如杜威，他的世界观与他的教育目的论有着有机的联系；他的教学理论是他的哲学上的认识论的直接演绎。

但在有的教育学家身上，我们可以看到他的哲学立场与教育主张的不一致：他的哲学体系是错误的，但他的教育主张是正确的。在近代教育史上，夸美纽斯、卢梭、裴斯泰洛齐、乌申斯基等的哲学立场是唯心主义的，但他们的教育体系是进步的。教育史工作者将怎样说明这类现象呢?

我在这个问题上的初步结论是：教育史有着不同于哲学史的特点。套用哲学史上的两条路线的斗争来说明教育史上的两条路线的斗争是有困难的。其次，一个人的教育主张与他的哲学立场之间的关系可能是密切的，在另一个人身上，在这两者之间，也可能没有什么显著的关系。一般地说，具有唯物主义思想的哲学家，作为教育学家，一定是进步的。但一个具有唯心主义哲学思想的教育家可以对教育思想做出积极的、重要的贡献，也是数见不鲜的。

另外一种关系是政治立场与教育思想之间的关系。我觉得，一个教育家的政治立场对他的教育主张的影响，比起他的哲学观点对他的教育主张的影响更为直接与巨大。像上面所举的近代大教育家夸美纽斯、卢梭、裴斯泰洛齐、乌申斯基，尽管他们的哲学观点是唯心主义的，他们的政治倾向都是进步的，他们都是伟大的民主主义者与人道主义者。可以断言，他们对人类教育思想所做出的巨大贡献在很大的程度上，得力于他们的进步的政治倾向。

但就在这个问题上我们也不是没有困难的。柏拉图的政治倾向是反动的，但我们不能断言，他对人类的教育思想宝库，没有做出任何贡献。关于孔子的历史评价还在争论之中。但历史学家们，即使把孔子在政治倾向上划入保守甚至反动的一边，却从不吝惜给予孔子以在教育史上的崇高地位。这无异于说明了一个人的教育思想不一定与他的政治立场“正相关”的。

在评价中国近代教育界人物的时候，我们也会遭遇到这个哲学观点、政治立场与教育主张之间的关系的问题。我指的是陶行知先生。几年前，大家在批判杜威的教育思想与《武训传》的同时，也批判了陶行知的“生活教育”。大家从否定陶行知的实用主义哲学观点而否定了陶行知的全部教育思想体系，甚至忘记了他在后期的政治上的进步性。目前有的同志正相反。他们强调了陶行知晚年进步的政治立场，从而把陶行知在哲学上、教育思想上说成已经超越了杜威的实用主义。我个人觉得，陶行知晚年政治倾向的进步性是肯定的，但我们不能因此“举一反三”想象陶先生已经在哲学上从一个实用主义者变成马克思主义者，也不能想象，他在教育思想上已经离开了杜威有好远。

以上的例子无非要说明：一个人的哲学观点、政治立场与教育思想之间并不永远是“正相关”的。在个别的情况之下，一个哲学上是错误的人，可能在政治上是进步的。我们不必因为洪秀全在政治上是进步的而把他说成哲学上的唯物主义者。同样，一个在政治上是保守或反动的人也可能提供一些教育思想上积极的东西，例如斯宾塞。我们将怎样去解释教育史上的这类现象：一个在哲学上错误、在政治上保守的人可以对于教育做出一些积极的贡献。第一个说明是，教育，作为一种上层建筑，在一经形成之后，有它相对的独立性，教育思想与教育学术的发展有它自己独特的规律。但我以为，更重要的原因是：教育不仅是一种上层建筑，而且同时是一种永恒范畴，在教育中包含着一些可以为各阶级同样服务的共同因素。

在教育史的研究上，教育家的哲学观点、政治立场与教育主张之间的关系这一问题必须妥善处理。我对这一问题的初步意见是：

第一，在处理一个教育家或教育思想家时，我们可以分别叙述他的哲学观点、政治立场与教育主张。但重点应为教育主张。假使我们把三者等量齐观，甚或轻重倒置，那么，教育史将无所区别于一般思想史。这种倾向，在教育史的研究中应该防止。

第二，尽量多发掘与发扬唯物主义思想家的教育思想，但所发掘与发扬的必须是他们的唯物主义的教育思想，而不是他们的一般唯物主义哲学思想。应该指出一个教育家的世界观、认识论与他的教育主张之间的内在联系，而不是把两者机械地凑合在一起。进步的政治倾向一般会导致进步的教育结论，但也必须具体指出前者与后者之间的内在联系。

第三，在评价一个教育史上的人物时，应多从他的教育思想本身判定他是进步或保守乃至反动，而不要从他的哲学观点、政治立场上推论出他的教育思想的进步或保守、反动。

第四，不能预先臆断，凡具有错误的哲学观点、保守的政治立场的人在教育上一定是反动的。他们可能是反动的教育家，也可能具有进步、积极意义的教育思想。这需要做具体的分析。就是一个进步的教育家，在其整个教育思想体系中也会有不正确的、错误的成分。同样，在一个反动教育家的思想体系中，也可能包含某些合理的、积极的成分。这也需要具体分析。

我对于今后发展教育科学的几点意见①

/

王焕勋

在谈到今后如何发展教育科学以前，有必要首先略微回顾一下新中国成立以来我们在教育科学方面已经获得的成绩。

我认为新中国成立以来，随着经济的迅速恢复与巨大发展，我国教育科学已获得显著的成绩。它主要表现在“破”与“立”两个字上。说得具体些就是：在教育科学的领域中，我们已基本上摧毁了资产阶级的反科学的唯心主义的思想体系，开始建立起无产阶级的真正科学的唯物主义的思想体系。也就是说，我们的教育科学已开始摆脱了资本主义的道路，而在社会主义的道路上迈进了一大步。

我们知道，在解放以前，我国的所谓教育科学都是从资本主义国家贩运来的，其中居于统治地位的是以杜威实用主义为指导思想的。20多年前，许椿生先生曾统计当时全国十个大学教育院系所设教育科目不下百种。（见1935年出版师大月刊第二十期）真是“五花八门”“洋洋大观”。但是那些东西，基本上都是伪知识，算不得什么科学（当然我们也不否认今天还可从中吸取些有用的资料），而且在政治上几乎也都是反动的，都是为旧的统治阶级服务的。

新中国成立以后，我们的教育科学已呈现出一个崭新的面貌。就以“教育学”这一学科来说吧，新中国成立以后，由于我们基本上正确地贯彻了党中央所提出的“学习苏联，结合中国实际”的方针，由于教育学的教学工作者和研究工作者的辛勤努力，现在我们的教育学已从根本上摧毁了像过去“教育概论”那样的资产阶级唯心主义的、反科学的教育理论体系，而建立了以马克思列宁主义为指导思想的、真正科学的教育理论体系，它已成为为社会主义建设服务的真正教育科学，它对我们年青一代的培养上已起了伟大的指导作用。

另一方面，我们在批判资产阶级教育思想，尤其是杜威实用主义的教育思想上也获得了不小的成绩，对于实用主义教育思想要害所在——掩盖教育的阶级性，歪曲教育和政治的关系——已给了致命的一击。当然过去一个阶段的批判工作还有些

①部分节选。文章来源于《人民教育》1957年第10期。

粗糙，也不够深入，还有待今后进一步努力。

几年来，由于大家的马克思列宁主义的水平逐渐有所提高，教育工作者和教育科学研究工作者已开始运用新的观点和方法总结了我国一些优良的教育经验，写出了一些有一定水平的科学论文。同时也有些人在苏维埃教育学的启示下，开始运用新的观点和方法挖掘和整理祖国丰富的教育遗产，如顾树森先生写的《学记今译》（人民教育出版社已出版），傅任敢先生写的《学记译释》（油印本）……都是很可喜的尝试。

以上不过就“教育学”一个学科，挂一漏万地描述了一下新中国成立以来我们教育科学的根本转变和欣欣向荣的新气象。仅就这一点看，足见新中国成立以来我们的教育科学已获得巨大成绩。

那么今后如何进一步发展我们的教育科学呢？在这里也不可能详述，我现在只提两点意见：

第一，也是最重要的，就是要在教育科学中进一步树立和巩固马克思列宁主义的指导思想，进一步贯彻“学习苏联，结合中国实际”的方针。几年以来，虽然我们在教育科学领域中，也和在整个社会科学上一样，基本上树立起马克思列宁主义的指导思想，但是还不巩固，还未取得彻底的最后的胜利。在教育科学领域中，两条路线的斗争还在尖锐地继续着。毛主席说：“指导我们思想的理论基础是马克思列宁主义。”我们对于教育问题，运用马克思列宁主义的武器来研究、分析和解决，完全是应该的、必要的。在一定情况下，引用马克思列宁主义的经典著作，来阐明一定的问题，也完全是应该的、必要的。我们现在所以能够开始摧毁了资产阶级反动的反科学的教育学而建立起真正科学的教育学，其基本关键也就在此。我们现在在教育科学上运用马克思列宁主义不是太多了而是还太少。

第二，就是加强教育科学研究工作的计划性。计划性是社会主义的原则。周总理在政府工作报告中说：“社会主义的经济是有计划的经济，为社会主义经济服务的科学事业，也必须是有计划的。”右派分子反对科学研究的计划性，他们主张科学研究要分散地、自发地进行。他们的目的是要使科学研究工作处于无政府状态，使资产阶级的社会科学复辟。这是我们应该坚决反对的。我们的教育科学现在虽然已有显著成绩，但它远远赶不上我们社会主义建设的需要，它在整个社会科学中还是较薄弱的一环，要在12年内（现只剩十年多了），赶上国际水平还是一个非常艰巨的任务，所以更有加强计划性的必要。《人民教育》7月号萧孝嵘先生的笔谈中对此问题的看法，我认为也是值得商榷的。他认为现在阻碍我国教育科学发展的因素之一是“对科学研究工作的看法有问题：制订科学研究工作计划是需要的，但不能硬性规定在何时有发明或发现，规定得太死太严是不正确的”。他在这里虽然也肯定制订科学研究工作计划是需要的，但实质上是对科学研究的计划性有抵触的。

因为我们的科学研究计划从来也没有“硬性规定在何时有发明或发现”，这样不是“无的放矢”吗？

我所说的加强计划性是指三方面说的。首先就是要在全国范围内加强计划性。我建议把教育科学研究所赶快正式成立起来。由它在全国性教育科学研究工作上负起组织力量、分配任务、充实设备、督促检查、评奖成果、组织出版等任务。同时对我们当前教育建设中所存在的重大问题也负起组织讨论、研究的任务。其次就是每一所高师院校要加强计划性。要正视我们目前教育科学研究工作的主要弱点：水平不高，人力不足。老教授虽然旧的知识较丰富，但马克思列宁主义的水平一般还是很低的，思想改造和世界观的转变还是有待解决的中心环节；年青同志一般多是在业务上先天不足，必须注意培养和使用兼顾的方针。要把科学研究放在应有的地位，要解决教学和科学研究在具体安排上的矛盾。再次就是每一个教育科学工作者要加强个人的科学研究的计划性，应做长期打算，根据国家建设的需要与个人专长和志趣相结合的方针，选定研究重点，做细致、深入、系统的研究。

以上是我对今后发展我国教育科学的几点不成熟的意见。提出来请大家指正。至于教育科学研究工作的其他方面的问题，因限于篇幅，这里就不多谈了。

重视培养人的研究①

/
于光远

教育科学是什么样的科学？它包含哪些部门？这是我们进行教育科学研究首先要弄清楚的。它涉及教育科学研究的对象、范围这样一些问题。首先要弄清楚什么是教育。

究竟什么是教育呢？人们会说教育是一种社会现象，这是不错的。但是人们还会问：教育是怎样一种社会现象？教育是属于基础的还是属于上层建筑？对这个问题，我认为正确的回答应该是：在教育这种社会现象中，虽然包含有某些属于上层建筑的东西，但是整个说来，不能说教育就是上层建筑。在教育与上层建筑两者之间不能画上等号。同样，我们也不能说学校就是上层建筑，不能在学校和上层建筑之间画上一个等号。现在流行着一个观点，认为教育完全是上层建筑，这是不完全确切的。什么是上层建筑？它是建立在经济基础之上的，是反映经济基础、为经济基础服务的东西。举例来说，国家是上层建筑，就因为在一个社会中，怎么样的生产关系居于统治地位，就会有怎么样的国家。在资本主义生产关系的基础上，就会有资本主义的国家机器、资本主义的国家制度。资本主义的国家是反映资本主义生产关系的，而且，它是为资本主义的生产关系的巩固和发展服务的。上层建筑和经济基础是不能各自单独存在的，这两个概念总是成对的。这好比父母和儿女这一对概念那样。父母和儿女这样的概念是不可以单独存在的。它们和“男人”“女人”这样的概念不一样。因为“男人”这个概念是可以单独存在的。解剖一个男人，他有男人生理上的特征。“女人”这个概念也可以单独存在。解剖一个女人，她就有女人生理上的特征。但是“父亲”“母亲”这样的概念就不能离开儿女而单独存在，因为没有“儿子”或“女儿”就不成为“父亲”或“母亲”，同样“儿子”或“女儿”这样的概念也不能单独存在，因为没有“父亲”“母亲”这样的概念，也就不成为“儿子”或“女儿”。“基础”与“上层建筑”这两个概念也相类似。如果不是建立在基础之上，不反映经济基础，不为经济基础服务，就不能叫上层建筑。

---

①部分节选。文章来源于《学术研究》1978年第3期。

教育这种社会现象也存在类似的问题。当然，教育和科学技术有着若干不同，因为教育是以人为对象。但是我们仍旧可以说，教育不能等同于上层建筑。只有人们关于教育的政治观点和哲学思想才是上层建筑；只有作为国家和政治机构、政治制度中一部分的某些教育机构和教育制度才是上层建筑；只有政治、哲学、道德等教育才是上层建筑。不能说教育就是上层建筑，不再有别的东西。在教育中有许多东西就不是建立在基础之上的，不是反映经济基础，不是为经济基础服务的，它并不随社会经济基础发生变化而变化，因此就不属于上层建筑。我们在研究这样问题的时候，一定要用马克思主义的抽象法，把真正属于上层建筑的东西和不属于上层建筑的东西区别开来。事物都是复杂的。如一个国家里的教育、一个国家的学校，它本身就是复杂的，其中哪些是属于上层建筑的东西，哪些是不属于上层建筑的东西，我们不可能像做定性、定量化学分析那样，用化学试剂把它们分离开来，但我们可以用抽象法，在概念上把它们分离开来。

在阶级社会里，上层建筑是带有阶级性的。上层建筑里的国家和法，是政治的上层建筑，哲学、道德、宗教、艺术，是意识形态，也是上层建筑。这些东西在阶级社会都具有阶级性。在阶级社会里，教育中的属于上层建筑的部分也是带有阶级性的。上面说的教育中的政治观点和哲学思想等，就是这种情况。对于这部分属于上层建筑的东西，我们当然要十分重视，我们一定要对它进行科学研究，正确地对待它们。在一个社会主义社会里，我们就不能要属于资本主义上层建筑的东西，因为资本主义的上层建筑不可能为社会主义的基础服务，而只能对社会主义的基础起破坏作用。我们对资本主义上层建筑一定要持批判态度。但要批判，先要知道什么是资本主义的上层建筑，不能把不属于资本主义上层建筑的东西也说成是资本主义的上层建筑。我们知道，上一代人对下一代人传授生产经验、文化科学技术知识等，是属于教育的一个主要职能。这样一种教育职能，如数学课、物理课和化学课等课程的教学方法，就不是上层建筑的东西。如果是资本主义的上层建筑，我们就不能要，就要把它丢掉。可是我们如果在教育与上层建筑之间画上一个恒等号，把一切为我们需要的教学经验、教学方法都作为资本主义的东西来批，就会给教育工作造成严重的破坏。这是个理论问题，也是一个重要的实际问题。如果把这些东西也要丢掉，也要批，那就会对我们的教育事业造成极大的破坏。“四人帮”在教育上的破坏有一些就是同混淆上层建筑的东西和非上层建筑的东西有关的。我觉得弄清楚这个问题，对于我们教育工作是很必要的。

既然教育中既包括属于上层建筑的东西，也包括不属于上层建筑的东西，教育科学的研究就应该包括这两个部门。在我们教育科学研究中，要有专门研究属于上层建筑方面的问题的部分，这部分当然非常重要。因为我们现在这个社会还存在着阶级，还存在着社会主义与资本主义的斗争。这是属于阶级性的问题、指导方针的问题、哲学的问题，这方面的研究工作是不可少的。但是，除了这个方面以外，还要有一部分不属于上层建筑的东西，也应该大力开展研究。

我认为应该特别开展关于教育哲学的研究。自然科学从哲学中分离出来的过程，到了近代基本上是完成了。社会科学和哲学的分离过程我看还没有完成。这并不是什么坏事，哲学今天还要为社会科学起开路的作用。我认为要设立教育哲学研究所，如果办不到，可以和研究教育政治的研究组、室合在一个研究所中。

关于教育中不属于上层建筑部分的研究方面是很广的。比如，各科的教材该怎么编、该怎么教，就有很丰富的内容要我们进行研究。这种研究，涉及每门科学自己的体系、它的科学体系和进行教学的学科体系的关系等问题，这都要有系统地进行研究。应该把前人积累起来的经验、知识，用最好的、最适当的教学体系把它归纳起来，使得学生在很短的时间内可以掌握到几千年来人类积累下来的基本知识。我们应该使这一代人在20岁左右就能把前人积累的知识基本学到手。然后，他们就可以进入创造知识，给人类的知识增加一些东西的阶段。如果说，人们到三四十岁甚至五六十岁才仅仅把前人的知识掌握住，这样，他们就难于从事创造发明，知识的发展就会停滞，那么人类的文化又怎么发展呢？所以，我们总要想办法使下一代能在一个比较短的时间内把人类已经积累起来的知识学到手。这里就有很多学问，有很多的科学规律，要我们去进行深入、细致的研究。在这方面我认为除了要求广大的教学工作者在教学中进行研究之外，还应该有专门研究机构。

教育心理研究也是教育科学研究的一个重要方面，它是从人们心理、生理方面去研究人们，特别是研究青少年儿童接受科学文化知识、形成思想品质的心理活动规律的。研究人才的成长过程，总要研究人的物质基础。物质基础是什么？就是人的生理和心理。生理状况方面的问题可能简单些，教育心理问题则比较复杂。这里问题很多，应该开展这方面的研究。应该在所有师范学校开设教育心理课程。不过要开这样的课程，就得要进行研究，否则拿什么东西去教学生呢？

对教育心理的研究，可以同幼儿教育的研究问题结合起来谈。举个例说，一个人智力发展的可能性到底有多大，人的智力发展可以达到什么样的高度？这就是个很需要研究的问题。粉碎“四人帮”以后，我们强调要多出人才，早出人才，提倡广开才路，不拘一格选人才。在这种思想指导下，发现了许多“天才”儿童，也就是智力比较高的儿童（叫不叫天才儿童，这个名词可以讨论），比如科技大学招去的一个十三岁小孩宁铂，就是其中的一个例子。长时期来，我总觉得我们对人类智力水平估计低了，特别是对小孩看不起。实际上，儿童智力的发展可能比我们现在想象的要高得多，只是因为我们没有给他们好的环境，不懂得幼儿的教育心理，并且采取了一些不适当的教育方法，使孩子从小就受到很多压抑和损伤，才没有达到应该达到的程度。当然，这只是一个假设，这不是一个科学结论。但是，应该肯定，幼儿心理教育应该普及，起码先要普及到知识分子队伍里做父亲和母亲的人。因为小孩生下来，接触最多的是父母亲。一个人的智力和思想的发展，幼儿期非常重要，就像一棵树，苗正，培养得好，树就长得好。所以，一个小孩一生下来第一天就有个教育问题。将来可以考虑要求做到每个要结婚的人，特别是快要做父母的人，都要学一点幼儿心理学，这对下一代的成长关系很大。办托儿所、幼儿园，我们常常称之为集体福利，这从大人方面来说是对的，因为社会上办起托儿所、幼儿园，大人就可以省点钱、省点事。可是对小孩来说，就不是集体福利了，而是办教育的问题了。从社会的观点来看，既是集体福利，也是一个幼儿教育问题。现在社会上对幼儿教育的认识很混乱，召开手工业者代表会，让保育员参加，保育员怎么成了手工业者？这当然是不对的。还有一些人对幼儿只养不教，有的人因为生活上各种困难，对待幼儿采取了“管制”，以不让他们干扰大人的工作为原则。这样，小孩智力和身心的发展就受到很大的压抑和损伤。总之，教育心理、幼儿教育有好多问题需要研究，这是使我们能多快好省地培养人才的重要课题。这些是不是上层建筑？似乎也不是。但是要进行系统的科学研究。

我有一个浪漫主义的思想，将来有朝一日可以像遗传工程学相类似的，建立一个“教育工程学”。遗传工程学是定向地来培养一种新的生物学种类。那么，在教育方面也可以定向地培养人才。在我们对教育心理学，特别是幼儿教育心理有了深入的研究，取得巨大成果之后，也许我们可以在一个小孩生下来以后，成长到一定时候，就根据这个小孩儿的特点搞一个“设计”，要培养他成为什么样的人，什么样的性格、特长、特点，好像参数一样，搞一套“设计程序”，有目的、有计划地按程序来培养一个人。

前些日子，我以为教育工程学这样的名词是我第一个用的，后来，我看了一些书，知道外国已经用过这样的名词。比如，日本就出了一部多卷本的《教育工程学》，不过他们说的“教育工程学”和我前面讲的教育工程学不一样，他们讲的是在现代化的教育工具和教学器材的帮助下来进行教育，设计出现代化教学工具来进行“程序教学”。我认为，我们的教育科学研究也要注意这个方面。应该建立教育工具、教育物质手段的研究所，应该建立程序教学等新的教学方面的研究所。这样的研究所应该像自然科学研究所那样有各种必要的物资设备，有附设工厂、车间。当然不是大量投产，而是根据程序教学等教学方法来设计试制。试制出教育工具，用它们来进行教学试验，看看效果如何，作为对这些教育工具的检验。

教育组织的问题也要研究，也要搞这方面的研究所。我们现在的学校教育应该怎样组织起来，这是个重要问题。古时候没有现代这样的学校，现代学校的形成有一个历史过程，它是近代的产物，基本上是资产阶级社会的产物。现代的学校也在变化。西德有一本书，叫《2000 年的世界》，讲到现在的学校到 21 世纪大概就要改变形式了，也许主要不采取课堂教学的方法，这样教师学生的关系等都要发生变化。现在，在一些发达的国家里，运用了电视教学，上大课，还搞录像、录音。可以随时到别的地方放，不清楚的地方可以按电钮停下来，辅导解释一下，再接着放，效果很好。我们也可以吸取这个做法，在北京也办这么一个开大课的学校，请全国最好的、最有影响的教员来讲课。比如中国古代史，周秦这段谁最熟悉就请谁讲，两汉这段谁最熟悉就请谁讲，魏晋、南北朝、五代、隋唐、两宋、元、明、清等也是这样。还要录像、录音。录音整理出来就发讲义，听课的学生可以公开报名。假使我们的教育组织老是采取过去那种传统的手工业方式，那样，教育什么时候才能上得去？电化教学是个十分重要的手段，很有发展前途。像这样一些教育组织方面的问题，都应该好好研究。

此外，外国教育、中外教育史、特种教育（如聋哑人教育）、少数民族教育以及教育情报等，也都要专门研究，都可以成立专门的研究机构。有了许多教育科学研究机构，就可以建立起教育科学研究院。我们要像自然科学研究建立一个门类齐全、布局合理的体系那样，社会科学、教育科学也要建立一个门类齐全、布局合理的科学研究体系，而且要有相当的规模。现在，社会科学的队伍不是翻一番、翻两番的问题，就是再翻两番也还是太少。比起一些发达的国家，我们这个队伍实在小得可怜。我们的研究队伍一定要大规模地发展。这是不是“浪漫主义”？是不是“过分”？是不是有点“幻想”？马克思主义是允许幻想的。列宁在《怎么办?》中专门讲了幻想。列宁认为，一个人有了幻想，就能有追求理想目标实现的热情。我们总是要幻想一个美好的将来，为它的实现而奋斗。列宁还谈到，我们的幻想和现实找到一个接触的点，那就好了，找到了达到这种幻想的途径，找到了达到这种幻想的起点的时候就好了。列宁的教导对我们很有启发、很有教育、很有鼓舞，问题是现在我们要采取切实有效的步骤去做。比如上面说的电视教学，上大课，我们是可以做到的。只要有一个礼堂，上下午上课，一天可以上两门课，七天（包括星期天在内）上14门课，每一次课讲两三个小时。扩音器、录像机、录音机都是现成的。要搞一个强有力的教务处，教育提纲订出来后可以公开征求讲课人，不凭老资格，谁讲得好就由谁来讲。来往可以用飞机接送，适当给一点物质上的鼓励。这样，肯定可以把课讲好。只要动脑筋，想措施，很多事情是可以做得到的。又比如，在培养人才方面过去搞科学竞赛，数学、物理、化学等理科课程可以搞，文科也可以搞，可以举办青少年的演讲会、辩论会、征文等。先在县、区一级赛，再到省市赛，然后全国竞赛，省和全国的优胜者可以免试，直接进大学。这种措施就可以把一部分积极性调动起来。有一些发达国家，用国家和地方的力量办了少年科学实验馆，学校可以带学生进实验馆去搞实验，各个学校轮换来。个人愿意使用的也可以买票包一个实验室。这个办法效果很好。一个学校的力量办不了的事，由国家来办就比较容易办到。这样的事我以为是应该可以做得到的，不妨先试验一下。还有一个措施现在就可以马上做的，就是组织教育学的群众团体，成立各种研究会。建立研究所要有房子，要调集干部，困难稍多些。研究会却可以很快地广泛搞起来。比如，不久前北京景山学校、北京师范大学和人民教育出版社建立了一个中小学数学教学现代化研究会的筹备会，准备组织力量，出主意，制订一个关于中小学数学教学现代化的研究工作计划，这很好。只要认真做下去，一定会出成果的。类似这样的研究会可以多成立一些。甚至家长、教师也可以合作来研究一些问题。只要方针对头，能够收到实效，广大教师、家长牺牲一些业余时间做些工作，也是会愿意的。大家来关心教育科学研究工作，我国的教育科学研究工作就会大大活跃起来。也可办一些刊物，交换各种资料。教育学研究会的工作，可以推动教育科学研究。我想，我们的教育部、科学院、学校都会提供支持和帮助，给点钱，给些纸张，提供场所。现在我国还没有一个教育学会。建立这样的学会也是很必要的。教育学会更要把支持帮助各种研究会，当作自己的主要任务。当然这个学会也要组织各种学术讨论会，交流研究成果。办研究会，这是多快好省的事。总之，我们可以想方设法把一切关心教育工作的人组织起来、活跃起来，这样，教育工作和教育科学研究的路子就越走越宽，越走越快。如果人的培养的速度搞不上去，那我们的各项工作都会受到很大的影响，各项工作的发展速度也都搞不上去。

教育者本身也要受教育，这是个很大的问题。我们要培养出的后一代是社会主义觉悟很高，思想很活泼，责任心很强，能为社会主义革命和建设事业做很多工作的人。我们教育工作者自己也要对自己提出更高的要求。我们一定不要辜负党中央的殷切期望。动动脑筋，鼓鼓干劲，积极开展教育科学研究，为更好地贯彻“教育必须为无产阶级政治服务，必须同生产劳动相结合”的方针，搞好教育工作，实现四个现代化做出贡献！

现代生产与现代教育[①]

/

顾明远

现代教育是和现代生产联系在一起的。在现代大工业生产之前，学校教育是被少数统治阶级所垄断的，劳动者只是靠师傅带徒弟的方式获得生产经验和技能。学校教育与生产劳动完全相分离。自从出现了机器生产，即大工业生产之后，才对劳动者提出了具有一定科学文化知识和熟练技能的要求。随着社会生产的不断发展，教育也有了很大的发展。为了研究现代生产和现代教育的关系，我们首先要了解现代生产有哪些重要的特征。

一、 现代生产的基本特征

现代生产从18世纪中叶的产业革命开始，发展到今天已经历了几个阶段，但是，它的基本特征却是相同的，那就是现代生产是革命的、不断变革的。马克思在《资本论》中指出："现代工业从来不把某一生产过程的现存形式看成和当作最后的形式。因此，现代工业的技术基础是革命的，而所有以往的生产方式的技术基础本质上是保守的。现代工业通过机器、化学过程和其他方法，使工人的职能和劳动过程的社会结合不断地随着生产的技术基础发生变革。这样，它也同样不断地使社会内部的分工发生革命，不断地把大量资本和大批工人从一个生产部门投到另一个生产部门。"马克思在这里把现代生产与以前的传统生产严格地区别开来了。

现代生产的不断变革的基本特征表现在哪里呢？

第一，表现在科学技术的成果迅速运用到生产中。传统的生产所以是保守的，因为它与科学技术没有直接的联系。只有到了资本主义大工业生产，科学技术才直接与生产发生了联系，从此，科学技术从发明到应用于生产的周期愈来愈短。只要列举一些数字就可以说明：蒸汽机的发明到应用于生产经过了80年，电动机经过了65年；电话经过了50年；真空管经过了33年；飞机经过了20年；原子弹经过了6年；晶体管经过了3年；激光器经过不到1年。

---

①部分节选。文章来源于《外国教育动态》（后改名为《比较教育研究》）1981年第1期。

第二，现代生产的不断变革的特征表现在新技术、新产品迅速过时。据统计，最近十多年以来发展起来的工业新技术，到今天已有30%过时，在电子技术领域中达到50%。例如20世纪60年代初在电子技术领域中开始应用晶体管。1966年美国生产的晶体管中大约有70%用于导弹、计算机和通讯设备方面。但到1969年，美国的弹载计算机已不再使用晶体管，而改用体积更小、性能更好的集成电路。20世纪70年代初，晶体管在导弹、计算机、通讯技术等领域已经显得陈旧过时了。

第三，现代生产的不断变革还表现在生产工艺的不断革新而造成的行业的变换。由于新的技术和工艺在生产上的应用，使得一些行业消失了，一些新的行业产生了。例如美国从1949年到1965年期间，约有8 000种职业从劳动力市场消失，同时出现了6 000种以上新的职业。由于农业生产的工业化，农业劳动的性质发生了变化，农业劳动者大为减少，流入城市，转入工业或服务性行业。

第四，现代生产的不断变革还表现在人在生产中的地位发生了质的变化。人从直接参加生产劳动转到主要负责控制生产。人把完成生产中的一些逻辑思维职能交给技术手段（电子计算机等），使人从直接生产过程（不是从一般生产过程）中解放出来，体力劳动的比重减少，脑力劳动的比重增加，生产劳动逐步变为科学劳动，社会劳动不断智力化。

总之，现代生产是不断在变革的，无论是在燃料的采用上、原料的选择上、生产工艺上、生产管理上，以及人在生产的职能上无时无刻不在变化，这种变化影响着人们的一切社会生活。

二、 现代生产对教育的要求

现代生产改变了人们的一切社会生活，当然也就对教育提出了不同于过去的要求。传统的手工业生产造成人的畸形发展，现代大工业生产则要求人的全面发展。马克思恩格斯在论述资本主义生产过程中，反复阐明了这个观点。马克思说："大工业的本性决定了劳动的变换、职能的更动和工人的全面流动性。"而且认为，这种劳动的变换是大工业生产不可克服的自然规律。因此，"承认劳动的变换，从而承认工人尽可能多方面的发展是社会生产的普遍规律，并且使这种关系适应于这个规律的正常实现"，就是大工业生产的生死攸关的问题。马克思在这里提到"全面发展的个人"。他说："大工业还使下面这一点成为生死攸关的问题：用适应于不断变动的劳动需要而可以随意支配的人员，来代替那些适应于资本的不断变动的剥削需要而处于后备状态的、可供支配的、大量的贫穷工人人口；用那种把不同社会职能当作相互交替的活动方式的全面发展的个人，来代替只是承认一种社会局部职能的局部个人。"这就是现代生产对人的全面发展提出的客观要求。

马克思还指出，现代大工业的机器生产不需要像工场手工业那样，使一些工人始终从事一种职业。因为工厂的全部运动不是从工人出发，而是从机器出发，因此更换工人不会使劳动过程中断。同时，大工业的技术基础是革命的，工人的职能和劳动过程的社会结合不断随着生产的技术基础发生变革。这一切给人的全面发展提供了物质前提。

但是，马克思恩格斯指出，由于资本主义的生产方式.不断地重复着旧式的分工，并预言，由于现代生产的不断发展，旧的生产方式必须彻底变革，旧的分工必然会消失。到那个时候，“生产劳动给每一个人提供全面发展和表现自己全部的即体力和脑力的能力的机会”。由此可见，现代大工业生产从客观上要求教育为它培养全面发展的人，即“懂得整个工业生产的科学基础，而且其中每一个人从头到尾地实际阅历过整个一系列生产部门”。

怎样才能培养人的全面发展？马克思提出要给工人以教育，要把教育同生产劳动结合起来。他说：“未来教育对所有已满一定年龄的儿童来说，就是生产劳动同智育和体育相结合，它不仅是提高社会生产的一种方法，而且是造就全面发展的人的唯一方法。”

以上我们引用了许多马克思和恩格斯的论述，为的是说明马克思和恩格斯在研究和论述资本主义的过程中，对现代大工业生产和教育的关系曾做过充分的阐发。这些观点在今天更显得重要而有意义。大工业生产要求人的全面发展，这就要求把生产劳动同教育结合起来，当代意义上的现代生产就更是如此。可以这样说：教育同生产劳动相结合，培养全面发展的人是现代生产对现代教育提出的普遍规律。它不只是对无产阶级教育起作用，而且对资产阶级教育也起作用。我们考察资本主义工业化国家的现代教育可以发现这样一点：工业化国家的教育所以得到迅速的发展，正是因为它们的经济发展要求教育为它培养掌握科学技术知识的技术人员和熟练工人；同时由于教育的发展适应了这种要求，又反过来促进了经济的发展。当然，在资本主义制度下，由于资本主义生产的固有矛盾，这个客观规律不能充分发挥出来，一方面现代生产需要全面发展的人，而另一方面又有大批工人因劳动的变换而失业。这是一个绝对的矛盾。但是，资产阶级要发展生产，就必须使教育适应现代生产的要求，这条客观规律还是普遍地在起作用。普及教育、职业技术教育、终身教育等都是它在教育上的反映。

现代生产不仅对培养什么样的人提出了客观要求，而且对教育的发展规模，教育的组织、内容和方法都提出了自己的要求。

过去传统的手工业生产，它的劳动经验和技能可以由师傅带徒弟的方式传下来，劳动者的培养是个别地进行的。现代大工业生产要求劳动者具有一定的科学文化知识和熟练的技能。普及义务教育就是在这个形势下实现的。19世纪资本主义国家由于生产的需要，同时在工人阶级争取教育权利的斗争下，相继开始实行普及义务教育（表 1）。现代教育的模式实际上是在近百年来现代大工业生产的基础上形成的。不过现代生产发展到今天，特别是当代科技革命的时代，对现代教育，无论在培养人的规格上、教育发展的规模上，还是在教育制度、内容和方法上都提出了新的要求。下面我想结合第二次世界大战以后世界教育的动向来谈谈这些要求在教育上的反映。

表 1　几个资本主义国家开始实施义务教育情况

国别	最初实施年代	起讫年龄	年限	法律规定
美国	1852 年	8～14 岁	6	马萨诸塞州的 “义务教育法”
英国	1870 年	5～12 岁	7	初等教育法，伦敦市先实施
德国	1872 年	6～14 岁	8	义务教育法，但因战争未实施
法国	1882 年	6～13 岁	7	“一八七二年法”
日本	1886 年	6～10 岁	4	“小学校令”

三、战后世界教育的概况

教育的普及化。第二次世界大战以后，随着科学技术的新的发明创造在工业上的应用，现代生产需要大量受过较高教育的工人和科技人员，再加上广大群众要求受教育机会均等的斗争，中等教育在发达的国家渐趋普及，高等教育也有了很大的发展（表 2）。“人力资源的开发”被作为高速度发展经济的条件在 20 世纪 60 年代提了出来。教育投资不再被看作没有经济收益的消费性投资，而是被看作其经济效益超过物的投资的生产性投资。教育经费逐年增长。

表 2　几个发达国家学校注册人数在相应学龄阶段人口中的比率（%）

国家	年份	中等教育	高等教育	国家	年份	中等教育	高等教育
美国中等教育（6～17）* 高等教育（20～24）	1960	98	32.07	西德中等教育（6～18）* 高等教育（20～24）	1960	67	6.11
	1965	101	40.18		1965	71	8.83
	1970	101	49.43		1970	78	14.41
	1975	87	57.64		1974	82	19.28
	1976	86	…		1975	82	20.15
英国中等教育（12～18）高等教育（20～24）	1960	67	8.5	日本中等教育（6～17）高等教育（20～24）	1960	74	9.45
	1965	66	11.75		1965	82	12.95
	1970	73	14.07		1970	87	17.01
	1973	80	16.18		1975	92	24.69
	1974	81	16.66		1976	95	11.02
法国中等教育（11～17）高等教育（20～24）	1960	46	9.83	苏联中等教育（7～14）高等教育（20～24）	1965	95	29.51
	1965	56	18.20		1970	92	28.30
	1970	75	19.50		1975	91	21.73
	1975	85	24.29		1976	90	…

资料来源：联合国教科文组织《统计年鉴》1977 年。

注：＊为中小学合计。

从上表可以看出，从20世纪60年代到70年代初，几个发达国家的学校注册人数逐年增加，而且增加的幅度很大。发展最快的是高等教育，在20世纪50年代高等教育的入学率除美国和苏联外都没有超过同龄人的10%，但到20世纪70年代初几乎都超过了20%。中等教育也有很大发展，从20世纪50年代的入学率60%～70%，发展到20世纪70年代的80%～90%。由于教育的发展，劳动者的质量有了提高，出现了所谓“高学历化”的趋势。例如日本就业人员的文化水平在1965年初中毕业生占41.8%，高中毕业生占46.8%，大学毕业生占11.4%；但到1975年就分别变为9.1 %，57.3%和33.6%。苏联每千名国民经济工作人员中受过中等教育和高等教育的人数1939年为123人，1959年为433人，1970年为653人，1977年为780人。

发展中国家的教育在近20年来发展得也很快。主要是在扫除文盲和普及小学教育方面做出了很大成绩，至于中等教育和高等教育的发展，与发达国家相比，差距还很大（表3）。

表3 几个发展中国家各级学校注册人数在相应学龄阶段人口中的比率（%）

国家	年份	初等教育	中等教育	高等教育	国家	年份	初等教育	中等教育	高等教育
阿尔及利亚	1960	46	8	0.31	缅甸	1960	56	10	0.92
	1965	68	7	0.83		1965	71	15	1.26
	1970	75	11	1.70		1970	87	21	2.17
	1974	87	17	2.71		1974	83	22	2.10
	1975	89	19	3.04		1975	80	…	…
埃及	1960	66	16	4.86	印度	1960	61	20	2.84
	1965	75	26	6.77		1965	74	27	4.99
	1970	69	32	7.92		1970	72	29	6.39
	1974	72	40	12.46		1974	77	28	6.33
	1975	72	42	13.51		1975	79	28	…
赞比亚	1960	48	1	…	泰国	1960	83	12	1.92
	1965	59	5	…		1965	78	14	1.54
	1970	72	12	0.38		1970	81	18	2.02
	1974	96	14	1.11		1975	84	24	3.51
	1975	95	15	1.93		1976	83	26	…

资料来源：联合国教科文组织《统计年鉴》1977年。

教育结构的多样化。教育要适应现代生产的需要，培养掌握技术的熟练工人和为现代化社会服务的各种行业的劳动者，单一的普通教育是不能完成这个任务的，必须设有多种多样的学校，在中等教育日渐普及的今天，教育结构的多样化主要是在高中阶段和高等学校阶段。

在高中阶段，大多数国家分普通学校和职业技术学校两大体系。许多国家的普通学校又实行分科，如法国在高中头一年分成三个组，第二年开始分成五个组。此外还设有技术中学（学制三年）和职业学校（学制一至二年）。据法国教育部统计，初中毕业生中30%进入分科的普通高中，18%进入技术中学，43%进入职业学校。西德的中学从初中开始就分为三类：完全中学（九年）、实科中学（亦称中间学校，六年）、主要学校（五年）。实科中学和主要学校的毕业生主要进入各种职业学校。

职业教育和终身教育。现代生产需要具有一定技术的熟练工人和各种具有专长的职业，再加上中等教育的普及，教育如何为青年就业做准备的问题就很突出。战后各国都十分重视职业教育，并建立起职业教育的体系。美国于1963年通过了《职业教育法》，1968年又通过了修正案，极大地刺激了职业教育的发展。西德对职业教育特别重视，16至18岁的青少年约有80%受各种形式的免费义务职业教育；凡受完九年义务教育后没有进其他学校继续学习的人，都必须接受职业义务教育至18岁。苏联的职业教育单成体系，全国设有职业技术教育委员会统一领导，这个委员会直属部长会议。罗马尼亚、南斯拉夫等国也都十分重视职业技术教育。罗马尼亚从1973年起，将高中阶段全部改为专业教育。南斯拉夫于1974年召开的南共十大通过决议，在十一、十二年级直接进行职业教育或职业定向培训。

加强生产技术教育和学校同企业的联系。在重视职业教育的同时，在普通教育中越来越重视生产技术教育。苏联和东欧国家把实施综合技术教育作为普通教育的重要内容。1977年苏联通过了《关于进一步改进普通学校学生的教学、教育和劳动训练》的决议，强调中学生在学习期间应当掌握深刻的科学基础知识和劳动技能，要认真掌握一定的职业技能。为此，要利用学校附近的企业、集体农庄和国有农场给学生安排有效的劳动教学和职业指导。建议各加盟共和国部长会议指定一批企业、机构、国有农场和集体农庄建立新的教学车间，进一步扩大校际教学生产联合工厂，大力开展学生参加公益劳动的各种形式——校办工厂、学生生产队和其他组织。决议把九至十（十一）年级的劳动教学时间从每周2小时增加到4小时。

教育方法的改革和现代化教育手段的应用。战后科学技术的迅猛发展，科技情报的爆炸，使人类受到现代新知识巨浪的冲击。据统计，全世界每年发表的科学论文有500万篇，登记的发明专利有30万件。学校教育不可能，也没有必要把全部知识教给学生。这就要求把最基本的、最先进的知识教给他们，同时注意培养他们的能力，使他们能够独立思考，举一反三，善于探索新的知识。也就是说，教育不只是教会学生知道什么，更重要的是教会他们如何学习，如何去探索事物的奥秘。学生不仅是教育的客体，而且应该是教育的主体。当前教学方法的改革就是围绕着培养学生的能力这个课题进行的。

现代科学技术的发展武装了现代生产，同时也为教育手段提供了新的技术基础。电视、广播、计算机等先进技术逐渐地推广到学校中来，它必然引起学校教育的变革。但是机器总是要由人来操纵，机器的软件也需要教师来编制。所以教师仍然是不可缺少的。因为学生在学校学习绝不是简单地获得一些知识，而是要通过教学过程学会从事脑力工作，发展他们的能力，特别是要培养学生具有高尚的道德品质，更是任何教学机器所不能代替的。

参考文献

[1] 马克思. 资本论 [A] //马克思恩格斯全集（第二十三卷）[C]. 北京：人民出版社，1972：533-535，530.

[2] 孙学琛. 当代科学技术发展的特点 [M]. 北京：科学技术文献出版社，1978.

[3] 恩格斯. 反杜林论 [A] //马克思恩格斯选集（第三卷）[C]. 北京：人民出版社，1972：335-336.

现代教育的特点及其本质[①]

/

成有信

二

现代教育和古代教育的区别主要表现在以下各个方面：

第一，表现在教育目的上。现代教育的目的是使社会各阶级或阶层成员的子女成为适应现代化大生产的生产工作者和现代社会生活的成员，成为脑力劳动者、体力劳动者，或脑力劳动和体力劳动相结合的劳动者，资产阶级还要把他们的部分子女或其他阶级的个别子女培养成为新的剥削者和统治者。这就是说，现代教育在主要培养现代生产工作者（具有一定思想品质）的同时，也培养阶级的统治人才和社会公共事务的管理者。可见，现代教育在主要为社会经济文化服务的同时，也为政治服务（尽管主要是通过间接的方式）。古代教育则不同：古代学校教育的目的是使剥削阶级的子弟成为新一代的剥削者和统治者，它仅仅为剥削阶级的政治统治服务，它不培养生产工作者，它不是为生产和为经济服务的；古代劳动者教育的目的则是使劳动者的子女成为新一代体力劳动者和被剥削者。

第二，表现在教育者和受教育者上。现代学校教育的教育者是受过专门职业训练并掌握比较丰富的科学文化知识和技能的教师，其中大部分是无产阶级的或劳动的知识分子，在资本主义社会中还包括一部分资产阶级知识分子，受教育者逐步扩大到社会各阶级和各阶层成员的子女。古代教育则不同：古代学校教育的教育者除包括一部分劳动知识分子外，还有不少是古代剥削阶级社会的统治者（如官吏和僧侣）和古代剥削阶级的知识分子，古代学校教育的受教育者一般是古代剥削阶级的子弟；古代劳动者教育的教育者是父母、师傅和长者，受教育者是劳动人民的子女。

第三，表现在教育内容上。现代学校教育内容的中心是被现代生产、现代科学

---

①部分节选。文章来源于《中国社会科学》1984年第6期。

和现代社会生活所决定的科学文化知识和社会历史知识及相应的社会意识。这些内容被规定在学校的教学计划、教学大纲、教科书、参考书和其他教育文件中。古代教育则不同：古代学校教育内容的中心是寓剥削统治术于其中的社会历史知识，圣人之言和祖先遗教之类的剥削阶级意识及相应的文化知识，在我国为四书五经，在西欧则是宗教神学和古典科目，其中科学的内容和与生产有联系的内容很少。古代劳动者教育的内容主要是生产经验、劳动技艺及统治阶级的思想体系和劳动人民的某些思想意识。

第四，表现在教育的组织形式上。现代教育是在劳动过程之外的教育过程中进行的，有专门的教育机关。到目前为止，现代教育和教学的基本组织形式是和现代社会化大生产的组织形式相适应的以集体教学为基本特征的班级教育制度，与此相适应，还有一整套科学的学校管理制度。尽管这些组织形式会随现代社会化大生产的组织形式的变化而发生某些变化，例如多样化、分散化甚至个别化，但实质上组织得可能更为严密，而不大可能重新回到个别教学中去。古代教育则不同：古代学校教育虽然也是在劳动过程之外的教育过程中进行的，也有专门的教育机关，但其组织是不够严密和不够系统的。教学的组织形式主要是个别教学和自学，类似手工劳动中师傅带徒弟的方式。当然这是和当时手工劳动的组织形式相一致的。例如我国古代的私塾、西欧的教会学校就都是这样。古代劳动者的教育是在家庭或作坊中的劳动过程中进行的，教育和生产劳动还没有分离，也没有存在于劳动过程之外的教育过程及其专门的教育机关和专门的教学组织形式。传授劳动经验和劳动技艺是在劳动过程中个别地进行的。

第五，表现在教育方法上。现代教育有一整套比较科学和完整的教育、教学方法体系。为了使新一代有效地掌握系统的现代科学文化知识、社会历史知识，并培养他们具有相应的能力和思想品质，现代教育充分考虑了教育、教学过程的客观规律性，创造和运用了一系列的教育和教学方法，如讲授、谈话、观察、实验、练习、实习、生产实践、社会活动、独立研究、考试考查、奖惩等。古代教育则不同：为了培养忠君和虔信的剥削者和统治者，古代学校采取的是填鸭式灌输、呆读死记、道德说教、自我修养、体罚等方法；古代劳动者教育所用的教育和教学方法，主要是在父母、师傅和长者的指导监督下，在劳动过程中通过自身经验的积累去掌握生产的知识和劳动的技艺，其特点是在做中学，劳动就是学习。

第六，表现在学制上。现代教育具有从幼儿教育、初等教育、中等教育、高等教育到研究生教育，从普通教育到职业教育，从职前教育到继续教育以至终身教育的系统而完整的学制系统。古代教育则不同：它在学校规模上的非群众性和非普及性，决定了它在学制上的不完善性和不系统性，例如它甚至连由初等教育、中等教育和高等教育构成的学制系统都没有真正形成。

同现代教育相比，古代教育乃是教育发展的低级阶段。且不说古代劳动者教育，就是古代学校教育，整个说来，在很大程度上还带有初创的性质，只有某种简易的教育机构和某些教育思想，还没有形成从内容、形式、方法到学制的完整的教育体系和系统的教育理论，因而也没有形成完整的教育科学体系。在当时，教育学只不过是哲学的一部分。只有发展到了现代教育的资本主义阶段，从教育内容、形式、方法到学制的教育体系才逐步完备起来，教育学才逐渐具备了成为科学的条件，才从哲学中分化出来而成为一门独立的科学。到了最近一百多年来，进一步发展成为完整的教育体系和系统的教育科学体系。因此，所谓教育学，从根本上讲，乃是关于现代教育的科学。教育科学的其他门类，则是教育学成为独立的科学后分化出来的一些分支科学。

在现代教育中，资本主义教育和社会主义教育之间除了有着由现代化大生产所决定的一系列共同点外，还有因各自社会的生产关系和政治关系即各自的阶级性的不同而产生的若干本质区别。这不但表现在教育目的上和教育思想上，而且还表现在教育和教学的内容上，甚至还渗透到教育和教学的组织形式、方法和学制等各个方面。这些区别是人们熟知的，也是不应该忽视的。

四

现代教育之所以区别于古代教育，就是因为现代教育具有古代教育所没有的大生产性及与其相联系的其他特征，而这一切又是被现代大生产的本性所决定的。

同古代小生产相比，现代大生产具有以下几个明显的特征：

首先是生产的科学化。对于古代小生产来说，劳动对象和劳动资料，很多是自然界原有的东西，即使是劳动工具，也只不过是手工劳动作用过的东西。而对于现代大生产来说，它的生产工具——各种现代机器以及大多数其他劳动资料和劳动对象，都不仅只是劳动一般地作用过的东西，而是科学的物化物。而且，其科学物化的程度越来越高，因而越来越成为知识密集型生产，准确地说是科学密集型生产。这是生产科学化的根本含义，也是现代大生产的根本特征。

现代大生产的第二个特征，就是劳动科学化，通常叫作劳动知识化或劳动智力化。因为劳动者不掌握科学，没有运用科学的能力，就无法驾驭科学的物化物——现代生产设备和劳动对象。而且随着科学的发展和大生产的发展，运用科学技术直接作用于劳动对象的人员越来越少，创造与传递科学技术知识的人员越来越多，现代劳动越来越成为生产、传递和处理信息的工作，这就叫作劳动信息化。因而，体力劳动转向半体力劳动，半体力劳动转向脑力劳动，就成为现代劳动的发展趋势。这也是劳动科学化最重要的表现。

现代大生产的第三个特征是生产社会化。对于古代小生产来说，为自己消费是生产的主要目的，因而自给自足就成了古代经济的主要特征。而对于现代大生产来说，生产主要不是为了自己消费的需要，而是为了社会的需要，因而生产就成了社会化大生产。而且生产的社会化程度越来越高，从而使地区之间、国家之间甚至全世界的经济紧密地联结在一起。

现代大生产的第四个特征是管理科学化。由于生产的社会化程度越来越高，导致生产组织和社会组织也越来越复杂化，因而生产管理乃至社会管理就必须科学化。对于古代小生产来说，一家一户，一村一社，乃至一个国家，只要有家长式的管理或家长式的统治就行了，而对于现代大生产，这种家长式的管理方式则完全不能适用。这就是管理成为现代大生产和现代社会的一个至关重要的问题并成为一门极其重要的专门学科的原因，也就是现代教育要求文理渗透的一个重要原因。

现代大生产的第五个特征，即它的总特征，就是技术基础的革命性。马克思说："现代工业的技术基础是革命的，而所有以往的生产方式的技术基础本质上是保守的。"现代大生产技术基础的革命性决定了现代生产高速发展和迅速变革的特点，从而决定了对现代生产工作者和社会成员的知识、品质和个性特点的一系列要求。

这就是说，正是现代大生产的科学性及革命性等一系列特点，决定了对现代生产工作者和社会成员的知识、品质和个性方面的如下要求：要有普通的文化基础知识；要有系统的科学基础知识，不但要有自然科学方面的而且还要有社会科学方面的知识；要有综合技术知识；所有这些知识的内容及其传授的方式要成为发展他们的智力、才能，特别是他们的创造能力，即解决新问题和创造新事物的能力的手段，同时还要使他们的兴趣、爱好、意志和性格得到较好的发展。因为只有这样的人，才能适应和推动现代大生产的发展。

现代大生产正是通过对人的上述要求，推动了教育的变革和发展，从而使现代教育具有大生产性及与之相适应的下列特征：

现代教育的第一个特征是教育的科学性及教育和生产劳动的结合。如前所述，现代生产是科学的物化，或者说，科学是现代生产存在的基础。但是，科学和生产并不能自动联系起来，是现代教育把科学直接物化在生产工作者身上并通过生产工作者在生产劳动过程中再把科学间接物化在劳动对象上。这就是说，现代教育好像是一个载体，正是它负荷着科学并使科学进入了生产过程。这样，科学就成了现代教育的中心，现代教育和现代生产劳动也就以科学为基点并在科学的基础上密切地结合起来。现代教育同生产劳动相结合的本质含义就是教育要同现代生产和国民经济发展的要求相适应。因此，教育要面向现代化，就是教育要为生产现代化和科学现代化服务。

为达此目的，教育本身也必须现代化。教育现代化，其实质就是科学化。不但教育内容要科学化，而且教育方法、组织形式、学制和管理也要科学化，教育只有科学化才能培养出具有创造性的人才，才能适应现代生产和现代社会生活的需要。

现代教育的第二个特征是它的群众性和普及性。现代生产和现代社会要求每一个直接和间接参加生产的生产工作者和社会成员，都要具有相应的文化科学知识，因此，现代学校教育把培养现代生产工作者当作了自己的首要目标，全体儿童和全体青少年甚至全体居民都成了现代学校教育的教育对象。同时，随着现代生产的科学技术水平日益提高，要求生产工作者的文化科学知识水平也日益提高。这就决定了现代教育的水平、规模和结构具有被现代生产和现代科学技术发展的要求直接决定并随着它们的发展变化而发展变化的性质。这就是说，现代生产和现代科学技术由低级到高级的发展，决定了全体生产工作者相应地要有由低级到高级的文化科学技术水平，决定了现代教育的群众性及现代教育由低级到高级逐步普及的特点。

现代教育的第三个特征就是它具有高速发展和迅速变革的性质。由于现代生产、现代科学和现代教育有着直接的联系，因而生产和科学的飞速发展和迅速变革就决定了现代教育也必然具有高速发展和迅速变革的特点。如前所述，现代教育产生以来，它的内容、形式、方法和学制都有了充分的发展，仅两三百年的时间就形成了目前这样完整的体系。随着新技术革命和现代生产的进一步发展，现代教育在今后若干年内将会再次发生新的重大发展和重大变革。

最后，现代教育的第四个特征，即它的总特征，就在于它的革命性。这是因为作为现代教育发展的第一位的和最终起决定作用的现代大生产的技术基础本质上是革命的。这也就是资本主义教育之所以至今在一定程度上仍有推动生产发展，从而也有推动社会发展的作用的原因。社会主义教育之所以是革命的，之所以对生产从而对社会的发展都起着推动作用，不但因为作为它的发展的第一位的和最终起决定作用的现代大生产的技术基础本质上是革命的，而且还因为对它的发展也起直接决定作用的社会主义生产关系本质上也是革命的。在当前，社会主义教育之所以优越于资本主义教育，则是因为对社会主义教育直接起决定作用的社会主义生产关系是革命的，而对资本主义教育直接起决定作用的资本主义生产关系现阶段已经是保守的缘故。

中国教育学70年[①]

/
陈元晖

一、 前言

五四新文化运动已经历了70年，人生70年，被称为“古稀之年”，但在4 000年文化史发展的过程中，70载只是“一瞬间”。虽然在文化发展的长河中只是一段短暂的过程，但对中华民族所产生的冲击和洗涤，却超过以前所有历史时期。在这70年间，我们却看到以前从未见过的新事物，这些新事物是70年以前所未出现过的东西。以前只是幻想中的东西，逐渐都成为现实。以前只是一种理想，现在都成为事实。自然的奥秘，以前没有被揭露，现在都成为人们可以利用的东西。多少年来月球被视为是嫦娥居住的地方，有多少诗篇是在歌颂明月，幻想嫦娥，现在人类竟然能登上月球。“千里眼”“顺风耳”，只在幻想的小说中出现，现在利用高倍数望远镜，竟然能看到上百亿光年以外的类星体。地球的东西两端，可以直接面谈。这些都比“千里眼”和“顺风耳”高过多少亿倍！世界在翻天覆地地变化，中国也在惊天动地地前进。70年是前进的70年，是赛过过去的5 000年，当今，还有不少的老年人是亲眼见过1919年的天安门前的学生游行，有的还是参加者，有谁能想到现在坐在家里能看到世界和全国当天所发生的事情，能听到世界和全国当天所传来的报道。

中国70年的变化开始于五四新文化运动。从那时以来，我们加强了中西文化交流，从西方汲取了自然科学、社会科学、人文科学各方面的最新知识，呈现出百花齐放的文化发展局面。新文化运动使各门科学都不能不考虑各自的前途，改革各自的因循守旧的状况，丢掉各自的故步自封的局面。新文化运动通过百家争鸣的途径，得出了共同的为各门科学所能普遍接受的结论：要科学，不要迷信；要民主，不要专制。摆脱迷信与专制，是在百家争鸣的局面下取得的。新文化运动给我们送

①部分节选。文章来源于《北京师范大学学报》1991年第5期。

来了八字金言：百花齐放，百家争鸣。这是新文化运动在政策上的总结。过去的70年，我们执行了这一个发展文化的政策，取得了明显的成绩。今后的70年，要想百尺竿头更进一步，还必须继续执行这一经过历史检验过的政策，这应该是不用犹豫的。

二、从唯理论到经验论

总结这一次的教育运动（伴随五四新文化运动而来的新教育运动），应从总结指导这一次教育运动的理论着手，即从教育学着手。教育理论往往是支配教育运动的思想基础，是运动的精神支柱。五四以前，指导当时教育行动的是唯理论的教育思想，五四以后就急遽地以经验论教育理论代替唯理论教育理论。五四以前，京师大学堂成立（1898），在这中国近代第一所官办的大学里即有译书局的设立；该书局（1903）译有《垤氏实践教育学》5册，《欧洲教育史》3册，《格氏特殊教育学》1册，《独逸教授法》1册。“独逸”即“德国”（Deutsch）的旧译名。接着，在宣统元年（1909），四川速成师范学校学生编有《教育学》《教育史》讲义，曾由四川提学使送请清政府学部审查，因为取材过于日本化，经学部批斥，不许使用。同年，文明书局出版了《小学校训练法》《平民教育法》两书，也由于日文语气太重，遭学部批驳。这一年，由孙清如从日文译出的《教育史》，学部批准作为参考书使用。商务印书馆编的《教育学》教科书和中国图书公司出版的《教育史》，是作为这一年的师范学校教科书发行的。次年，商务印书馆出版《新教育学》教科书和蒋维乔著的《学校管理法》，这后一著作，学部批示，认为颇多经验有得之作。京师大学堂设师范馆，教育学为共同必修的科目，所以大学最早开设教育学是从这时开始（1902）。师范馆有不少日本籍教师，其中名为服部宇之吉的教师是教授教育学、心理学、伦理学课程，当时称“正教习”。日本从明治天皇执政（1867）后，向西方国家学习，教育思想从德国传来的居于领先地位，康德的哲学思想和赫尔巴特的教育思想，成为日本的重要思潮，所以，中国近代从西方传来的教育思想，首先是学习德国的。德国的教育学输入中国，是通过两条路进行的：一条是直接翻译德国的著作，如上述的《独逸教授法》及其他德国的教育学原著；一条是间接从日本籍教师讲学和翻译日本师范学校教育学教科书所取得的德国教育学知识。德国的教育学，主要是属于赫尔巴特系统的教育学。这里要特别提到教育思想家蔡元培在传递德国教育思想的过程中所起的作用。他的作用比上述的两条道路的传入，影响更大。他是当时的教育理论的唯理论路线的代表人物。

三、 从经验论到唯物论

经验论（唯心的）和唯物论（辩证的）几乎是同时传进中国的，都是在五四运动前后从西方传来的。苏联十月革命的一声炮响，给我们送来了马克思列宁主义，这是以辩证唯物论为指导思想的革命理论，使中国革命志士开始以马克思列宁主义来考虑中国的革命问题，以它为革命行动的指导，以它为行为的准则。以李大钊同志为代表的革命先驱，于 1918 年，连喊出三个“胜利”：Democracy 之胜利、庶民的胜利、Bolshevism 的胜利。如此大声疾呼，是受到十月革命的鼓励而情绪如此高昂和激动。进步学者蔡元培先生也是在 1918 年 11 月于天安门前庆祝协约国胜利的演说中喊出了“劳工神圣!”的口号。北京大学于 1919 年 3 月组织了“平民教育讲演团”，邓中夏同志是该团发起人之一。北京高等师范学校的学生于 1919 年 2 月组织了“工学会”，主张打破劳心劳力的界限，提倡学生学会做工，并帮助劳动者求学。他们认为“求真知必于劳动中得之”，并指出劳动是“道德之母”，提倡劳动主义，通过劳动把智育和德育结合起来，达到“开平等自由之宝路，促大同世界之实现”的教育长远目的。赵世炎同志也在此时提倡“工读主义”，他在 1919 年 5 月 5 日出版的《北京高等师范学校》第 69 期上发表了《工读主义与今日之中学毕业生》一文，主张“工者既可读，读者亦何尝不可工了”。他到法国勤工俭学，成为旅法共产主义小组的成员。受杜威教育学说的影响，北京高等师范学校又有“平民教育社”的组织，于 1919 年 10 月 10 日出版《平民教育》周刊，主张通过教育革新去改造社会，认为教育的“根本改造”是社会改造的根本。五四运动时期，左派和右派都一同提倡平民主义教育，但到五四运动以后就分道扬镳，大相径庭了。这主要是对平民主义（或民主主义）的解释的分歧上。李大钊同志在《平民主义》一文中说，列宁于 1919 年 4 月 15 日在第三国际大会上就指出资产阶级民主主义（bourgeois democracy）和无产阶级民主主义（proletarian democracy）的区别。“工人政治”在本质上也是民主主义的一种。“共产主义的政治学者，所以必须另立新名的缘故，乃是因为‘平民主义’的名词，已为资本主义的时代用烂了，已为卑鄙的使用玷污了。是‘新沐者必弹冠，新浴者必振衣’的意思”（《李大钊选集》，1959 年人民出版社出版，第 426 页）。由于十月革命的影响和马克思列宁主义的传入，本来对我们的理论界有条件建立起以马克思列宁主义为指导思想的唯物论（辩证法的）教育学，但当时首先由于政治上无权，所以必须集中力量做政治斗争。有了政权，才会有教育权，才有可能进行系统的教育经验的总结。有了此种总结，才能有一套完整的唯物论教育理论体系。从五四运动以后，延续 10 年，第一部唯物论的教育学著作，才由李浩吾（杨贤江）于1929年编写出来，1930年2月由上海南强书局出版。这一部以《新教育大纲》为书名的著作，是力图以辩证唯物论观点，分析教育的本质，说明教育的问题，指出教育与经济政治的关系，批判美国的教育，介绍苏联的教育。

四、凯洛夫教育学的传进

中国近代教育学70年发展的历史，可以分为前后两期，前期是1919－1949年，后期是1949－1989年，后期发展的明显标志是凯洛夫教育学取代了经验论哲学支配教育学的时期，虽然前期有杨贤江的《新教育大纲》和钱亦石的《现代教育原理》两书的出版，力图用辩证唯物主义说明教育问题，指出教育的社会主义方向，但因为政权不由人民大众掌握，教育权不在人民大众手里，所以进步的教育理论传播和发展就受一定的限制；并且，在前期中有国内军阀的混战，有日本军国主义者发动的侵略中国的战争，及打倒蒋介石建立新中国的解放战争，战争使我们无法一手抓军事，一手抓教育，更难以从事教育科学的研究。1949年中华人民共和国的成立，开始了一个政治的新时代，同时也开始了一个教育的新时代，包括教育学研究的新时代。教育研究新时代的开始，是以凯洛夫教育学传进中国为其标志。

五、20世纪50年代列宁主义教育思想在中国的传播

列宁是第一个把马克思主义理论变为社会主义现实，在他领导下建立了全人类第一个社会主义国家。列宁运用马克思主义在经济、文化落后的国家寻找到建设社会主义的规律，用来指导苏联的革命和建设，取得了第一个社会主义国家在全球出现的伟大胜利。这在人类发展史上是空前的、破纪录的。列宁用革命成功的事实，证明了马克思主义的正确，并用这一事实，具体发展了马克思主义，把马克思主义提高到列宁主义阶段。

六、最近10年对苏联及美国教育家新思想的介绍和研究

从20世纪60年代后期到70年代初期，我们国家经历了史无前例的长达10年的“文化大革命”，“四人帮”对科学和文化的破坏及所造成的恶果是极其令人痛恨的。在10年的长时间里，教育遭到严重的摧毁，不仅大部分学校关闭，而且欺骗青少年，组织他们去进行打、砸、抢、斗，用剥削阶级最腐朽最反动的思想毒害青少年，制造出不少的“文盲加流氓”式的人物。教育遭到严重的破坏，教育理论谁敢去问津？教育的科学研究机关也随着学校的关闭而关闭，教育科研人员也大部分

改行去从事别的行业了。粉碎“四人帮”以后，社会秩序逐渐恢复，教育战线进行拨乱反正，学校听到读书声，研究人员也开始动笔，恢复教育理论的研究工作了。

教育科学研究停顿了10年，社会秩序一恢复，就对教育提出了大量的问题，需要教育家和教育理论家做出回答。自己答不出来的，需要请教外国。向苏联请教的，不仅是凯洛夫一家，还有赞科夫、苏霍姆林斯基、巴班斯基等多家。不仅以苏联作“他山之石”，还向美国吸取一些新的教育学说，介绍有影响的教育思想。在十年“文化大革命”时期，教育理论界万马齐喑，而进入20世纪80年代却呈现出万马奔腾的气概。

七、最近10年来中国自编的《教育学》教科书

从1976年10月粉碎了“四人帮”以后，以1978年12月党的十一届三中全会为起点，中国人民开始了新生活，从万马齐喑又进入社会主义建设万马奔腾的时期，各项工作也都恢复到正常发展的局面。学校恢复正常上课，教育科学机关也纷纷开始重建，继续进行中断了10年之久的教育科学研究工作。

教育的重建所要求于教育学者莫过于编写一本教育学科学书，以应教师开课的急需。师范大学的教育系、师范院校的公共必修课，都急需一本教科书，所以，教育学研究的重新上马，是先从编教育学教科书着手，这是各级师范学校的教师和学生对教育学者的迫切要求，也是教育学者责无旁贷的任务。但编写一本教科书，不是一朝一夕就可以立刻拿出书来，应急的措施只好由国家出版社重印1961年5月成立的“高等学校文科教材编选工作组”聘请刘佛年主编的《教育学》的讨论稿，这一本教育学是在1961—1963年前后连续3年之久由本国教育学者和大学教师联合编写的自编的教科书，也是企图有别于凯洛夫主编的《教育学》的一本新的教科书，或者也可以说是力图能超过从外国翻译过来的教科书。经过编者的努力，该书也确实取得了新的进展，体现出自己的特点，总的说是不错的。这一本《教育学》的编写组是集中全国的名学者联合编写的，不是由上海师范大学一校编写的，只是主编是上海师范大学的校长。

八、教育学今后70年

回顾了教育学这一门科学70年的历史，自然地自己给自己提出一个问题：今后教育学会向何处发展。一些学者如科学学的创始人贝尔纳和著名心理学家皮亚杰均不承认教育学是一门科学，那么下一个世纪的教育学是否会从科学史上消失呢？我有信心，教育学不仅不会从科学史上消失，还会发展壮大，成为一门与物理学并

驾齐驱的学问。有人类就有教育，有教育就有教育理论，有教育理论就有教育学。养牛养马有畜牧学，难道对人类本身的培养和教育的大事就不能成“学”。教育，是人类生存和发展的重要条件之一，没有教育，人类就会退化到野蛮以至于丧失“万物之灵”的资格。人类发展的历史为教育的历史作了证明。那么今后的教育的历史会怎样发展呢？又如何去说明它的发展规律，教育学和教育学史应该负担这一“说明”的任务。

教育学理论的提高来自教育事业的发展，要估计教育学发展的方向，必须先了解教育发展的形势。那么，估计 70 年后的教育学，时间不是太遥远吗？写这一节文章时事先我也考虑这个问题，考虑是否写最近 5 年或本世纪的 10 年。5 年计划和 10 年计划中对教育理论研究的发展计划，已集中了许多专家在草拟，一个当前不是以教育学为研究专业的人怎好置喙呢？我谈的“今后 70 年”，不是谈具体计划，而只是谈对今后的“理想”和“希望”，并且 70 年也不能说是太遥远，对教育的效果的要求，年头要放长一些。

钱学森同志在 1989 年 3 月 13 日的《光明日报》第一版上发表了题名为《我们要看到二十一世纪》一文，全文仅 780 字，但内容很丰富，详细谈到了 21 世纪的教育前景：第一，要研究充分使用高技术手段；第二，打破教育与国家事业的界限；第三，国家教育委员会要成为真正的统管教育的国家机构；第四，要提高教师的社会地位；第五，要研究新的学制；第六，发挥离、退休人员的作用。这六项内容，我认为没有一项不可以列入教育科学研究课题。第一项，高技术手段在教育上的应用，将会大大提高教学质量，减轻教师的教学劳动及工作量。电子化字典的产生和电子辞典的产生，对传授知识的作用与教师的口讲面授，其速度和准确性是难以比拟的。同一年的 2 月 8 日我又曾看到苏联塔斯社从东京发出的一则电讯，说日本专家答应在 1991 年组装好第一批第 5 代计算机。富士通公司的专家们在世界上首先制成了类似神经细胞的万能记忆元件，由这种元件组成的成千上万系统将成为具有“人工智能”的神奇的电子计算机的“脑”。高技术手段应用到教育上，将是今后 70 年的教育大事，它将大大改变过去的教育内容和教育方法。我曾说过，教育学的突变可能要靠物理学家，今后 70 年将是物理学家兼任教育学家的时代。

高技能职业的涌现，也将逼使教育做出适应社会新需求的改变。1989 年 2 月 27 日至 3 月 3 日，《参考消息》连续 5 天刊登了美国康·科尼恩写的《2001 年的职业》一文说，现在是史无前例出现许多新职业，这种新职业还在大量增加。未来大学生将要学习：酶研究、遗传工程、仿生学、机器人制造。高技能职业教育包括机器人技师、激光技师、电脑辅助技师、危险废料处理技师。今后的教育要准备培养上述人才。如何培养高技术人才，教育科学研究人员如何适应科学发展形势，研究新教育理论，现在必须早做准备，以后教育事业家会不断向教育学家提出新要求，这都不能临渴才掘井。

微观教育将进入教育学研究领域，"潜移默化"是中国传统的教育方法。"潜"和"默"就是看不见的和闻不到的。过去形容教师对学生的影响说是"春风化雨"或"如坐春风"，也是形容潜移默化的作用。

宏观教育也将是教育学的重要课题。教育经济学和教育社会学已开始研究，但因投入研究人力不多，所以成绩也就不大。还缺教育政治学，古希腊亚里士多德在他的《政治学》一书中谈教育问题，说明他早就看到教育与政治的关系。

教育学要与未来学结合。教育要培养学生的"理想"，"理想"是属未来的，当前的东西就不能称它为"理想"。"百年大计"与"百年树人"也都是说现在下功夫培养年青一代。收获和成为人才，是在离校去工作的时候。人类是面向未来的，但没有教育的未来，也就没有人类的未来。对社会未来的预测和估计，教师比未来学家更有权威，因为人才如何培养，素质如何增强，决定于教师，不是决定于未来学家。教师是塑造人类的工程师。

要有一本真正的"教育哲学"，教育与哲学的结合，要使它成为混凝土，不是一堆沙石。如果教育学是沙，哲学是石，堆在一起永远成不了建筑大厦的材料。不能只从哲学家那里去寻找教育哲学，教育哲学应由教育学家来写。教育哲学是教学生哲学地思考问题，所以不能不谈人应该怎样思考。教育哲学要反对形而上学，形而上学支配教育学时间很长，所以教育哲学的核心问题是把辩证法引进教育学中来。教育学还应把"一般系统论"引进来，需要它的"开放"理论，这样就不会使教育学家缩在个人天地里，成为一粒茧子，与其他各个茧子之间没有共同语言。

最迫切的希望是能写出一本新教育学，在今后70年的头10年，即本世纪之内，出版发行。不是教科书，而是学术性的著作。教科书是供初中或高中毕业后进师范学校或大专师范院校的学生的读物，它一般要适合于学生的文化水平，并且因为课时的限制，篇幅要求适应课时。新教育学应该是总结中国古代文化遗产的著作，它不是"进口教育学"，而是自己的2 000年的宝贵经验的结晶。"他山之石，可以攻玉"，与外国朋友们或学者们的琢磨是不能忽视的，但忽视自己积累达2 000年（以孔子的《论语》算起）之久的宝贵遗产，是不能编出新教育学的重要原因之一。对中国古代的教育学理论遗产的继承，不是以引用古人的片言只语为标志，应该是一种系统的总结。当我看到某一本教科书中引了几句中国古人的名言，来证实外国某一种理论时常有喧宾夺主之感。

新教育学应该是辩证法的。现在有不少的名教育学者和心理学家都在发掘学生的潜力，都认为当前的教育的缺憾在于挖潜力的工作做得差。是否学生有无穷无尽的潜力可挖，这决定于学生的具体情况。为什么有些家长反映他的儿女们的学习负担太重，影响他们的身心健康？如果以百分数划分学习的优劣等级，是否个个学生都可以达到100分？未达到满分是否就是教师的失职？是否人人皆可以为尧舜，实际上是找不到证明的。还有把教师所起的作用认为是主导的，而且有人还认为这种主导作用是“绝对的”，后来自己觉得不对，就添上学生是主体，这样就平分秋色，不畸轻畸重。不管他如何用“主体”去平衡“主导”，我觉得不如韩愈说的好。他说，“弟子不必不如师，师不必贤于弟子”（《师说》）。这是辩证地看待师生关系。“道而弗牵，强而弗抑，开而弗达”这12个字是说出教学的辩证关系，这12个字可以阐释发挥成为一本“辩证的教学论”著作，出版后也许可以成为名著，但有谁肯从事这一工作呢？对多找出一两条“教学原则”有兴趣，对阐述辩证法教学兴趣不大，这是学风的问题，教育学界树立起辩证法的学风，新教育学的问世，就为期不远了。我们期望着。

中国教育学百年（下）[①]

/
瞿葆奎

二、教育学中国化的探讨

教育学中国化也是一个过程。在20世纪的一二十年代，教育学中国化的思想从“经验层次”上被提了出来。如1911年的《教育杂志》中评价张继煦的《教育学讲义》时说：“现今坊间所通行之教育学，出版者寥寥数种类，皆译自东书。新理则具，而于我国之国情，多枘凿不合。”而张继煦的这本《教育学讲义》，“于发挥我国国粹，抉摘近时利病，多有独到之处，迥非寻常译籍可比”。（《教育杂志》1910年，第2年第5期）于是，编写适合我国情况的教育学著作成为一些研究者的动机。又如张子和在谈编写《大教育学》的意图时说：《大教育学》“其原本，实草创自日本教习松本、松浦二氏之手。余为中国产，思欲讨论修饰，以适合于中国教育界之理想实际，遂不惮搜集近今东、西人之名著，参合而折衷之，思想之崭新，资料之弘富，盖皆余事也。”后来，随着各种新教育思想和教学法的传入，怎样吸收并改造使之适合我国情况，成为人们不得不认识的问题。“我们采取人家发明的教学法绝不是抄A即A，抄B即B，照抄一下就算的，必须将AB结合，化成一个适合国情、童心的C来，才是教育者的天职。”还有人说：“中国之社会，乃生中国特有之教育问题”，所以要“就吾国各地现今通行之旧教法中，尽量采用新方法之长，而焙成一效果宏著而适合于吾国各方面现状之‘小学新教学法’。”这种例子是不少的。

较早提出“教育中国化”概念，并从理论上始予以论证的有庄泽宣。他于1929年提出教育中国化的标准：（1）合于中国的国民经济力；（2）合于中国的社会状况；（3）能发扬中国民族的优点；（4）能改造中国人的不足。

教育学中国化源起于对外来教育学的思考，是中与外的问题，是教育学领域中的中外关系问题。教育学中国化也就是教育学本土化的问题、教育学民族化的问

---

①部分节选。文章来源于《教育研究》，1999年第2期。

题。在百年的中国教育学史上，由于各阶段外来教育学的主体不同，因此教育学中国化的对应性也有差别。

逐步深入地研究教育学中国化是新中国成立之后尤其是近十多年来的事情。

1951 年，《人民日报》发表了钱俊瑞为纪念中国共产党成立 30 周年而作的论文：《学习和贯彻毛主席教育思想》。接着《人民教育》以这篇文章为代社论；《新华月报》在转载时，加了“编者按”：“这篇论文对毛主席教育思想的特点、内容作了系统的介绍和阐述。我们号召全国教育工作者研究和讨论这篇文章，以便在毛主席教育思想基础上逐步建立新中国的教育科学。”也许可以认为这是新中国成立之后教育学中国化的早期信息。又如 1954 年的《初级师范学校教育学教学大纲（草案）》说，这个大纲是参照苏联教育学的一般体系拟定的；又说，新中国的教育学是研究对新生一代进行社会主义教育的科学，它是马克思列宁主义教育学说与中国教育实践相结合的产物。1956 年的《师范学校教育学教学大纲（试用）》和《师范学院、师范专科学校教育学试行教学大纲》，都提到它们是参照了 1954 年苏联教育部批准的师范学院教育学教学大纲，结合我国过渡时期的实际情况制定的，等等。

这里可以窥见，当年讨论教育学的中国化，一方面是以马克思主义教育学说、毛泽东教育思想为指导，以中国教育实践为出发点，建立中国的社会主义教育学；另一方面又认为当年苏联的教育学就是马克思主义教育学的化身，就是社会主义教育学的标准模式。其实它最多是“苏联化”的产物，可是把它看成是准经典性的权威理论。经过这个“代数学”，于是出现了一个非逻辑的“逻辑”，教育学中国化似乎可以“简化”为苏联教育学与中国教育实践相结合。当年在中国化问题上，我自己就是反映过这种错误“思维逻辑”的一个例子。

1961 年 4 月，周扬在高校文科教材编选的意见中说：“要编出一本好的教材首先要总结自己的经验，整理自己的‘遗产’，同时要有选择有批判地吸收外国的东西，只有这样，才能编出具有科学水平的教材，才是中国的教育学、中国的文艺学。”这是一个中外与古今的问题。所谓只有中没有外，就没有全面观点；只有今没有古，就没有历史观点。这是个正确的命题。

尽管如此，教育学中国化仍然是、也必然是“路漫漫”的。把起点与终点放在中国，深入而系统地研究中外古今的教育理论和实践，更加深入而系统地研究中外当今的教育理论和实践，博观精考，科学地进行总结，批判地进行选择，这大致是 20 世纪 80 年代教育学中国化——创建有中国特色的社会主义教育学——的基调。《教育研究》杂志还于 1991 年 5 月辟《教育理论与教育实践》专栏，开言路，集思益，历时七月余。这方面的广泛探讨和争鸣使人们的认识逐步相对集中起来。教育学中国化的思路大致从两方面展开：一是“个性为主”的中国化，即充分重视本国教育实践，注重中国教育规律的探索。这样，教育学中国化体现在：（1）把马克思列宁主义教育学说和毛泽东教育思想同我国当前的社会主义教育实践相结合，以建立具有中国特色的社会主义教育学为目标。（2）重视我国教育经验的总结。通过三个途径积累本国教育材料：整理古代教育经验，发掘教育遗产；总结老区的尤其是新中国成立以来的教育经验；立足当前我国的教育实际，采用教育实验、调查等积累本国材料。（3）科学地吸收国外先进的教育经验、有益的教育理论，但理论体系的建构须以本民族的教育经验为主体。（4）此外，在语言、行文和体例上，要适合中国人的语文习惯。

另一种可以说是“共性为主”的中国化。例如董远骞认为，要立足于中国实践，但要重视和强调在寻求中国教育规律的同时，探索普遍的教育规律。教育学中国化体现在普遍性与特殊性的结合上。又如鲁洁认为，作为一种特殊的教育学，就必然存在着一个普遍性与特殊性的关系问题，这两方面的内容形成教育学多层次的结构：第一层反映的是教育的普遍规律，只有通过它才能把教育的一切现象、一切过程联系起来，揭示教育的本质，形成教育学的统一；第二层反映的是某一种生产力发展水平，某一种经济形态下的教育及其规律；第三层反映的是某种社会制度下的教育现象及其规律；第四层反映的是当前历史条件下我国教育的规律。论者同时认为，不能脱离当代高度发展的国际背景来考察具有中国特色的教育学问题，在我们建构的教育学中，共性的因素应显得更为突出。20世纪80年代以来，也许可以认为，不少教育学在共性寓于个性之中的中国化道路上毕竟不断取得了一些新的进展。

也有研究者对中国特色教育学这一“口号”提出了异议，认为并不存在一种有某国特色的教育学，科学无国籍，它探求的是普遍规律。因此教育学中国化不是一个学术概念。如果据布雷岑卡的观点，教育学分化为教育科学（科学教育学）、教育哲学（哲学教育学）和实践教育学的话，那么，科学教育学是没有本土化、民族化特点的；而哲学教育学和实践教育学则面对着教育行动取向的问题，所以就有地域、国家、民族等特点了。

那种认为我国教育学是“先抄日本”“继袭美国”“再搬苏联”的说法，是一种“简单化”了的认识。在教育学中国化的道路上有做得多或少的差异，有做得好或不大好（甚至不好）的区别，可是不能完全否定我国多少代教育学者在中国化上的劳心与劳力。教育学中国化这篇“文章”没有做完，也不可能做完。甚至这也是一个永恒的课题。探讨教育学中国化的目的，是在历史唯物论的指导下，创建中国自己的社会主义教育学。这是我国教育学领域里“无限多的有限的人的头脑”认识的成果。只有建立了，并不断完善自己的具有中国特点的教育学，才能宽步教育学的国际学术之林。

三、教育学现代化的追求

如果教育学科学化可以说是侧重于内容的话，那么，在一定意义上相对而言，教育学中国化可以说是侧重在空间，教育学现代化则可以说是侧重在时间上说的了。如果教育学中国化是反映民族精神的话，那么，教育学现代化则是表述时代精神的。如果说教育学中国化和现代化是过程的话，那么教育学的民族性和时代性则是属性了。

据一些学者研究，我国现代化意识的最初萌芽，始于鸦片战争以后。当年，梁启超所说的“新化”，陈独秀所说的“欧化”，胡适等人所说的“西化”，是20世纪初中国思想界对“现代化”的理解。“现代化”一词，在五四运动以后已偶尔出现，而且“现代化”与“西方化”并提。“现代化”一词作为新的社会科学词汇在报刊上使用，由“西化”引出“现代化”，则在20世纪30年代。

20世纪40年代初，冯友兰对“现代化”的一段话倒是“入木三分”的。他说：“以前人常说我们要西洋化，现在人常说我们要近代化或现代化。这并不专是名词上的，这表示近来人的一种见解上的改变。这表示，一般人已渐觉得以前的所谓西洋文化之所以是优越的，并不是因为它是西洋化，而是因为它是近代化或现代化。我们近百年之所以到处吃亏，并不是因为我们的文化是中国化，而是因为我们的文化是中古的。这一觉悟是很大的。”

新中国成立以后，我们是“一边倒”的，曾在相当长时期内自我封闭于西方教育学现代化，这是历史教训。在那场称之为“文化大革命”的最大政治运动画上句号以后，1979年召开了全国第一次教育科学规划会议，提出了解放思想，冲破禁区，向教育科学进军的号召，提出了“教育科学研究必须为社会主义四个现代化服务”的号召。教育是打开通往现代化道路大门的钥匙。教育现代化与“四个现代化”是唇齿相依的。教育学现代化在一定意义上是教育现代化的一个条件。

教育学现代化可以说源起于对传统的思考，核心是以其保守、落后的因素为对立面。要教育学现代化，就要反对泥古守旧。在教育现代化的行程中，一个明显的案例是教育学的“分化”。

在19世纪末，尤其是20世纪初，从一门教育学的母学科或课程中已分化出了教育哲学、教育心理学、教育社会学、教育行政学、教育统计学等；课程论、教学论、德育论大致也在20世纪一二十年代中开始建立起来。30年代，比较教育学也独立“开户”；二战以后，教育经济学、教育技术学等也脱颖而出；等等。

新中国成立以前，在高校的教育学系，作为课程来说，总是设置如教育哲学、教育心理学、教育行政学、教育统计学、比较教育学以及教学论（普通教学法）、德育论（训导原理）等课程，甚至开设教育社会学、教育生物学、课程论等课程。新中国成立以后到“文化大革命”以前，除教育心理学外，其他课程几乎都消失了。这是取法于苏联模式。教育学现代化是一个向前变化的过程，是一个向上变化的过程，是一个发展、扬弃和创新的过程。回顾这段往事，我国教育学在客观上是自甘游离于现代化之外了。粉碎“四人帮”以后，尤其改革开放以后，教育学领域学科的研究、课程的设置就逐渐步上了现代化的征程。可是教育学现代化是不能一劳而永逸的，它是随着时代的变化不断行进的。

分化是当代教育学发展的一个重要趋势，它借助两种途径：一是“衍生性”分化，即从教育学内部纵向分化出许多分支学科。二是“交叉性”分化，即教育学与其他学科“联姻”的横向分化，又分化出许多分支学科。按我们初步的分类设想，以对象为依据，教育学学科可以分为两大类：第一类是以教育活动为研究对象的学科；第二类是以教育理论为研究对象的学科——元教育学。第二类学科是在第一类学科发展的基础上产生的，是第一类学科发展“自我意识”产生的标志。

纵横两种分化，教育学已有一个庞大的“家族”，已分化为一个庞大的教育科学群体了。进一步的发展，可能呈现相对意义上全方位、多层次的格局，由一级分化向二级分化甚至三级分化拓展。目前，我国教育学主要处于一级分化阶段，这是我国教育学现代化取得的成果。这里只能举例而已。

就衍生性分化而言，在一支上，上述许多教育学教材，可以说是中小学教育学的。此外，还有学前和高教方面的，如黄人颂主编的《学前教育学》（人教社 1989 年版）等，潘懋元的《高等教育学》（人教社 1984 年版）等。在另一支上，有如王策三的《教学论稿》（人教社 1985 年版），吴杰的《教学论——教学理论的历史发展》（吉林教育出版社 1986 年版），钟启泉编的《现代教学论发展》（教育科学出版社 1988 年版），李秉德主编的《教学论》（人教社 1991 年版），吴也显主编的《教学论新编》（教育科学出版社 1991 年版）等；又如陈侠的《课程论》（人教社 1989 年版），廖哲勋的《课程学》（华中师大出版社 1991 年版），靳玉乐的《现代课程论》（西南师大出版社 1995 年版）等。

就交叉性分化而言，如鲁洁主编、吴康宁副主编的《教育社会学》（人教社 1990 年版）；如杨葆焜主编的《教育经济学》（华中师大出版社 1983 年版），厉以宁的《教育经济学》（北京出版社 1984 年版），邱渊的《教育经济学导论》（人教社

1989年版）等；如黄济的《教育哲学》（北京师大出版社1985年版，初稿1982年版），傅统先和张文郁的《教育哲学》（山东教育出版社1986年版），刁培萼、丁沅的《马克思主义教育哲学》（华东师大出版社1987年版），张家祥等的《教育哲学研究》（复旦大学出版社1990年版），曾成平的《现代教育哲学新论》（重庆出版社1991年版），王坤庆的《现代教育哲学》（华中师大出版社1996年版）等；还有以流派编著的，如崔相录的《二十世纪西方教育哲学》（黑龙江教育出版社1989年版），陆有铨的《现代西方教育哲学》（河南教育出版社1993年版）等。此外，如王承绪、朱勃、顾明远主编的《比较教育》（人教社1983年版），吴文侃、杨汉清主编的《比较教育学》（人教社1989年版）等。

分化会不会导致教育学的“解体”或“终结”？“杞国有人忧天倾”是不必的。分化出的各分支学科之“和”并不等于整体的教育学。也就是说，分化出的任何一门分支学科各自接触教育活动的某一方面，从某一方面揭示教育的本质属性。这些方面的认识不能通过简单相加形成关于教育学的整体认识。相反，对这些认识进行必要的抽象，再概括出具有普遍意义的原理，有关教育的整体认识才可能形成。而这种使命舍教育学而谁?！教育学分化的现象背后，有着深厚的统一的基础，也就是所有分化出的任何一门学科都聚焦于教育，也就是说，它们都以教育现象为汇集点。这与物理学与化学，社会学与经济学，以及心理学等分化出许多分支学科以后自身依然存在的道理是一样的。因此，可否认为有关教育知识的学科经历了一门“教育学”到多门教育学科的发展过程；另一方面，教育学既是一门整合的学科，又是多门教育学科的总和。这也许就叫分化与整合的辩证法则。

20世纪80年代中，运用系统论、控制论、信息论横断学科提供的思想方法和具体研究手段来认识和研究教育现象，也取得了成果，这也是我国教育学现代化的一个侧面的反映。横断科学的出现是现代科学整体化和综合化趋势的一种表现。它沟通了不同学科、不同领域的联系，尤其是沟通了社会科学与自然科学的联系。

参考文献

[1] 张九如. 大教育学［M］. 上海：商务印书馆，1914.

[2] 张九如. 协动教学法的尝试［M］. 上海：商务印书馆，1925.

[3] 李邦和. 小学旧教法中参用新教法之实验方案［J］. 教育杂志，1927（19）.

[4] 庄泽宣. 如何使新教育中国化［M］. 民智书局，1929：23-24.

[5] 瞿葆奎. 关于教育学“中国化”问题［J］. 华东师大学报（人文科学版），1957（4）.

[6] 叶澜，唐莹．教育学体系［A］//社会科学争鸣大系（教育学卷）［C］．上海：上海人民出版社，1992：27-28.

[7] 董远骞．试谈教育学的深度和广度［J］．教育研究，1983（11）.

[8] 鲁洁．建设具有中国特色的社会主义教育学管窥［J］．教育评论，1988（1）.

[9] 丛立新．关于“建立有中国特色的教育学”口号的争议［J］．中国教育学刊，1993（2）.

[10] 罗荣渠．中国近百年来现代化思潮演变的反思［A］//现代化新论［M］．北京：北京大学出版社，1993.

[11] 冯友兰．新事论［A］//三松堂全集（第4卷）［C］．郑州：河南人民出版社，1985：225.

[12] 唐莹，瞿葆奎．教育科学分类：问题与框架［J］．华东师大学报（教科版），1993（2）.

论教师的主导作用和学生的主体地位[①]

/
王策三

一、 必须坚持教师的主导作用

教学论中对“学”的重视、研究不够，并不是由于对教师主导作用讲多了或抬得太高了，从而应该少讲一些或贬低一些，恰恰相反，要真正重视并切实搞好“学”还必须强调更好地发挥教师的主导作用。如果不是这样地提出问题，那么，我们就会重犯教育史上所谓的“传统派”和“进步派”的错误。强调“教”就轻视“学”，强调“学”就轻视“教”，从一个片面走向另一个片面，来回摇摆，反复循环。

在教学中，教师起主导作用具有客观必然性和必要性。教学的方向、内容、方法、进程、结果和质量等，都主要由教师决定和负责；相反，学生决定不了，也负不了这种责任。教之所以起主导作用，按通常的讲法，是因为教师受党和国家的委托，“闻道”在先，而且受过专门的教育训练，教学方向、内容、方法等都已掌握，而学生尚未“闻道”，特别是中小学生，正在发展成长时期，知识和经验都不丰富，智力和体力还不成熟，他们不可能掌握教学方向、内容、方法等。好比探险、行军到一个新的地方，一开始总是向导如何领路便如何走，是正向还是偏向，是顺利还是困难，是迅捷还是曲折，都主要决定于向导。教师之所以起主导作用，还有其更深刻的根据，就是唯物论原理所揭示的客观规律：人是环境和教育的产物。教师当然代表不了学生外在环境和教育的全部，但却像一个聚光镜一般，把外部环境和教育对学生提出的要求和提供的条件，集中起来发挥影响，而学生这方面，他们的学习动机、学习行动、学习方式方法，以及学习结果所获得的知识、思想和能力等，都不可能是主观自生、自发、先验的东西，必须而且在正常情况下可以接受、吸收来自外部环境和教育的影响，主要来自教师的影响。历史的经验、特别是反面的经验一再证明，教师主导的原则一定不能放弃。儿童中心主义在各种文化背景、社会

①部分节选。文章来源于《北京师范大学学报》1983 年第 6 期。

制度和各个时期的实验，几乎都是失败的记录。苏联在20世纪20年代吃过大亏。道理本来极为简单。教师主导原则是使教学沿着社会主义正确方向高效率地进行，并获得好的质量的保证。教学过程是非常复杂的，中小学生是幼稚的儿童，要求幼稚的儿童去对非常复杂的教学过程做出各种选择和决定，其成败利弊不言而喻，儿童中心主义的主张的荒谬正在这里，我们绝不能重蹈历史的覆辙。

二、 教师主导作用要与学生主体地位一致

但是，多年来我们对教师主导作用的理解和贯彻的确存在着问题，直接导致对“学”的忽视。其表现之一，就是往往把教师起主导作用和为“学”服务割裂；相应地，把学生的被领导地位和主体地位对立起来。按照非此即彼的思想方法看问题也只能如此：既然教师居于主导地位，学生就居于被领导地位，就必然服从教师，那么，也就不能说什么“教”为“学”服务和“学”是主体。其实，学生和他们的“学”，固然是在教师的“教”的领导下进行的，但是，“教”却又是为“学”而存在的，否则就毫无意义，教师主导作用必须也必然有一个落脚点，这个落脚点只能是“学”；教学所追求的目标和结果，一定要由“学”体现出来。更为重要的一点，“学”是学生自己的独立的主动的活动，教师包办代替不了。上边已经提到，教师的主导作用实质上是环境和教育对人的发展的主导作用，这是唯物论的原理，但是跟机械唯物论不同，辩证唯物论认为，人不是环境和教育的消极产物，而是在积极主动地作用于环境和改造环境中接受教育影响的。换句话说，人既是环境和教育的产物，又是反映和改造世界的主体，没有主体的能动活动，则任何环境和教育都不起作用。同样的道理，如果没有学生的主体作用，也就没有教师的主导作用。

三、 教师发挥主导作用不应是径直的过程

过去，对教师主导作用理解和贯彻不好从而导致对“学”的忽视，再一个具体表现，就是把教师发挥主导作用看作一个径直的过程。我们有意无意地把事情理解成这样：教师教了，学生也就学了，多教多学，少教少学，不教不学。这样，“学”，归结于“教”，简单地从属于“教”，失去了相对的独立性，实质上被取消了。

在通常的情况下一般是多教多学，少教少学的，但是我们还看到另外许多不同的现象：有时教师稍加指点，学生即能举一反三；有时教师教得辛辛苦苦，学生却充耳不闻，为什么出现种种不同的情况呢？这反映了不同学生的主体能动作用不同，也说明教师发挥主导作用的过程不同。教和学通常相对平衡的现象，掩盖了教师发挥主导作用的内部的真实的过程，即教师的教学意图必须变成学生自己的意图，并且必须使学生自己行动起来。例如，教师讲课，必须想方设法使学生愿意

听、用心听、听进去。向学生布置作业，也必须想方设法使学生动脑动手去做，达到预定标准。这才算实现了教师主导作用的过程。在哲学上，这叫作外因通过内因而起作用，而不是外因简单地、径直地起作用。这是马克思主义的教师主导作用观的又一重要原理，其理论基础就是辩证的发展观而不是形而上学的外因论。

需要指出的是，在我们的教学论的各种论著中，对外因通过内因起作用的原理，并不是毫未提及，而是差不多都有所论述。但是，似乎走到这里就停下了，未能进一步具体化。究竟学生的内因在每一具体场合下包括哪些方面、内容、方式？特别重要的是，我们不能只了解这些内因本身，而且要具体地了解外因如何通过这些内因而起作用的过程。例如，在某一具体教学活动中，教师的教学意图是什么？学生当前的动机是什么？教师的意图怎样变成学生的意图？这个“变”的“过程”是怎样的？需要些什么条件？有些什么规律性？又例如，教师讲给学生某一科学知识，几十个学生各自的掌握方式是不同的，但究竟有哪一些掌握方式？教师如何适应并改造、提高这些掌握方式？……诸如此类的问题，都还缺乏研究和解答，至少是研究得不够系统。苏联巴班斯基关于教学过程最优化的研究，看来涉及了这个问题。按照他的提法，必须把教的最优化和学的最优化“融合在一起”。例如教学任务，教师不仅要做综合的规划，还要在研究学生实际的学习可能性的基础上，把教学任务具体化。这还只是一个方面或半截子的过程，另一方面或另一半的重要过程，就是学生应当“在教师影响下，了解向他们提出的各种基本任务，用这些任务来指导活动，并且根据自己的情况来拟定‘响应’的任务。”当教师制订的教学任务变成了学生自己的任务之后，学生就在它的指导之下进行一系列的学习活动。特别值得强调的是，其中包括学生“经常努力调整自己的活动，发挥自己实际学习能力的长处，克服其短处。”我国许多学校的师生其实早就在这样做，从许多教学效果好的教师和学习好的优秀学生的材料中可以具体看到，他们有着极其丰富的经验，只是没有在正确的理论观点指导下加以整理、总结，使之条理化。我们应该认真地以教学论的理论原则为指导（不是老停留于经验描述或连描述也不自觉上），并充分运用教育心理学的成果，努力进行这方面的工作。一旦教师发挥主导作用的过程具体化了，“教”为主导和“学”为主体也就真正统一起来了，教学中“学”的问题也就真正落到了实处。

四、要具体研究教师发挥主导作用的形式

在一个时期中，对教师主导作用理解和贯彻不好从而导致对“学”的忽视的第三个具体表现，就是对教师起主导作用的形式太缺乏研究，把某一种形式绝对化了。

迄今为止，在我们的教学理论和教学实践中，教师发挥主导作用一向采取系统

讲授为主的形式。教学大纲和教科书中规定的所有课题，都要求教师讲授；不仅每题必讲，而且以讲授居先。只是在教师讲授过程之中或之后，才组织、指导学生阅读教科书和做作业。这就决定了：学生学习的主要形式就是听讲，他们每一次接触的新知识都是先从听教师讲授得来的，其他各种学习形式如复习、练习、实验、实习等，都是在听讲的基础上进行的。我国从近代以来，包括旧中国在内，学校教学基本上都是这样做的，但不那么“严格”，比较灵活，自从学习苏联教育学以后，便走向了极端，形成了唯一的固定的模式。

众所周知，这种形式很早就遭到非议。实用主义教学论更对这种办法进行了猛烈的批评，他们主张教师根本不应讲授，只需激发学生学习动机，组织学生自己活动，甚至认为教师只能充当顾问。我们批判了这些主张，坚持了以系统讲授为主，这基本上是正确的，但是，我们犯了绝对化的毛病。我们缺乏分析：不仅对一切非议的意见缺乏分析，也对自己所坚持的东西缺乏分析。

首先是缺乏二分法。教师系统讲、学生系统听的办法具有巨大的优越性和充分的科学根据。它突出地体现了教学的特点：学生直接接受教师教给的前人他人已获得的知识成果，认识上最经济，单位时间的知识容量是最大的，传授的空间覆盖率也是最大的。它也充分发挥教师口头语言和学生听觉的功能，激发和锻炼学生思维能力以及注意力、想象力等。它对其他学习环节——复习、练习、实验等确实起着主导的作用，指示了学习方向，阐述了基本内容，提示了方法。凡是教师讲好了和学生听好了，其他环节就事半功倍；反之，就会事倍功半。因此，对否定教师讲授的一些似是而非的说法应予澄清。例如，有的说：教师系统讲授就是满堂灌，必然使学生被动，不能学会学习。这是不确切的。因为教师系统讲授并不注定是满堂灌而很可能具有极大的启发性；学生听讲也并不注定被动而很可能是积极主动的；可以毫不犹疑地说，听讲毕竟是重要的很好的学习形式之一。

讲授形式的确有很大的弱点和局限性。现在至少看到这样两点：第一点，它不能更全面地发动和锻炼学生的更多种的学习能力，特别是动口、动手的能力，学生的实践机会少，独立性有限。它虽不注定是满堂灌，却很容易形成满堂灌，学生虽不注定被动，却很容易被动；它虽是重要的很好的学习形式之一，但所占比重过大并把它的领头地位固定化，确实值得研究。第二点，在这种形式下，学生不能直接同新教材、新知识打交道。所有新知识都先由教师讲给学生。课本上的知识已经是现成的了。再由教师先讲授，学生所得知识就是现成而又现成的了，而获取这些现成而又现成的知识的过程，就过于轻易了。老是这样下去，学生总只能通过教师讲授而间接地跟新知识发生关系，这确实不利于学生学会学习和发展智力。大家都知道，在心理学和教学论的实验研究中，常常用来测定和判断受试者自学能力和智力发展水平的办法，就是选择教师没有讲过、学生没有接触过的新文章、新材料，交给受试者学习，从而考察他们学习的过程、掌握知识的方式、所得的结果和质量。这说明，让学生直接同新教材、新知识打交道，体现了学习活动的另一些本质特征，即探究、发现的因素等。这种学习活动的结果和质量，是显示学生会不会学习和智力发展水平的重要标志，从而也是培养和锻炼学生自学能力的好形式。一切新教材、新知识都由教师先讲的形式几乎排斥了这些因素，应该说是它最大的缺陷。实用主义教学论不能或不愿意看到讲授的科学根据和优越性，简单否定它固然是片面的，而我们过去不做具体的分析而笼统地全部肯定，也实在不够科学。更值得我们在理论上深刻反省的是，多年来我们对学生主动性谈论得很多，但成效一直不大，究其原因，除了前面已经指出的在理论上一直拒不承认学生的主体地位以外，再就是没有在实践形式上或教学结构上得到保证。人的主观能动性必须建筑在实践的基础上。没有一定的实践形式而指望能动性，难免缘木而求鱼，严格讲，离开了实践论的唯物论，落到了直观唯物论，乃至空想主义和唯心论。一方面，学生学习长期限制在听讲为主的固定的框子里，对此不加改变，甚至熟视无睹，没有意识到这是一个问题；另一方面，却怀着真诚的愿望，大声疾呼要发挥学生主动性，甚至也提到了要发挥学生的主体作用。这就是我们多年来不同程度地陷入其中的矛盾状态。

过去对系统讲授作为教师发挥主导作用的主要形式，除了缺乏全面具体的分析，也缺乏历史的分析。古代教学中，教师起主导作用的主要形式就不是系统讲授。那时教材不多，学生也不多，教师与学生个别联系，只规定教材，做些指点，主要由学生自己诵读教材，人们通常指责的呆读死记，就是指的这种情况。教师不系统讲授教材恰恰是那时教学的一大缺点。费时间、走弯路、速度慢、效率低，学生并不都理解教材。从近代开始，教学内容大增，学生人数也空前加多。这双重压力，加上其他因素和条件，包括对教师不讲授和学生呆读死记的教学方式的不满，促进了教学理论研究和教学实践的改革、进步，出现了班级授课制，即教师向学生集体系统讲授知识的形式。按照具体的时间表，欧洲在 17 世纪已经采用这种形式，我国则于 20 世纪初才正式确立下来。1902 年《钦定蒙学堂章程》宣布："凡教授之法，以讲解为最要，诵读次之。" 1903 年《奏定初等小学堂章程》宣布并解释说："凡教授之法，以讲解为最要，讲解明则领悟易。"当时，蒙学堂以改良私塾为宗旨。这些规定，对于当时流行于私塾里的教师不讲，学生不懂，一味地呆读死记、机械背诵等恶习，是相当的改革，可以认为是中国新式教学法的起源。1913 年，当时的教育部还曾通令全国中等学校，奖励采用"教员口讲，学生笔记"的教学方法。可见，采用教师系统讲授知识的方法，在那个时候，是一种历史的大进步，对于古代教学法是一种重大改革。

今天，这种形式的优越性和必要性是否已经不再存在了呢？绝对不可以这样说。但是，它既然是历史地产生和发展起来的，也必然随着历史进步而变化，受到改造，得到丰富和提高。多年来，我们认识上的问题之一，也在于对教师起主导作用的具体形式，未能贯彻辩证法关于内容和形式的关系的观点。形式是受内容决定的，但并不是同一个内容只能有一种形式，由于条件不同，它可以有多种形式。我们正是很少考虑教师起主导作用事实上有多种形式，而把系统讲授为主这一种形式绝对化和凝固化了。辩证法还告诉我们，内容条件变化了，形式也要跟着变化。现时代，出现了真正的"知识爆炸"现象。学校课程、课堂教学、学习年限、学习负担……，一句话，教学活动这个有限的框子，如何适应知识量剧增和更新过程飞快的局面？教学理论和实践面临着严酷的挑战；同时，有关的科学如心理学、脑生理学的新发展，新的电子技术工具的出现，整个社会学习化，儿童成熟过程加快，变得越来越聪明、学习的起点不断提高，这一切又为教学理论和实践的改进提供了有利条件。在这种情况下，教师起主导作用的内容和条件都发展了，以系统讲授作为起主导作用的主要形式，其优越性就相对地减色了，其局限性倒相应地突出暴露了，突破它的必要性和可能性都具备了。人们发现：当教学内容不太多、学生也不太多的时候，以系统讲授为主的形式就不会产生，而当教学内容过分膨胀、学生人数激增的时候，它也就不再完全适应了；换句话说，以讲授为主的形式是教学内容和学生增多而又不太多的时期的产物。人们还发现，当社会学习化程度有所发展但还不高的时候，即学习条件、手段、工具（包括教学方法的成就）等还不充分的时候，讲授为主的形式是最简便易行而有力的。而当教师拥有更多更先进的条件、手段和工具（包括教学法的成就）的时候，人们就必然不过分倚重讲授为主的形式了。这些现象是否有规律性还有待研究，但是，教师起主导作用的具体形式，并不限于以讲授为主的形式，它将越来越丰富多样，这是可以肯定的。根据古今中外大量的经验，系统讲授仍然应该是教师起主导作用的重要形式之一，不过不应再限于这一种形式。除了讲授之外，还可以有制定教学最优化方案、编制教材和教法的多种程序、运用各种先进的教学手段、对学生的独立学习活动进行科学的组织，特别是组织学生自己直接地学习新教材、新知识，等等。这在理论上的意义，就是突破了一个固定的教和学的模式，增强了学习的实践性、探究性，从结构上、形式上保证了学习的主动性，也为学生克服思维定势、学习刻板而不灵活的缺点提供了可能性。有的同志在介绍评述上海育才学校教法改革经验时，做了这方面的分析。这些经验也显示了对传统教学经验的继承、改造和丰富。讲授仍然保留下来，但它在教学整体结构中所处的地位和所起的作用改变了，变得多样化了：在有的场合下仍然系统地进行，起开路带头的作用；在有的场合下才用于辅助其他学习活动，有时先讲，有时后讲，有时不讲。在教学实践中，采取这多种多样的形式，可以更好地发挥教师的主导作用。

综上所述，我们可以获得这样概括的认识：正确理解和发挥教师主导作用，就必然会对教学过程中“学”的这一方面重视起来，认真研究，千方百计地把它搞好，也就必然会根据具体内容和条件探索、创造多种多样的具体形式，而不致对某一种具体形式绝对地肯定或否定。努力把握马克思主义的教师主导作用观，是克服重教轻学的缺点而又不致走向重学轻教极端的一个重要理论前提。

参考文献

[1] 巴班斯基著．吴文侃译．论教学过程最优化问题的研究特点［J］．教育研究．1982（7）．

[2] 舒新城．中国近代教育史资料［M］．北京：人民教育出版社．1961：40，426．

[3] 周予同．中国现代教育史［M］．上海：良友图书公司．1934：120-121，1634．

略论师生关系问题[①]

/
陈桂生

师生关系是学校教育系统内部的主要动因之一。因为教育结构的运行归根结底是在教师和学生之间进行的。唯其如此，师生关系成为教育理论上的一个老话题。话题虽老，关于师生关系的论述却常常流于一般化、公式化，即把特殊的师生关系单纯当作一般的社会关系或人际关系，并把复杂的师生关系简单化。故对这个问题仍有探讨的必要。

一

单凭直观，谁也不会不知道，师生关系是在教师与学生之间发生的联系。问题在于师生关系按其互相联系的性质与活动内容来说，不属孤立的个人之间的联系，它作为一种社会关系，受到整个社会中带有根本性质的社会关系的制约，故或多或少带有一般社会关系的烙印；但它毕竟不同于一般的社会关系，而属于一定教育结构中的特殊的社会关系；除此以外，由于教育活动的周期较长，教育活动一般具有结构化的特点，客观上使得教师和学生之间有较多交往的机会，从而可能形成一种自然的人际关系。这是最易被忽视、又易于被滥用的师生关系。所以，师生之间实际上存在三重关系，即社会关系、教与学的工作关系，以及自然的人际关系。忽视其中任何一种关系都不成其为完满的师生关系，而这些人际关系或社会关系都是以一定教育结构为背景的，师生关系基本上是一种由教与学的活动联结起来的工作关系。

1. 在教育活动中，教师承担执“教”的社会角色，学生承担求“学”的社会角色。个人一旦成为这种或那种社会角色，就不能不受到一定角色的限制，暂时不再有选择的余地，除非他脱离教育过程。因为这种不同社会角色之间的关系不以个人的意志为转移，而像是由个人与社会之间一定的契约关系决定的。教师在同学生

①全文摘录。文章来源于《教育科学》1993 年第 3 期。

的交往中，虽不免产生个人感情上的联系，但教师怎样对待学生，学生怎样对待教师，个人虽有选择的余地，而个人的选择是否得当大抵取决于是否同个人承担的角色地位相宜。

2. 在具体的教育情境中，某个教师怎样对待学生，某个或某些学生怎样对待教师，在一定限度内各有选择的自由；在一定时代、一定国度范围内，师生关系的普遍形态又不免受到一定社会形态下带有根本性质的社会关系的制约，而任何一种带有根本性质的社会关系又是在一定物质技术基础上、一定文化传统影响下形成的。

不同社会形态赖以存在与发展的物质技术基础、文化传统不同，基本的社会关系不同，教育目的有别，因而师生关系的普遍形态、教师与学生角色地位的内涵也就不尽相同。封建制度下的师生关系，一般带有教师独断、学生盲从的特征，它同家长制的家庭内部关系一样，带有半人身依附的性质；以近代发达的商品经济与资本主义社会关系为背景的师生关系，趋向于使学生摆脱对教师的半人身依附关系，尊重学生的独立人格，谋求建立民主、平等的师生关系，那种师生关系或多或少带有商品交换关系的气息，师生之间的感情色彩趋于淡化，加上教育系统本身种种条件的限制，师生关系中仍不免具有某种必要的或非必要的强制性。

我国以公有制为主体的社会经济关系与人民民主的政治关系，客观上要求师生关系具有民主、平等的性质，方兴未艾的社会主义市场经济的发展，更同残存的封建关系不相容；不过由于中国长期处在封建、半封建统治之下，小生产的狭隘与散漫性及带有某种封建色彩的社会关系在社会生活中仍有不少忽视的影响，新兴的市场经济既有促进个人自主、瓦解旧的封建社会关系的积极意义，也可能使人际关系沾染铜臭。加之我国社会主义民主制度尚不完善，尤其是教育活动赖以展开的种种条件尚未充分具备，故现有师生关系并不尽如人意。

3. 师生关系虽不能不受到一定社会关系的制约与教育活动条件的限制，由于教育活动不同于其他精神生产活动，而带有结构性的特点，教师与学生的关系同医生与病人、编辑与读者、演员与观众、律师与诉讼当事人等社会关系相比，是一种服务主体与服务对象之间较为稳定的关系，客观上为教师与学生提供了较为充分的交往的机会，从这种交往中能够形成某种个人之间感情上的联系。这种交往就基础教育来说，属于成年人与未成年人之间的交往，教育劳动凝结在受教育者的思想与行为的变化之中，而建立合理的师生关系又为教师职责所系。所以，即使在以往那种不合理或不尽合理的社会形态下，在有限的范围内，亦存在尊师爱生、教学相长的师生关系。它又以教师职业道德的形态世代相传。

综上所述，师生关系具有三重性质。从这三重性质中历史地形成了师生关系的三原则。即：

1. 作为教育工作关系的师生关系的原则：教学相长。

2. 作为一定历史时期社会关系缩影的师生关系原则：民主、平等。

3. 作为一般人际自然关系的师生关系原则：尊师爱生。

二

中国古代早就有“教学相长”的见识：“学然后知不足，教然后知困。知不足然后能自反也，知困然后能自强也。故曰：‘教学相长’”（《礼记·学记》）。其中所谓“学”，非指学生的“学”。所以，它原先并不是表述师生关系的命题。唐代韩愈已经意识到“弟子不必不如师，师不必贤于弟子，闻道有先后，术业有专攻”（《师说》），后来，人们在师生相互学习的意义上把“教学相长”作为表达师生关系的成语，毛泽东进一步提倡教师“向学生学习，向自己教育的对象学习”，并且强调“要做人民的先生，先做人民的学生”，甚至提出教师自己的教与学（向学生学）要三七开，即：教员要向学生学七小时，再教三小时，有课本时，对半分，向学生学习五小时，教五小时。

针对无的放矢的教，着重强调教师自身的学；针对教师把自身学习的重点放在书本上的学，着重强调教师向学生学。这在一般情况下，或许失之偏颇，在当时那种特定的教育情境下，实切中时弊。

教，是教师的本职工作。诲人不倦是教师应有的优良职业道德，诲人不倦的源泉是教师学而不厌。教师所学，如单指学问，或可成为学问家，而学问家未必能成为好教师。要成为好教师，的确需要向学生学习。“教然后知困”，往往“困”在不了解学生，不善于引导学生，对如何使学生长进无能为力。教师向学生“学”，实际上是“教”的必要条件。

苏格拉底的“产婆术”，历来被奉为启发式教学的楷模。其中奥妙何在呢？他通过一系列的提问，引导自以为是者自知其无知，进而使自知其无知的人自知其所知；他之所以能够达到这种地步，是由于他本人“自知其无知”。按照他在雅典法庭上的申辩，他不倦地找人辩论，并非自以为比别人聪明，相反，“我既不知道，也不自以为知道”，倒是希望找到一个“比我更聪明的人”。所以，严格说来，“产婆术”不属教法，而属学法。把它作为教法，其精义正在于从“自知其无知”出发去“教”。

孔子的“启发”之道也许不亚于苏格拉底，不过在我国至今对孔子启发的具体情境尚若明若暗。这不奇怪。在西方，尽管苏格拉底的“产婆术”传诵不绝，直到19世纪才由克尔凯郭尔率先勘破它的底蕴。

苏格拉底的“产婆”之术，孔子的“启发”之道，至今仍令人赞叹不已。不是由于今人不及古人聪明，或许倒是由于今人过于聪明，不屑像孔子那样“每事问”。如果教师面对学生拿出“不耻下问”的勇气，至少师生关系会和谐一些；然而，从根本上说，师生关系的格局不取决于个人，而取决于教育结构。

现代教育的情境同古代相比，一方面由于学生远比古代开明，学生自我意识增强，他们的知识源泉大为增加，教师更需要也更有条件向学生学习；另一方面，现代教学内容大为丰富，古代“修道之谓教”的那种“教”不能望其项背，加之，从个别教学转变为集体教学，教育对象大为增加。在此情境下，教师即使有意增加同学生的交往，虚心向学生学习，也将不胜其学，并且没有那么多精力去学。如果说，在以“转变学生思想”为中心的根据地教育情境中，教师有必要至少用一半时间同学生交往，并向学生学习，那么，在现代科学文化知识教学的情境中，教师没有足够理论知识的储备，是难以走进课堂的。所以，在现代师生关系中比以往更需提倡“教学相长”；同时，又更难以达到“教学相长”的境界。

三

师生关系的民主、平等，是现代师生关系的主要标志。

中国古代教师的社会地位虽然不高，但对于学生倒一向讲求师道尊严。人们往往在家中供奉“天、地、君、亲、师”牌位，似乎把“师”与“天、地、君、亲”并列，其实把“师”作为值得学生尊敬的最低等级，但它毕竟比“农、工、商”的地位高。它也意味着学生对于教师的半隶属的关系。所谓“一日为师，终身为父”，强令儿童像隶属于父母那样隶属于教师。西方有“吾爱吾师，吾尤爱真理”的古训，韩愈亦有“道之所存，师之所存”（《师说》）之说，都以重道为尊师的条件，而事实上对学生来说，尊师是无条件的。韩愈有感于“师道之不传也久矣”，才愤而文《师说》之论。那是由于他把儒家道统看得过于玄乎了；其实，就学生历来的处境而论，那时代师道尊严已经泛滥成灾了，实属古代狭窄的社会关系使然。古人尊师重道有他们的理由，依现代人的眼光看来，师固然不可不尊，但像古人那样尊法，学生实在吃不消。在现代，公民之间尚且至少在法律上处于平等的地位，师生之间民主、平等可谓理所当然。所谓民主、平等的师生关系，从字面上看来是师生双方相互平等对待；不过由于教师与学生在教育过程中所处的地位迥然有别，除了少数纨绔子弟、顽劣儿童或许执弟子之礼不恭，甚至间或侮辱教师之外，一般不存在学生歧视教师问题，问题主要在于教师是否平等地对待学生。

教师是否平等地对待学生，不只是教师与某些学生之间的个人关系问题，它牵涉到把学生训练成顺民还是国家与社会未来的主人的问题。不管学校中的民主教育、法制教育如何进行，师生之间长年累月相处的关系本身，就是一种“隐性课程”。它或者是一种看不见的民主生活训练，或者是一种捉摸不定的顺民训练。

进一步说，师生关系是否民主、是否平等，不单取决于教师个人的抉择，实际上是不同的教育结构所致。传统的“以教师为中心”的教育结构注定了一种师生关系的格局，而在“儿童中心主义”的教育结构中，师生关系又呈现出另一种风貌。所以，从根本上说，师生关系的改善，民主、平等的师生关系的建立，取决于教育结构的改革。

尽管现今民主制度尚有待完善，在公民中至少法律上平等的权利基本上得到保障；相比之下，在制度化教育中，尤其在基础教育中，由于教师对未成年人拥有过多的正式或非正式的权力，以至学校很可能是社会上保留半人身依附关系最多的工作部门。整个说来，民主、平等的师生关系，尚属应然状态，而未达到实体状态。

“爱生”是传统的教师职业道德规范之一，“尊师”则是学生守则中必不可少的规范。在传统教育中，“尊师”不以“爱生”为前提，即不管教师是否爱学生，也不管教师是否值得尊重，学生总得尊师。因为“尊师”是为了“重道”，反之，“爱生”常以“尊师”为条件，即不爱不尊师的学生，那是一种不民主、不平等的师生关系；不过即使在民主、平等的师生关系中也不可能自发地产生“尊师”“爱生”的感情。不管教师职业道德规范、学生规范如何，事实上教师的权威与爱总是基于师生正式或非正式的交往而自然产生（或不产生）的。

教师权威的来源，一是一定教育结构赋予教师的权力，一是教师基于个人的素养与表现在学生中获得的威信。前者是外在的权威，是每个教师都可能有的权威；后者是内在的权威，不是每个教师都能得到的权威。前者是社会赋予的，后者是学生认同的。外在权威不以内在权威为支柱，对学生缺乏足够的影响力量；内在权威若游离于外在权威之外，往往不能产生真正的教育效应。

教师的爱也有两个来源：或源于对于社会的使命感，或从与学生的交往中自然地产生，或兼而有之。这两种来源不同的对学生的爱，同样是所有教师都可能有而不见得每个教师都会有的感情。

在不同的教育历史形态中，教师的权威与爱产生的条件不同。古代那种个别教学的教育情境中，“师严而道尊”“严师出高徒”“教不严，师之惰”，足以表明教师权威的重要；然而由于教育活动是在教师与各个学生个人之间进行的，师生感情虽然淡薄，倒是比较专一。自然，那时的教师不免受到狭窄的观念局限，即使爱生，所爱对学生本人也未必是幸事，何况那种爱又很容易转化为恨。

在集体教学的情境中，每个教师通常主要以学生集体为教育对象，同各个学生之间联系的纽带松弛了，而每个学生又接受许多教师的教诲，师生关系失去专一性，师生情感趋于淡化；不仅如此，集体教学制度产生了管理职能，驾驭学生集体比驾驭个别学生又需要诉诸教师权威。唯现代教师权威以不损害学生独立人格为限度，毕竟是师生关系的进步。不管在什么社会形态下，不管教育结构如何，教师内在的权威与内在的爱是在同学生交往中形成的。如今，“一日为师，终身为父”的格局一去不复返了。多数师生关系将随着教育阶段的结束而消亡，以后只有那些自然产生的师生感情才绵延不绝。

参考文献

[1] 拉赛克，维迪努. 从现在到2080年教育内容发展的全球展望 [M]. 北京：教育科学出版社，1992：106.

[2] 毛泽东. 为湖南省立第一师范学校题词（1950年12月29日）[A] //毛泽东书信选集 [C]. 北京：人民出版社，1965：396.

[3] 毛泽东. 在中国共产党全国宣传工作会议上的讲话 [A] //毛泽东著作选读（甲种本）[C]. 北京：人民出版社，1965：369.

[4]（德）雅斯贝尔斯. 什么是教育 [M]. 北京：生活·读书·新知三联书店，1991：8-10.

[5] 华东师范大学教育系，杭州师范大学教育系. 苏格拉底论“自知其无知” [A] //西方古代教育论著选 [C]. 北京：人民教育出版社，1985：2-5.

论影响人发展的诸因素及其与发展主体的动态关系①

/
叶 澜

三

可能性因素中发展主体为自身发展提供的条件，简称为主体因素。主体因素由两大部分组成。一部分是先天因素，主要包括遗传、个人天赋及制约有机体生长发育的成熟机制等，它们是人与生俱来的、第一性的。另一部分是后天因素。它是主体出生以后，在发展过程中逐步形成的个体身心两方面的特征。从发展过程中一个横断面来看，它包括这一阶段中主体身体生长发育水平与健康状态，智慧、情感、意志、行为发展水平，知识、经验水平，对事、对人、对己的倾向性态度等。显然，后天因素在个体不同的发展阶段处于不同的发展水平，是一个不断变化着的因素。与先天因素相比，后天因素可以说是派生的。它最初是由带着全部先天因素出生的主体与环境相互作用的产物，在每一阶段上表现为前一阶段发展的结果。但是，这个结果一旦形成，就成为影响后一阶段个体继续发展的不可忽视的独立因素。先天因素对人发展的作用，教育学中都谈到过，在此不一一赘述，只想根据生理学、心理学的研究成果强调下列几点：

第一，对先天因素在人发展中的作用的研究还须加强。过去，由于批判遗传决定论，只强调遗传对人发展不起决定作用，忽视了对先天因素在人发展中所起作用的深入研究，使我们至今对这一问题的认识还十分粗糙，也使教育、培养人的工作不能完全建立在科学认识的基础上，结果往往是事与愿违、事倍功半。如在学校中就有一方面学生的负担超负荷，一方面学生的潜力又没有得到充分发挥的事实。要改变这种状况，教育学就应注意吸收脑科学和神经生理学研究的成果，加强研究人脑和神经系统活动的类型、规律与人的发展的关系，研究脑和神经系统的发展与其他器官发展的关系。同时，应从整体上研究人生长发育的成熟过程，掌握各种能力

①部分节选。文章来源于《中国社会科学》1986年第3期。

发展的关键期及其相互关系。教育者只有把教育对象所具备的先天条件和机体发展的规律认识清楚了，才能不干出违背规律的蠢事，使各种不同先天素质类型的学生的潜能都得到充分发挥，才能在教育活动中既保护大脑这个人类思维最重要的器官，又充分发挥大脑的潜力。

第二，先天因素对人发展影响的大小，与其本身是否符合常态有关。特殊的天赋条件或突出的先天性生理障碍、难以治疗的先天性疾病、十分衰弱的体质或身体外部特征的畸形等，对人的发展会产生重大的、甚至是决定性的影响。

第三，先天因素对人各方面发展的影响是不平衡的。对同一家庭中养育的遗传条件相等的同卵双生儿间的差异和具有不同遗传素质的异卵双生儿间的差异的比较研究表明，在眨眼反应、电反射等生理、心理机能方面，遗传制约性强；在智力、知觉、手腕运动、注意、记忆、推理等智力机能方面，遗传的制约性弱；在生理、心理机能需要有意志力控制的反应中，遗传制约性也是弱的。也有人认为低级的生理机能多依赖于遗传与成熟。把这点与上述第二点联系起来看，可以得出这样的认识：在一般地确认遗传对人的发展不起决定性作用的同时，还要注意具体情况的具体分析，不能一概而论。

第四，先天因素在人发展不同阶段上产生影响的大小是变化的，其总趋势是减弱。在婴幼儿阶段，在人体发育过程的质的飞跃阶段，先天因素的影响相对较大。但是随着遗传素质在人的发展中由潜在的因素部分地逐步转化为现实因素，随着机体成熟度和身心发展水平的提高，尤其是随着人自我认识和自我控制能力以及人的活动水平的提高，先天因素的影响就会相对减弱。

主体因素中的后天因素是人发展中体现人的能动性的重要方面，它构成了人的内部环境，这种内部环境对人发展的影响主要表现在下列几个方面：

第一，影响人对周围环境的选择和作用方式。人生活在环境中，但并非环境中的任何事物都被人意识到。常常会出现视而不见、听而不闻的状况。产生这种现象的直接原因是人不仅处于一定的外部环境中，而且也处在一定的内部环境中。这种内部环境主要是由人已经达到的身心发展水平决定的（当然还受当时心理状态的影响）。它支配着人对客观事物的态度，决定他注意什么，不注意什么；对什么采取积极的行动，对什么采取回避态度。

第二，当人的发展水平达到不仅能认识客观世界，而且具有清晰的自我意识和自我控制的水平时，人能有目的地影响自己的发展。在这种情况下，人把自身的发展当作认识的对象和自觉实践的对象，从真正的意义上成为自己发展的主体。

人对自己发展的控制表现在两方面。一方面，人在认识个人与社会关系的前提下，不断地为自己的发展创造条件。另一方面，人勾勒着自己未来的前景，并根据自己的追求决定自己的行为，一步一步地为实现自己理想的人格、能力而奋斗。此时，不仅人的过去参与、影响今后的发展，而且人对未来的自觉追求也影响今后的发展。这种自觉追求，是人的主观能动性在影响人的发展方面的高度体现。

与先天因素在人发展过程中影响大小的变化趋势相反，后天因素对人发展的影响随着人的发展水平的提高而逐渐增强。其中关键性的转折点是独立的自我意识和自我控制能力的形成，它使人对自身发展的影响提高到自觉的水平。我国古代教育家孔子在总结自己的人生经验时已经认识到这一点："吾十有五而志于学，三十而立，四十而不惑，五十而知天命，六十而耳顺，七十而从心所欲，不逾矩。"这是对世界和自我的认识、控制能力不断提高，最终达到自觉程度的写照。

综上所述，影响个体发展可能性的主体因素是一个复杂的综合体。对于它的构成因素，依据不同的划分标准可以有多种表述，例如，生物性的和社会性的、生理的和心理的、先天的和后天的、非自主性的和自主性的，等等。这个综合体的内部结构和对个体发展的影响随着个体本身的发展而变化着，互相渗透和转换着。前一阶段的发展结果转化为后一阶段发展的原因，遗传的潜在因素转化为现有发展水平因素，而现有发展水平因素又对潜在因素实现的可能性产生作用，如此等等，构成了一个复杂的、呈现出一定变化趋势的动态结构。总之，主体因素为每个人的发展提供了多种可能性，并赋予人在一定条件下主宰自己命运的可能。

四

环境是人赖以生存和发展的客观条件，它为人的发展提供了多种可能性，也做出了一定的限制。关于环境对人发展的作用，教育学中都有论述，我想进一步阐述的有下列四个方面：

第一，有必要把影响人发展的环境从范围上分为大环境与小环境。大环境是指发展主体所处的总的自然环境与社会环境。其中的社会环境是指当时整个时代的发展水平，如所处国家的政治经济制度、经济发展水平、民族文化传统与科学文化发展水平以及教育的性质、制度与发展水平等。它们为人的发展提供了总条件、总背景。小环境是指与发展主体直接发生联系的自然环境与社会环境。小的社会环境就范围来说涉及主体所在的家庭及其居住区、学习单位或工作单位，就内容来说涉及为主体提供的物质财富、精神财富和与主体相关的人与人之间的关系。

第二，小环境对人的发展起的作用可以分为两个方面。一方面是为人的发展提供各种活动的条件，可称为条件因素；另一方面是为人的活动提供各种直接对象，可称为客体因素。在这两者中，客体因素对人发展的影响最直接。主体通过活动把客体内化为自身的发展，客体因素以改变了的形式构成主体身心发展的实体。如食物经消化转化为个人身体的成长；科学文化经学习转化为个人的学识、智慧与才能；道德规范转化为个人的道德行为；等等。因此，教育学在研究环境因素时要注意改善条件因素，但更要注意改善客体因素，保证给发展主体提供各种必需的、优质的“食粮”，尤其是精神“食粮”，使主体能健康成长。

第三，环境在人的发展过程中同样是一个变量。它对人发展影响的大小也是变化的。环境成为一个变量，主要是因为环境本身，无论是大环境还是小环境，自然环境还是社会环境，都是不断变化的；另一方面，主体的需求水平与活动能力也在不断变化，从而带来主体活动范围与指向上的变化。如人在童年时期，活动能力不强，视野不广，其活动天地就较狭窄。到了青壮年时期，人的经验丰富，视野开阔，兴趣广泛，精力充沛，其活动天地也就大大拓展了。当人进入老年期后，随着体力和各种活动能力的减弱，人的活动天地又相对缩小了。环境对人发展影响的大小与主体发展水平、独立性和自主性成反比。人的独立、自主能力越低，受环境的影响、制约越大；反之，人的自主性和独立性提高了，他就能正确利用环境中为自己发展提供的积极因素，控制消极因素，甚至更进一步，为自己的发展创造有利条件，与消极因素作斗争，变不利因素为有利因素。正因为如此，顺境与逆境都可能成为促进人发展的因素，也都可能成为抑制人发展的因素，关键在于主体对环境的认识和自觉运用的能力。

第四，在教育学中通常把教育当作特殊的环境，这种看法有一定的片面性。应该说在环境中包括一部分教育的因素，如教育制度、学校为学生提供的物质条件、教学内容和师资条件等。但不能把全部教育只看作是为人提供了一种特殊的环境。这不仅是静态的认识，而且是只从教育者的角度看教育对受教育者作用的性质。如果我们不仅从教育者的角度，而且从受教育者的角度来认识教育对人发展的作用，就会清楚地看到，教育不仅为发展主体提供了特殊的环境，而且是他生活中的一个特殊的活动领域。

五

可能性因素为人的发展提供的是多种可能，但要使可能最终成为现实的发展只有借助于个体的活动才能实现。正是在使个体发展的各种可能变为特殊的现实发展的意义上，可以说个体的活动是个体发展的决定性因素，没有个体的活动就谈不上任何发展。

人的发展的实现一定要通过个体的活动，没有活动，环境与发展主体之间就不可能发生相互作用，也就谈不上任何发展。那么，活动对人发展作用的大小取决于哪些因素呢？

第一，取决于活动的重复程度。人只有通过一定程度的重复活动，才能形成熟练的基本技能和技巧，也才能从具体的活动过程中抽象出活动程式和结构，并转化为思维的心理结构。活动的一定程度的重复，使人能看清事物间的本质联系，使认识不断深化。同时，只有在掌握了较低水平的活动技能、技巧后才能向高一级的活动发展。可见，活动的重复度是保证活动对人产生影响的重要方面。当然不能由此得出结论，每项活动重复次数越多对人的发展越有利。重复不是目的是手段。重复的次数应以目标的实现为准。对具体活动重复度的研究应能为提高教学效率、控制作业量提供科学依据。苏联教育家苏霍姆林斯基在他的教育实践中注意了这一点。

第二，取决于活动对发展主体提出的要求与主体现有发展水平之间的差异度。只有高于发展主体现有水平而又是发展主体可能进行的活动，才能有效地促进主体发展。这里同样有一个怎样才算适度的具体问题需要做深入细致的研究。如我国天津市儿童保健所李惠桐通过对三岁前儿童早期教育开始年龄的研究，提出三岁前儿童学习或训练（指掌握某一新的活动或动作）以成熟早期（即该年龄段中10%幼儿已掌握）为好。他的结论是具体的，但课题涉及求最佳差度，这是值得各级学校研究的共同问题。

第三，与活动本身的组织水平有关。活动目标越明确，步骤、手段越具体，主体就越易掌握活动的结构。

第四，与活动中主体的自觉程度有关。主体从事活动的动机越强烈，目的越明确，在活动过程中越自觉地注意对自身行为的反馈与调控，活动结束后越深刻地总结经验教训，并以此作为下一次活动的借鉴，主体在活动中所获得的东西就越多，成长越快。这也是为什么参加同样活动的人会有不同收获的原因之一。

第五，活动的成效也是影响因素之一。如活动取得成功，不仅使主体追求目标变为现实，需求得到满足，而且使主体看到了自己的力量，自信心倍增。还会使人产生新的或更高的需求。活动不仅成为满足人需求的手段，而且会创造出新的需求。人的需求水平的不断提高正是推动人发展的重要内部动力。当然，活动的成功也可能导致人的自满，但从总体看，由于内外因素的作用，在人的发展过程中因自满而妨碍发展的情况不会持续不变。

最后还要提及的一点是，活动对于人的发展来说，也是一个不断变化的因素。在人的一生中，不仅活动的范围在不断变化，活动的性质也在不断变化。人生每一阶段中的主要活动构成了这一阶段发展的“主旋律”。如人在幼儿期以游戏为主，无所事事是孩子的特权，他们生活在欢乐、生动的形象世界中。而童年至青年初期，学习、受教育是活动的主要内容，这一时期也是人的发展最迅猛的时期。

六

在排列影响人的发展因素时，没有把教育列为一个独立的因素．并不是企图贬低教育在人的发展中的作用。相反，我认为教育，尤其是学校教育，作为专门培养人的有目的、有系统、有组织的社会活动应该在人的发展中起主导作用。不然，我们为什么要办学校呢？然而，并不能由此得出这样的结论，即认为必须把教育作为影响人发展的独立因素。这是两个问题。从上述分析中可以看出，学校教育是特殊的环境和特殊的活动，是影响人发展的环境因素和活动因素的组成部分。学校教育能否对人的发展起主导作用，不仅取决于它本身的水平，而且取决于它与其他环境、活动影响之间的协调。如果不加任何条件地绝对肯定学校教育对人的发展起主导作用，则把复杂问题简单化了。纵观历史和现实，我们可以看到，学校教育至少不是在任何时代、对任何人、在人发展的任何方面和任何阶段都起主导作用。正因为如此，我们应该研究的是这样的问题：在满足哪些条件以后，学校教育能对人的发展起主导作用。这就需要对影响人发展的因素系统有正确的认识，并从学校教育与它们的关系中来研究这一问题。这样也许对实践更有意义。人们不能只满足于办学校，认为只要办了学校就能主导人的发展，而是应该研究办怎样的学校和怎样办学校才能促进人的发展。

我认为要使学校教育对人的发展产生有效的直接影响，至少应该满足以下条件：

1. 学校教育要符合社会发展的方向，反映人类发展的当代水平。与社会发展方向相反的学校教育是保守的，有的甚至是反动的。它不但不能有效地促进人的发展，甚至会对人的发展起压抑破坏的作用。

2. 学校教育要能影响、协调其他与人发展有关的因素，使相互的作用方向能大体一致，作用的方面能互相补充。否则，因素内部的矛盾会造成作用力的内耗。当学校教育的力量不足以抵御相反方向的作用力时，学校教育就会处于失败的境地。

3. 学校教育要符合教育对象的身心发展规律，要弄清教育对象的已有发展水平和明确未来发展的方向。只有深入研究教育对象的学校才能有的放矢地进行教育。在这个问题上只能顺水推舟，不能随波逐流，更不能逆水行舟。

4. 学校教育不仅要为受教育者创造适宜的环境，更要组织好他们的活动。应在仔细研究主体因素和环境因素提供的可能性的基础上，精心设计有利于主体发展的活动，并激发主体参加活动的积极性，提高他在活动过程中自我反馈的意识与能力。

5. 学校教育要注意培养受教育者自我教育和自我控制的能力，识别、控制、利用、改造环境的能力，只有这样，学校教育在主体身上产生的影响才能持久地发挥作用，以至对主体一生的发展起主导作用。否则，学生离开学校后，就可能发展缓慢，或者缺少不断更新的能力，或者缺乏抵御外界消极影响的能力而被社会中的各色环境所改造。学校教育对人发展的主导作用，不是只体现在使受教育者于最短时间内达到当代社会对人的要求上，更主要的是应体现在学校教育为人一生的发展奠定坚实的基础、为他的继续发展创造条件上。

参考文献

[1] 大桥正夫. 教育心理学 [M]. 上海：上海教育出版社，1980：22.
[2] 孟宪承. 中国古代教育文选 [C]. 北京：人民教育出版社，1979：17-18.
[3] 马克思. 资本论（第1卷）[M]. 北京：人民出版社，1975：202.

关于教育的主体性问题[①]

/

王道俊

近十余年来，主体教育论的讨论成了我国教育界的一个热点，这不是偶然的，而是有其教育内外的现实原因和理论依据的。教育的主体性问题，是主体教育论的核心问题。提出并研究主体教育论，实质上是希图从肯定人在社会历史发展中的主体地位与人在自身发展中的主体地位出发，探讨和阐明教育的主体性，充分发挥教育在促进人的全面发展与社会的全面进步中的积极的能动作用。这切合我国的现实国情与世界发展的总体趋势，也蕴含着我们的远大理想，对教育观念的更新和教育实践的改革具有深层的理论价值和实际意义。下面从主体教育论的角度简要谈谈我对教育的主体性的理解和看法，以期引起进一步讨论。

一、 关于教育主体的主体性问题

教育的主体性，首先表现为教育主体的主体性。教育主体的主体性，依据教育主体的不同大致表现在三个方面。

（一）受教育者的主体性

在主体教育论看来，受教育者既是教育活动的对象，又是教育活动的主体；而且正因为他是教育活动的主体，他才能成为教育活动的对象。传统教育观念把受教育者仅仅看作教育活动的对象，这种片面观点早已受到现代教育思潮的批判。主体教育论不只是一般地肯定受教育者在教育活动中的主体地位，而且把基本的着眼点放在受教育者的主体性上。它立足于人的社会实践，从促进人的主体性发展的角度，解决人与外部世界的矛盾。具体来说，这有两层含义：

其一，在教育目的上，注重培养受教育者个性素质的主体性品质，使受教育者正确认识外界、认识自身、认识自身与外界的关系，明确自己的历史地位和人生意义，形成实现历史责任和人生理想的价值目标和实践能力，成为立足现实又超越现实的社会历史活动的主体。在这个意义上，教育成为一种培养社会历史主体的

①全文摘录。文章来源于《教育研究与实验》1996 年第 2 期。

活动。

其二，在教育过程中，尊重受教育者的主体地位，发挥受教育者的主体性，培养受教育者既立足自身发展的现实，又超越自身发展现状的价值追求与自我教育能力。这就是说，要把受教育者看作自身和发展的主体，把教育活动看作对受教育者的学习与发展的引导和规范。

这两层含义，可以说前者是从历史观、文化学角度提出的，后者是从认识论、心理学角度提出的。虽然二者提出的角度不同，却是互相联系并互为条件的：没有前者，后者会迷失方向；没有后者，前者将会落空。据管见所及，目前主体教育论的探讨大体上是从这两方面展开的，只不过不同的研究者有不同的侧重点，两者的研究虽都有待深入，但比较而言，对后者的研究似乎要多一些，充分一些。如果考虑到心理学、哲学的相关研究，这一方面的成果还是很可观的。在历史上，中外教育家对这个问题也曾不同程度地强调过、探讨过、阐述过，即使是一些持传统教育观念的教育家，也并不完全否定受教育者在教育过程中的主体地位。对前者的研究则相对薄弱，多停留于抽象议论，例如，对受教育者来说，主体性的内涵是什么？在受教育者的个性素质结构与素质品质中，主体性居于什么地位？都未能具体探讨，以致在有的人看来，“素质教育”与个性素质的主体性品质似乎是互不相关的两件事。北京师范大学王策三教授指出：“主体性，这是全面发展人的根本特征。”我认为这个见解是深刻的。该校教育系与安阳市人民大道小学关于小学生主体性发展的实验研究，对小学生的主体性进行分解，建立了可操作与可测评的指标体系。在我看来，这是受教育者主体性研究从抽象走向具体、从理论走向实际的一次突破，有重要的启发意义。

（二）教育者的主体性

这里的教育者主要是指施教者。虽然主体教育论把基本着眼点放在受教育者的主体性上，但并不否定、排斥教育者的主体性，它认为教育者也是教育活动的主体，并肯定教育者在教育活动中对受教育者的主导作用，即既引导和规范受教育者的学习和发展，又尊重和培养受教育者的主体性，或者说，通过受教育者的主体性，引导和规范受教育者的学习和发展，因势利导、因材施教。这是教育者的主体性的一个方面。

另一方面，教育者作为社会的现实的人，在教育活动中，既要适应社会现实，又要批判地对待社会现实；既要接受教育决策者的决策和社会文化观念的导向，又会有自己的教育价值选择和主动创造。因此，教育者在教育活动中的主体性，实质上是教育规律、教育规范与教育艺术的统一。

（三）决策者的主体性

决策者的含义比较复杂尚待界定。从层次上看，有中央决策者、地方决策者、学校决策者；从分工上看，有行政决策者、立法决策者、具体事务决策者（例如，课程设计决策者，教材编写决策者）。

决策者的教育决策也有必要把基本的着眼点放在受教育者的主体性上。决策者在教育活动中固然要更多地体现社会导向，从社会的整体需要与现实可能的角度来规范教育者的活动，规范受教育者的学习和发展，但必须给教育者和受教育者主体性的发挥留有余地，并对教育者和受教育者主体性的发挥加以倡导和鼓励。

教育决策者在自己的岗位上、在自己扮演的角色上发挥主体性，需要有立足现实又超越现实的意向，有把当前与未来、现实与理想统一起来进行合理选择与合理运作的能力。对教育决策者来说，立足现实、稳定现状是重要的，但如果忘了未来、忘了理想、忘了超越，甚至否定未来、否定理想、否定超越，就不够清醒、不够明智了。他们将会失去主体性，而且还会因此压制教育者和受教育者的主体性，妨碍社会的全面进步和人的全面发展。从这个意义上看，决策者有必要明确，他们不只是对教育者和受教育者的活动进行约束、实施控制，他们还应当为教育者和受教育者的活动服务，特别是要为受教育者的发展服务；教育者和受教育者不仅不单纯是他们实现社会抉择的工具，而且首先是他们进行社会抉择的目的。这就是说，教育决策要以引导和规范教育者的主体性，特别是培养受教育者的主体性为基础。

二、 关于教育活动的主体性问题

教育的主体性，既表现为教育主体的主体性，又表现为教育活动的主体性。前者是就活动主体说的，后者是就活动自身说的。它们实际上是二而一的东西。

（一）教育是一种主体性活动

教育活动是由受教育者的活动、教育者的活动和决策者的活动共同构成的，这已说明教育活动是一种主体性活动。

人们通常说，教育受社会制约，教育要反映社会现实与发展趋势，这是对的。但是，社会现实与发展趋势自身并不会自然而然地、径直地生成教育或转化为教育，它需要经过人的中介。教育活动是人的活动，教育系统是人为系统，教育需要人去反映、去建构。人，不论是受教育者，还是教育者、决策者，都是社会的现实的人，都有自己的生活经历、社会地位、文化背景、经验储备、思维方式、价值观念，他对社会现实和发展趋势对教育的客观需求有自己的认识与评价，对自身的教育需要也有自己的认识与评价。因而，他会根据两个尺度（一是对社会现实与发展趋势的认识与判断，二是对自身需要的认识与评价）进行有意识的选择，建构教育系统，开展教育活动。所以说，教育是一种主体性活动。

教育作为一种主体性活动，面对着诸多矛盾，往往陷入两难选择的困境。例如，事实判断（是什么）与价值判断（应如何），社会导向与个人取向等，人们可以从不同的角度、不同的层次列举许多。这是教育理论研究与教育实践抉择面临的重大课题。我无意在这里讨论这个问题，只是想说，对于这个问题很难以非此即彼的思维方式做一劳永逸的解决，只能寻求一种历史的具体的合规律与合目的的统一。

（二）教育的相对独立性

教育不只有社会制约性，而且有相对独立性。过去，人们有意无意地忽视教育的相对独立性。主体教育论在肯定教育的社会制约性的基础上，更多地强调教育的相对独立性。

教育其所以有相对独立性，不仅是由于教育是一种主体性活动，而且还由于教育有其自身的形态特点、规律和历史。有的人强调教育为社会服务，却不承认教育的相对独立性，说什么只能就社会论教育，不能就教育论教育。还有的人以为，所谓教育切合社会实际，似乎就是教育与社会融为一体，就是教育政治化、商品化。他们否定教育规律和历史，用社会规律、社会历史取代教育规律、教育历史。其实，只有承认教育的相对独立性，尊重教育的特点、规律与历史，才能真正依靠教育，教育才能发挥其育人功能，为社会服务。所以，比较全面的说法似乎应当是，不仅要就社会论教育，而且要就教育论教育，还要就教育论社会。

（三）教育的超越性

教育的超越性有两个相互联系的方面，一是指教育对受教育者现状的超越，另一方面是指教育对社会现状的超越。

教育对人的发展现状来说，既有适应的一面，又有超越的一面。赞科夫的发展教学实验，我国关于早期教育的讨论，都是关于这方面的研究。应当说这方面的研究很多，留下的空白也很多。主体教育论认为这方面的研究是很有意义的，尤其重视激发、鼓励、培养、引导受教育者对自身发展现状的超越意向与能力。我国正在实验的希望教育、成功教育以及愉快教育，可能是着重于这方面的研究。

教育对社会现状来说，也有适应的一面与超越的一面。就我所接触到的极为有限的材料看，这个问题在西方是争论不休的，在我国则未引起人们的兴趣和足够重视。五四新文化运动，作为一种启蒙运动，关注改造国民性，批判传统文化，用之于教育，可以说是强调教育的超越性。但中国自古以来的教育传统，其主导的一面是强调教育的适应性，我们今天似乎还在继承并强调这个传统。关于这个问题，南京师范大学的鲁洁教授最近发表了题为《论教育之适应与超越》的文章，分析透解。读后，我深受教益。

主体教育论注重教育的超越性，认为信而好古不行，盲目满足现状也不行，而是要把对现状的认同、保存与对现状的改革、发展结合起来，肯定教育对社会现状持分析的、批判的态度。主体教育论把基本的着眼点放在受教育者的主体性上，把造就社会历史活动主体看作教育的中心主题或最高目的，也就是强调教育的超越性，强调教育应该成为社会发展的积极的能动力量。

（四）教育为人的全面发展服务

教育为人的全面发展服务，这好像不是个问题，只是个普通常识。从事教育实践与教育理论研究的人谁不知道教育要为人的全面发展服务？但是多年来，我们只讲教育必须为政治服务，教育必须服从和服务于经济建设，不讲教育为人的发展服务；即使不把教育为人的发展服务当成禁忌，也只是把教育为人的发展服务当作教育为社会服务的手段。教育为社会服务，包括为社会的经济、政治服务，为社会的现存秩序与未来发展服务，这是对的，应当肯定。而且社会发展了，经济增长了，政治改善了，也就是为人的发展服务创造了社会条件。但是，社会条件不等于教育现实，要不要讲教育为人的发展服务，还是一个可以进一步探讨的问题。这里的问题是，人的发展究竟只是社会发展的工具，还是人的发展更是社会发展的目的；教育培养人是只是服从社会的功利需要，还是还要服从人的个性完善的需要。这个问题，也是历来就有争议的。例如，中小学教育阶段的普通教育（博雅教育）与职业教育之争，高等教育阶段的素质教育与专业教育之争，有的人把它们概括为人的教育与人力教育之争。几年前，日本东洋大学文学部教授针生清人来我校座谈教育问题，其中有一个问题，即“教育为政治服务”一说是否合理？双方分歧很大，很难取得共识。针生清人表示不赞成提教育为政治服务，他的主要根据是，日本战前的教育是为军国主义服务的，而日本的军国主义则造成包括中国、日本人民在内的亚太地区人民的一场浩劫。应该说，他举出的事实是不可否认的，从这个事实得出的结论也不是全无道理的。类似的事实，是举不胜举的。就中国来说，我们至少可以列举“文化大革命”期间的教育。看来，教育与政治的关系问题，特别是其历史发展，还留有进一步讨论的余地。这样说，不是一般地反对教育为政治服务的说法，因为这是个事实；更不是反对我国教育为无产阶级政治服务，因为这是历史前进的必然。这里需要分辨清楚的是，就教育的社会根源来说，在阶级社会里，任何教育的社会性质都有其政治基础，是受政治制约、为政治服务的，不可能是超政治的。但从真理观和价值观来说，则不能认为为任何政治服务的教育都是天然科学的、合理的。事实上，教育为之服务的政治自身并不能成为衡量自身的性质的最终标准，它还另有衡量标准：一是生产力标准，或历史尺度；二是人的发展标准，或价值尺度。我们否定“文化大革命”时期的那种自称“为无产阶级政治服务”的教育，其根本依据也是这两个标准或两个尺度。人不能离开社会而生存、发展，同时人又是社会历史活动的主体。社会的经济、政治是人生存和发展的条件，又是人活动的形式与结果。人的教育或教育造就的人为经济、政治服务，为社会服务，充当实现某种社会需要、某种经济或政治任务的工具，这是不可避免的，也是合理的。迄今为止的教育，主要地还是人谋取生存的手段，具有功利性。但这只是问题的一方面。问题的另一方面是，人也是社会发展的目的，是社会的经济活动、政治活动的目的。封建社会转变为资本主义社会，资本主义社会转变为社会主义社会，或者说从自然经济转变到市场经济，从生产资料私有制转变到生产资料公有制，人的地位都发生了根本变化，逐步地走向解放。社会主义的根本任务是发展生产力，以便满足广大人民群众不断增长的物质和文化生活的需要。所以，讲经济、政治，要看到经济、政治的文化或人文含义。如果这样说是对的，那么强调教育为人的发展服务，把人的全面发展当作目的，并没有什么奇怪之处。当今社会，尤其如此。有的社会发展理论就把人的全面发展看作社会全面进步的中心。马克思主义更认为，社会的解放与人的解放是统一的、互为条件的。无产阶级为之奋斗的共产主义社会就是以“每个人的全面而自由发展为基本原则的社会形式”。总之，人既是手段，又是目的；正因为人是目的，所以人才充当手段。对当前的中国社会来说，肯定人是目的尤为重要。正是在这个意义上，主体教育论强调教育要为人的全面发展服务，要尊重人的价值和人的主体地位，不是单纯地把人训练为工具或手段，而是把人培养成社会历史活动的主体。

最后需要指出的是，主体教育论把教育看作一种主体性括动，强调教育的相对独立性，教育的超越性，教育为人的全面发展服务，并不是要否定教育的社会制约性，也不是要主张教育万能论、人或人类万能论。离开社会的客观存在与现实可能，夸大教育的作用、人的作用是错误的。讨论教育问题，不能不实事求是，做出事实判断。但是又不能不在事实判断的基础上讲求价值追求，在解释世界的基础上讲求改变世界。有的人认为教育研究的任务在于回答教育是什么，而不是一厢情愿地议论教育应如何，把规范和价值一概斥之为不切实际的、幼稚可笑的空想。这恐怕是一种片面的、目中无人的观点。

主体教育论立足于人的社会实践，把受教育者的主体性的发展看作全部教育活动的基础，把培养受教育者成为社会历史活动的主体看作教育的中心主题或最高目的，把追求人的解放与社会解放看作教育的最高理想或终极关怀，这可能会弥补我们现在教育学理论的缺陷，使我们的教育学理论更全面，更科学、合理，更带实践性，更具中国特色。马克思把人的发展历史划分为三个阶段：从“人的依赖关系”到“以物的依赖为基础的人的独立性”，再到“建立在个人全面发展和他们共同的社会生产力成为他们的社会财富这一基础上的自由个性”。对马克思的这一思想也许可以这样理解，即人的发展历史，也就是人的主体性的一步步弘扬的历史，就是人类从必然王国一步步走向自由王国，走向解放的历史。主体教育论所追求的正是马克思的这一思想在教育领域的具体化。但是，作为一种教育理论，主体教育论的探讨，目前只能说刚刚起步，远远谈不上有自己的概念、范畴与逻辑结构。它不仅要有理论研究，还要有实验研究；不仅要有教育学的专题研究，还要有包括哲学在内的多学科的研究。我们只能表示相信，如果方向是对的，路总会有人去走。

参考文献

［1］王策三．教育主体哲学刍议［J］．北京师范大学学报，1994（4）．

［2］北京师范大学、河南安阳人民大道小学联合实验组．小学生主体性发展实验与指标体系的建立测评研究［J］．教育研究，1994（12）．

［3］鲁洁．论教育之适应与超越［J］．教育研究，1996（2）．

［4］马克思，恩格斯．马克思恩格斯全集（第46卷 上）［M］．北京：人民出版社，1980：104．

关于教育哲学研究的几个问题①

/

黄　济

一、 教育哲学的产生和发展

为了说明什么是教育哲学，有必要对教育与哲学的关系以及教育哲学的产生和发展的历史做一些简略的回顾。从教育思想发展的历史来看，教育与哲学一直是紧密地联系在一起的：在一些哲学家的哲学著作中，常常包含着教育思想和教育学说在内，反过来，在一些教育家的教育著作中，也离不开一定的哲学思想的影响和指导。特别是在教育学尚未成为独立学科之前，教育思想和教育理论是同哲学、政治、伦理乃至宗教等思想和理论混合在一起的。古代的许多思想家往往同时是教育家，他们的教育理论也就包括在他们的哲学、政治等著作之中，如孔子的《论语》，柏拉图的《理想国》，都是包括了哲学、政治、伦理和教育等思想在内的综合性著作。到了近代，最早的教育学讲座，大都也是由哲学家讲授，如康德就曾在1776年在德国的哥涅斯堡大学开设过教育学讲座。以后，西欧一些大学也相继开设了教育学讲座。教育学从哲学中分化出来成为一门独立的学科，在欧洲一般地把赫尔巴特的《普通教育学》（1806）作为第一本教育学著作。（实际上在此之前中国的《学记》和捷克教育家夸美纽斯的《大教学论》，也可算是比较完整的教育学著作）教育哲学又是在教育科学继续分化之后才出现的，一般认为第一本教育哲学著作是19世纪中期德国哲学家洛孙克兰兹写的一本名叫《教育学体系》的书（1848），后来这本书为美国教育家布莱克特译为英文本，改名为《教育哲学》，这就是教育哲学的开始。

在此以后，教育哲学的著作就越来越多了，其中影响较大的如德国的那笃普（1854—1924）的《哲学与教育学》，这本书在哲学方面，主要继承了康德的哲学思想，从论理学、伦理学和美学等几个方面论述了教育的问题，体系比较完整，但内容比较简单。旧中国范寿康的《教育哲学大纲》一书的体系和内容主要是来自这本

①部分节选。文章来源于《北京师范大学学报（社会科学版）》1981年第2期。

书。另一本影响较大的是美国杜威的《民本主义与教育》(1916)，这本书是杜威在哥伦比亚大学讲授教育哲学的教科书，以“教育哲学引论”作为此书的副标题。这本书在国际上影响较大，在旧中国讲教育哲学的人几乎都受到它的影响。

在旧中国的教育界，开始研究和讲授教育哲学一科，是最近几十年的事。1919年五四运动前夕，杜威来中国讲学，对中国的教育界和教育科学的发展影响很大，从此在中国也有人开始研究教育哲学。当时的高等学校首先开设教育哲学一科的是南京高等师范学校，嗣后逐渐推及全国的高等师范院校和一般大学的教育系科，甚至有的中师也开设教育哲学选修课。那时国内的教育理论工作者，最初从事教育哲学研究的，无论是译述还是论著，大抵不出杜威的实用主义教育哲学的范围。另外，也有少数人是独树一帜的，如范寿康的《教育哲学大纲》，邱椿的新唯物史观的《教育哲学》，姜琦的以三民主义为根据的《教育哲学》等都是。总之，在旧中国从事教育哲学研究的人，虽然出版的书和发表的文章各有自己的独立体系和见解，但从其哲学体系来看，或者是出自德国的古典唯心主义，或者是出自美国的实用主义，也有少数属于三民主义或宗教哲学的。除此之外，还有一些初步接受了马克思主义思想的学者，试图用辩证唯物主义和历史唯物主义的观点和方法来研究教育哲学，如张栗原的《教育哲学》、钱亦石的《现代教育原理》、林砺儒的《教育哲学》等。虽然这些论著还不能说已臻完善，而且有些问题还脱不出实用主义的窠臼；但他们在分析问题和解决问题的观点和方法上，已较过去大为不同，书中所提出的问题，有的至今尚有研究的价值。

在现代，西方的教育哲学流派，如同哲学流派一样，是相当多的。虽然在近代曾经出现过教育科学与教育哲学之争，特别在实验教育学和实验心理学出现之后，教育科学研究一度大有从哲学的思辨转入科学实验的趋势。但是教育哲学仍然在发展着，而且近几十年来又有些回升。现代西方一些哲学家、教育学家、心理学家、社会学家等，从不同的哲学观和教育观出发，发表各自对于教育问题的不同的见解，形成了教育哲学中的各个流派。下面就当代英美、特别是美国资产阶级教育哲学流派的发展过程，做一些简略的介绍：从19世纪末和20世纪初起，英美一些资产阶级学者打出“新教育”和“进步教育”的旗帜，以反对传统教育，其中影响最大的是实用主义教育流派，他们的主张适应了当时资本主义发展的需要，因而实用主义教育思想在19世纪末到20世纪初曾经得到了广泛的传播。但是，实用主义教育并不能解决资本主义固有的矛盾，而且带来的后果是知识水平的严重下降，其结果对生产和科技的发展都不利。于是到20世纪30年代又出现了一些新的教育流派，如永恒主义、要素主义等，它们打着强调学习系统知识、重视文化要素的旗号，反对实用主义的教育思想。特别在第二次世界大战以后，由于苏联卫星上天的刺激，要素主义教育思想在美国一度占了优势地位。但是要素主义的教育主张也不能解决帝国主义经济和政治的矛盾，而且由于过分地强调知识的科学系统性，脱离学生实际地去提高文化水平，结果不仅没有提高水平，反而加重了学生学习的负担，并带来了学生就业的困难。在这种情况下，要素主义又有些失势，实用主义又有些抬头，作为实用主义教育的一个分支的改造主义教育又发展了起来，改造主义高唱“社会改造”的论调，实际上是宣扬“阶级合作”，在教学组织和方法上，基本上还是实用主义的一套。与此同时，存在主义和分析哲学等也兴盛起来，成为目前教育哲学流派中最时髦的东西。存在主义否认自己属于任何一个传统的哲学流派，以研究“人的哲学”为标榜，强调哲学的根本问题是人的存在，主张“存在先于本质”，发现自我的存在是最重要的课题。教育的作用就是要帮助人去做“自我发现”。分析哲学又打出科学的哲学的旗帜，否认哲学思想体系，强调对概念和语言做科学的、逻辑的分析。在他们看来，现实中的矛盾是来自概念的混乱和模糊不清，因此哲学的任务就在于“清思”。以上就是当代英美教育哲学流派简单的发展过程。此外，还有人把理性主义、行为主义、结构主义、新托马斯主义等，也列入现代教育哲学流派之中，对这些就不再一一地介绍了。

教育哲学的流派是如此之多，各个流派的关系和分类又极为复杂：其中有的既属于哲学流派，又属于教育流派，如实用主义、存在主义、分析哲学等就是这样；有的只是教育流派，在哲学上并不占有地位，如要素主义和永恒主义、进步主义和改造主义等，因而在讲述这些教育流派时，还须进一步来分析他们的哲学观点属于哪个流派。也有的是一个哲学流派中包括不同的教育流派，如在实用主义哲学中，就有进步主义教育和改造主义教育的不同教育流派；相反的，有的是一个教育流派中，又包括了不同的哲学流派，如在要素主义教育流派中，就有新实在论和理性主义等不同的哲学流派在内。有的教育流派，如进步主义和改造主义同属于一个教育体系，但两者又有所不同，如果说前者比较重视儿童的活动的话，那么后者则比较重视社会的“改造”。要素主义和永恒主义又同属于一个教育体系之中，但两者也有所不同，如果说前者偏重于现代的、自然科学知识的话，那么后者则偏重于古典的、人文学科的知识。对于这些都需要我们在研究教育哲学流派时做具体的分析和说明。最后，还要说明一点，这些教育哲学流派，虽然各有其自己产生的历史背景，在教育实践上也各有其大小不同的影响，但就其哲学体系来说，大抵都不出唯心主义，不是主观唯心主义（如实用主义和改造主义等），就是客观唯心主义（如要素主义和永恒主义等）。存在主义和分析哲学，虽然它们不承认自己属于任何哲学流派，但也不出唯心主义的哲学范畴，这些都反映着时代的特征。

二、 教育哲学研究的对象和范围

从以上所述，教育哲学这门学科的讲授，大致可以有两种不同的体系：一是以研究教育哲学流派为主的教育哲学体系；一是以研究教育上的根本问题为主的教育哲学体系。前一种体系，在旧中国就有人这样研究过和讲授过，如有的教育哲学讲义和著作就把教育哲学流派分为自然主义派、理想主义派、实验主义派等；也有的分为唯物论的教育哲学，观念论的教育哲学，唯用论的教育哲学等。晚近的美国教育哲学家奈勒在他的《教育哲学入门》一书中，把教育哲学流派分为实用主义、进步主义、永恒主义、要素主义、改造主义、存在主义和分析哲学七个流派，这七个流派基本上反映了美国教育哲学的发生和发展过程。1980 年春，美籍华裔专家樊星南教授来我国讲授教育哲学，也采用讲授教育哲学流派的做法，共讲了实验主义、理性主义、行为主义、存在主义和分析哲学五个流派。这是一种体系。但是从严格的意义上来说，这种体系只能算作对教育哲学流派的简介，还不能算作独树一帜的教育哲学体系。另一种就是以研究教育中的根本问题为主的教育哲学体系，这种体系中又可分为两类：一类是从哲学的体系出发来论及教育问题，上面我们所举的那笃普的《哲学与教育学》，就是从康德的哲学出发，就论理学、伦理学和美学三个方面讨论了教育上的一些根本问题。在旧中国范寿康和吴俊升的《教育哲学大纲》，也基本上采用了这种体系。目前我们在考虑马克思主义教育哲学体系时，有的同志就准备从马克思主义的三个组成部分出发来探讨教育中的一些根本问题；也有的同志准备从自然、社会和思维的辩证法出发，即从教育与自然发展、教育与社会发展、教育与思维发展的关系，来阐明一些教育中的根本问题，都可以算作这一类的考虑。另一类就是从教育中的根本问题出发，如将教育的本质、教育的作用、教育的目的、教育的价值、课程教材、教学法的性质等方面的主要问题，提到哲学的高度加以理论分析。杜威的《民本主义与教育》，可算是开此体系的先河。在这本书中，他用了 26 章的篇幅对教育中一些基本问题做了综合的分析和论述。旧中国的教育哲学论著也多属于这一类，这方面的著作很多，体系也比较庞杂，不再一一列举。我们也主张采用第二种体系，就是从教育中的根本问题出发，提到哲学的高度，从方法论上去做些根本的探讨。

从这样一个前提出发，那么，教育哲学的对象应当是什么呢？由于教育家所持的哲学观点和教育观点不同，对教育哲学所下的定义也不尽相同。吴俊升在《教育哲学大纲》一书中讲道：“有的学者根据哲学的综合性，认为教育哲学，乃是综合教育科学的知识而成为一个整体的系统的学问，如德国的泡耳生、克里克、美国的柏格莱对于教育哲学的定义，即是如此。有的注重哲学中与教育最有关系的一部分，即价值论，而认定教育哲学为根据价值论来批判教育价值的学问，如德国的梅瑟耳、美国的波德等人，对于教育哲学的定义，便是如此。又有一派学者，认为教育哲学，乃是从哲学观点论教育，更从教育的观点论哲学的学问，如德贺夫即取此定义。”杜威在《民本主义与教育》中，更把教育与哲学看成是一个东西，认为哲学是“教育的普通理论”，教育是哲学的实验室。奈勒在《教育哲学入门》一书中，则把教育哲学看作是从总体上去了解教育的一门科学，并对教育哲学规定了思辨性、规范性和批判性三个特点。如此等等。对于教育哲学所下的定义，虽然如此之多，主张也各不相同，但其中有一点却是共同的，就是大家一般认为，教育哲学应当总括教育科学的成果，教育哲学比之教育科学应当有更大的概括性，教育哲学应当从理论上、从方法论的高度来分析和论证教育科学中的一些根本问题。

我们认为，教育哲学应当成为一门独立的学科。顾名思义，教育哲学带有边缘性学科的特点，但又不是一般的边缘学科。所以说它具有边缘学科的特点，就是说在教育哲学中具有教育学与哲学的共同特点，是教育学与哲学的有机结合，但它又不是一般的边缘学科，这是因为教育哲学对于其他教育学科来说，犹如哲学对其他科学来说一样，也带有方法论的性质，它应当是教育学科的概括和总结。教育哲学同其他教育学科的关系，应当是一般与特殊的关系，教育哲学所要回答的问题，应当是教育中的一般规律性的问题。因此，我们初步认为：马克思主义教育哲学的对象，应当是以辩证唯物主义和历史唯物主义作为指导思想，对教育中的一些根本问题，从哲学的高度做一些根本的研究和探讨，从中找出一般规律，作为教育理论和实际工作的指导。

那么，教育哲学研究的范围，究竟应当包括哪些内容呢？根据过去教育哲学论著中所涉及的问题和教育实际的需要，我们初步地确定了以下的一些根本问题，作为教育哲学的研究范围：除了绪论（包括教育哲学的对象、方法，教育哲学同其他学科的关系等）以外，诸如教育本质论、目的论、知识论、道德论、价值论、方法论等根本问题，都应当是教育哲学研究的范围。在论述这些问题时，除了对古今中外有关这些问题的资料做综合地概括地分析研究外，特别是对新中国成立以来30年教育理论和实际中的经验教训，应当在教育哲学中用辩证唯物主义和历史唯物主义的观点和方法做出比较全面的总结，以此来提高我们的理论思维能力，把握教育的客观规律。这就是我们向教育哲学的教学和科研提出的主要任务。

参考文献

[1] 吴俊升. 教育哲学大纲［M］. 福州：福建教育出版社. 2011：33.

重塑教育知识中“人的形象”[①]

/

石中英

一、教育知识传统中的“人的形象”

（一）“宗教人”的形象

“宗教人”的形象是教育知识传统中最古老的人的形象。这种人的形象支配了迄今为止的教育学史的绝大部分时间，对教育知识的发展和教育实践具有比较深远和广泛的影响。

“宗教人”形象对中世纪的教育论述影响很大，使中世纪的教育知识充满着宗教气息。既然在人和上帝的关系上，人只不过是上帝的摹本，那么无论如何人是不是像上帝那样完美的，教育的根本价值就在于使人“生来不完善”的神性得到“充分的”发展。既然只有人的灵魂来自上帝，而且在人死后又归于上帝，因此，教育的根本目的就是教人从心灵上认识、热爱、赞美、信仰和服从上帝。既然肉体只不过是灵魂的一个暂时的“居所”或“监狱”，那么教师对学生实施严格的禁欲和严酷的体罚就是为了“拯救”他们的灵魂，具有一种神圣的合法性。既然上帝不仅创造了人，而且创造了世间的一切事物，因此无论学习什么样的知识或科目，终极的目的就是为了领悟万事万物背后的神的精神。

（二）“自然人”的形象

“自然人”是继“宗教人”之后在教育知识领域出现的一种“新人”的形象，它萌芽于12世纪，形成于文艺复兴时期，完成于18世纪，对于我国当前的教育学研究和教育实践有着重要的影响。

“自然人”是16至19世纪风靡欧洲的自然主义教育思潮的重要理论基础，在蒙田、卢梭、裴斯泰洛齐等人的教育学说中占有核心地位。既然人的本性不是神性，而是人自身固有的一种发展倾向，那么教育目的就不再是使人认识神、理解神并皈依神，而是帮助人“发展”自身固有的内在倾向。既然人的本性是人作为类的

①部分节选。文章来源于《教育研究》2002年第6期。

存在所固有的，不存在个体差异，因此，所有的人都有受教育的权利，而且所有的人只有在受到一种真正的教育之后才能成为一个人，这是不受人的出身、地位、性别和智力的高低影响的。既然人作为一个“小宇宙”具有自身的内在联系和发展倾向，那么教育要尊重和遵循人的自然本性，而不能压抑或扭曲人的自然本性。这就提出了在教育过程中研究儿童的任务，促进了近现代儿童研究的兴起和发展，并直接导致了著名的“教育心理学化”运动的出现。毫无疑问，建立在“自然人”基础上的自然主义教育思潮是现代教育理论的一种重要思想源泉。

（三）“理性人”的形象

“理性人”是现代西方文化中的一个具有哲学、历史和政治意义的人的形象。在中世纪及文艺复兴时期，“理性人”分别与“宗教人”和“自然人”的形象交织在一起，到了18世纪后，逐渐从“自然人”形象中分离出来，成为一种独立的深刻反映当时社会转型要求的新人形象，成为当时及以后思想家们论述教育问题的理论前提。最早揭示或赋予人理性特征的是古希腊哲学家亚里士多德，他有一个后来被无数人无数次引用过的命题，即“人是理性的动物”。

“理性人”的主要特征如下：第一，人是有理性的，理性是人的内在的本质特性，是人的普遍“类特性”；第二，理性既是区分人与动物的界限，也是区分“文明人”与“野蛮人”的界限；第三，理性是一种高级的认识能力，不同于感性和知性；第四，借助于理性和理性知识，人类就能不断深化认识，把握和重建自身与世界的关系，从而获得自由；第五，理性的人无所不能，是“全知全能的上帝”的化身；第六，人的理性是先验地赋予的，但也需要最低限度的训练，否则理性会丧失。

（四）“社会人”的形象

“社会人”的形象是19世纪中叶以来出现于教育知识之中并逐渐占据教育相关知识核心位置的人的形象。社会人的形象一般来说又有两种：一是“政治人”形象，二是“经济人”形象。我国传统上所强调的“道德人”也可以看成是一种特殊类型的“社会人”或“政治人”形象。

二、对教育知识传统中“人的形象”的批判

“宗教人”的理论缺陷主要在于：不能合理说明上帝究竟是如何创造出芸芸众生以及原罪究竟是怎样形成和代代相传的。在一个理性化的现代社会，不能合理地说明这些，所谓的“赎罪”“忏悔”“拯救”“超越”等就毫无意义。与此相关，宗教的一切，从目的到方法，从空间布局到师生交往方式，都会失去其最基本的依据。其次，宗教人的形象还忽视了人的世俗生活需要，忽视了社会政治、经济等力量对人和教育的现实控制，具有浓厚的幻想色彩。再次，建立在“宗教人”形象基

础上的教育把教育价值看成是绝对的，不容置疑。这种教育在现实政治或宗教势力的操纵下往往打着拯救或提升人性的幌子压迫人性。

“自然人”的致命理论缺陷在于：作为个体的人本身是否具有某种“自然本性”或“固有的”内在联系和发展趋向？今天，人们一般会从遗传学与心理学两个方面对这个问题给以肯定的回答。从遗传学的角度，人们可以用有关基因问题的最新研究进展说明，个体在出生之前确实已经通过遗传从亲代那里接受了一些行为倾向。从心理学的角度，人们可能会举皮亚杰等人关于儿童认知发展、道德发展等的研究来说明人是有着普遍的本性的。然而，这些遗传学和心理学的回答都是不充分的：人的遗传素质与他的现实行为取向并没有直接的因果联系；皮亚杰研究结果的普遍适用性已经遭到了致命的反驳。即使人类自身存在着某种固有的发展倾向，但是教育的目的却不止于“促进”发展，还包括要“引导”和“规范”发展。从一定意义上说，后者才是教育更加重要的方面。上述对于“自然人”的现代辩护听起来很有道理，然而，它们最多只是说明了人的发展的生物学基础和心理学基础，而不能说明人的发展的所有现实性与未来可能性，更不能解释现实生活中人的发展的全部复杂性要求。教育遵循某种意义上的“自然本性”是对的，要是要求教育跟随在“自然本性”的后面亦步亦趋就是绝对错误的。

“理性人”的理论缺陷主要表现在：不能合乎逻辑地证明“先验理性”“先验范畴”或“先天图式”的存在。不错，我们作为人类的存在，总是有一定的思考能力，有一些也不知怎么就掌握的概念范畴或信息加工模式。因此，可以毫不迟疑地认为，我们作为人类的存在，确实是“有理性”的。但是，我们如何能够从“有理性”的日常经验中推说我们的“本性”就是“理性”呢？一个同样明显的事实是，我们作为人类的存在，不仅是“有理性”的，而且也是“有感情”“有欲望”的。我们能不能又从中推说，我们的“本性”就是“爱”“恨”或其他非理性的东西呢？理性主义者如笛卡尔和康德都认为，既然我们能够在后天的生活中接受一些“概念”“范畴”，或形成一些“图式”，那么我们必有一些最基本的和原初性的“概念”“范畴”或“图式”，这些东西就是“先验的”，表征着人类的理性本质。可是，我们又如何知道在这些“最最”基本的和原初性的“概念”“范畴”或“图式”背后，没有“最最最……”基本的和原初的“概念”“范畴”或“图式”呢？作为一个凡人，我们如何能够辨认“先验的”与“经验的”之间的逻辑界限呢？如果在这方面有困难，我们又能如何自信地宣称“先验理性”“先验范畴”或“先天图式”的存在呢？

“社会人”的理论缺陷主要在于：尽管说，“离开了社会，人就不成其为人”，但是，人却并不是社会政治和经济生活的“产物”。这是因为：社会的政治关系和经济关系与个体人的生成之间并不存在着孔德所说的“线性决定关系”，否则，我们如何解释那些历史上冲出自己阶级或家庭牢笼的事件呢？如何解释那些“不义而富且贵，于我如浮云”的人和事呢？这就是说，一定社会的政治和经济关系对于人的影响只能通过被影响者自己的主观解释来达到目的。因此，与其说，人是社会政治和经济生活的“产物”，毋宁说，人是他自己的“产物”，是他自己所“计算的”“社会关系的总和”。

三、重塑教育知识中“人的形象”

从历史上看，单独重塑教育知识中“人的形象”是不可能的，因为它总是与广泛社会生活中人类自我意识的变革密切结合在一起：既是人类自我意识变革的一个必要组成部分，又是推动人类自我意识变革的一个重要途径。因此，重塑教育知识中“人的形象”也就意味着：深入地考察当前广泛社会生活领域中人类自我意识的变革，并将其应用到教育理论的建构和教育实践的变革中来。

（一）“游戏人”的形象

“游戏人”的主要特征：第一，人人都喜爱游戏。游戏是人类的一种原始冲动，其他的一些冲动，如认识的冲动、宗教的冲动、功利的冲动等，都只不过是游戏冲动的外在表现。游戏的冲动不仅表现于人类的儿童时期，而且贯穿人的一生。第二，人人都生活在游戏之中。生活就是由一系列不同类型的游戏构成的，活着就意味着不断参与游戏和创造新游戏。就是一些非常严肃的社会活动，如政治、经济和科学研究等，也都有着大量游戏的成分：装扮、自居、陶醉、外在的关注、规则与自由之间的适度张力等。上面所说的“宗教人”“自然人”“理性人”“社会人”的形象也只不过是不同历史时期的人类为自己所设计的不同的游戏角色而已。第三，人人都是“游戏者”。理解人，就是理解人所参与的游戏；反过来，理解了人所参与的游戏，就理解了游戏中的人。第四，人人只有在游戏中才能“成为”和“看到”他们自己，才能避免司空见惯的“异化”危险。总之，“游戏人”的假设认为，游戏不仅是日常生活中的一类普通娱乐活动，而且是人类共有的本性，是人类作为人类存在的基本方式，是人类各种文化的“母体”。

从“游戏人”的角度来看教育，我们可以看到教育的“另一面”。首先，既然人人都是游戏者，人人都生活在游戏之中，那么，教育本身究其实质只不过是人类多种多样游戏活动中的一种。或者说，人们“在教育中游戏”“通过教育游戏”“为了教育而游戏”。参与教育游戏，享受教育游戏所给予的愉悦，是人类参与教育活动的另一种“目的”，它超越了任何功利的考虑。其次，既然人人只有在游戏中才能“成为”和“看到”他们自己，那么，以人的培养为己任的教育就应该充分地展现其“游戏性[①]”，使教师和学生的整个身心经常地处于一种游戏状态：自由、自愿、自足、平等、合作、投入和忘乎所以。从一定意义上说，教育活动中游戏状态的缺乏是造成教学场所和活动缺乏魅力的一个主要原因。再次，既然人人都是游戏者，那么教师与学生之间的关系就是一种游戏者与游戏者之间的平等关系，双方必须共同创造一种游戏的氛围，承担游戏过程中各自的角色，理解和共同维护游戏的规则，并根据游戏双方的需要不断地重新修订这种规则。最后，既然人人都是游戏者，教育的根本目的是要帮助人们理解其游戏本性，促使他们形成“公平游戏”的责任意识和能力。

（二）“文化人”的形象

“文化人”形象的基本轮廓：第一，人是文化的产物，而不是上帝的或自然的产物；不仅我们的观念价值、感情和行为模式是文化的产物，就是我们的感觉方式思维方式以至整个神经系统都是文化的产物。第二，人性就是文化性。第三，因为人类生存于其中的文化是多样的，因而人性也是多种多样的，长期以来人们所信以为真的人性的统一性是虚幻的；同时，因为人类生存于其中的文化是不断变化的，因而人性也是不断变化的，不存在永恒不变的人性。第四，既然人是文化的产物，人性就是文化性，那么和人打交道就是和他所属的文化打交道，理解一个人也就意味着理解他所代表的文化。人与人之间的关系事实上是一种文化际的关系，而不是两个赤裸裸的肉体或理智主体之间的关系。

从“文化人”的角度来看教育，我们获得许多新的见解。既然人是文化的产物，人性就是文化性，那么文化本身是具有教育意义的：多姿多彩的文化塑造了无限丰富的人类和人性；积极健康的文化造就了健康积极的人类。既然人是文化的产物，人性就是文化性，那么教育从其基本意义上说，就是一种使人“文化化”的过程。既然不存在统一的和永恒不变的人性，那么教育作为一种人道主义事业就应该关注具体历史文化时空中的人，就应该帮助学生理解多元文化背景中的人性多样性，克服种种的文化中心主义，真正学会尊重和欣赏异文化中的他者。既然人都是文化的产物，人的一言一行都体现着他所生活于其中的文化，那么师生之间交往的过程就是一种跨文化交往和对话的过程，这种交往和对话的质量取决于双方对彼此文化的了解和理解程度。

（三）“制造人”的形象

由于“faber”有“劳动”之意，所以“制造人”也可以译为“劳动人”。“制造人”或“劳动人”形象的基本特征主要有：第一，人是“制造”或“劳动”的动

①在国内，最早提出“教育的游戏性”概念的是华中师范大学的吴航博士。在此之前，人们主要是从幼儿教育的角度来研究“游戏”与“教育”的关系。笔者这里所说的“教育的游戏性”不仅仅局限于教育过程方面，而是对教育总体性质的一个判断，与“教育的历史性”“教育的社会性”等相对而言。

物。正是在制造或劳动中，人与动物相区分，人成为他自己。关于这一点，恩格斯有着大量的论述，如“人类社会区别于猿群的特征是什么呢？劳动……劳动是从工具的制造开始的。”[①] 第二，人从其天性上说是喜欢制造或劳动的，制造或“劳动需要”也是人的一种基本需要。人正是通过制造或劳动来建立他与自然界、他人及其自己的现实关系，“表现”和“确证”自己的“类特性”和“主体性”，并逐渐地形成和改造着他自己。第三，人对制造或劳动的厌恶、懈怠和反感以及人在劳动过程中“类特性”和“主体性”的丧失，主要是异化劳动的结果。所谓异化劳动，主要是指劳动的对象、产品和整个劳动过程的管理都与劳动者相分离，并且成为压迫劳动者的外在力量。异化劳动不仅造成了劳动者与劳动的对立，而且造成了人与人之间以及人与他人的“类本质”之间的独立。

“制造人”形象能够给予教育理论和实际工作者的启发主要在两方面：一方面是启迪我们重新看待手工课或劳动课在教育中的地位和作用，重新思考马克思主义关于“教劳结合”的思想；另一方面则启迪我们更深入地思考为什么从古到今教育领域中普遍地存在着“教师厌教”和“学生厌学”的问题。手工课或劳动课是近代以来中小学校比较常见的一种课程类型，却并不在课程体系中占重要地位。人们主要是想用这些课程培养青少年一代正确的劳动态度，向他们传递一些基本的制作或劳动技巧，并同时进行思想品德教育。从“制造人”或“劳动人”的假设来看，手工课或劳动课的课程目标不能仅仅局限于这些具体发展目标的达成，更重要的是要满足青少年一代的劳动或制造需要，为他们提供一个表现反思和确证自己主体性和“类特性”的大好机会。由此，我们才能更深刻地理解马克思主义经典作家有关“教育与生产劳动相结合是促使人的全面发展的唯一方法”的命题。这是因为，所谓人的全面发展，就其实质而言，就是人的自由自觉的类本性得以充分实现的状态。因此，实现人的全面发展也就必然意味着通过劳动使得人们更好地“占有”和表现其类本性。反过来说，如果学校的一切活动都不包括制作、劳动，或者说学校的那些制造或劳动都是处于一种“异化状态”，那么学校中的教师与学生就会像工厂的职工一样感受到“自我牺牲”“自我折磨”和“自我丧失”，厌教和厌学之风必然盛行。

总之，比起“宗教人”“自然人”“理性人”“社会人”来说，人更像是“游戏人”“文化人”“制造者”或“劳动人”。人的自然性情、理性偏好、社会倾向无不可以通过“游戏”“文化”“制造”或“劳动”范畴而得到解释或重新解释。从“游戏人”“文化人”与“制造人”的角度来看，人或人的本性是“生成的”而不是

---

①马克思区分了“劳动需要”和“劳动需要以外的需要”两个概念。简而言之，“劳动需要”即指人类在劳动过程中作为劳动主体所产生的展现自己“类特性”，如“自由”“自觉”活动的需要；“劳动需要以外的需要”，则是指由其他社会势力如私有制强加给劳动者的“外在的需要”。

“给定的”，是“多样的”而不是“同一的”，是“异质的”而不是“均质的”，是“开放的”而不是“封闭的”，是“变化的”而不是“僵化的”。所以，在人性及建立于其上的人的形象问题上，教育理论和实际工作者必须持一种多样的、开放的和灵活的态度，不断地用新的和更加全面的眼光来打量人、思考人和培育人。

参考文献

[1] 马克思，恩格斯．马克思恩格斯选集（第 3 卷）[M]．北京：人民出版社，1972：513.

学校德育过程特点初探[①]

/

王逢贤

一、 德育过程具有多种开端

历史上一切唯心主义形而上学的教育理论，往往把知、情、意、行割裂开来。在德育的开端问题上，有的认为只能从知开始，有的认为只能从情开始，有的认为只能从意开始，有的认为只能从行开始，这样机能主义地各持一端，就必然把德育过程引向一条极狭窄的死胡同。

马克思主义教育理论认为，从人类认识的基本规律看，在德育过程的循环往复不断发展的总进程中，每一种思想品德的形成，归根结底是以知为开端，沿着知、情、意、行的内在程序，最后以形成行为习惯为终端的。但是由于知情、意、行具有相对独立性和相互渗透作用，每一个个体的人的思想品德形成过程并非一律沿着上述程序。实际上，知、情、意、行各方面都可作为开端，这就为德育的每一具体的过程的多种开端提供了可能性。就是说，德育过程既可以从传授政治、道德知识开始，也可以从陶冶情感开始，有时还可以从磨炼意志或者训练行为习惯开始。具体从何入手，要根据受教育者知、情、意、行的发展状况和教育因素的变化等条件而定。我们不为德育过程的具体开端规定一个固定的模式。模式化只能把德育过程引向脱离实际和形式主义的邪路。

教育实践中的大量事实表明，受教育者每一种思想品德的形成，其知、情、意、行的发展的方向和水平，是经常处于不平衡状态的。我们常见的“通情达理”和“情通理不通”“理通情不通”，言行一致和不一致，动机与效果的统一或背离，持之以恒和浅尝辄止等现象，就是上述诸因素的平衡与不平衡的表现。这就需要在德育过程中充分利用多种开端的规律，开辟多种渠道，有的放矢地使受教育者在知、情、意、行几方面都得到相应的发展，这是加速形成每种思想品德应该遵守的客观规律。

---

①部分节选。文章来源于《教育研究》1979年第3期。

二、 各种思想品德形成的同时性和德育过程的圆周式发展

德育的各项任务和内容要求受教育者形成的那些思想品德并不像智育任务和内容那样，通过一门一门课程的逐年增加和变换来实现，而是各种思想品德在各个年级同时地反复进行着。所以德育过程不可能按着德育的类别列出一个逐年增加和变换的固定的教育时间表。这就使德育过程的每一循环带有鲜明的反复性，呈现着圆周式发展的特点。

德育过程的这个特点，是由受教育者作为社会的一个成员与社会生活的各个方面不可分割的联系决定的。受教育者在与社会交往中必然要表现一定的思想品德，不表现是不可能的。由于社会生活的职能是多方面的，对社会成员的要求是同时的不间断的，而作为社会成员的受教育者在思想品德的表现上也必须是多方面的、同时的、不间断的。就是说社会上的阶级、国家、政党、生产劳动、公共财物和秩序、各种人物等对象，每时每刻都要求与其交往的社会成员，不以其主观意志为转移地在思想品德方面有所表现。这就决定了在德育过程中各种思想品德教育必须不间断地同时进行，而且要日复一日年复一年地反复进行。

德育过程的这个特点也是各种思想品德之间不可分割的联系及其在相互作用中统一形成的规律的反映。各种思想品德之间的相对独立性同各种知识技能之间的相对独立性有着明显的差别。各种思想品德与其他思想品德之间在发展中都是互相渗透、互相促进、互为条件的，而且在一定条件下彼此还可以迁移。比如实事求是的品质，对形成忠诚老实、谦虚谨慎、爱科学、爱劳动、爱人民、爱祖国，以及形成辩证唯物主义的各种观点，都有着渗透和迁移的可能性，是形成这些思想品德不可缺少的条件。其他各种思想品德之间的联系也多是这样。所以组织德育过程，不能从机能主义和实用主义出发，把有机联系的各种思想品质人为地分割开来，如一年级进行纪律教育，二年级进行爱国主义教育……这是违背各种思想品德同时形成和德育过程圆周式发展的客观规律的。当然，按照这条规律办事，同某一个时期根据学生思想上普遍存在的问题和国内外、校内外形势发展的特殊要求，着重强调某一种思想品德的教育并不矛盾。

有的同志可能担心按照这一条规律组织德育过程，就会使德育过程变成简单的重复和枯燥无味的“老生常谈”。我们说，只要掌握了知、情、意、行和各种思想品德的发展，不在于数量的增多而在于思想境界的逐步深化的特点，就能在圆周式发展的德育过程中，对重现的德育不断提高深化的教育要求，不断变换教育方式，是完全可以避免上述弊病的。由此可见，德育过程的这一特点给教育者组织德育过程带来了更加复杂、繁重的任务。任何把这一特点视为组织德育过程既简单又容易，甚至可以放任自流的看法，都是十分错误的。

三、 德育因素的广泛性和德育过程的社会性

受教育者的各种思想品德的形成既然同社会生活的各个方面有着不可分割的联系，那么他们形成各种思想品德的性质、水平、途径和检验标准等一切方面，也都离不开社会生活的影响。社会生活的广阔性和客观性，决定了对受教育者思想品德的需求和影响具有广泛性和及时性。这样就使学校德育过程与社会生活之间的关系几乎没有时间和空间上的距离。

社会生活的内容是极其丰富的，而且是千变万化的。社会的政治、军事、工农业生产、科技、文化艺术、公共生活秩序等所有事物，都无时不在影响着受教育者。学校和家庭生活中的各种因素，对学生的思想品德影响更是强烈。特别是社会、家庭和学校中各种人物的言行，对受教育者思想品德的影响之大，更是其他各种教育因素所不能比拟的。总之，德育的因素不论是直接的还是间接的，都是无往而不在的，具有无法估量的不可全部控制的广泛性。

德育因素的广泛性，又决定着德育过程的参加者具有广泛的社会性。不管是学校的教师、职工、学生政治组织和科技文体活动组织，还是家长、亲友，校外教育机关和社会机关、团体、企业的有关部门，都是直接的或间接的教育者。

教育德育因素的广泛性和德育过程的社会性，对由知到行的转化，对增强和丰富与政治、道德知识相应的情感体验具有十分重要的意义。学校应在以教学为主的前提下，像列宁在《青年团的任务》一书中所精辟论述的那样，把学校德育的每一步骤都尽可能地与活生生的社会生活，同广大人民群众的利益紧密地联系起来，适当地组织学生参加一些必要的社会活动。只有在这些活动中与广大人民群众打成一片，同呼吸共命运，体验人民利益与个人利益的一致性，从而激发想人民之所想、急人民之所急的感情，才是形成信念，促进由知到行的转化的根本途径。

德育因素的广泛性和德育过程的社会性表明，学校作为专门教育机构的职能之一，就在于把学校同社会、家庭密切地联系起来，组织和调动一切积极的教育因素，抵制一切不利因素，把德育过程组织得更加严密、更加科学、更加有效；并把学校德育过程同社会生活的自发影响过程严格区别开来，充分发挥学校在组织德育过程中的主导作用。

四、 思想品德形成中的积极因素和消极因素同德育过程中的塑造与改造

任何一种思想品德的形成都存在着积极因素与消极因素的矛盾斗争。这两种因素通常是分别由无产阶级的与非无产阶级的、先进的与落后的、肤浅幼稚的与深化成熟的思想行为所组成的。符合一定德育任务内容要求的是积极因素，相反的则是

消极因素。积极因素是正确教育影响的结果，是新的思想品德扎根的土壤和发展的基础，是克服消极因素和抵制不良影响的内在力量。消极因素是不良教育影响的结果，是继续接受不良影响的基础，是发扬积极因素接受正确教育影响的障碍。在积极因素同消极因素的矛盾斗争中，哪一种因素占主导地位，矛盾就向那一方面转化。正确地组织德育过程，形成优良的思想品德，就是促进积极因素不断增强并战胜消极因素的过程。

受教育者思想品德中的积极因素和消极因素的同时存在，就使教育影响具有两种不同的性质。那些与新教育要求一致的原有的积极因素，通过继续教育使之不断得到提高，这应是属于塑造性质的教育。那些与新教育要求不一致的消极因素，通过继续教育使之不断得到克服和改正，这应是属于改造性质的教育。因为任何一个受教育者的思想品德形成，都不同程度地存在着积极和消极两种因素，所以都有接受塑造教育和改造教育的必要。塑造和改造是统一的德育过程中不可缺少又不可分割的两个方面。

在德育过程中，塑造同改造这两个方面，应以塑造为主。因为对于广大青少年来说，绝大多数人思想品德中的积极因素是主流，即使存在消极因素，由于他们的世界观尚未定型，可塑性很大，也应以塑造为主。但是，应该看到对一些消极因素较多的学生，单靠一般性的塑造教育，不但由于缺乏针对性，难以收到实效，而且由于缺乏强烈的“震动”，会使消极因素继续滋长起来，成为继续塑造和改造教育的“沉积”性障碍。所以对于这样的学生加强改造教育还是十分必要的。

改造教育作为德育过程的一个辅助方面，绝不是一种消极的教育，更不意味着就是批评、强制和惩处。改造教育的效果同塑造教育一样，都要从正面教育入手。不同的是改造是针对学生的缺点和错误，通过有效措施，使他们直接认识到自己的缺点和错误之所在和所造成的危害，认识到产生的原因和改正的办法，从而使他们建立起改正的决心和信心。对于屡教不改的学生，为了制止其有害行为的破坏作用，采取一定的暂时性强制手段也是必要的，但同时要进行正面教育，使之产生自我控制能力，这是接受塑造教育的最起码的条件。

在德育过程中，塑造一种新的思想品德不容易，而改造一种不良思想品德更要费力气。改造同塑造相比，往往需要花费更多的精力和时间。因为改造教育，一般要经过受教育者的抵制、醒悟、反复到完全改正这样的复杂斗争的过程。改造教育的过程实际上就是用反复教育克服不良思想品德反复出现的过程。

学校德育过程中的改造同社会上对犯罪分子的改造，虽然都要遵循马克思主义认识论，但解决的是两类不同性质的矛盾，二者绝不能混淆。

在一些教育著作中，“自由教育论”者只讲塑造不讲改造，“禁欲主义教育论”者只讲改造不讲塑造，二者都没有科学地揭示德育过程的结构及其在这一方面的规律。

五、 德育过程是教育和自我教育相结合的过程

受教育者各种思想品德的形成，主要是教育的结果，教育者的教育在德育过程中始终起着领导作用。但是，受教育者一旦形成德育任务内容所要求的一定程度质量的思想品德，就能立即转化为能动的自我教育力量，成为德育过程中不可缺少的一种积极因素。只有把教育和自我教育这两个方面密切地结合起来，才能构成有效的完整的德育过程。

自我教育在受教育者思想品德形成中的作用，经常表现为自我教育目标的具体性及其与教育要求的一致性，自我评价和自我监督的严格性和一贯性，接受教育的自觉性和主动性，在群众中的模范、带头和桥梁作用；甚至超过教育要求，提前、扩大和提高自己的思想品德。个体自我教育作用的扩大，又可以在学生个体之间、个体与集体之间形成“平行影响”，直到形成优良的集体。优良集体与个体之间的权利和义务、民主和集中的关系，使学生的自我教育又有了组织性的色彩；把个体的自我教育与集体的自我教育结合起来，其教育作用是任何教育者的直接教育所不能达到和代替的一种巨大教育力量。可见，只有把教育力量转化为学生的自我教育力量，才能使德育过程产生巨大的潜力，这是德育过程生动活泼发展的根本标志。

自我教育的显著效果表明，受教育者自我教育品质的形成，就可以使他们由教育的客体转化为主客体合一，积极参与德育过程。任何一种教育如果没有受教育者自我教育的主动配合，是不可能达到预期效果的。因此，教育者在组织德育过程时，必须把学生个体和集体的自我教育力量吸收进去。这样做，绝不是说学生的自我教育可以代替教育者的直接教育，可以降低对教育者的要求。相反，对学生个体和集体的自我教育的组织和指导，比起教育者的直接教育更加复杂，它要求教育者具有更高的教育责任感和教育艺术。

生活·道德·道德教育[①]

/

鲁 洁

一、 生活世界[②]是意义的世界

“回归生活世界”是当代人走出唯理性世界困境的普遍追寻。当人们逐步从理性主义的纠缠中摆脱出来时，开始看到生活、生活世界——这一人存在的基本事实，这个在理性主义遮蔽下长期以来为人们所遗忘的事实。

（一）生活世界是人存在的基本事实

人为了生存和发展必须进行各种活动，这就是生活；各种各样的生活活动共同构成了人的生活世界。生活世界不是一种理论、理性的构架，不是“我思”的产物，它是人们无法质疑而又必须面对的生存现实，它是一个现实的领域，是一个具有原初自明性的领域。之所以将生活、生活世界称之为“基本”的事实，是因为它是一个本原性的事实，在我们所面对的世界成为我们的认识对象以前，我们已经存在于生活世界之中，与它水乳交融，不分彼此。各种理性的、科学的活动都必须以生活世界为前提，生活世界对于它们具有奠基、统一的作用。

（二）生活世界的基本属性是实践性

生活是人类特有的改变客观现实的活动。只有人才有生活，其他动物的存在只是生存，对于它们而言，只能按照自然所规定于它们的那样去生存着，不可能有改变所面对现实的实践活动。而人却可能在他的生存实践中根据他的生存意志、生活意义而改变客观的现实。“社会生活在本质上是实践的”，“人类世界只能是实践中的存在”。人的生存实践活动构成了生活世界，生存实践和生活世界是同一、同构的。用生存实践来说明生活世界的本质，也是当代生活世界哲学的共同趋向。

生活世界的实践性表明：它是人参与其中的世界，在这个世界中的人不像在纯理性世界中那样被排除在外，而是在作为主体的活动中和他的对象物融为一体；它

①全文摘录。文章来源于《教育研究》2006 年第 10 期。

②这里只是借用了西方哲学生活世界的术语，本文的“生活世界”所指的是人的全部生活领域，包括日常生活和非日常生活，也即所有对人的生存发展具有意义的实践活动。

的实践性又表明，生活世界不是一种预设的图景，现成地放在那里，仅仅供人去认识的对象，生活世界是在人的实践中不断生成新的意义，不断实现新的超越的世界。

（三）生活世界是一个具有意义和价值的世界

生活是人所特有的活动，如前所述，动物仅有生存，只有人才有生活。生活与生存虽然都是生命存在的方式，但两者之间存在着根本的差别：人的生活是一种创生和实现意义的生命活动，而动物的生命活动只是以自身的进化去适应环境，它和它的生命活动是同一的，它不可能超越现实的生命活动而赋予它自身以外的任何意义。人的生活过程是一个不断发现意义、生成意义、实现意义的过程。人不是简单地按照自然所规定的那样活着，他要按照他所理解的生活意义活着（这也就是他的自由意志）。

人总是在为自己的生活寻找更加合理的理由、更加美好的理想，不断去追寻更有意义的生活，不断提出改变现实的新的目标和要求，为使生活更有意义而努力。生活的意义内蕴于生活的实践之中，它是支撑生活不断向前的东西，意义始终伴随着人的生活。

生活问题就是意义问题。可以说，离开了意义我们就无法理解生活。胡塞尔等人正是为了拯救陷于深刻意义危机的科学世界、技术世界而提出“回归生活世界”的哲学理念。胡塞尔指出，“科学的‘危机’表现为科学丧失生活意义”，“实证科学正是在原则上排斥了一个在我们不幸时代中，人面对命运攸关的根本变革所必须立即做出回答的问题：探讨整个人生有无意义”。只有回归到生活世界才能解决当代人的意义危机问题，因为生活才是意义产生的本源。胡塞尔认为，“世界的意义和世界存有的认定在这种生活中是自我形成的”。

这个世界中的一切对人而言都是作为意义和价值而存在的。在生活世界的视域中，不存在那种在人之外的、与人不发生任何意义联结的东西。正如海德格尔所指称的，在生活中，一张桌子之所以为“我”所认识，是因为它挡住了“我”的去路，或是它为“我”提供了座位，它绝不是那种理性主义所虚构的、与“我”无关的纯客观的存在物。这也就是说生活世界中的一切都是作为意义的联结物而存在的。

意义世界离不开人的现实生活，它是在现实生活过程中形成的，每个人意义世界的广度和深度总是与他生活的广度和深度相对应的，意义实现的过程也即生活实践的过程。

二、内在于生活的道德、道德教育

（一）生活是道德存在的根据

道德是意义世界中的一员，它内在于生活。如上所述，生活世界并不是一个自在自足的纯粹经验领域，它必然趋向于一种自觉的意义探寻，这种意义的探寻和主体在生活中与不断生成的生存需求、自我超越相互关联。生活不仅是“实是”，同样也是“应是”；生活不仅是现实的，同样也是可选择的、可超越的；生活总是在不断进行内在的超越（人自身的超越）和外在的超越（对象世界的超越）。因此，生活在本质上是趋善的，它总是趋向于人自身的自由和全面的发展、人与世界的和谐共在。

从上述生活的本质看，它必然具有道德的品性。对于生活意义的探寻就显示道德的需求内在地隐含于人的本质存在之中，渗透于生活的基本形式之中。探寻生活的意义问题所要求回答的，不是人可以怎样去谋取生存，而是要求回答人的生活意味着什么，人应该怎样去生活，为什么要这样生活，这样的生活目的价值何在，等等。而道德就是对于生活方式、生命实践的理解和选择，它是生活的解释系统，它所要破解的是人的生活意义，它的存在就在于使人对生活意义有更合理、更深刻的理解。道德又是生活的目的系统，是一种目的行为，它所指向的是生活的展开与提升，是更为合理的生活方式、更为完善的生命实践。生活就是道德存在的依据，只有在生活中道德才会展示。

（二）道德的生活形态

道德内在于生活，是“生活族”中的一员，为此它必具有生活的性状。它的存在形态、结构、过程等所遵循的是“生活的逻辑”而不是抽象理性的原则。生活形态的道德具有以下几方面的特征。

1. 整体性的存在。

生活世界中的道德是和生活中各种因素、各个部分有机联系在一起的一种整体性的存在。生活自身就是一个关系的体系，现实的生活绝不是像科技理性所描绘的那样，可以分解为相互独立的因素，呈现为分门别类的生活形式，或者是它们之间简单的累加。当我们对任何一个实际的生活事件进行考察时，都会发现它不可能被装进由科技理性所分解的框架中去。可以说每一个生活事件都是“全息”的。在其中，构成生活的各种因素、生活的不同形式，相互交织、相互融合在一起，每一种个别因素、个别形式都不能作为孤立的实体来加以确定，相对于现实生活，它们各自都只有潜在的意义，只有进入现实的生活实践，才可能扬弃其潜在性而获得现实性的品格。道德作为生活的一个组成因素，它不是镶嵌于生活的、一个可以任意装卸的部件，它是融入、渗透于生活的，它存在于与生活的整体联系之中。

道德与生活是合而为一的，人总是存在于为某种道德所统领的生活之中，道德上的矛盾究其本质也就是生活中的矛盾。在人们的家庭生活、学校生活、社区生活，经济生活、政治生活、文化生活等诸种生活中都包含了道德的意蕴，道德在其中与生活的其他要素“难分难解”地“纠缠”在一起。它是引导生活的价值坐标，是规定生活的整体性的因素。

道德既存在于丰富多样的生活之中，也必然被赋予生活自身所具有的丰富、生动、充盈等性能。然而在理性主义学科化中的道德教育却把道德视作生活中的一块镶嵌物、生活中的一个局部，成了为抽象理性所“压瘪了的存在”。它不再是生活，而成为一门科学，它与生活的整体相分离，成了一块被理性所肢解了的碎片，一种孤立自足的存在。建立在这样的“道德”基础之上的道德教育，意欲通过与整体生活不相关联的、“纯粹的”道德教育孤军奋战地来应对具有整体性的道德生活问题，以局部来应对整体，它的失败是注定的。这种游离于整体生活之外的道德教育，不仅无助于生活，还往往会成为生活的累赘、生活的对立面。只有立足于道德整体性存在的事实，走进方方面面的生活、生活的方方面面，来进行道德教育，并与其他各方面的教育形成一个教育的有机的整体，才是道德教育发展的正道。

不仅道德教育中的道德是一种整体性的存在，道德教育所面对的对象——人更是一个整体。人不仅有理性，也有情感等非理性，人不仅有意识，还有身体等。然而理性主义统御下的道德教育却是一种纯理性的教育，它与其所依附的具体生活过程、生活情景、生活的时空关系、主客体相互作用的种种因素相脱离，成了一种“脱水”“提纯”的教育。它主要是按照理性思维的逻辑来表达的，表现为一种概念性的结构、有体系的理论观点。然而教育所面对的人却不是纯理性的，而是整体的，特别是儿童，他们身心的方方面面更是处于未分化的状态。儿童的道德意识往往依附于具体生活事件、生活过程、生活细节，依附于他的身体活动和行动，是一种“经验性的结构”，往往是不明晰的、混沌的意识，是泛化的、未经概念化的意识。其中虽有理性的萌芽，但却有许多非理性的成分；虽然可称为意识，但却在很大程度上还要借助于身体的行动、行为来思考，是一个个整体性的存在。理性主义纯理性的片面、局部的教育，与它所面对的整体性的儿童是不对称的。

2. 实践性的存在。

在生活世界的视域中，道德不是纯理性的建构物，不是“我思”的产物，它的基本存在形态对于社会来说是现实的活动、现实的关系，对于个体来说是他所选择的一种生活方式（在生活方式中包括了人的思想、情感、态度、信念、行动等）。它是一种实践性的存在。它主要表现在生活的事件和故事中，表现在行动者的行动中。诚如亚里士多德所言，善只是作为善的实践而存在。这种实践形态的道德具有直观自明性，是道德的基源性存在，具有基础原点的本体意义。生活实践形态的道德相对于道德的意识、思想、理论来说具有优先性，它是后者的原型，后者只能是现实的道德关系、道德活动的反映。

人对于道德的把握、人的德性之形成也基于道德生活的实践。这首先是因为道德、道德的意义不是预先确定了，放在那里等待着人去学习、去掌握的，它是在生活中展开的，是由实践来揭示的。一个人有怎样的生活，在他面前所展示的道德和道德意义就会是怎样的；一个人的生活境界有多高，他所能揭示和理解的道德意义也就会有多高。道德的学习不能站在生活之外去进行，道德学习者不能是一个静观的凝视者，必须是一个行动的实践者。其次是因为道德学习的旨趣也不只是为了确定道德自身，不只是为了建构道德的理论，更是为了使人去“过一种有道德的生活”，它所要解决的是生活、生存问题，所指向的是人自身的行为问题，而不是单纯的道德认识问题。

道德学习是生活的、实践的，不能把它简单地归结为“知识学习”。我们并不排除道德之知在德性形成中的意义，但必须明确道德之知的特点和它的有限性。

其一，道德之知就其性质而言是实践之知，它被亚里士多德、康德等人称之为实践理性，是实践的一个部分。它内在于人的行为，只有去行，才有真知，知只有在行中才能最后完成，对于这种知的把握必须以达到某种实践境界为前提。这里“知道了”即意味着“达到了”“实现了”，真知是指实践了的知，不是仅仅停留在言词中的知。道德之知的旨趣不在知本身，更是为了“非知”，不仅是为了认识，更是为了实践，不仅是为了更高的知，更是为了行为。道德之知的对象是道德的生活、道德的行为。总之，对于道德而言，人们不仅要知道它、承认它，最根本的是要实现它，这是由道德自身的性质所决定的。

其二，道德之知是一种不完全的知。一方面，如前所述，道德之知担当着道德的承诺，它要引导人的道德行为，使人去过有道德的生活。另一方面，它又不能完全担当起这一承诺，相对于它所要实现的任务——道德的生活、道德的行为而言，道德之知是不完全的。其所以是不完全的，是因为：第一，即使是源自于实践的知，它与实践的存在——人的生活与行为之间总是存在着一定的差异，它们之间具有各自不同的逻辑，后者较之前者具有更为丰富的、复杂的内容和构成因素。第二，人的道德生活和行为的发生不仅仅是认识（知识学习）的结果，它必须要有人的整体意识（情感、意志、信念等）和行动的投入，要有各种“非知”的因素参与。为此，在道德的行为和生活面前，道德之知是不完全的。第三，道德之知又是如亚里士多德所言的，一种未饱和的知。道德所蕴涵的是人的自由意志，它不同于物具有固定不变的规律，人的道德行为具有无限多样的可能性，每个人都是根据他所处的具体情况来做出他的道德决定，绝不可能有放之四海而皆准的道德知识来应对各种不同的道德情景，道德之知只能在道德的实践中，在与具体的情景相联结中不断生成、不断饱和。

基于以上道德之知本身的特点和有限性，我们不能把道德学习归属于知识学习，把道德教育归属于知识教育。这也就是说道德学习和教育的问题从根本上说不仅在于认识到了什么，更在于实现了什么，它的要旨在于知统一于行，知与行的合一。

理性主义教育把道德学习、道德教育仅仅看作是知识学习和应用的过程，认为只要提高道德认识和掌握道德知识就可以使人有道德的行为、道德的生活，这是长期以来存在于道德教育中的误区。这种理性主义教育的本体论根据就在于从根本上否定生活和实践中的现象就是存在本身，否定在生活实践中所经验到的道德现象是道德本身，而认为只有隐藏在现象后面的道德“实体”才是具有逻辑上的本源性和基础性的真正的存在，它是第一和最高的，只要达到对于它的把握，其余的存在都可以从中推演出来。这个超感性的道德理性存在只能以相对应的理论逻辑来表达。为此，道德理论知识的学习就被看作是通达超感性存在的唯一途径。生活论的道德观则认为，道德、道德的意义不能到远离生活实践的、超感性的第一世界中去寻找，只能在生活实践中去领会。基于道德实践性存在的观点，道德学习、道德教育应从知识、学术型转向生活、实践型。

3. 生成性的存在。

道德不是先在的、固定的、一成不变的，道德存在于它自身的形成、发展的过程之中，体现在它自己的历史进程中，道德是生成性的存在。道德的生成性源自于它的生活实践性。和动物的预成、封闭、被决定的生命活动不同，人的生活实践的内在法则就是生成的、开放的、创造的。人总是不断地通过自我生存的筹划，去构筑一个更适合自己生存发展的境域，一种更为美好的生活。更适合于生活需要的道德就是在这样的生活实践中不断生成的，在生活实践中不存在永恒不变的道德和道德的本质。

人们对于道德意义的把握同样也是一个历史的生成过程。道德的意义不是某种现成放在那里的本质，它只具有在人的生活中历史性地绽放出来的可能。道德的意义随生活的展开而不断展开，每个人也随他自身生活经历的丰富、自身修养的提升而不断生成新的道德意义，这是一个永无止境的生成过程。道德教育要培养生成性的人，一个不断进行自我超越的能在，要促使人去不断生成自己新的道德世界，也使他不断在这个世界中自我生成。

人在现实生活中所面对的道德问题并没有现成的答案，没有放之四海而皆准的行为模式。人所做出的道德决定都应当是在具体情景下种种关系的相互作用中生成的。好的行为来自于变化的关系，它是行为者和他所处生活关系的产物。和自然本能的行为相比，道德行为在目的和手段上都不是确定的，它没有固定的规律、既定的规划，只能是在实践中生成。道德的决定、道德的行为都是具体的，它因时、因地、因人而生。它是生成的，因而也是有选择的。它是一种实践的智慧，也就是亚里士多德所讲的“睿智”。这种生成性的道德智慧和数学、物理等一般命题性的知识不同，它不能仅通过知识的传授而获得，而有赖于个人成熟的生活经验、生活实践。道德教育要培养生成性的人，要形成人的道德智慧，就必须在丰富人的生活经验、生活实践上下功夫。

参考文献

［1］马克思，恩格斯．马克思恩格斯选集（第1卷）［M］．北京：人民出版社，1995：54.

［2］胡塞尔．欧洲科学危机和超验现象学［M］．上海：上海译文出版社，1988：57-58.

创造性的培养与现代德育[①]

/

班　华

一、 培养创造性是现代德育应追求的目标

现代德育是以促进人的德性现代化为中心的德育；是以人为本，尊重人的主体性，以促进主体德性发展为根本的德育。创造性是主体性发展的最高形式。培养、发展主体的创造性是现代德育应追求的目标，或者说现代德育应以培养富有创造性的道德主体为目标。

认识这个问题，可从创造性的本质说起。创造性是人在创造活动中的能动性，是人的本质属性之一，是人特有的创造活动的特性。马克思曾说过：人类“生产生活活动也就是类生活。这是创造生命的生活。生活活动的性质包含着一个物种的全部特性，它的类特性，而自由自觉的活动恰恰就是人的类特性”。人类的创造性活动就是这种“自由自觉的活动”。创造性活动与活动的创造性是密切联系着的。“实际创造一个对象世界，改造无机的自然界，这是人作为有意识的存在物（亦即这样一种存在物，它把类看作自己的本质，或者说把自己本身看作类的存在物）的自我确证”，而人也就在这种创造和改造活动中获得创造性，形成了类的特性，或者说也创造和改造了自己。人创造和改造外部世界与创造和改造自己是同一个过程。不过在概念上对“创造性活动”和“活动的创造性”还是应当作一些区分。创造性活动是人类的社会实践活动，具有客观性；活动的创造性则是活动的特性也是主体的特性，是主体性的表现，具有主观性。人的创造性是创造性活动的内化，创造性活动是创造性的外化。二者和德育都有着内在联系。

创造性活动是价值性范畴。创造性活动作为人的自由自觉活动，是社会性的体现，是创造性的外化。创造离不开社会对其所作的品质评价或价值判断。目前，心理学界认为创造是“科学家和其他发明家最终产生了对人类说是新的有社会价值的成品的活动”。所以创造性活动是“有价值的”的。创造即是“创造生命的生活”，

①部分节选。文章来源于《教育研究》2001年第1期。

所以具有人生或文化价值。创造是具有建设性，而非破坏性或衰退性的蜕化。谁也不认为法西斯使用细菌战是创造。“一个江洋大盗或许他有他为盗的创造力。他从小盗而成为大盗亦是人生一种转变，但是这种转变，对己对人终无长期的价值，似可将之排出创造之外。”可见，我们今天所言创造是从有利于人类、有利于社会发展而言的。因此，创造活动作为价值性活动，理应是道德教育关心的课题，培养创造性不能没有德育的参与。

创造性活动应当包括“道德的创造”或“道德文化的创造”。当下，人们论及创造性活动多指“知识的创造”或“技术的创新”。然而，21 世纪，随着科技经济社会的发展，人们的生活方式、价值观，包括道德观念、道德准则不断变化，原有的某些道德观念、道德规范有可能过时，不可避免地需要提出一些新的道德准则和规范。例如在科学道德、信息道德、经济道德、网络道德、生态道德等领域特别需要具体的规范，在这些领域特别需要道德的创造。现代德育不是向受教育者灌输一些既有的道德知识、道德规范，而是要指导受教育者学会判断、学会选择、学会创造。

活动的创造性是具有多重属性的品质。创造性既是优良的精神品质（心理品质）、劳动品质、学习品质，也是优良的道德品质。它表现在物质生产活动和各种精神活动领域。作为精神品质，包含着创造意识、创造的热情、创造的意志等精神因素，创造是“智情意三者前所未有的表现”，它对于我们在各个领域做出优异的成绩都是具有普遍意义的。在科学研究领域，科学家、发明家的重大科学发现或创造发明，都是他们充分发挥了开拓创新精神取得的成果。科学劳动的最大特点就是创造性，创造性又是一种学习品质。创造性学习是对继承性或维持性学习的挑战，是真正的“学习革命”，其功能在于通过学习，提高发现、吸收新信息的能力和提出新问题的能力。创造性作为一种价值范畴，也是一种道德品质，在现代社会的道德生活中，必须学会创造。这在下面我们分析创造性的心理结构时，再予以说明。

活动的创造性是人的类特性的具体表现形式。正是这种类特性使人和动物区别开来。马克思说：“动物是和它的生命活动直接同一的。它没有自己和自己的生命活动之间的区别。它就是这种生命活动。人则把对他自己的生活活动本身变成自己的意志和意识的对象。他的生活活动是有意识的。这不是人与之融为一体的那种规定性。”这里的关键是“有意识”。“有意识的生活活动”使“人”成为人。亦如卡西尔所言：“人只有在创造文化的活动中才能成为真正意义上的人。也只有在文化活动中，人才能获得真正的‘自由’。”现代德育是以社会现代化、人的现代化为基础，以促进人的现代化为中心，进而促进社会的现代化的德育。现代德育必然要反映现代社会中人自身德性发展的要求、反映现代社会发展的要求。因此，必须把培养创造性纳入德育目标、内容，要以培养富有创造性的道德主体或培养道德主体的创造性为己任。德育的转型就是要从禁锢人的头脑、抑制人的主动性和创造性的灌输性德育，转向开放性的、激发人的自主创造潜能的发展性德育。

二、德育在培养主体创造性方面的任务

主体创造性发展的价值引导是德育的首要任务。创造性人才的健康成长，需要有正确的导向。我们要有效地开发人的创造性潜能，又使人们的聪明才智用到对人类、对社会有价值的创造中去，不做对人类、对社会没有意义的事，更不能做对人类、对社会有害的事。2000年8月5日，江泽民在接见六位国际著名科学家时，充分肯定了知识创新的巨大作用，同时强调指出，21世纪科技伦理问题将越来越突出，核心问题是科学技术进步应服务于全人类，服务于世界和平、发展与进步的崇高事业，而不能危害人类自身。国内有学者提出，创新人才在思想观念方面的共同特质是："应有着多元的价值观、注重自我实现的人生观、民主化的政治观、强烈的竞争意识、紧迫的危机感、开放灵活的处事态度。换言之，创新人才不应有单一的价值标准，不以个人利益和需要的获得与满足为人生理想，不以极端的权力为政治追求，不拖沓，不懒散，不麻木，不呆板，不自我封闭。"因此，在培养创造性人才过程中，必须坚持价值观的引导，以社会主义的思想道德教育、影响青少年，培养他们关爱人类、关心自然界的品质。

在培养创造意识、创新精神方面，德育承担着特别重要的任务。创新精神包括开拓进取精神、求真精神、探索精神、挑战精神、冒险精神、负责精神、献身精神等。进入21世纪，在国际竞争十分激烈的情况下，特别需要这样的开拓创新的精神。如同贝弗里奇的研究所指出的那样，创造者应有的开拓品格是"事业心和进取心；随时准备以自己的才智迎战并克服困难的精神状态；冒险精神；对现有知识和流行的观念的不满足；以及急于试验自己判断力的迫切心情"。培养这样一些精神，是很复杂的任务，必须充分发挥德育的作用。对此，《学会生存》一书说得非常好："教育在这个范围内有它复杂的任务。这些任务有：保持一个人的首创精神和创造力量而不放弃把他放在真实生活中的需要；传递文化而不用现成的模式去压抑他；鼓励他发挥他的天才、能力和个人的表达方式，而不助长他的个人主义；密切注意每一个人的独特性，而不忽视创造也是一种集体活动。"德育就是要引导学生增强自己的创造意识，坚定自己的创造志向，具有改革创新、积极进取的欲望。满足现状、不思进取、无事业心、无责任感、无使命感、消极被动的精神状态，绝不可能有什么创新可言。

培养创造感，德育有着自己的优势。因为德育是人的思想情感交流、沟通的过程，它的一个特定目标就是要培养情感方面的品质。在创造性活动中产生的情感体验称作创造感，"生产革新者、发明家、科学家、作家、艺术家、教师、运动员、

象棋手、作曲家等都有创造感”。由于创造过程的进行和创造活动的成功，可能产生安慰感、愉悦感，以及精神振奋、欢欣鼓舞等积极的情感体验。贝弗里奇在描述了科学发现中所可能产生的创造感：科学上的新发现是“人生最大的乐趣之一”，“它产生一种巨大的感情上的鼓舞和极大的幸福与满足。不仅是新事实的发现，而且对一些普遍规律的突然领悟，都能造成同样狂喜的情感。正如克鲁泡特金所写：‘一个人只要一生中体验过一次科学创造的欢乐，就会终生难忘。’当然，创造感也包括一些消极的情感，例如，当创造活动遇到挫折、困难、失败时，也会产生失望、紧张、不安、沮丧等各种消极的情绪体验。创造热情是十分重要的创造感，是进行创造活动的强大动力。”俄国科学家包特金叙说自己的创造热情道：“新颖的工作方法、卓有成效的工作以及工作本身的教育意义是那样吸引了我，使我从早到晚与青蛙打交道……。我几乎忘记了生活中的一切。”培养创造感，要重视体验学习。而体验学习主要应当通过各种创造性的实践活动进行，对学生而言，就要有意识地引导他们反思活动的过程和结果，总结成功或失败的经验，体会自己对待活动的情感态度。

创造性活动也是高度复杂的意志活动，德育要帮助、指导学生锻炼坚强的意志品质，包括目的性、独立性、坚持性、耐挫性等意志品质。在创造性活动中，明确的目的是首要的意志品质。独立性就是要不屈从多数人的压力、敢于冒犯权威的见解、不受既有理论的束缚、不受成规的暗示。坚持性就是能够长时间地、毫不懈怠地保持紧张的工作状态，处理好创造活动与生活、娱乐的关系。在创造性活动中，耐挫性就是要有不怕困难、不怕失败的百折不挠的精神。所有这些意志品质的养成，既需要进行心理教育，又需要依靠道德教育，依靠实践的锤炼。

三、改进我们的德育工作，为造就创造性人才做贡献

1. 改变我们的德育及整个教育行为，建设有利于学生创造性发展的德育。

首先要确立正确的儿童观或学生观，相信每个儿童都有创造的潜能。20 世纪 30 年代末我国著名的教育家陶行知先生在其创办的育才学校里开展了“育才创造年活动”，1943 年，他发表了《创造宣言》，指出“处处是创造之地，天天是创造之时，人人是创造之人”。

其次要全面地看待学生。日常把语、数或理、化等成绩不好的学生叫“差生”，这是极其片面而有害的。加德纳的研究认为：人的语言智能、数学逻辑智能、空间智能、音乐智能、身体运动智能、人际关系智能、自我认识智能等“这七种智能同等重要”。七种智能都是“生命的心理潜能”，都应当开发。又说，“每个成年人只有一种智能可达到辉煌的境界”，“每个人的身体本身都具有非凡的创造性”，如果把一个语、数成绩不好但爱好体育的学生叫作“差生”，那为什么不把一个身体运

动智能差，仅语、数成绩好的学生叫“差生”呢？又为什么不把那个数、理好，但不善交往、自我认识差的叫作“差生”呢？这公平吗？在衡量品德问题上更难以说清楚什么叫“差”。一本《美国教育学基础》中曾指出：“能够被认为具有创造性的学生常常被他们的教师看作是不努力，无进取心，不能令人满意的学生”。而有一些所谓“淘气”的学生品质并不坏，却往往是创造潜能高的。这类学生常常精力很旺盛，爱动、爱捣乱，应当引导他们把精力用到正道上来，给他们运用和发挥创造才能的机会。“差生”的说法，是一种社会标定。被标定为“差生”的学生，往往丧失自尊、自信，走向自暴、自弃，真的向着差的方面发展。而如果教师相信学生的创造潜能，正确地引导、积极地鼓励他们，就会促进他们的发展，表现出积极的“罗森塔尔效应”。

2. 把培养创造性人格放在教育的首位。

创造性人格包括理性因素和非理性因素，从心理学说，是智力因素和非智力因素。创造性、创造精神是创造性人格的本质方面，在创造性活动中具有动力作用、导向作用以及对各种智力因素和非智力因素的调节作用。所以培养创造性人格是创造教育的根本。进行一些思维创造技法训练、传授一些具体的创造方法，也可能暂时显示一些效果，但是不能舍本求末，抓住了枝节，丢掉了根本，这可能与理论上的误导有关，即误以为创造性就是创造力，创造力就是智力，智力就是思维能力，于是满足于搞些思维训练和小发明、小制作。创造性是人格内在的整体性特征，如果忽视了基础理论的学习和创造性人格的培养，从长远说或从根本上说是不利于学生创造性发展的。要培养创造性人格就要培养各种创造性人格特征。这方面国内外都有很多的研究。例如吉而福特的研究认为，创造性人格特征有八个方面，其中除智力因素外，如自觉性和独立性、求知欲、好奇心、条理性、准确性、严格性、兴趣、幽默、意志等都属于非智力因素。又如麦金农对作家、艺术家、科学家、建筑师共400人的研究表明，其中50%以上的人都有以下七个方面的品质：智力、独创性、坦率、直觉性、理论和美学兴趣、掌握造就命运的感觉。不同领域内的人才，其人格特点又有所不同。国外的许多学者分别研究了不同领域创造者的人格特性如艺术家、自然科学家、社会科学家、建筑家的人格特性，其中包含了许多智力品质，但更多的是情感、意志、性格方面的品质。

3. 解放儿童的创造性，德育自身应是解放的。

按联合国《儿童权利公约》界定：“儿童系指18岁以下任何人。”《学会生存》一书提出“教育即解放”，“把所有人类意识的一切创造潜能都解放出来”。早在1944年，陶行知先生就呼吁“解放儿童的创造力”。他针对固有的迷信、成见、不准小孩自由活动、不准小孩提问、用频繁的考试占满儿童的时间等，提出了“六大解放”。这些对德育培养创造性而言，是极其重要的指导思想。现代德育是以促进主体德性发展为根本的。因此，现代德育应是解放的德育。

解放儿童创造性的德育自身应是富有创造性的。创造性的德育革除传统模式中的陈腐的、僵化的东西，创造和运用先进的德育思想、德育内容、新颖的方法技术和生动活泼的德育形式。如果德育自身是有创造性的，就会是富有魅力的，就会创造出富有创造性的学生。为了改进我们的德育，提出以下建议和设想。

（1）解放的德育，其师生之间是民主的、和谐的、合作的关系，即“我—你”对话关系。解放的德育不是道德权威对受教育者的道德驯化，而是在教育者的组织下，教育者与受教育者共同参与的教育活动；是教育者的启发、引导、指导与受教育者的认知、体验、践行相结合的过程；是教育者与受教育者相互教育与自我教育、教学相长、品德共进的过程。

（2）解放的德育要求形成友善的、宽容的集体氛围。创造性不是“教”出来的，而是通过培养逐渐成长、发展起来的。友善的、宽容的、鼓励创造性的集体氛围，学生有“心理安全感和心理自由”，是学生创造性得以发展的基本前提。教育者的任务就是要为学生创造性的成长、发展，提供所需要的土壤、阳光、空气和水分。

（3）解放的德育，其实施方式是生动活泼的。它不是物化的、模式化的，而是人格化、多样化的德育。学生是人，不是物；学生不是装知识的容器，也不是装“美德”的口袋，学生是精神主体，是道德的主体，是有思想感情的人。教育不是物的标准件生产，也不是居高临下的灌输；教育是育人、育心、育德的过程。解放的德育实行人格化的教育，采取多种多样的教育方式，使学生的个性、创造性得到充分的展示，从而实现《学会生存》一书提出的教育理想：“人类发展的目的在于使人日臻完善；使他的人格丰富多彩，表达方式复杂多样；使他作为一个人，作为一个家庭和生活成员，作为一个公民和生产者、技术发明者和有创造性的理想家，来承担各种不同的责任。”

它不是封闭的，而是开放的德育。在开放中吸纳新的时代精神，锻炼受教育者的思维批判力、道德选择能力、创新能力。它不是只重视道德认知，忽视道德情感、道德行为的，而是道德的知情行协调发展的。创造性不仅仅有智的因素，尤其是要有创造的精神，包括创造感、创造的热情和创造的意志。解放的德育不是单纯的说理教育，而是把理性的传授和指导学生丰富多彩的体验学习、形式活泼的道德践履结合起来的德育，是完整的德育，是有利于促进学生创造性发展的德育。

它不是保姆式，而是自主式的德育。它尊重学生的主体性、独立性。它对学生放手，它相信学生的能力。它吸取少先队、共青团富有创造性的雏鹰行动、手拉手活动、社区志愿者活动的丰富经验，它让学生自己去践行、去体验、去创造。

参考文献

[1] 马克思. 1844年经济学—哲学手稿[M]. 北京：人民出版社，1979：50.

[2] 邵瑞珍. 教育心理学[M]. 上海：上海教育出版社，1997：129.

[3]（德）恩斯特·卡西尔. 人论[M]. 上海：上海译文出版社，1985：5.

[4]（英）贝弗里奇. 科学研究的艺术[M]. 北京：科学出版社，1979：143.

[5] 联合国教科文组织国际教育发展委员会. 学会生存[M]. 上海：上海译文出版社，1979：205.

[6]（俄）雅可布松. 情感心理学[M]. 哈尔滨：黑龙江人民出版社，1997：210-211.

[7]（美）霍德华·加德纳. 多元智能[M]. 北京：新华出版社，1999：9，18，21，29，40.

[8]（美）奥恩斯坦. 美国教育学基础[M]. 北京：人民教育出版社，1984：160.

当代情感教育的基本特征[①]

/

朱小蔓

用现代综合的思维方式看待、追求与实际操作情感教育，我们发现，当代情感教育区别传统情感教育和近现代的逻辑理智教育，是在于它是科学与人性（价值）重新塑合起来的形态。这一鲜明的具有时代精神的基本特征，可从以下三个方面加以把握。

一、 当代情感教育是现实性与超越性的统一

古代情感教育强调真、善、美的素朴统一，“古希腊不仅有完全和谐的相互平衡的直觉和抽象，而且科学也不与哲学、文学和艺术相疏远。所有这些文化活动都接近于人类的精神和情感。……”在中国，孔子曾说：“知之者不如好之者，好之者不如乐之者。”“兴于诗，立于礼，成于乐。”同样体现了情感教育具有符合人的本性的知、情、意的内在统一性。

近代，以卢梭为代表所提出的情感教育虽然为人类教育提供了丰富的资源，但他的逻辑基点是强调人与自然内在的统一，人必须服从自然状态，而人的自然状态本身即是道德的、美好的。因此，他必然地排斥工业和科学，而将情感教育置于科学与道德对立的思想框架中。随着科学不可阻挡地高歌猛进，其软弱性和空泛性愈渐显著。这说明生长于古典人文时代或理性启蒙时代的人文主义已经不能容纳现代情感教育的内涵。

当代情感教育建立在承认现代科学发展的历史必然性与合理性的基础上，所以，它决不回避科学理智教育。它认为科学的本质是人的活动，近代科学和教育只因为割裂了科学的自然性本质和文化性本质，才使科学在现代社会中更多地服从于工具理性，而不是服从于价值理性。因此，情感教育不是着眼于否定人的理性层面、而强调非理性层面，甚至像非理性主义那样过分夸张不受理智控制的情欲的价值，而是强调挖掘科学的价值层面，高扬科学的文化性，主张人通过科学创造活动

---

①全文摘录。文章来源于《教育研究》1994 年第 10 期。

重新发现人的意义和价值，认识提高人自身素质的重要性。罗马俱乐部主席A. 佩切伊提出，只有提高人的素质才能解决科学带来的问题。他引导人们把注意力转向人和文化，从人的提升上寻找出路，坚持对人类的前途抱乐观主义的情绪。当代情感教育在各历史形态的基础上，强调它们的融合互补，在科学教育中强调发展人的认识兴趣，强调人的创造快乐，强调审美的自我享用价值，强调道德感的科学理性的基础。因此，当代情感教育扎根于现代人真实的生活背景中，是为现代人的生存完美、防止现代人生存异化服务的，它具有时代的真实性，也即是具有现实性。

由于科学和伦理的矛盾在相当长的历史时期是人类社会必然发生的历史文化现象，教育不能回避这一矛盾而又要解决这一矛盾，这就形成了教育理论中的一个二律背反的难题。但是，教育要把一个不谙世事的儿童培养成一个成熟的社会创造者，其间至少历经二十多年，所以，教育本质上是属于未来、面向未来的。未来是科学与伦理之间的矛盾不断得到克服又不断产生新矛盾，直至最终统一的过程。因此，我们必须不是站在自然人的高度，而是站在自由主体的高度为未来准备高素质（即高理智与高情感相互平衡、协调发展）的人才。在这个意义上，当代情感教育是超越性的，其超越功能在于寄希望于不断培养出一批全面发展的人，以实现由现实世界通过改造世界与改造自己的统一而向理想世界的转化。

二、 当代情感教育是适应性与主体性的统一

现代情感教育与传统情感教育的一个重要区别在于传统情感教育把人的本质看成是内在的具有理想化先验主体及美好向往的根据，它不同于动物性冲动，这从亚里士多德的“人是理智的动物”可以看出。建立在这种观点上的教育过程便是预设目标—导入目标—期待目标的实现，其结果往往是天真烂漫、苍白而不科学的。我们在实际操作中常常感到找不到教育目标、教育内容与受教个体自身之间的接合点，原因即在于此。现代情感教育是建立在这样一个逻辑基点上：既然在我们的人群中，在我们民族和民族以外的历史和现实中有那么一些杰出人物在事实上具有优秀的情感品质境界，并以此标志着他们所达到的人性境界，那么其他人也应该达到这样的人性境界。如果人们尚未达到这样的人性境界，除了社会及本人身心方面的一些因素外，是教育还没有找到这一接合点。应该不是思辨地构想，而是由事实来创造，应该是事实认识的一个内在固有的方面。教育必须从个体生存状态、从个体深层精神结构中去确认人的发展的可能性和主体的能动性。

这种可能性、事实性是什么呢？马斯洛人本主义的逻辑框架中有一个深层概念对我们有启发意义。马斯洛提出一个所谓人性的类似本能的概念。他指出，传统的观点（如达尔文、弗洛伊德的观点）“把我们的动物性看成是与狼、老虎、猪、秃鹫或蛇的本性一样”，而“任何只在人身上有的而在动物身上没有的冲动却被认为

是非本能的”，这样，人所特有的各种超出动物性的特质似乎成了某种捉摸不定、没有实证基础的东西。马斯洛认为，其实人性本身就是具有生物学意义的，人所特有的天性也类似生物本能。如爱、尊重和安全等特性都不是某种臆想出来的可有可无的概念，而是人的生存中某种高层次的类似“对维生素 D”的需要，一旦失去了这些本能的需要，人也会生病，这不是生理机体的不健康，而是“灵魂病”，即“人性的萎缩”。马斯洛认为，它们是一种只要人活着就无法摆脱的人性，并且是完全可以从实证科学的意义上加以确证的。

由于承认这一可能性、事实性，当代情感教育主张不是从外部强加，而是从内部找根据。首先应强调适应性，把适应人的需要，控制、调节、引导、提升人的需要作为情感的事实性状态与应该性状态之间相互转换的真实通道。

情绪心理学认为，有机体与其生存环境直接联系着的需要，特别是在人类长期社会生活中形成的社会性需要，在人的情绪发生、发展中起着重要的作用。需要，既是情绪发生的生物内在原始根源，又是制约人的情绪社会化的重要内在因素；情绪的生物和社会适应功能，情绪的分化，它与客观现实、认识、动机、人格的关系等，都是以它与需要的关系为基础的。正是通过客观现实与主体的种种需要发生不同关系，对主体的生存、发展具有不同的意义，在长期的生物发展中形成了产生不同反映的广泛的神经生理机制；在人类社会发展中进而形成了对各种社会情境与社会性需要之间的关系，在这些关系的基础上，人对客观情境进行认知评价、意义分析，产生各种情绪，或转化为趋向和避开某种情境的动机，以至形成一定的人格特质。所以，尽管人的认知、意识都能影响情绪，但归根结底，需要是最直接制约人的情绪的。当代情感教育主张，教育是适应人的向善求美的需要，让人的情感获得在人际伦理亲情、认识兴趣、创造冲动、审美快乐、理想憧憬等方面的满足。不仅如此，还要有目的地制造一些满足的方式，帮助人淘汰一些满足方式而选择或认同另一些满足方式。通过对需要的调节和引导，人多次、反复地从追求“完满”“超越”中获得满足，终于形成一种情感上的“定式倾向”。这时，由于正是个体的需要得到满足，由于正是自己的选择使人感到不是必然总体在主宰、控制或排斥偶然个体，相反是偶然个体去主动寻找、建立、确定必然总体，人有自我超越的快乐感、高尚感和幸福感。正因为情感教育突出了人经由实践自我生成的无限可能与主体能动选择的一面，体现人的主体自由的本质，才表明情感教育不仅是适应性质的，更是主体性质的。准确意义上的教育主体性必须从人的主体性中取得证明。当代情感教育正是在这一主体性特征方面开创了一个深蕴的、主体的教育学方向。

三、 当代情感教育是人文科学性与自然科学性的统一

（一）当代情感教育的人文科学性

就西方来说，直到19世纪末，情感教育一直属于人文学科，甚至情感教育可与人文学科相等同。人文学科源于古罗马西赛罗一种理想化的教育思想“hunanitas”（拉丁文），有“人性”或“人情”的意思，又与“paideia”——“开化”“教化”通用。所修科目大致包括哲学、语言修辞、历史、数学等。就当时情感教育的古典人文性质看，具有东西方可比性。例如，与古罗马“七艺”相仿的孔子的“六艺”。在西方，人文学科性质虽然不断地演变，如文艺复兴时期将人文学科作为关于人自身事务研究的世俗学科，更突出了与古罗马人文理性教化殊异的自然人欲。在启蒙运动的百科全书派那里，人文学科鲜明政治化，启引民众成为“自由、平等、博爱”旗帜下的战士。但情感教育的人文科学性，基本上局限于古典人文主义的“教化”之意。这从中世纪的教会学校，从卢梭、斐斯泰洛齐的情感教育到德国文化教育学派中的陶冶学派，一直到19世纪晚期和20世纪初期美国永恒主义教育流派都如此。所涉及的课程主要是传统的文科教育，诸如文学、哲学、美术、宗教和历史等。在中国传统文化中，情感教育始终赋有“教化”的色彩，具有“人文化成”的含义。教人在夫妇、父子、长幼、君臣之间恪守道德规范，便有了不同于动物的人的社会情感，这一“人文”色彩，就叫“情深文明”（《小戴礼》）。至于情感教育的具体思维方法与操作方法，则是“能近取譬”“近取诸身，远取诸物”。其特点是推己及人，由己到人，“己欲立而立人”，“己欲达而达人”，“己所不欲，勿施于人”，因而，情感教育便是以理服人，以情动人，合情合理，理从情出。

当代情感教育的人文科学性质的内涵则大大扩展，它不仅在于涌现出更多的人文学科，如社会学、民族学、文化人类学、哲学人类学等，它们为情感教育增添新的教育指导思想与操作资料，更重要在于为当代情感教育注入现代人文学科的独特方法、态度和精神。它们着重强调以下一些方法：

第一，以作为主体的人为对象。就具体对象而言，并不存在“人文”这种实体。因为主体的人不可能局限于特定的活动领域中，人文学科遍涉万境而不可能有实体性对象或固定领域。在特定条件下，任何一门学科都可因偏重于主体情感（或审美）功能而人文化。

第二，评价性而非描述性。与科学陈述“是什么”不同，人文学科内涵有“应当是什么”的价值指向。其终极旨归是作为人类学本体意义的人。因此，人文学科提供超越实用主义之上而又与宗教虚幻的彼岸迥然有别的目的观和价值观，给人以安身立命之根。

第三，践履性。人文学习不是静观意义认识，而是内在的体验与直接认同，对

其的理解，在一定程度上意味着知情意身心整体的介入。

第四，不可重复性。人文学科的性质“强调独特、出人意料、复杂性以及独创性”，因此，对教育过程的研究和评估主要采用“观察—理解”模式，或者叫作非量化模式，如自然式探究、教育鉴赏、教育评论、阐明式评价、感应式评价、个案法等。其共同特点是不再用“指标—量化”的方法，而是深入受教育对象中，收集第一手资料，在此基础上做出判断，实施教育措施。

总之，自20世纪末到21世纪初的现代物理学革命为人文学科的现代复兴提供第一个契机以来，人文学科教育在世界各国日益受到重视，许多国家的教育在调整课程设置，增加人文学科，加强自然科学的人文化，增加教育评估中对“人性度”的测评，强调教育过程的人性化等，都从不同角度映射出当代情感教育的人文科学性质。

（二）当代情感教育的自然科学性质

早期人类只有自然哲学的概念，至19世纪末，才正式产生“自然科学”的概念。情感教育直到“自然科学”概念诞生前，一直在人文哲学的怀抱里。怎样理解当代情感教育的自然科学性质呢？

第一，本质上属于自然科学门类的生物学、脑科学、神经科学和心理学等学科知识以及用自然科学方法和手段获得的新资料，可以用来解释情感发生、发展的某些机制，从而为教育寻找更充分的实证根据。并且，它们将大量转化为情感教育操作思想与操作方法。现在对情绪与不同脑区，与脑中化学物质，与主司不同情绪反应（对人或对己感受）的具体脑部位的关系，对大脑的分工与协作，对人脑及神经系统的发育时间在脑科学和神经学中都有了进一步探明。根据这一线索，情感教育认为，“人的经历的每个生长阶段将对发展一定种类的情感都具有自己最好的可能性”。并且有针对性地在儿童早期加以突出地开发或弥补其先天不足。情绪心理学的研究资料更多地被运用于情感教育，詹姆士—兰格理论一个世纪来主导着一系列关于情绪的生理唤醒和神经激活方面的研究，发展到当代沙赫特等人的研究，这使当代情感教育不能忽视情绪发生时所伴随的生理特征，而将它们合理地加以引导。当代情绪心理学从进化适应性的角度解释情绪的发生和发展，重视早期形成的情感与认知相互作用的固定倾向，揭示评价因素、认知加工本身的机制对情绪有重要影响，强调情绪的社会适应性质与社会交际功能，认定情绪体验的意义和特有色调不是从认知加工系统获得的，而是从有机体在同环境相适应过程中的生存和需要的满足与否的感受状态发展而来。特别是伊扎德·霍夫曼的理论对感情—认知的相互作用有了许多具体的说明，比如什么样的刺激条件能够促进具有情绪充予性质的归类和图式的形成等都可以直接运用于情感教育操作。除此之外，现代情绪心理学目前采用的研究方法仍然主要是生理测量方法、表情测量方法、主观体验测量方法、调查统计方法等，它们在情感教育的实验中都作为主要测评方法。目前，我们对情绪本身的信息加工图式还不清楚，特别是距离建立操作模型还有相当的路程，必须期待神经科学、心理学和计算机的共同研究，一旦破译，则将为情感教育提供更坚实的实证基础。

第二，以自然科学为依托的系统科学在观念和方法上对当代情感教育有深刻影响。

由于经典科学本质上的还原论方法只适用于能分解为孤立的部分和因果链的宏观力学现象，无力解答在当代生物科学、行为科学和社会科学中涌现出来的诸如组织、整体性、方向性和目的性之类的事实和概念。一般系统论在机体论生物学的基础上提出来了。

系统的观点总是把系统作为由从属组成部分结合成的集成整体来看待，从不把系统当作处在孤立因果关系中的各部分的机械聚集体来看待。它影响当代情感教育对人的情感培养采取整体性观照的方法，将情感的科学研究在生理、心理、社会文化这三个层次上继续分化，获得更加精细的知识的同时，综合构成一个整体的画面。如果说古典人文方法的情感教育是用信念和洞察代替了翔实的探索，而试图用科学方法研究情感教育（如早期实验心理学的方法）则牺牲了融会贯通以换取条分缕析，那么，当代情感教育则侧重严谨精细的研究和整体的把握。比如，情绪发展的个体心理基质从横向看，由认知水平和情绪感受水平两个层面构成。情感教育不仅着眼于认知水平的提高，同时着眼于情绪感受水平的提高。从纵向看，情感不仅有语词水平，也有前语词水平；既有自觉意识水平，更包含人的强大的下意识领域。“在下意识里，感性和知觉赋予周围人的行动以道德肯定或者道德否定的符号，而这些符号与形成未来心境胚芽的情绪色调直接融合在一起。”当代情感教育十分重视无意识领域，强调情绪记忆在无意识领域中的沉积对人的情感质量的影响（如美好的人生经验与创伤性经验），有目的地设计主要作用于无意识心理层面的教育方式，甚至可以在一定程度上弱化意识的作用而保证无意识对人的统一机能作用。

第三，自然科学的彻底理性精神鼓舞情感教育从扑朔迷离的生命感受中寻求恒定的秩序。

科学是严格地运用经验的可重复性来作为鉴别其真伪的标准的（而不是其他标准）。可重复性有双重意义，一是某一现象（或人类经验）可以不止一次地重复出现；二是其社会化，即属于某一观察者的个人经验可以积累，可以转化为技术。

情感教育操作可以有一定的可重复性是因为，神经科学在几十年的发展中确认，神经系统在整体上是一个自我封闭的系统。人的神经系统大约有1亿个接收外部刺激的外感受器，但同时有10亿个接收内部信息的内感受器。人的外部感受器通常接收的外部信息大多是人对客体操作的结果。神经系统用功能耦合网络创造某种同构的符号把千千万万看似相同的电脉冲组成人各有异的情绪感知。

由此，可以证明，每个人都有和他人相类似的身体和大脑结构，人与人可以互相沟通。一定时期一定民族文化背景下的个体有建立相近的情感社会性模式的可能。情感教育就是坚持对教育经验的积累，坚持实验设计和有目的地通过观察和实验，以寻找其间可重复、可描述、可验证的规律，然后将它们逐步地、部分地转化为技术。诸如心理疏导、催眠术、意象疗法、暗示教学法、隐性课程、情感交往技巧的训练、移情训练、感受性训练等，在不同程度上都体现了这种经验性的技术转化。

卡西尔曾深刻指出："科学在思想上给予我们秩序；道德在行动中给予我们秩序；艺术则在对可见、可触、可听的外观之把握中给予我们以秩序。"当代情感教育的旨归并没有放弃对这种秩序的追求。因此，只有靠科学理性精神才给予我们对永恒世界的信念。人类经验的可重复性与社会化鼓舞我们在形形色色的非理性主义思潮的冲击下，相信理性主义仍然具有支撑现代人的能力。

参考文献

［1］（日）汤川秀树．科学思维中的直觉和抽象［J］．哲学译丛，1982（2）．

［2］（意）A．佩切伊．人的素质［M］．沈阳：辽宁大学出版社，1988．

［3］（美）马斯洛．人格与动机［M］．北京：华夏出版社，1987：104．

［4］（美）E．拉兹洛．用系统的观点看世界［M］．北京：中国社会科学出版社，1987：13．

［5］（日）石川光男．从文化方面看意识与物质的相互作用［J］．哲学译丛，1991（2）．

［6］（德）卡西尔．人论［M］．上海：上海译文出版社，1985：213．

教育的社会功能新论[①]

/
吴康宁

一、 教育的社会功能的区分

在本文中，“教育的社会功能”这一概念中的“教育”是狭义的，即学校教育；而这种学校教育并非抽象的、理想化了的，而是具体的、实际存在的。所谓“功能”指的是客观结果，而不管这种结果是否能为特定的社会阶层、群体或个人所接受。所谓“社会功能”则包括除基本纯个体意义上的功能之外的所有功能。

在此基础上，我们似可确立区分教育的社会功能的两种基本角度：一是由对功能规定而确立“方向”的角度，二是由对社会功能的规定而确立“层面”的角度。

（一）方向区分

由于功能属于客观结果范畴，而客观结果未必总与特定价值取向相符，而是可能与之相悖，因此教育的社会功能便具有一个重要特性：双向性。据此，教育的社会功能便可依其作用方向区分为正向功能与负向功能。从理论上来说，这一区分也有其直接的社会学依据，这一依据便是默顿关于社会事项的“正负双向功能论”。在默顿看来，正向功能有助于系统的适应或顺应，而负向功能则削弱这种适应或顺应。与此同时，默顿还提出了显性功能与隐性功能这一对概念，所谓显性功能是指为系统的参与者所筹划并觉察的客观结果，所谓隐性功能是指既非事先筹划、亦未被觉察到的客观结果。日本学者柴野昌山将默顿的这两对概念同时导入教育功能研究，从而将学校教育的功能区分为如表1所示的4个类别。笔者赞同这一分类，认为可据此从“方向”上来定义教育的各种具体的社会功能，但前提是必须首先廓清由“方向”而引出的一系列基本问题。

第一，判别教育的社会功能方向的标准是什么？目前来看似乎有两种标准。一种是“系统维持标准”，即看教育对其所在社会的生存来说是贡献性的，还是损害性的。前者即为正向功能，后者则是负向功能。另一种可称为“社会进步标准”，

①部分节选。文章来源于《高等教育研究》1996年第3期。

即看教育是推动还是妨碍社会朝着文明进步的方向发展，推动便为正向功能，妨碍则为负向功能。这两种标准各有其道理，但“系统维持标准”似更适合于对教育的社会功能的“科学研究”。原因在于社会系统在自身延续方面的功能需求是比较明确、比较清楚的“既定事实”，以此为标准具有较强的统一性和可操作性；而人们对社会文明进步应有方向的理解因人而异，若采用“社会进步标准”，则容易导致人们在判别教育的社会功能的方向时缺乏一些必要的共同的“科学语言”。

表1　学校教育功能分析框架

		主观意向	
		显性	隐性
客观	正向	A	B
结果	负向	D	C

第二，将教育的社会功能区分为“正向”与“负向”是否等同于对教育的社会功能的“肯定”与“否定”？并非如此！“正向”与“负向”是观察者以社会系统自身维持的需要为参照系，而对教育的社会功能方向所作的事实判断（此时观察者是“科学研究者”）。设立这一参照系是为研究方便起见。事实上，我们也可根据研究需要而将其他特定社会事实（如某一非统治阶层在社会地位升迁方面的功能需求）设为参照系。“肯定”与“否定”则是观察者以其特有的教育理想与社会理想为参照系，而对教育的社会功能所作价值判断（此时观察者是“社会活动家”）。可见，前一种判断中的参照系是相对的，后一种判断中的参照系是绝对的。因此，与日常概念的蕴味不同，此处作为社会学概念的正向与负向具有相对性，并不带有价值判断色彩。

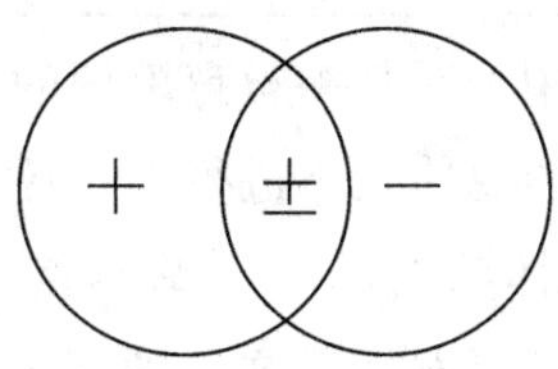

＋：基本纯正向的功能
－：基本纯负向的功能
±：正负向兼有的功能

图1　教育的社会功能的方向构成

第三，是否任何教育事项都必定会产生双向社会功能？未必如此。从总体上看，教育确实既存有正向社会功能，也存有负向社会功能，但就具体教育事项来说，其社会功能的方向含有图1所示的3种可能性，即基本纯正向的（如“母爱教育”）、基本纯负向的（如“单纯追求升学率的教育”）及正向、负向兼而有之的（如“优胜劣汰的竞争教育”）。进一步来看，具体教育事项可能对所有社会群体都产生正向功能（如“义务教育”），也可能只对某一些社会群体产生正向功能，而对另一些社会群体产生负向功能（如“缴费上学的高等教育”），还可能对所有社会群体均产生负向功能（如“假大空的政治教育”）。

现在的问题是，既然教育的社会功能具有双向性，那么，到底如何对教育的不同方向的社会功能加以综合并做出相应的总体评价？这一问题实际上是默顿所提“设立评估诸种后果之净均衡的准则”，问题在教育功能研究中的延伸。默顿只是提出设立这一准则而并未具体阐明。事实上，正如有的学者所言，目前很难确立具体评估标准加以测量，故量化标准不宜作为一个基本标准。但既然将教育的社会功能分为正向与负向，则总得对由不同方向的各种社会功能交织而成的社会功能总体状况有所认识，至少应能区分这一总体状况的基本类型。

为此，似有必要导入“强度”这一标准，以作为对“方向”角度的补充。若权且将强度大致区分为“强”“弱”两级，则教育的社会功能便存有表 2 所示的 4 种类型，并因此而存有表 3 所示的 4 种基本的功能组合方式。

表 2　教育的社会功能的基本类型

强度	方向	
	正	负
强	⊕	⊖
弱	+	—

表 3　教育的社会功能的基本组合方式

负向	正向	
	强⊕	弱＋
强⊖	A	D
弱 —	B	C

笔者以为，这一区分既适用于对某一教育事项的社会功能进行综合评价，也适用于整个对教育系统的社会功能总体状态进行综合评价，若为后者，则这一区分实际上明示着教育的社会功能总体状况的 4 种基本格局。事实上，无论从理论上探讨，还是从实践上观察，我们都可发现，这 4 种基本格局分别主要存在于教育的 4 种特征性时期（见图 2）。即是说，在“教育变革期”，教育系统多半既会因“大破大立”的改革而产生诸多较强的正向社会功能，也会因这种改革通常（甚至必然）具有许多矫枉过正现象或非科学性与非规律性因素而出现广度与深度均不可低估的负向社会功能。在“教育兴盛期”，教育系统开始真正“享受”改革成果，坚决而又有条不紊地按照经尝试、比较与筛选后形成的新的价值取向、框架结构及制度规范去进行。因而仍会产生出较多且较强的正向社会功能，并因其运行的相对科学性与合理性而较少产生负向社会功能。在“教育平淡期”，教育系统的运行开始逐渐失去上两个时期显露的“激情”与“活力”，而更多地带有“日常事务活动”的色彩；同时也开始遇到不少新问题，使得教育系统的价值取向、框架结构及制度规范

逐渐开始显露出一些趋于陈旧的迹象，此时教育的社会功能在正、负两个方向上都相对较弱。而在“教育危机期”，教育系统几乎在其所有领域中及所有层面上都遇到前所未有的挑战，其现有价值取向、框架结构及制度规范的“陈旧”问题开始迅速地全方位地暴露出来，且程度日趋严重，终于陷入危机状态，此时的教育系统所产生的社会功能总的来说是负强正弱，它呼唤着新的教育变革期的到来。

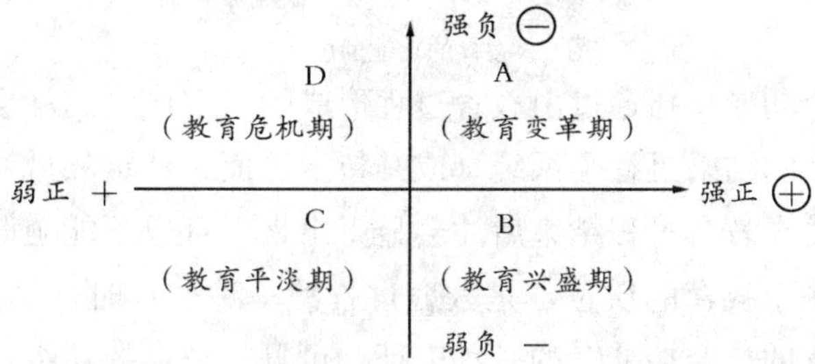

图 2　不同教育时期中教育功能总体状况的基本格局

（二）层面区分

对教育的社会功能进行层面区分的关键在于对“社会功能”的界定。尽管本文开头已将社会功能规定为“包括除基本纯个体意义上的功能之外的所有功能”，但这里仍需先论及有关教育的“社会功能”的两个基本问题。

其一是“教育的社会功能”与“教育的功能”的关系问题。并非教育的所有功能均为社会功能。关于这一点，虽然迄今罕有专门论述，但不少学者显然已有清醒意识。譬如，有的学者明确提出教育具有影响社会发展与影响个体发展的两大基本功能。这已寓意着“社会功能”只是教育的全部功能的一部分。还有的学者在论及德育的功能时认为，“德育对每一个个体来说，除具发展的功能之外，还具有一种享用的功能，即它可使个体实现其某种需要、愿望（主要是精神方面的），从中体验满足、快乐、幸福，获得一种精神上的享受”。这无疑从一个侧面着力强调了教育的功能中含有基本纯个体意义的功能。而在笔者看来，教育的功能似包括三部分内容，如图 3 所示。无疑，基本纯个体意义的功能不在教育的社会功能研究范围之列。

其二是教育的初级社会功能与次级社会功能的区别问题。教育的初级社会功能与次级社会功能是笔者根据教育影响社会的可能性而提出的一对概念。所谓初级社会功能是指教育过程本身首先并直接产生的社会功能，其可观察的结果是受教育者的“文化形成”及其“群层”（即数量与结构）状况。受教育者的“文化形成”状况既是一种“个体结果”，并可能为个体所享用，但它同时也是一种“社会结果”，因为它兼有“社会主体”发展的性质，而这种发展本身便是社会发展的组成部分，非但如此，它也是社会主体的“创造物”（经济、政治、文化等）赖以生存发展的基石，且最终制约着社会发生变化的最大可能性。因此，它有别于“个体享用功能”，主要属于“社会功能”的范畴。

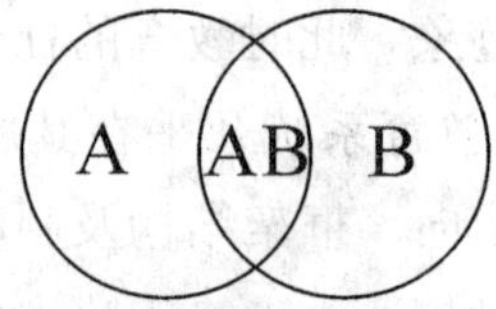

A：基本纯个体意义的功能
B：基本纯社会意义的功能
AB：社会意义与个体意义兼有的功能

图3　教育的功能的层面区分

所谓次级社会功能是指通过由教育过程形成的一定群层的社会成员而产生的社会功能，其可观察的结果是社会系统（或其特定层面、特定领域）的运作情况。这种运作情况虽然要在教育过程结束后才会显露出来，且也不能全归因于教育，但它在相当程度上受制于教育的质量，是教育过程的一种“延时性结果”，故在相当程度上可视为“教育的社会功能”的一种表征。可见，教育的初级社会功能乃是“本原性社会功能”，而教育的次级社会功能则可视为这种本原性社会功能的“衍生性社会功能”。若无初级社会功能，次级社会功能自然无从谈起。但这也并非意味着次级社会功能的状况必然同初级社会功能的状况相吻合，原因在于教育的次级社会功能（社会系统运作情况）是初级社会功能（受教育者的“文化形成”及其“群层”状况）与社会的各种制约因素综合作用的产物。由于这一缘故，评价教育的社会功能当以其初级社会功能为主要对象，而将次级社会功能作为辅助对象。当然，这并不影响我们将次级社会功能也视为教育的社会功能的一个层面。

表4　教育的社会功能的层面区分

	生存性的	游离性的	发展性的
初级（个体的“文化形成”）	文化认同	文化标定	文化反思
次级（社会的“运作状况”）	社会控制	社会分层	社会变迁

注：表中各项功能类型的名称均只表示功能所涉“方面”，而非意味着教育在这些“方面”必定具有“正向”功能。譬如，“文化认同”即表示教育在影响学生“文化认同”方面的功能，而并无教育必定具有“促进”学生“文化认同”之功能的含义。余同理。

参考文献

[1]（美）罗伯特·金·默顿．论理论社会学［M］．北京：华夏出版社，1990：13，106－144．

[2]（日）柴野昌山．学校的负向功能［A］//教育社会学研究（第27集）［M］．日本东洋馆出版社，1972．

[3] 张人杰．教育与社会变迁的关系的理论之质疑——兼论教育的负功能［J］．华东师范大学学报（教育科学版），1992（3）．

[4] 叶澜．教育概论［M］．北京：人民教育出版社，1991．

[5] 鲁洁．试论德育之个体享用性功能［J］．教育研究，1994（6）．

小学教师对于教学问题应有的研究和认识[①]

/
张敷荣

美国俄亥俄州立大学教授柯尔（Luerra Core）曾云："无论哪个教师，假如他每年都用同样的教科书，同样的教学方法，照本宣科，他一定会感觉无聊。他不久会变成一个毫无生气的机器，不但使学生学习的兴趣减低，就是他自己对于教学和人生的兴趣与希望，也会降至零度，不但别人不敬爱他，他也会不敬爱他自己，因为他确已变成一个陈腐无用及不快乐的时代落伍者！"

柯尔教授所描述的这种教师"厄运"诚然是很可惜，而为每个教师所应竭尽避免的。但是，根据实际的观察，我们觉得能够免除这种厄运的教师，实在有限得很！假如我们追究使教师陷于这种厄运的原因，一定可以发现下列几个最普遍的事实：教师的职业无保障，大家的上进心不太高；教师的待遇太差，谋生养家，心劳力尽，哪有改进教学的兴趣；工作环境不好，图书设备太差，很难见到自己努力的结果；部分课程标准的限制太严，各地方无伸缩余地，教师无实验创作的机会；教师的工作过于繁重，无自修研究的时间与精力；社会传统观念，家长对于教育的误解，以及学生过去养成的各种不良习惯，使教师不能试用新的教材及教学方法。

这些事实，诚然是使大多数教师不长进的重要原因，诚然是教育革命过程中应先改革的条件。但是我们觉得这些事实，站在从事教育事业者的角度去看，确系属于外在的原因，很多是可以由内在的动机和毅力去克服的。有专业精神的教育家，决不能坐待政治、经济等力量把这些不利于教育的条件取消后，才开始教育工作！本文的主要目的，就是列举若干小学教师应当研究的问题，使他们认清小学教师的责任不是照着书本教学生就算了事；认识小学教师可以在教育工作中发现继续成长的兴趣；了解小学教师很多时候可以摆脱环境的束缚，创造真实的新生命；努力发现新教材及教学方法，以适应时代的新需要。

作者应预先声明的就是，下面所列举的各类问题，仅属于列举的性质，不能说是小学教师应当研究的问题。

---

①全文摘录。文章来源于江苏教育出版社2010年版《张敷荣教育文集》第9—14页。

一、 教师对于教学目标应有的研究及认识

目标是人类行为的指引者。人，无论做任何事件，须先认清目标，然后工作有计划，有希望，有兴趣，有快感。所以打破小学教师的沉闷的第一个重要方法，是要他们认清教学的目标、教育的价值，及教育的意义。我们看历史上对教育有大贡献的人物，如卢梭、裴斯塔洛齐、福禄贝尔等，莫不因其对于教育目标有特异的认识，所以能有过人的决心与毅力，创建伟大的教育理想及事业。我们固然不能希望所有的小学教师，个个都能成为当今的卢梭、裴斯塔洛齐以及福禄贝尔，但他们最低限度要能认识"为什么教"，认识每次教学所希望达到的目标是什么。要有这种认识，他们才有努力工作的动机和兴趣。

但所谓教师要认清教学目标的意思，绝非要教师记住教育部颁布的教育宗旨，或课程标准中所载的各种目标。别人拟订的目标，不管是出诸任何有权威者或教育专家之手，总难成为教师自己深切感觉的目标；更难期望这种目标能够确实影响教师的行为与教学活动。这点正与克伯屈（Kilpatrick）所谓教师"指定的问题，常属教师的问题，并不能成为学生的问题"同一意义，所以教师要获得有效的可以促进他对于教学之兴趣与活动的目标，则非自行研究、自己体验不可！下面所举的例子，就是几个简便的研究，由这研究，教师便可体验真实可靠的教学目标，从而增加自己教学的兴趣。例如：

1. 检讨自己在日常生活中所需要的各种知识或技能，借此审察或制订教学的标准。（例如分析自己日常写信、记账等事所用的字，共得 3 000 字则可用此 3 000 字作为暂定的小学识字教学的标准。其他各科，也可用同样的分析研究方法，制订教学的标准。）

2. 检讨家庭或挚友日常生活所需的知识技能，借以制订各种教学的标准。（此种研究所包括的范围较前一种研究包括的范围更大，由此制订的教学标准，当然对于社会生活更加有宝贵的价值。）

3. 研究一般人说话常犯错的语病，及一般人作文常犯的错误，借此制订"说话""作文"教学应注意的标准。

4. 研究本地方良好公民读书、看报及阅读文艺作品所表现的阅读速度及了解程度，借以制订教学阅读训练的标准。

5. 研究良好公民书写的速度及字体，借以制订写字的标准。

6. 调查研究地方人士生活技能、行为及身体上之优点与缺点，借以制订卫生、体育、社会、劳作等科及公民训练的标准。

7. 调查研究就儿童之学习能力、兴趣及习惯，借以审核所制订各种教学的标准（部颁的或自定的）是否过高或过低。

8. 其他研究之关于社会的与个人的价值及需要，均可作为制订教学目标的参考。

二、 教师对于教科书应有的研究和认识

教师在认清教学目标之后，即须选择达到目标所需最有效的工具。许多新教育家虽不赞成教师以教科书为唯一的教学工具，但一般的教师，却非以教科书为教学样本不可。在图书设备简陋的地方，教科书更显重要。故关于教科书的选择及应用，诚为教师不可不详细研究的问题。下面所举的例子，就是不愿意“照本宣科”的教师必须注意的问题。

1. 关于各种教科书均须研究的问题：(1) 本部教科书中包括多少生字？(2)学习的难易程度是否适合于儿童？(3) 日常生活中少见的字有多少？(4) 教科书中各部分所包含的生字及难字分配，是否适当？ (5) 生字及难认的字在书中出现的次数，是否与各字所需练习次数的多少成正比例？(6) 有多少很重要而出现及练习次数过少的字？

2. 关于国语读本之研究：(1) 儿童对读本各部分了解之程度若何？(2) 读本是否过难，以致影响儿童阅读速率及阅读习惯？ (3) 儿童阅读时所表现的兴趣如何？(4) 读本内容之选择，对于儿童的知识技能、态度、欣赏能力等方面，是否均有适当的注意？

3. 关于历史、地理教科书的问题：(1) 历史教科书中所包含的人物或事实，是否真的重要？(2) 教科书中所包含的重要人物和事迹有多少？(3) 每个人物或者事实所占篇幅或行数的多少是否与其重要性成正比例？(4) 关于每个历史上的重要人物，是否具有充分的事实，使儿童能够了解其人的真精神？(5) 历史或地理教科书中所列举的地名有若干？(6) 有哪些地名被述及的次数，或描写的篇幅过少，以致儿童不熟悉？(7) 教科书中所选的人物、事实或地名，是否因其足以帮助儿童了解个人与社会及自然环境的关系？(8) 教科书中关于人民实际生活的事实所占篇幅和政治军事的事实所占的篇幅相较而言，孰多？(9) 教科书所列举历史上的重要纪年有若干？是否真的重要？(10) 各个重要的纪年是否都有相当的练习机会，使儿童能够记忆？(11) 儿童对于各种历史人物、事实及地名所表现的兴趣若何？

4. 关于算术教科书的问题：(1) 教科书是否包含各种必要的基本方法？(2)各种基本方法是否具备相当的练习机会？ (3) 各种习题基本方法所有练习机会的多少，是否依其难易的程度而定？(4) 有多少习题是由儿童实际生活的情景中发现的计数问题？(5) 有多少习题是由成人社会生活的实际问题中选出？(6) 教科书是否有许多生僻难懂而与普通生活无关的方法、原理或习题？(7) 教科书中有多少不必要或难以了解的术语？

5. 关于自然、体育、卫生、音乐、美术、劳作等科如采用教材则教师须研究：(1) 适合于乡土生活情形的教材有多少？ (2) 不适合地方情形的教材有多少？(3) 可以用作改进本地人民生活习惯的教材有多少？(4) 本地人民所有身体、态度及生活常识上的缺点，能否从教材中得到适当的补救？(5) 各科所有的教材能否帮助儿童达到该科预定的教学标准？(6) 各科分配于各年级的教材是否适合于儿童能力、需要及兴趣？(7) 教科书中有哪些部分应当取消不用，而代以乡土教材？

三、 教师对于补充新教材应有的研究和认识

聪明活泼的教师，在认清了教学目标，研究了教科书内容之后，一定常感觉到现有的教材不合适，因此他常想找到较好的材料来补充或代替教科书中的某一部分或许多部分。我们对于此等教师应当加以鼓励，而且希望每个小学教师都能够这样。不过我们更希望这种教师不要纯以主观的见解作为教材取舍的标准，他须有正确可靠的客观的事实，证明他拟用的新教材一定比原有的教材好，然后可以决定。我们相信无论哪个教师，只要他肯努力，一定能够找出些切合于乡土情形，而很有教育价值的新材料，来补充教科书。但他须应用下列四个科学的步骤：第一，先用客观的方法分析所用教科书之缺点；第二，悉心搜求较好的教材；第三，用实验的方法证明新教材比起原有的教材来有更良好的教育效能；第四，选用新教材，仍需继续不断地研究修正。关于此点我们可用柯尔教授选择习字科的补充练习所用的步骤为例：

1. 柯氏第一步研究在原有的练习及教学方法之下，儿童所达到的程度。(由客观的测验，发现儿童所有的成就不能如理想的标准。)

2. 第二步柯氏详细分析儿童习字失败的原因。(由此发现两个重要事实：一为过去教习字时太注重形式美观，而忽略字迹的清楚与否；一为学童不知他们进步的情形，所以缺少努力的动机。)

3. 第三步柯氏研究哪些是使字迹清楚的因素，哪些是儿童书写时常犯的错误。(于此柯氏曾分析数千个字，找出特别不清晰的地方，及指出各种错误之所在。)

4. 试行矫正错误以观成效。(由此发现各字母所需矫正练习的次数不同。)

5. 将各字母依难易的程度及用途的多少排列。

6. 由通行的小学一、二年级学生标准生字表中看，选定儿童所需习定的字，再将此等字依其中所含字母的性质排列。

7. 试将此等字作为儿童习字科的补充练习。(所用字数的多少，取决于能使儿童达到正确的标准。)

8. 编排练习表。(于此需注意使已学习的字得到相当的复习，以免遗忘。)

9. 在每种练习之末，附有儿童可以自己考察成绩的客观测验，并附有比较的

标准，使儿童可以知道自己情形，并自己继续练习。

四、 教师对于教学法应有的研究和认识

教学方法与教材有极密切的关系，良好的教师必不忽略任何一方面。就增进教师教学的兴趣及效率而言，教学方法问题尤为重要。许多有专业精神的教师，常常做种种教学法的实验。由此他们对于儿童及社会需要的认识，更加深刻；对于教育目的之体验，更加清晰；对于教学资料的选择，更能精当；对于教学环境的控制，要求周到；对于教育事业的兴趣与展望更加深厚。

教学方法问题所能给予教师之实验研究的机会，是没有限定的。无论哪个教师只要他曾受过相当的训练，只要他具有怀疑的与求真的科学精神，只要他对于现代各种教学方法有相当的研究，只要他能了解实验教育的意义，并看过一些实验研究的报告，他一定能够在他所教的学科内，发现许多需要实验研究的教学方法问题。例如：教国语的教师假如感觉到习用的读书教学法——先从单字的认识入手，后教语句的意义——效果不太好，他可选择智力、学力、年龄、家境、身体、态度、习惯等相同的学生，分为人数相等的两组，在相同的教师、教材与环境设备之下，施以下列两种不同的读书教学法：一是普通组采取习用的教读法，先教学字后解语句；二是实验组，采取新式读法，从教学意义的语句入手，语句熟悉了，然后分析字义。如此经过半学年，或一学年之后，用客观的方法，测验两组学生阅读能力上之进步情形。如普通组学生的成绩远逊于实验组，即可知新式教读法之优于习用的教读法。其他各种学科如社会、自然、卫生、体育、算术、劳作、美术、音乐等，无一不可用类似上述的实验研究法，去抉择真正良好的教学法。

五、 结论

上述四类问题，均系教学工作中自然发生的问题。此外如关于儿童困难之诊断及补救办法之研究，关于儿童兴趣与能力的观察，学童班级的编制，教学效能的考核等，均能供给小学教师以无限的研究和进修的机会。有专业精神的教师，对于上述各种问题，一定很乐意地、很热忱地去研究、去寻求新的发现，使我国教育在质与量两方面都有惊人的发展。这种专业的、创造的精神，是作者对于各位小学教师的一种激烈真挚的愿望。我们从事小学教育事业的人，要了解我们所担负的任务，不是知识的贩卖，不是儿童的看守，更不是书本规程的奴隶。我们的责任是创造新的生命，新的经验，新的社会，新的国家。我们要时常运用我们的心思、精力去寻求新的方法、新的资料，从而尽量开发儿童身心上所蕴藏的宝物拿来献给国家，复兴民族。同时作者更诚挚希望我国教育最高当局，及有权力的社会人士，能认清小学教师所负使命之重大，多多给他以爱护和保障，使他得到充分的研究和进修。

对于教学论的回顾与前瞻[①]

/

李秉德

一、从简单回顾中产生的反思

教学现象是我们教育工作者最常见的现象，但是我们对它的了解又远不能说是够深入的。

自我国废科举、兴学校以来，教育、学术界曾从欧美介绍进来了一些新的教学方法，其中包括赫尔巴特式的五段教学法、设计教学法、道尔顿制、文纳特卡制以及德克乐利教学法等。这些教学方法的引进活跃了教育、学术界的思想，对当时的中小学校教学质量的提高，产生了积极的作用。但当时大都只注意模仿引用，在教学理论上的深入探讨并未形成什么气候，在当时的教育哲学或教育原理之类的少数书籍中或有论及，但多嫌空泛，对于当时中小学的教学，实际上没有多大影响。

新中国成立后，在学习苏联的影响下，我国教育界人士在学习凯洛夫主编的《教育学》方面下了很大功夫。这本书中有一编系统地介绍了教学理论。这在教学知识与方法上武装了教育理论界特别是中小学教师，对于各级各类学校教学质量的提高起到了一定的积极作用。但由于这种教学理论的局限性与片面性，它所产生的积极作用也是有限的。

我国实行对外开放政策后。在对外文化交流中，教育、学术界又介绍进来了当代国外的各种新的学派，其中包含一些教学思想和方法。这使我们开阔了眼界与思路，也使我们看到了某些方面的差距。我们遇到了缩短甚至消灭这些差距的机会，但也意识到了我们面临的挑战。

回顾这么多年来我国学校教学的发展轨迹和个人学习教育学的情况，我产生了这样一种反思：我们为什么老是跟着外国的教育学者们亦步亦趋呢？学校教学现象是我们教育工作者天天遇到的现象，为什么不可以用我们自己的头脑对之加以认真的探讨呢？这就是我给自己提出的一个严肃的课题。

---

①全文摘录。文章来源于《华东师范大学学报（教育科学版）》1989年第3期。

当然，我这样说丝毫没有闭关自守或闭目塞听、拒绝学习外国的意思。我在这里只是强调：用自己的眼睛看我们的教学现象，并且用我们自己的头脑来对之进行分析。

二、学校教学活动都有哪些要素？

在各级各类学校中所进行的教学活动，究竟都包含着哪些要素呢？我们不妨来认真分析一下：

第一，教学活动是为了谁而组织的？是为学生。没有学生就没有组织教学活动的必要。在教学活动中是谁在学习？是学生。学生是学习的主体。没有学生就不存在教学活动。所以学生是教学活动的根本要素。

学生这个要素主要指的是学生的身心发展水平，已有的知能结构、个性特点、能力倾向和学习前的准备情况等。

第二，为什么要组织教学活动？是为了达到一定的教学目的才来组织教学活动的。所以，教学目的也是教学活动必不可少的要素之一。人们在无明确目的的情况下也可以学些东西，但那不是教学活动。教学活动是有目的的活动。这里说的目的是广义的。目的有远的、有近的；有比较抽象的，有比较具体的。大之如一个现代公民应具备的素质标准和各级各类学校人才的培养规格，中之如学校中一门学科应该完成的教学任务，小之如一个学习单元或一节课所要完成的具体目的，乃至学生方面的学习动机，都可以包括在教学目的这一要素的含义之内。

这些不同层次、不同性质或方面的目的应该形成一个完整的体系或结构，落实到学生身上。应该说，体现在每个课时计划上的教学目的必须是具体的，但这些具体的教学目的又必须是为完成某个学校阶段乃至整个教育过程的完整的、全面的培养目标服务的。具体的目的是我们着手之处，完整的全面的培养目标乃是我们的着眼之点。不从具体目的着手不行，但是只重视具体的小目的而忽视大的方向也是不行的。

第三，教学目的凭借什么去达成？在学校教育中主要凭借教学内容，或者说是课程。这是教学活动中最具有实质性的因素。它指的是一定的知识、能力、思想与情感等方面的内容组成的结构。具体表现为现在人们常说的各级各类学校的教学计划、各科教学大纲和具体的各科教材——文字的或音像的。我们可以把这些统统包括在课程这一要素的范围之内。

第四，教师怎样根据并运用课程教材来使学生学习，从而达成教学的目的？这就必须靠一系列的方法。所以方法也是教学活动的一个要素。这里所说的方法是广义的。它包括教师在课内和课外所使用的各种教学方法、教学艺术、教学手段和教学组织形式。不管它们是具体的、显见的，还是潜移默化的。

第五，有一个常被人们忽略的教学要素，那就是教学环境。任何教学活动都必须在一定的时空条件下进行。这一定的时空条件就是有形的和无形的特定教学环境。有形的教学环境包括校园内外的环境是否美化、教室设备布置得是否完备与整洁，以及当时气候的变化等。无形的环境包括师生之间、同学之间的人际关系，校风、班风，还有课堂上的气氛等。所有这些环境条件既然是教学活动必须凭借而无法摆脱的，因此它就必然构成教学活动的一个要素，不管你承认它还是不承认它。

第六，教学是在教师与学生之间进行的信息传递的交互活动。这种信息交流的情况进行得怎样，要靠反馈来表现。不注意反馈的教学是寡效的。寡效也仍是反馈的一种表现。

在过去一般论教学工作的人对于反馈是较少注意的。这可能是因为反馈有时表现得不是那么明显、具体，于是易被忽略。也可能是因为过去一般过于强调教的一方，比较忽视学的一方的缘故。不管怎样，不认为反馈为教学活动的要素之一，是对教学活动认识上的片面性的一种表现。

第七，显然还有一个绝对少不了的要素，那就是教师。在教学活动中是谁在领导学生学习？是教师。无人指导，人们也可以进行学习。而且社会上自学成材的人也多得很，但那些都不是我们这里所说的学校教学活动。在学校的教学活动中，学生方面必然也有时多时少的自学活动成分。但这种自学是在教师指导下的活动，仍属于教学活动的组成部分。所以，显然，在教学活动中绝对少不了教师这个要素，而且要依靠教师来发挥主导作用。

教师这个要素主要指教师的思想及业务水平、个性修养、教学态度、教学方法及能力等。

三、 各教学要素之间的关系

以上七个要素之间的关系是相互影响的，再加以各要素所受到教学外部的影响，情况是错综复杂的。现在仅就教学内部各要素之间的关系，进一步加以分析。

首先从学生说起。学生是学习的主体。所有的各教学要素都是围绕着学生这一主体而产生并加以组织的，教学质量与效果也是从学生身上体现出来的。学生是教学活动的出发点，也是教学活动的着眼点。在整个教学活动中，学生占着中心的地位。

其次就目的来说。教学目的一方面受社会发展的制约，另一方面受人本身的发展的制约。在两重制约的结合点上形成了不同层次的教学目的。教学目的形成之后，它又制约着教学活动的全过程。可以说，教学活动的全过程都是为达成教学目的而进行的。但直接受其制约的是课程与方法。也可以说，教学目的主要是通过具体的课程与方法而实现的。

再就课程来说。课程受制约于教学目的，当然也受制约于决定目的的上述两种条件——即社会的发展与人本身的发展。而后二者不仅决定着教学的方向，同时也决定着课程的具体内容。这也是说，直接制约着教学内容的是社会的需要、文化科学技术发展的水平和学生身心各方面发展的水平。而课程形成之后，其就成为教学活动中最具有实质性的东西，占有特别重要的地位。

至于说到方法，它主要受制约于课程。它是为把课程的内容内化为学生的知识、能力、思想、情感，从而达成教学目的而服务的。在方法的进程中，它必然也要受到教学环境客观条件的制约。方法是由教师来掌握的。因之，教师的教学能力水平，对于方法的效果来说，产生着关键的作用。

教学环境主要受制约于外部条件。这些条件包括物质的和精神的，可控制的和不可控制的。对于教学活动来说，它们可以分为两大类：有利的和不利的。教师有责任来和学生一起，尽量创造、控制环境，使环境对于教学活动产生有利的影响，减少或避免不利的影响。由此可以看出，环境在一定程度上制约着教学过程，同时教师和学生也可以在一定程度上去制约教学环境。

现在我们来说反馈。教学活动中的反馈是师生双方主要围绕着课程和方法而表现出来的。如前所述，由于它容易被人忽略，加之有时表现得不那么显著，具有一定的弹性。因此特别需要教师有意识地观察掌握。最好能见微知著，及时地给出自己的反馈，来影响教学的进程。所以，反馈虽然是师生双方自然而然地表现出来的，但重要的是要靠教师有意识地去捕捉来自学生方面的信息反馈。除了包括测验与考试等的教学评估以外，教师对学生课外特别是课堂上的表现的观察，也是捕捉反馈信息的一条非常重要的渠道。只要教学工作者特别是教师们认识到反馈这一要素，承认其重要性，并经常注意这一问题，他们就可以获取这方面的大量信息，并以之作为一种重要的参照系数来改进教学工作的。

最后我们再就教师这一角度来看。以上六个要素都对教师发生影响。也可以说，它们都在一定程度上制约着教师的活动。或者说，它们大都是通过教师来影响到学生的学习活动的。既然它们大都通过教师这个中介，那么教师就可在整个教学过程中发挥他的主动性去调整、理顺各要素（包括教师自己这个要素）之间的关系，使其达到最优化的程度，以获得最大的教学效果。正因为这个缘故，正因为教师处于这样一个关键地位，所以，我们才承认，教师在教学活动中起着主导作用。当然，这种主导作用所产生的教学效果如何，我们最终还得从学生方面来检验。因为学生是学习的主体。正如我们在论证各要素之间的关系时所说的那样。

以上是就教学活动的七个要素之间的关系，作了一个基本的描述。为了使读者对于它们之间的关系有一个更明确的概念，我们不妨用（图 1）来表示：

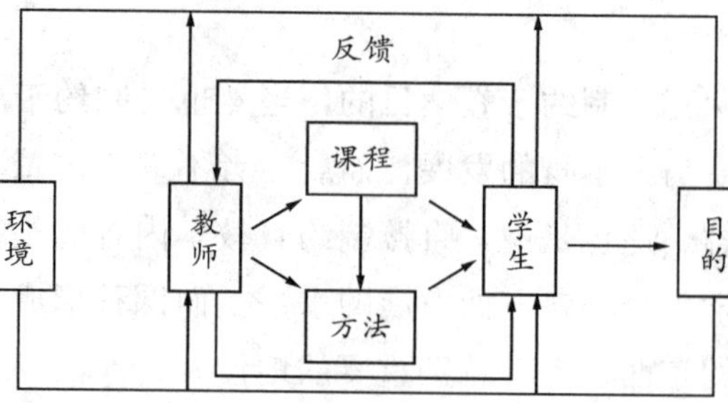

图1 教学诸要素关系示意图

四、 现代教学的任务与现代教学论的任务

从以上的分析中我们大致地看出了教学这部机器是怎样构成并怎样运转的。了解教学的运转机制是必要的。但我们所看到的毕竟只是一部空机器。机器是用来制造产品的，产品是有质量标准的。我们这部教学机器究竟是要用来生产怎样的标准产品呢？

上面这个问题是我们必须答复的。因为教育教学工作从来都是实际的。理论必须能够回答实际性的问题。不联系实际的教学理论只能叫作“教学空论”，不是真正的“教学论”。所以，理论联系实际是现代教学论应该始终贯彻的一个重要原则。在论述教学的各个要素问题时都应依据此精神进行。

现在让我们再回到刚才提到的那个问题上来：教学这部机器究竟要用来生产怎样的标准产品呢？这就涉及前面说到的教学目的问题。这里试就教学目的这个问题再进一步加以论述，以期把它往实处落一落。

在前边论述到教学目的时我们曾说过，“具体的目的是我们的着手之处，完整的、全面的培养目标乃是我们的着眼之点”。后者也就是我们常说的人的全面发展，或社会主义新人。这是一个完整的教育目标，也是教学应该完成的总任务。但人的全面发展或社会主义新人指的又是什么？它究竟包括哪些内容或要求呢？

关于人的全面发展的含义与内容，不同时期的人有着不同的理解。就现在教学论研究达到的水平来说，它应包括系统的现代文化科学知识的掌握及与之相应的技能技巧的获得，身心各种能力特别是智力与创造思维能力的发展，人道主义精神、积极向上的思想品德及健康的审美情趣的培养，及至与社会发展相适应的完满个性的形成。所有以上这些就是现代学校教学的总任务。当然，各级各类学校在承担这些任务时，在侧重点上、在要求程度上是有所不同的。

以上各方面的任务互相紧密联系，形成一个整体。

向学生传授系统的现代文化科学知识，这是我们大家都很清楚的。而且我们也都知道，文化科学知识的传授应该和思想品德的培养紧密结合起来。现在结合实际来看，我们比较忽视之处，在于向学生传授知识之后应该紧接着就注意去培养他们的有关的技能技巧。这就要使他们对这些基础知识既能理解，又会运用；既能牢固掌握，又会动手操作。正因为我们在这些地方有所忽视，所以社会上往往批评今日学校出来的不少学生高分低能、眼高手低。

对于学生的身心发展，我们过去也都提出来过，但仅仅是把身心发展作为确定教学内容与方法的一个重要条件，而没有清楚地认识到这是完成教学任务的一个方面，更没有深刻地理解到学生身心发展和文化科学知识的习得是相辅相成、互为因果、不可分割的。

在身心各项能力的发展中尤应注意智力的发展。这是因为有鉴于现代社会各方面的迅速进步，特别是现代科学技术的飞速发展，光靠在学校里学到的有限知识，是不足以对付将来的生活和工作上的变化的。这就要求学生养成自己的应变能力。可以说，由于社会发展的需要，迫使着我们认识到发展智力的极端重要性。另一方面，人们对于人的大脑的研究，发现人类的大脑还有很大潜力可以开发。这一发现也增添了进一步开发学生智力的信心。对于教学的这项任务，我们今天绝大多数的教育工作者都能认识到了。下一步的问题是如何去发展学生的智力。关于这一问题还需要大家努力去探讨。不过有一点应该明确，那就是发展智力必须以知识技能为基础，并与之结合。否则发展智力是一句空话了。

即使将传授知识、培养能力与发展智力都注意到了，也还是不够的，因为所有这些基本上都是就智育或兼及体育方面而言的。而人的身心活动与发展，除了这一方面以外，还有情感、兴趣、爱好与意志等另一方面。大家一般把这些叫作非智力因素，这些因素也是绝不能忽略的。因之教学除了注意完成智力方面的任务外，还必须注意对于这些非智力因素的培养与引导，使之朝着健康的方向发展。只有这样，才能为培养具有高尚的思想品德、良好的文明习惯、健康的审美情趣乃至远大的理想及辩证唯物主义的世界观的社会主义新人奠定坚实的基础。

我们在现代教学任务问题上之所以谈了这么多，是因为许多教育工作者在对这个问题的认识上往往带有片面性。过去，我们常常说要正确贯彻教育方针，使受教育者得到全面的发展，但实际上我们在理解上、实际措施上又往往是片面的。注意了知识的传授，忽略了能力与智力的培养；注意了智力因素，忽视了非智力因素；注意了统一规格要求，忽视了个性的差异与发展；注意了按社会政治的、经济的要求去培养人，却忽视了根据人本身发展的要求去培养人。因此我们说，在教学目的这个要素上，我们要既见树木，又见森林。否则在方向性问题上出现了片面性的认识，就必然会降低对于人的培养质量。

本文在开始部分分析了教学活动的诸要素，并初步地描述了各要素之间的关系，从而大致地说明了教学活动的运转机制。在本文较后的部分提出了现代教学的任务。把这两部分联系起来，虽还不能说明现代教学论的全部，但已经可以看出一些端倪了。

现代教学论就是从教学诸要素的联系中，探讨各要素的本质特点与基本内容，从中找出一些带有规律性的东西来，并在此基础上提出一些原则、方法与建议，以期能帮助教学工作者自觉地处理好各要素之间的关系，使能达到最优化的程度，最后达到培养社会主义新人的目的。这就是现代教学论的任务与基本内容，也是所有教学工作人员要努力的方向。

试论素质教育课程设计的教育学模型①

/
钟启泉

二、 素质教育课程设计教育学模型的内涵

素质教育课程设计教育学模型是一个动态的、发展的概念。这就是说，“三基点”在不同年级、不同学科中有所侧重，同时，“三基点”及素质教育的内涵是随时代、社会的进步不断改变和发展的。这也是课程理论研究的基本课题。

(一) 关于“社会需求”

中小学生将在几年或十几年后走上社会，课程设计必须考虑到现在及未来社会对这些公民的要求。这种要求当然是多规格、多层面的。不过，最根本的一条，要抓住现代社会中人的片面（畸形）发展的倾向和“和谐发展”的社会需求。

现代社会物质文明的发展并不一定意味着精神文明的同步发展。事实上发达资本主义国家虽然实现了经济的高度发展和富裕的物质生活，然而人的精神世界却出现了扭曲和颓废。我国社会文化发展中的种种矛盾也证实了精神文明绝不会自发产生。因此，如何从精神文明建设的高度，把教育事业办成真正造就人的理智、情感和体力的和谐发展的事业，就显得越发迫切了。人的和谐发展的问题，是从奴隶社会到资本主义社会中针对旧的分工导致人的片面发展而提出来的历史命题。历史上不少哲学家和教育家都对此有过精辟的论述。值得注意的是，卢梭曾经用“像农夫那样劳动，像哲人那样思考”的人来表述他所追求的教育理想。这个表述蕴含了身心发展相互影响的辨证过程的思想，可以说直至今日仍有其现实意义。卢梭把“人的发展”划分为三个时期：从出生至 1 岁的“感觉时期”，至 12 岁左右的“了解自然与事物的时期”，至 15 岁左右的“理性觉醒时期”。这意味着，在人的发展过程中直接经验、间接经验抑或理论思维都是不可或缺的（参见图 1）。

---

①部分节选。文章来源于《教育研究》1995 年第 2 期。

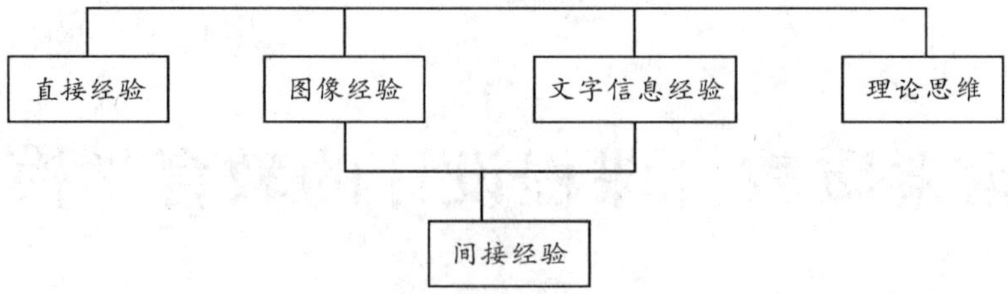

图1 经验的索引

然而试分析传统的课程所提供的经验成分，处于两端的直接经验、理论思维都是欠缺的，仅仅突出了中间的两个环节。亦即一是以电视为中心、以图像为基础的间接经验；二是以教科书、报纸杂志等文字信息为基础的间接经验。直接经验与理论思维在整个经验总体中所占的比重却微乎其微。这样，造成“间接经验膨大、直接经验萎缩、理论思维贫弱”的弊端。这种不完全的偏颇的经验归根结底是不利于人的和谐发展的。

21世纪的社会将是信息传递技术与信息迅猛发展的社会。这样，除了“物质价值”与“劳动价值”之外，“信息价值”将愈益显示其意义，“物质价值”亦将随着附加信息而增值。因此，“信息能力”自然成了现代学力的基本内涵和作为一个“终身学习者”的基本素养。所谓“信息能力”无非就是“主动地选择与运用信息及信息手段的基本能力与素质”。它由下列四项组成：（1）信息的判断、选择、整理、处理能力与新信息的创造、传递能力。亦即从大量信息中选取自己所需信息并加以综合，抽出其含义；根据抽出的含义进一步探寻所必需的信息；将抽出的含义作为信息传递给他人。以上所述是狭义的信息能力。（2）理解信息化社会的特征，及信息化社会对人的影响；（3）认识信息的重要性及对信息的责任感；（4）理解信息科学的原理及信息手段（尤其是电脑）的特征，掌握基本的操作能力。以上所述（2）（3）（4）三项均属于广义的信息能力。信息能力的培养不仅是电脑课程赋有的任务，也是所有各门学科应当贯穿的要求。

（二）关于学生发展

学生在教育教学过程中既是教育的客体又是教育的主体。我们不妨从心理功能（知情意）的侧面去把握教育过程中学生发展特征（见表1）的基本要素。

表1 学生发展的三个侧面及其要素

甲 能力侧面	乙 性格侧面	丙 态度、动机侧面
1. 智能	1. 性格	1. 待人态度
2. 创造性	2. 认知方式	2. 兴趣类型
3. 学力	3. 学习方式	3. 学习习惯
4. 学习的准备度	4. 交友关系	4. 学习动机

这些要素是儿童心理学、发展心理学、教学心理学研究的课题，这里不可能逐

一讨论。不过，根据现代教育科学研究成果及我国传统课程与教学的一些弊端，要针对现代学生的身心特点设计课程，下列几点尤需注意。

其一，正视“成长加速现象”。现代儿童具有“成长加速”——指身高、体重、胸围的发育加速以及性成熟加速早龄化——的现象。儿童的智力发展也有加速的倾向，这是大众媒体的普及所致。另一方面，儿童作为一个“自主”“自立”的人的意识显著迟缓。这样，就使得儿童的成长发展处于加速与迟滞——生理早熟、心理迟熟——的波谷之间，产生出显著的不平衡状态。西方国家性教育及我国的青春期教育课程的设置就是出于这一教育考虑的最典型的表现。

其二，注重情意因素。在教学过程中学生面临的“学习课题”与“现有水平”（认知水平、情意水平、动作运动水平）之间的落差或矛盾，乃是教学过程的原动力。而且，不管哪一种教学，事实上势必包含认知因素与情意因素两个侧面。具体说，就是引导学生认知教材、处理信息、形成能力的侧面，和激发学生学习兴趣、动机、态度，使教学得以顺利进行的维持、管理的侧面。可以说，注重情意因素或非认知因素是近年来国内外现代化课程设计一大特色。

其三，把握认知方式。所谓“认知方式”系指个体在认知活动中所表现的性格上的差异。此种差异同个体的智力未必有必然联系，多半是自动学到的一些习惯性的知觉组织、知觉分类及应付问题情境的思考方式。因此又称为“学习方式”。认知方式上的差异不同于智力上的差异，它没有优劣之分，但与个人的个性特征有关。把握学生的认知方式对课程设计、教学设计尤具意义。因为单纯重视智力上的鉴别而忽略了对认知习惯（方式）的了解，便无法针对个别差异因材施教。另外，借助学业成绩和学科性向测验了解学生在某种学科方面所具备的潜力——学科性向，也不容忽略。

其四，促进内发性动机。内发性动机系指行为本身为目标而展开行动。外发性目标是行为的目标在行为之外起着作为“手段”的作用。在教学活动中学习本身的喜悦属于前者，这种动机源于学生对客观事物的兴趣；教师和家长鼓励其学习，则属于后者，在这种场合对学习本身并无兴趣。当然不能认为外发性动机一概不恰当，但在设计课程时其原则应当是促进学生形成内发性动机。

（三）关于学科体系

学科不等于科学。它不是科学的、单纯的片断，而是依据教育目标和学生的发展，从科学体系中选取、加工而成的教育性素材系列。

首先，学科既非单纯服务于实质训练，亦非单纯服务于形式训练，而是应当求得两者的统一。学科教学在教育史上一般可以区分为以习得知识为主的内容侧面与以培养能力为主的形式侧面。前者谓之“实质训练”，后者谓之“形式训练”。从历史上看，17 世纪以后的科学的发展、产业的发达不是依赖一般精神力，而是必须有多方面的知识本身。然而，无论实质训练抑或形式训练都有其片面性。就是说，在纯粹的实质训练主义中可能会导致知识累积的不消化，而在纯粹的形式训练主义中容易认为知识是单纯的精神食粮，无视科学方法的错误。但在现代学科论看来，实质训练与形式训练不是互相独立的，而是统一训练过程的两个侧面，应当作为一个整体来看。因此，在现代学科的编制中知识与方法密不可分：知识，是以修正性为其特点的概念性知识，形成彼此有机关系的结构。另一方面，科学的方法不是形式的、精神性的东西，而是受科学的基本概念的引导，并修正科学的基本概念的。就是说，科学的知识与概念同科学的方法是难以分离的。这就是所谓的现代学科的"两面性"——一面是关于客观事物的"知识体系"，另一面是探究客观事物获得知识的方法，即"科学的方法"。

其次，学科作为一个时代的社会产物，它的种类、组织、内容，总是随着时代的变迁而发生着巨大的变化。学科经历了不断分化、综合的过程。近代意义上的学科是在19世纪以后的欧洲伴随国民教育制度的确立而形成的。人们借助这些学科才得以掌握新的知识与合理精神、科学的认识力。然而，以各门科学为基础的分科课程一律向学生灌输理论的、抽象的知识，导致了学生的个性与主动精神的萎缩。学科的进一步分化使得学生头脑中的教育知识的关联与综合变得愈加困难。赫尔巴特（J. F. Hebarrt）为了克服分化的学科课程，尤以德性为中心综合教育内容谋求个性的解放与发展，而倡导了相关综合课程。戚勒（T. Ziller）和赖因（W. Rein）继承了赫氏的观点形成赫尔巴特学派，推进了旨在形成意志与陶冶思想，以"情操教材"为中心的教学的统合。戚勒以情操教材为中心分成三大学科群是众所周知的。赫尔巴特学派倡导的相关统合课程，由于利用了"文化史阶段"说，美术、音乐、语言等的教材选择偏于宗教道德教育而导致了权威主义、形式主义教育的弊端，遭到美国的帕卡（C. F. W. Parker）和杜威（J. Dewey）的严厉批判。而在德国，第二次世界大战后展开了活跃的"合科教学"。美国的注重儿童的直接经验，以儿童的需求为中心的经验型统合课程，就有批判赫尔巴特学派的性质，形成了统合课程、经验课程、设计课程等。20世纪30年代，经验型统合课程的理论权威霍普金斯（T. Hopkins）为摆脱并列性学科课程的局限，提高课程的综合度，倡导相关课程、广域课程、核心课程和经验课程的方向。第二次世界大战后，对经验型统合课程的批判陆续出现，尤其要求提高学力、改进史地教学，充实道德教育的呼声高涨。在1957年苏联人造卫星上天的冲击下，课程又从综合转向分科。学科的结构化、概念学习、发现学习、探究学习盛极一时。到了70年代，出于纠正60年代课程现代化运动的弊端，人们又提出了注重价值教育、编制人性中心课程、发展以多元文化理解与全球教育为中心的国际理解教育。另一方面，恩格尔（S. H. Egnle）和杜威学派的奥利弗（D. W. Oliver）、谢弗(J. P. Shaver)等人为代表的反省思维派则开展了重新转向人性中心、注重价值的综合课程运动。80 年代以后，人本主义课程思潮与结构主义课程相互交融的结果，导致了向分科课程回归与综合课程再生的势头。

再次，学校课程总是具有一定的结构的。这种结构可以区分为微观、中观、宏观三种层面加以研究。如果说，微观层面的研究对象是“单元结构”，中观层面的研究对象是“学科结构”，那么宏观层面的研究对象则是“学科群”。一般认为，影响学科构成的主要因素有二：一是各门学科所具有的特点，相类似的学科相辅相成构成学科群；二是教育目标，对于学科或学科群来说是作为一种赋予价值比重的因素在起作用的。前者是恒定性的因素，后者是可变性的因素。课程史表明，课程目标是随时代的变化而变化的。课程目标变了，学科构成也就随之变化。国外学者从“完人教育”的目标出发，认为可以构成由四种学科群组成的课程结构，这就是：基础学科群（语文、数学）；实质学科群（社会、理科）；表达学科群（音乐、美术）；技术学科群（体育、技术、家政）。它们彼此具有等价性。

寻求最优的学科结构是课程设计的基本命题。总的说来，必须考虑这样三个基本的侧面：文化遗产的体系、社会要求、学习者的特点。问题是如何具体地组合这三者，以求得学科内与学科间的“结构化”。

（四）关于素质教育

《中国教育改革和发展纲要》提出，“中小学要由‘应试教育’转向全面提高国民素质的轨道，面向全体学生，全面提高学生的思想道德、文化科学、劳动技能和身体心理素质，促进学生生动活泼地发展”。从“应试教育”转变为“素质教育”，可以说是 20 世纪 90 年代世界各国（尤其是中央集权型国家）教育革新的共同趋势。这也是 21 世纪的时代要求所决定的。

从“素质教育”的提出背景看，它是针对“应试教育”的弊端——抹杀个性，片面追求升学率导致学生的学习负担过重，损害了学生的身心健康——而提出的一种概念，带有纠正不良倾向或偏差的性质，有极强的针对性。它意味着课程教学的全面革新。应试教育造就的“学力”充其量不过是一种静态的、现成的知识灌输，它不是真正实现了知识技能的内化与外化辩证法的能动的主体的知识。

从现代科学观的视角看，任何一个科学概念或一种科学体系都不过是一种相对真理，它不是亘古不变的东西。同样，“素质教育”也是一个动态的、发展的概念，在不同时期、不同地区具有不同的内涵与特点。近几年来，我国对素质教育展开了研究、讨论，对其含义也提出了不同看法。诸如：（1）对立说，从不同的课程领域、不同学科群、不同学科所承担的素质教育的相应任务分析所做出的界定；（2）分层说，从德智体美劳这一教育宗旨的总体要求出发，进行层层分解而做出的界定；（3）要素说，从作为教育对象的种种心理功能（知、情、意）侧面的要素分析而做出的界定。这些思路从不同侧面对素质教育做出了解释，都有其特定的意义和价值。这里不妨引述日本教育学者对“素质”概念的界定，也许对我们会有所启发。①新的素质首先应当是“道德实践力”——追求真善美、自律自制的情操与态度的一种体现；②新的素质应当是“终身学习力”“自我教育力”——不仅拥有基本知识、基本技能，而且拥有能获取活用这些知识技能的思考力、判断力、问题解决力、社交能力——的一种体现；③新的素质应当是尊重民族文化与传统，并具备谋求国际理解的态度与能力的一种体现。这样看来，新的素质观显然不限于片面的知识灌输，它是“基础学力”的一种概括表述。新的素质观亦即新的基础学力观、新的价值取向。“素质教育”是一个全新的“基础教育”的概念。

“素质教育”的核心是“个性发展”。素质教育强调“个性”概念：既承认人与人之间在基本素质上是相同或相近的，又承认人与人之间及个体的不同心理特性之间存在着巨大的差异。我们大体可以分两个维度去把握个别差异。第一个维度是“个人间差与个人内差”，第二个维度是“量的差异与质的差异”。所谓“个人间差”系指学生个体间进行比较而出现的差异问题；而“个人内差”则不是同他人比较，而是指体现在一个人身上兼有的先进面与落后面、优点与缺点的问题。“量的差异”系指身高体重或使用的词汇之类就某一特性用多少、轻重、高低之类加以量化地表示的差异；而“质的差异”则以类型、范式来表示差异的居多。以上两个维度的相关关系是，“个人间差”主要指“量的差异”而言；“个人内差”主要指“质的差异”而言。这里应当指出的是，把握“个人内差”的目的不是旨在单纯地发展“专长”，而是借助学生的优势侧面去求得其教育目标的落实——全人格的和谐发展。这就是说，必须分清基础教育与专业教育的根本歧异点。目前一般中小学的教育实践似乎着眼于“课内打基础，课外求发展”或“学科课程打基础，活动课程展专长”，将“基础”与“个性”截然分离开来，这是有失“个性发展”本意的。

参考文献

[1] 钟启泉. 国外课程改革透视［M］. 西安：陕西人民教育出版社，1993：18-19.

[2] 钟启泉. 选修制度与个性发展［J］. 比较教育研究，1994（3）.

教学任务的变革[①]

/

顾泠沅

一、 重构知识与学习的概念

“我们所知道的多于我们所能言传的。”20 世纪 50 年代，英国哲学家波兰尼（M. Polanyi）在其论著中提出了这个我们有着共识而又忽略的命题。波兰尼据此推断出人类大脑中的知识分为两类：明确知识和默会知识。所谓明确知识是指能言传的，可以用文字等来表述的知识；而所谓默会知识则是指不能言传的，不能系统表述的那部分知识。人类的默会知识远远多于明确知识，而且有着不同于明确知识的显著的特征：（1）默会知识是镶嵌于实践活动之中的，是情境性的和个体化的，常常是不可言传的；（2）默会知识是不能以正规形式加以传递的；（3）默会知识是不能被加以批判性反思的。由于种种原因，这一知识论未能在教育实践领域中得到运用与检验。

在迄今为止我国中小学的教学实践中，教师中心、书本中心、课堂中心仍然是最基本的特征，所有的学习活动也是紧紧地围绕这三个中心展开的。因为，人们似乎广泛地认为，学生所要学习的知识主要来自教师、书本和课堂，只有能够言传的才是知识；人们没有意识到知识中的默会成分是人类的另一种知识，在不经意间忽视了默会知识的学习。然而，无数的实践证明：“实践的技能很难诉诸文字”“科学的创新根源于默会的力量”。换言之，由于我们认识了默会知识的力量，在大力提倡创新精神和实践能力的今天，学习这一概念的内涵和外延被扩大了，可以用下面这个结构图来描述（见图 1）。

---

①部分节选。文章来源于《教育发展研究》2001 年第 10 期。

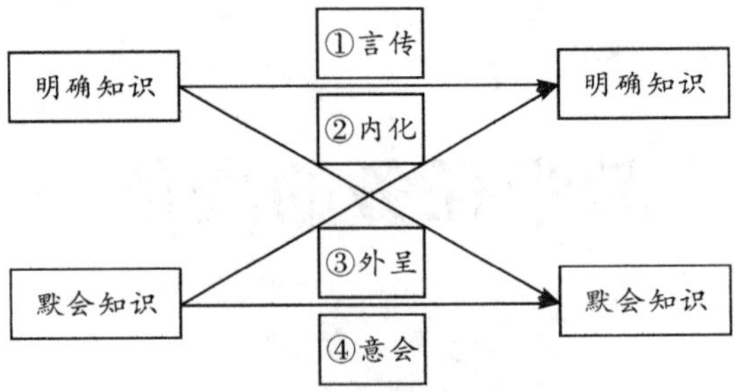

图1 学习的新概念

这是一种新的学习概念，学习不仅局限于从明确知识到明确知识的言传，它还应相互整合四种学习关系。从明确知识到明确知识的学习，以书本及其听讲为主，在我们现在的教学实践中占主导地位。很多优秀的教师在这方面积累了相当丰富的经验。而其他三类学习长期以来为我们的学校教学实践所忽视，现在需要大力提倡。其中由默会到默会的学习，“只可意会而不可言传”，它是在真实的或模拟真实的情境中、在学生的团体实践过程中发生的；由明确知识到默会知识的学习必须通过学生的内化才能完成，是明确知识的融会贯通；而由默会知识到明确知识的学习，是默会知识的逐步清晰和外显，它丰富了学生的明确知识。

学习概念的变化、对默会知识的关注，将对教学产生重要的影响，从而打破传统的教师、书本、课堂三中心。这是因为，教学的任务和效果，不仅仅包含教师通过书本对学生所起的作用，至少还有另外两种作用能产生积极影响，这就是实践活动的作用（在行动中学）和学生集体的作用（在合作中学）。让学生学会在上述多种情境中学习，这不仅是在学校阶段，而且是整个终身学习的精华所在。

二、 教学任务的再分析

1. 尊重学生差异的教学任务观。

传统的三中心观念把教师视为教学的单一主体。现代教学理论明确指出，在一定的框架里，“教学的行为（目的）是由一组主体（很多情况下是一个人）对另一组主体（很少情况下是一个人）实施的，前者称为教师，后者称为学生”。教师在教学过程中起主导作用，可以称之为主导性主体，而学生则面临自身发展的问题，可称之为发展性主体。无论冠以何种称呼，教学的主体都不是单一的教师或是单一的学生。众所周知，我国儒家文化极其深厚，强调尊师重教，这是传统美德，但这种传统容易使学校教育走向师道尊严的极端，而忽略学生的主动发展。在我们思考教学的两组主体时，可以发现，在仅仅重视明确知识传授的情况下，容易导致对学生主体地位的忽视；当强调默会知识学习、关注两种知识相互关系时，就无法不重视对学生主体作用的发挥。在师生关系中强调尊重学生、关心学生、倾听学生的心声，从学生的需求、现状及发展可能出发，只有这样，学生的主观能动作用才能充分发挥，从而体现出自身也是教学的主体之一。

学生个性的差异性、每个学生学习准备状态的差异性、作为学习内容重要组成部分的默会知识的个体性特征，决定了师生两组主体间相互作用内容、方式的复杂性和差异性，因而整体视野下的教学任务观也是一种尊重个体差异的教学任务观。

2. 在主导原则下取得新平衡是关键。

学校中的每一个教学任务都可以用图2的基本图式来表示。

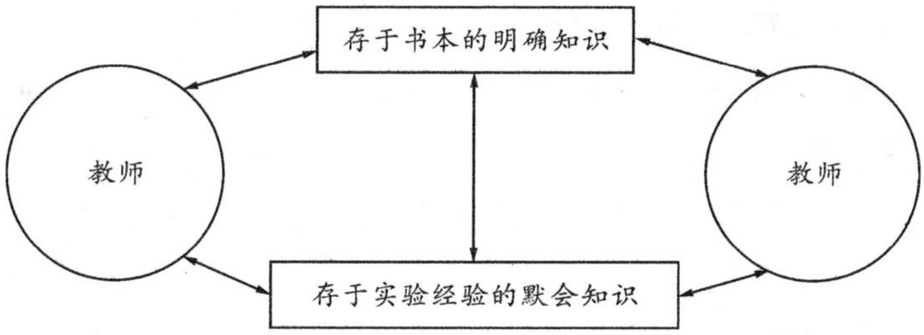

图2　教学是两组主体间的复杂作用系统

由图可见，学生的学习是多种不同影响的共同作用，这些作用可以是整合的、互补的，有时也会出现抵触或矛盾。这里最重要的是要选取正确的主导原则，就目前的认识而言，将教学内容与学习融为一体，有效地改进学生的学习方式应是核心的主题，我们要优先关注并理智地分析如问题解决、激发兴趣、知识应用和合作交流等国际经验和研究成果。与此同时，教学改革的策略，应建基于学生、教师、学校甚至更宽广的教育社群的本土优势之上，应珍惜一切行之有效的传统措施，不断改善。首先看准方向打破旧平衡，然后避免偏颇建立新平衡，教改实践需要那种不走极端而到达顶尖的集大成的智慧。

（1）平衡概念理解、基本技能与问题解决。

学习过程是一个分层次的连续体，关注问题解决的策略十分重要，因为它是学习的最高层次。但是，国际教改实践业已表明，片面强调以问题解决为中心，基本概念和技能就难以落实，且较高水平的问题解决能力必须以掌握相关的基础知识与技能为前提。随着学生的成长，这两者存在着分层次、螺旋式的相互影响关系。

（2）处理好长效核心知识与学生兴趣的关系。

为了让学生能够维持对学习的兴趣，需要从学生感兴趣的知识出发。兴趣是学习的动力。引起兴趣的有内容本身、内容的表达方式以及内容的学习方式等，但一味追求兴趣的教学活动也会出现偏颇。人们注意到，知识不总是好玩的，也不总是容易获得的，学习在本质上是一个不断克服困难的过程。对于学生的终身学习而言，注重长期有效的核心知识，必须作为学生学习的真正主干。

（3）对应用情境要做恰当的教学加工。

为了体现知识的真实性、应用性，教学中常常需要列举真实的事例，或是在真实的情境中操作。然而，实际问题总是比较复杂，有时应用情境的混乱会造成知识更加难懂，真实情境的干扰因素超过了教学过程的主导因素，反而不利于学生的学习。为了能在较为真实的情境中让学生体验知识的现实来源和应用价值，需要教师对教学情境进行适当的理性加工。

(4) 弄清什么条件下合作学习才有效。

学习需要合作，相互交流是学生进步的重要途径。但许多实践的结果表明，开展合作学习有时会导致学生独立思考能力下降、个体积极性衰退，为使合作学习确有实效，教师需精心设计、适当掌握分合交替的过程，引导学生在独立思考的基础上合作学习、交流研讨。

3. 现代信息技术为改变学习方式提供新平台。

我们所处的时代出现了大量的新发现和新发明，计算机和网络已经成为推动教学发展、促进教学变革的学习技术。作为一种交互式的宽带媒体和多智能的崭新技术，它可以“平衡许多人的小努力和少数人的大努力”。技术的变革及其新的学习平台的出现，必将带来学习方式的深刻变革，具体表现：

(1) 读写的基础不单是言语，还有表象，它涉及形象和屏幕的表达和解读，信息大为增加，应强调信息导航搜索能力。

(2) 推理不只是逻辑演绎，且与利用手头的资料、数据做出推断更加相关，应重视对资料、数据的质量与可信度的判断能力。

(3) 学习不仅是听讲，还要基于研究、发现或实验，它们将成为学习的重要方式。

(4) 学习的价值不单是传承知识，而且要体现知识的创造与共享，这比任何时候都更为迫切。

新的学习方式创造出一种新的互动式的学习新文化，它是对以教师为中心的“灌输式”教学方法的革命。学生的头脑不是一个要被填满的容器，而是一支需要被点燃的火把。优秀的教育必须营造一个有利于创新思维发展的环境，教师要做点火者而不是灭火人。

三、 任务变革的教学论思考

我们来分析下教学水平分类及其因素。

1. 教学水平三分类。

教与学的各种任务，如根据从缺少思考到富于思考的操作方式，按它们在连续过程上达到的水平来区分和识别，一般分为记忆、解释性理解和探究性理解三个层次，我们的观点如下页表1所示。

应当指出，这三级水平是密切联系的，它们之间没有截然分开的鸿沟。而且在这三种水平中，后一教学水平往往是在前面水平的基础上发展起来的，它包含了前面水平的要求。我们不仅应当尽量挖掘各类教学水平固有的潜力，而且必须从实际出发、有意识地促使教学水平的递进。

表1　教学水平三分类

水平分类	基本特点	观点与建议
记忆	记住事实和操作程序	①这时，不符合今天的需要 ②迫于考试影响和教学内部问题，还有较强势力 ③不能一概否定，要有合理的看法
解释性理解	教师讲解和学生领会	①应予提倡与发展，争取更多教学工作达到这个水平 ②有不足，把学生往一条路上引，束缚思维，缺乏独创性 ③充分发挥优势（是个重要环节）基础上克服弊病
探究性理解	学生投入并亲自探索	①应大力提倡，最适合未来与当今现代化建设需要 ②是高层次教学思想，需要遵循在情境中学习的规律，要积极创造条件，让教师首先学会探究 ④防止简单理解和形式化，有区别、分层次地提出合理的要求

2. 观察发现：思考力水平有待提高。

根据前述的教学水平分类，从20世纪90年代末开始，我们对上海市某几个区县的课堂教学现状进行深入调查，结果发现如下两个突出的问题：

（1）许多本该达到理解水平的课，正向记忆水平下降。教师启发性的讲解，学生有意义的接受，是我国传统教学的精彩之处，但不少教师将此下降为“填空式的问答”。所谓“边讲边问，小步快进”，其实“讲是为了灌输知识，问是看学生收到了没有”；把教学混同于学科习题的机械训练和简单强化，思考力水平明显下降。

（2）许多正在试验让学生亲自探究的课，教师常常通过解释或让学生记住最简捷的方法得出答案。这又是一种下降。“表面上像探究，实际仍是讲解”，达不到学生亲自投入探究的思考力水平。

当然，在广大教师的课堂教学中，教学水平既有下降现象，又有保持现象，这就有必要进行细致的因素分析。美国匹兹堡大学学习研究和发展中心依托教育学、心理学的成果，再与教学实践相联系，通过典型的课堂教学案例，分析了影响高认知水平保持或下降的因素，见表2与表3。

在我们所承担的中小学骨干教师国家级培训中，按照前已述及的几个环节：教学水平分类→调查观察→发现问题→因素分析→有效改进，提供了一种通过案例研究提高教学水平和能力的操作程序，并在培训实践中取得显著的效果。

表2　高认知水平保持的七个要素

①思维和推理"脚手架"； ②为学生提供元认知方法； ③示范高水平的操作行为； ④维持对证明、解释或意义的强调； ⑤任务建立在已有知识基础上； ⑥在概念间建立联系； ⑦适当的探索时间。

表3　高认知水平下降的六类因素

①情景问题常规化，教师包办代替； ②重点转移到追求答案的正确、完整，不注重意义、理解、概念获得等方面； ③时间过多或过少； ④课堂管理问题； ⑤给学生的任务不恰当，指向不明； ⑥教师对学生低层次结果或过程迁就。

四、面对新任务的教师培训

学生学习方式的改变，新型师生关系的建立，对有意义活动教学的重视，传统课堂不断向社会和大自然的延伸，以及提高教学的迫切要求等，为教师参与课程建设和开展教学改革提供了广阔的空间。教师发现和施展自己的才华、开发潜能、提高专业水平、体现自身价值比以往任何时候机会更多、条件更好。但是，现有教师状况与新的教学要求之间不相适应的矛盾，也比以往任何时候更为尖锐。今天的教师面对着许多全新的要求，需要提升自己的教学观念，提高开发和实施学校课程的能力，转变自己在课堂上的角色地位、改变教学行为，当然也会涉及许多日益更新的知识和现代教学技术的学习、运用。

进入21世纪，提高教师职业的专业化水准，已成为世界各国教育改革的聚焦点。教师专业发展是一个连续的谱系，从师范生到职初教师，再发展到有经验教师及专家教师，其中专家教师是教师成长的高级阶段。教师的专业成长（尤其是实践智慧的提高）与知识结构有如下页图3所示的基本关系。职初教师的知识结构以原理知识为主，包括学科的原理、规则，还有一般教学法的知识，均属于本文开头所说的明确知识。有经验教师在教学实践中逐步积累案例知识，那是指学科教学的特殊案例、个别经验。专家教师则不同，他们还具备丰富的策略知识，也就是运用教育学、心理学原理于特殊案例的策略，其核心是对教学实践的反思。案例知识和策略知识，很大部分是教师的亲身经验，以默会知识居多。

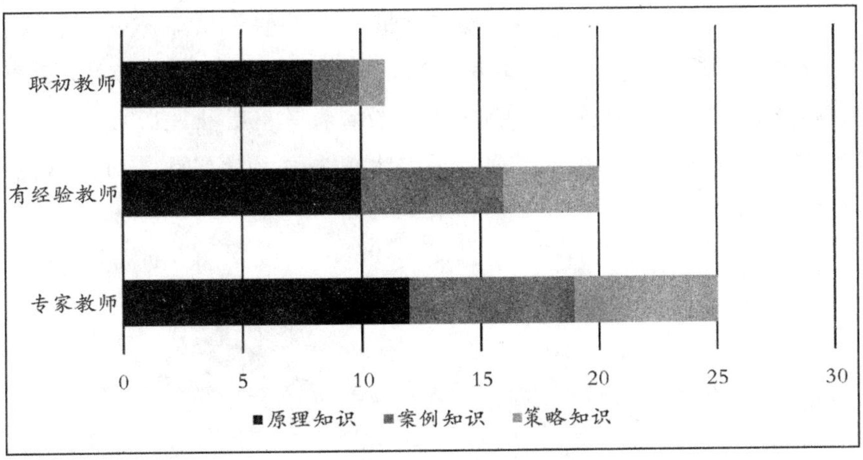

图 3　教师专业成长与知识结构变化

案例由于具有如下作用，正在引起普遍的关注：

(1) 案例是教学问题解决的源泉。通过案例学习，可以促进每个教师研究自己，分享别人成长的经验，积累反思素材，在实践中自觉改进自己的内隐决策，调整教与学的行为，提高课堂教学的效能。

(2) 案例是教师专业成长的阶梯。运用案例教学，可以从听讲式培训发展到参与式培训，在收集案例、交互式讨论、开放式探究和多角度解读的过程中，提高教师培训的针对性和实效性。

(3) 案例是教学理论的故乡。一个典型的案例有时也能反映人类认识实践中的真理，从众多的案例中，可以寻找到理论假设的支持性或反驳性论据，并避免纯粹从理论到理论的研究过程中的偏差。

教学实践是复杂的，教师必须具有对不确定性和不可预测的教学情境做出解释和决策的能力。这种情况下所需要的知识产生于处理不确定性和不可预测性的情境过程本身，以及相应的"行动中的反思"。这对个人而言是一个逐渐发展和积累的过程。从某种程度上说，这是一个长期的、复杂的、默会的过程，是实践智慧的体现。这种"个人的实践知识"或专家教师的实践智慧，往往隐含于教学实践过程中，更多地与个体的思想和行动过程保持着一种"共生"关系，它被镶嵌于真实的教育情境中、镶嵌于教师的教学行为之中而无法剥离。

基于这样的分析，现代教师培训应当继续开发认知师徒制的思路，采用"基本课程＋案例教学＋实践反思"的模式，这才是造就有经验教师和专家教师的必由之路。以往的教师培训，以原理知识为主要内容，忽略了案例与策略的知识，难以达到预期效果。偏重教学原理（原则、观念）难免空泛，强调教学经验（技能、技巧）易致盲目，以案例为基础的探讨恰好可以弥补这两者的缺失。

参考文献

[1] 石中英. 教育改革与知识转型 [M]. 北京：教育科学出版社，2000.

[2] 顾泠沅. 教学实验论 [M]. 北京：教育科学出版社，1994.

[3] (美) 莫里斯. L. 比格. 学习的基本理论与教学实践 [M]. 北京：文化教育出版社，1983.

谈情境教育的课堂操作要义[①]

/

李吉林

一、以“美”为突破口

1. 再现美的教学内容。我们每天所教的学科，本身都渗透着美，蕴含着美。小学语文教材中那些诗歌、散文、童话、寓言，连同那些常识性课文，都表现了美的人、美的事、美的景或美的理念。教学时，只有让儿童感受那形象的美、语言的美、行为的美，才能使他们从中领悟到伟人和英雄的人格力量、伟大精神；只有让儿童充分感受到美，并为之感动，使之深深地烙印在幼小的心灵上，才能影响着他们人格的形成和潜在智慧的发展。而数学则以严谨、冷峻来表现美。数学的公式，表现了宇宙的秩序；数学的计算、图形则表现出简洁的美、逻辑的美、创造的美。数学教学若能再现其美，可以将数学推进一个崭新的，甚至是一个净化了的真理的境界。因此小学数学教学应在生活的情境中再现其美，让孩子如临其境。类似的诸多案例表明：只要数学与生活沟通，强化对数学的感受，再现数学的美，是不难的，也是必要的。

2. 运用美的教学手段。教学手段实际上是一种媒介，通过它再现、强化、传递教学内容，实现教学目标。笔者曾经提出“让艺术走进课堂教学”的观点。笔者以为，图画展现了空间中沉静的美，音乐展现了时间中流动的美，而戏剧则展现了空间与时间中动静结合的美。在课堂教学中，以美为突破口，正是可以通过图画、音乐、戏剧这些直观的艺术与教师的语言描绘相结合，来再现教材蕴含的美。这样，教材所表现的、所阐述的、所涉及的相关情境，就通过图画中的色彩、线条、形象，音乐中的节奏、旋律，表演中的角色、情节等让学生充分地感受到。教学手段的美感，作用于儿童的感知觉，又必然激活了儿童的思维、联想、想象、情感的活动。

3. 运用美的教学语言。教学语言对儿童的感知的活动、思维的活动、情感的

①部分节选。文章来源于《教育研究》2002年第3期。

活动都起着主导与调节支配的作用。儿童的心弦，往往是美的教学语言拨动的。在教学中具有美感的教学语言，往往再现了教材描写的情境：或是联系了儿童生活经验，激发了他们的学习动机；或是利用儿童联想、想象，把他们带入向往的境界；或是引导儿童对美的实质的理解、对教材语言美的鉴赏，连同对教材表现的“美”与“丑”的评判。也就是说，富有美感的教学语言，要么让学生感受到美；要么让学生联想到美；要么引导学生去追求美；要么启发学生领悟到美。

二、以“思”为核心

1. 倾注期待，使儿童在最佳的心理状态下积极思维。儿童的思维活动往往受到外界环境的影响，在他们感到有心理负担、受到压抑时，便处于抑制状态。通过教师热情的期待和鼓励，在儿童的心理上，形成一种使自身潜在力量得到尽可能大发展的倾向，这是一种促使其自身发展的了不起的力量。如果我们向一些上课不大发言的儿童调查原因，他们会委屈地告诉你：“我怕说错了，老师批评。”学生答错了题，不少教师对此是不留情、不宽容的。这看上去对学生很“严”，实际上它的负面效应是很大的。于是不少学生干脆呆坐着，不尝试，不探究，不问，也不答。这样，思维的“惰性”就日渐形成。

2. 启迪想象，在宽阔的思维空间中提高儿童的创造性。情境教育追求的不仅是在审美的乐趣中感知教材，而且还要在此过程中，竭力发展学生的创造才能。素质教育特别强调创新精神的培养，其意义是十分深远的。创新精神的培养与儿童右脑的开发有着密切的联系。情境教育强调对教材形象的感受，强调师生情感的交融，这“形”与“情”恰恰作用于右脑，因此有效地激活右脑，使儿童幻想、联想、想象的翅膀悄然张开。形象越鲜明丰富，右脑越是兴奋；感受越是敏锐，形象思维活动也越是活跃。另一方面情境教育同样注重符号操作等引起抽象逻辑思维的学习活动，这就很自然地促使大脑左右两半球协同作用，从而利用两半球协调的“合作关系”，最终发挥全脑功能。

3. 设计训练，将创新精神的培养落到实处。小学教育要为儿童打下知识与能力的基础，各个学科的训练是切不可忽略的。然而“练什么”“怎么练”才能促进思维的发展，尤其是怎样有利于创新精神的培养，是大有讲究的。练要练得精当，只有精当，才能激起学生有效的思维活动。那些标准化、考试式的习惯训练，便是忽略了通过练习来促进思维发展的核心问题。儿童的思维总是从问题开始的。学生形成热烈的情绪，大脑的优势在兴奋中形成，这时，教师应充分利用“兴奋”，让学生带着兴奋的情绪思考问题，学生往往会产生“超越障碍”的力量。无数事实表明：在优化的情境中，儿童潜在的创造性易于突发表现出来，教师及时加以肯定、鼓励，使学生潜在的创新能力得到发展，训练需结合学科特点进行，变复现式的记忆为创造性的训练。在语文教学中，情境教育主张结合词语的训练，培养思维的准确性；引导运用修辞手法，丰富思维的形象性；通过篇章的训练，发展思维的有序性；在综合性的语言训练中，培养思维的灵活性和广阔性；通过想象性作文，发展思维的创造性、求异性。在数学教学中，主张结合计算的熟练运算，训练思维的敏捷性；结合几何形体的学习，发展思维的形象性；结合应用题的演算及自编，培养思维的创造性；结合公式定理的探究，培养思维的逻辑性。此外还利用情境，进行趣味计算、演算竞赛、小博士解难题、一题多解小比赛，以及模拟操作、现场实地操作、符号性趣味操作来发展学生的思维能力，使儿童的学习过程，成为思维发展的过程，其创造才能在宽阔的思维空间里获得充分的发展，并让儿童感受到动脑创造的快乐。

三、以“情”为纽带

1. 教师与学生之间，真情交融。要让儿童的情感伴随着学习活动，这有一个过程，其间包含着儿童的心路历程，首先需要启动。儿童的情感就像“小河水”，要它漾起涟漪，泛起微波，就需要外力的推动。若一只蜻蜓在水上轻轻一点，或者一阵微风悄悄地拂过水面，那它就平静不下来。当我们走进课堂时，仿佛觉得自己来到一条清澈的小河边，那样的明亮、清新。我们开始学习新课时，就要放飞一群“蜻蜓”，送过一阵“微风”，让学生情感的小河水荡漾起来，使学生对新课的学习，形成一种企盼的欲望、关注的心理。不过，光有方法手段，自己没有真情实感还是不行的。因此，这就首先需要教师倾注真情实感。我们实验班的教师上课时是很自然地把自己的情感融进去，我们的心和学生的心是相通的，是连在一起的。记得上观察说话课《冬爷爷的礼物》这一课时，笔者围上一条长围巾扮演冬爷爷，学着老爷爷的嗓音，向他们问好：“孩子们，你们好！”孩子们满心欢喜。笔者通过角色扮演巧妙地对孩子们进行了语言训练、思维训练，而这同时也是师生之间一种情感的沟通和心智的交融。

2. 教材与学生之间，引发共鸣。教材对于学生来说，是一个未知的领域。情境教育通过再现教材内容的相关情境，利用角色效应，让学生自己去琢磨、去尝试、去发现，缩短了教材与学生之间的心理距离。因为，情境作用于学生的感官，强化了感受，使他们对教材由“近”感到“真”，由“真”感到“亲”，从而引起共鸣，如临其境。而“教材—学生”之间情感的桥梁便是老师的情感。尤其是小学语文教材含蕴的思想情感对儿童的心灵会产生影响，这就得靠教师去传递、去强化，让学生随着教学过程的推进，入情、动情、移情、抒情。

3. 学生与学生之间，学会合作。由于情境的优化，学生与学生之间友爱亲密。他们在情境中相互切磋，你提问，我回答，你讲错，我纠正，你优秀，我学习，你掉队，我帮助，学会互补，学会肯定别人，学会与他人合作。同学们在相互交流、讨论的人际情境中，逐渐懂得合作的快乐、合作的重要。

四、以“儿童活动”为途径

1. 活动融入课程，以求保证。“爱动”是每一个儿童的天性。在生活与学习中，儿童总是喜欢亲眼看一看，亲耳听一听，亲手摸一摸、试一试。应该说，没有儿童期的活动，就不可能迈出人生的第一步。我们的教学理应顺应儿童的需求与发展。在教学实践与研究中，情境教育让活动融入学科课程，在优化的情境中，将知识的系统性、活动的操作性、审美的愉悦性，融为一体。这既可以有效地克服单纯学科课程“重知识、轻能力”的弊端；另一方面，也在一定程度上弥补了单纯活动课程往往易陷入知识无体系状态的缺陷。强调特定的氛围，激起儿童热烈的情绪，在优化的情境中主动地活动起来，产生动机，充分感受，并展开主动探究、情感体验、比较鉴别、判断正误、模拟操作、语言表达等观察、思维、语言、触摸一系列活动，将活动融入学科课程中，使学生的主体位置得到保证，同时又遵循了教材体系。

2. 利用角色效应，以求主动。角色决定着人的思维、情感和语言的活动，情境教育利用角色效应，让学生扮演、担当特定的而又与教材相关的角色，收到很好的效果。角色的出现使教学内容与学生更为贴近，让他们以特定的角色带着情感色彩去学习。一位青年数学教师，在教百分比时，让学生当“爸爸”或者“妈妈”，将家中余钱送到银行存储，算一算多少钱存多少年，可以得多少利息，并交纳多少利息税。课后引导学生当一回小储户，把零用钱、压岁钱存到银行，再去算利息，学生越算越带劲。将教学与生活紧密相连，不仅培养了学习的兴趣，而且让学生从真正意义上理解了数学，增强了儿童学科的应用能力。在情感驱动下，这种“有我之境”可产生一种巨大的、无形的导引效应。课堂上，只要角色一出现，全体学生会马上兴奋起来，教材中原有的逻辑的、抽象的、符号化了的内容，一下子变得那样生动、形象、真切。这正是在特定情境下，角色转换所产生的积极效果。

3. 活动结合能力训练，以求扎实。将活动融入学科课程，让教学过程随着儿童的活动推进，再利用角色效应进行训练，课堂教学比起单一的“灌注式”的教学就丰富多了。但是在教学过程中让儿童活动，并不是追求形式的生动，而是让儿童通过自身的活动，掌握教学内容，让学习与生活与应用沟通，让儿童乐中学，趣中学，动中学。我们结合教学内容引导学生进行分析、归纳、推导、联想、想象的思维活动，以及讨论、商量、讲述、对白、演讲、争辩的语言活动，并在比较、鉴别、评价活动中引导学生逐渐形成辨别、鉴别能力，在朗读、默读、速读、查找、检索资料，在演示、表演、模拟、操作活动中培养实际应用能力。

五、以“周围世界”为源泉

1. 渐次认识大自然。周围世界是一个相对的空间，一个由大自然与社会生活构成的光怪陆离的天地。其中大自然以它特有的魅力、无与伦比的美感，对儿童而言特别具有吸引力。但大自然不宜一览无余地呈现在孩子面前，必须渐次地在儿童眼前揭开它的面纱。就拿校门口的小河来说，教师应渐次地带领学生去观察小河的不同特点。

一年级开学后，教师把学生带到小河边，帮助他们认识“这是一条小河”“一条弯弯的小河”“河上有一座桥”“河两岸有树、有芦苇”，让儿童认识小河的形体，空间位置及岸边的主要景物；下次去小河边可以让学生们坐在小河边静静地听着小河水哗哗地向前流去，看着小船儿悠闲地在水面上摇着，小鸭子也跟在后面嘎嘎地叫着；再下次去可以利用河两岸的树木、河上的鸭子，让儿童进行现场数学游戏，为数与形的教学做必要的而且带有情感色彩的铺垫；再去小河边还可以让学生从河上的景物猜想河底还会有什么。于是，小鱼、小石子、小螺蛳、小乌龟，一下子闪现在学生的眼前。“小鱼巧遇小虾”的童话和“乌龟和螺蛳比赛跑”的故事就在这诗一般的小河边，在大自然的怀抱里诞生了。“弯弯的小河，穿过石桥，绕过田野，哗哗地向远方流去”这句中带有八个生词，可一年级刚入学的学生竟然轻而易举地学会了。这些词语带着鲜明的色彩与音响进入了学生的意识，留下了难以磨灭的记忆。倘若不在小河旁，不通过感官认识小河，句中的“石桥”“田野”“远方”以及动词“穿”“绕”“流”该费多大的劲向学生讲解，就是讲了，学生还可能不太理解。

这充分说明，只有第一信号系统提供“资源”，第二信号系统的语言思维发展才有基础。基础丰厚，发展必迅速。仅从小河边这个小角落，儿童就可以去感受周围自然的美、趣、情。儿童对大自然的感情，也在这有意无意间日积月累地积聚起来。

2. 潜心启迪智慧。周围世界的某一场景虽然是广阔天地的一隅，但此物与彼物，甲现象与乙现象的变化，及因与果的相互关系都可以激起儿童的思考。面对具体情境，感觉真切，思维就有了材料，推理就易于找到依据。这对学龄期儿童具体的形象思维向抽象的逻辑思维过渡、发展更为合适。

指导三年级学生写《菜花冠军》的情境作文时，由于学生亲眼看到了金子般的油菜花，花蝴蝶似的蚕豆花，那比大包子还要大的菜花，又闻到春风吹来的浓浓的菜花的芳香，似乎进入了菜花的世界。鲜明的形象，使感觉获得丰富的源泉，思维活动得以积极展开。在田野上，学生们像一群小鸟叽叽喳喳地、欢快地讨论开了：“蚕豆花躲在豆叶下，它的谦虚谁也比不上。”“油菜花好看，籽儿多，榨成的油，可以流成河，才是真正的菜花冠军呢!”“野菜花遍地都是，锄不净，挖不完，就是野火也烧不尽，它的生命力是最强的。”这次作文变成了孩子思维能力、想象能力、运用语言本领的比赛。

3. 与道德、审美教育结合。在引导儿童认识周围世界时，要有机渗透思想教育、道德教育及美的熏陶。教师带领学生进行一些野外活动时，可以把感受自然美与社会伦理道德教育结合进行。春天去祭扫烈士陵园，宁静的田野盛开着桃花，烈士墓前的苍松翠柏、花束、泥土正散发着芳香。因为烈士牺牲的悲壮，更觉松柏的庄严肃穆；因为田野的美好，更感烈士的丰功伟绩。周围世界源源不断的思维“材料”是课堂教学取之不尽的源泉，并随着视野的拓宽，思维的领域也日益扩大。事实表明，只有保持两个信号系统的自然平衡，儿童的思维才会具有广阔性、深刻性、灵活性的品质。

情境教育正是针对儿童的思维特点和认识规律，以“美”为突破口、以“思”为核心、以“情”为纽带，以“儿童活动”为途径，以“周围世界”为源泉，让儿童在学习的过程中，获得探究的乐趣、审美的乐趣、认识的乐趣、创造的乐趣，从而使教学真正成为生动活泼自我需求的活动。儿童的学习兴趣、审美的兴趣、认识的兴趣，乃至向往丰富精神世界的兴趣，也在其间培养起来。

语文课堂教学有效性浅探[①]

/
于　漪

语文课堂教学的有效性是一道三十年来未能完美解决的难题。探讨这个问题须在特定的历史条件下考察其主、客观原因，找准症结所在，创造条件，有的放矢地改进教学，以期获得切实提高教学质量的效果。

一、在特定的历史条件下

早在1978年3月16日，吕叔湘先生在《人民日报》上发表了《当前语文教学中两个迫切问题》一文。文章尖锐地指出："中小学语文教学效果很差，中学毕业生语文水平低，大家都知道，但是对于少、慢、差、费的严重程度，恐怕还认识不足。"还指出："十年上课总时数是9 160课时，语文是2 746课时，恰好是30%。十年的时间，2 700多课时，用来学本国语文，却是大多数不过关，岂非咄咄怪事！"（课时数量是当时《全日制十年制中小学教学计划试行草案》的规定。）问题确实严重，但只要回顾历史，原因还是清楚明白的。"文化大革命"使得不少学校的语文课形同虚设，有的与政治课合并为政文课，有的与音乐课合并为革命文艺课，语文学科失去其独立的地位。1978年3月距"文化大革命"结束还不到两年，教育战线刚开始拨乱反正，教育工作者蕴藏的工作积极性刚刚绽放，要一下子改变语文教学中的落后面貌是不可能的。面对种种对语文教学效果的评说，尽管教学第一线的教师深感委屈，但号角已经吹响，大家于是正视问题，想方设法改进教学，20世纪80年代初在全国就出现了语文教学百家争鸣、百花齐放的繁荣局面，教学的有效性不断提升。

当下探讨的语文课堂教学的有效性，与三十年前比，完全不是一回事。三十年来，为了提高课堂教学质量，提高教学的有效性，语文教学进行了若干次大大小小的改革，积累了不少正反两方面的经验，对语文学科的性质观、目的观、功能观、传承观、教材观、教法观、质量观、测评观、体制观等均作了不同程度的探讨。此

---

①全文摘录。文章来源于《课程·教材·教法》2009年第6期。

次语文课程改革制定的义务教育阶段与高中教育阶段的语文课程标准，不是在零的基础上起步，而是在新的教育理念指导下，对以往教学中行之有效的认识与做法进行提炼、深化与拓展，吸收并借鉴国外母语教育的先进经验，以指导教材的编写与教学的实践，以期取得良好的教学效果。语文课堂教学的有效性探讨正是在课程改革这样的大背景下展开的。

问题的提出与日益受到重视，首先在于预期效果与教学的实际状况有相当的距离。任何改革不可能一蹴而就，总是在实施、推行的过程中，从实际情况出发，不断调整、修正、完善，以取得良好效果。语文教学改革也是同样的道理，不可能一改革就立马见效，学生的语文能力直线飙升。因而语文课堂教学的有效性不是什么突发性的新问题，而是在实施新课程标准的过程中必然会碰到的问题之一，须直面，须探究，寻求解决的办法。它的性质、内涵，须探讨与解决的方法、途径，与三十年前的情况大相径庭。以往历史形成的原因分量很重，而今应该更多地查找主观原因。

二、 教什么与怎么教

语文课堂教学的有效性不是看课上得如何漂亮，如何热闹，如何掌声雷动，而是要衡量学生学到了什么，知识有无增长，能力有无锻炼，求知的主动性、积极性如何，思想情操方面有无泛起涟漪，乃至掀起波澜，受到文本佳作“感情的传染”。

教什么必须放到课堂教学的第一位来考虑。课，须有明确的教学目标。这堂课要达到怎样的目的，心中应十分清楚。怎样教，是方法。比如要到某地，某地是目标。怎样去？乘车，坐船，乘飞机，这是方法。方法与目标不能混淆，更不能重方法而丢目标。目标是课堂教学的主宰，用怎样的方法教，师生之间的活动怎样组织，怎样开展，均应紧紧围绕教学目标，为实现教学目标服务。

常见的公开课、展示课、示范课、竞赛课，几乎都有神采飞扬、气氛热烈的标记，怎么教的方法与过程，设计得天衣无缝。从课的起始，一个环节一个环节推进、衔接，师生之间的默契，乃至心心相印，设计的精心、细致、别出心裁，令人叹为观止。然而，课终人散，只要稍加思考，若有所失的感觉就会升腾而起；学生学到了什么？好像学到了，又好像没有学到，花里胡哨一阵，没在脑子里留下多少痕迹。这些课，教案上目标一定写得很明确，可惜的是在教学实践过程中已不自觉地把它丢在一边。过多地考虑教学过程，发现课文里有什么就教什么，于是，课就成了货郎担，什么货物都有，多目标成了无目标。教学过程中很多是蜻蜓点水，学生弄不清楚究竟要学什么，掌握什么。

应该说教这些课的教师课改的热情高，进取心强，只是对教什么和怎么教缺乏深入思考，对文本的钻研尚有不足之处。

课的有效与否，功夫在课外。课前准备是教学高效的基础，基础不牢，课就飘飘忽忽。两个方面的准备必不可少。一是文本解读。必须潜下心来，由语言文字到思想内容，由思想内容到语言文字，来来回回几次。把静躺在纸上的文字读得站立起来，与作者对话，与编者交流，读出文章的个性，抓准文章的基调，抓住最动人最精彩的笔墨，读出独特的心得体会，领悟编者的编辑意图。此时此刻，就不是人是人，书是书，而是人读懂了书，乃至在思想情感、价值取向等方面呼吸与共，互补互融。教学目标的多而杂或大而化之、笼笼统统，往往源于浅阅读，或有甚者误读，错解作者意。问题出在未潜心钻研文本，独立思考，受各种各样的参考资料所左右。二是研究学生。学生的现状是教学的出发点，必须了解、研究。课前准备往往只见文章，不见学生，目中无人的糊涂观念至今对教师影响很大。须知，在教学工作中，学习者是第一因素，没有学习者就没有学习。教学是教师的教和学生的学两个方面的活动，施教之功就在于启发、引导、点拨、开窍，充分调动学生学习的自觉性和主动性，促使他们积极地发挥认识主体的作用。课要上得有效、高效，就须对学生的知识基础、认知水平、能力状况、内心需求作一番研究。学生已知、已掌握的，再去“炒冷饭”，学生味同嚼蜡，十分厌烦；未知的、疑难的，又轻易带过，乃至疏漏，学生求知欲受到抑制、伤害，兴味索然。

学有所得，是课的质量的生命。无效、低效，就浪费学生的青春，浪费他们的生命。因而，学生学有所得，课堂有效，是教师教课的底线。学有兴趣，是学习的润滑剂，在欢悦中加大课的有效性，就能增添动人的色彩。

解读文本与研究学生的基本功打扎实，制订课的教学目标就有了基础。要中心突出，重点明确，难点找准。教学不是一次完成，它有连续性、阶段性、层次性、反复性。教怎样的课文，达到怎样的目标，须放在特定的学习阶段、学习单元中思考，要减头绪，削枝强干，有所为，有所不为。切实根据学生的知识水平和接受能力制订教学目标，教什么心中就有了底。以目标为准绳，设计怎么教，对教学内容进行剪裁，决定取舍详略，课就眉目清楚。一堂课时间有限，大胆舍弃，化繁为简，不让枝枝叶叶掩盖主干，是教好课的本领，也是达到教学目标的必由之路。目标清晰，方法、步骤合理，学生努力的方向明确，哪些地方该咀嚼、推敲、着力，心领神会，学习效果就比较理想。

三、 偷工减料与违背规律

语文课堂教学的有效性不仅要对每一堂课进行研究，而且须在总体上加以考察。

中学语文课程从设置来看，从七年级到高三年级，每年都有，一以贯之。然而，实际情况是，九年级、高三年级语文课本多被丢置一边，集中力量搞应试训练。对准中考与高考要求，天天练，周周练，月月练，持续不断。教材编了是摆样子的。从时间来说，说中学学了六年语文，那是太冤了。较普遍的，初高中各减去一年，六年剩下了四年；好点的，初高中各减去半年，六年剩下了五年。这种偷工减料不谓不惊人。课程的有效性总是要有一定的时间来保证的，这是常识，无多少深奥的道理。由于对课本的小视，特别是毕业年级的语文课本形同虚设，那就难怪高考题中要求考生写出某篇课文的作者都会张冠李戴，错误百出。有的阅卷老师不得不诙谐地说："学生太客气了，送给他们分数，他们都拒收。"

有人不服气，认为六年学习中学语文，并未偷工减料。毕业年级课时猛加，练得更多。一天一份模拟的考卷是学语文吗？求学不读书，不要说读经典，读文学作品、科学作品，连精选到教材里的许多佳作都不读，都无暇顾及，整日在训练中翻腾，有哪一类考题就采用哪一类的策略来对付。文章不读，但各类诗句、名言、成语、典故等背诵一大堆，各类古今中外名人名事可用以组成写作论据的也照背不误。如果说语文大厦是用各种建筑材料结构而成的，而今的一些做法只是取其中的某些钢筋、某些大理石、某些隔音板来让学生反复折腾，应对、应付，理解与运用语言文字的真实本领、语文的整体素养有意无意地被丢失。那些零碎的、孤立的、五花八门的材料，装到学生的脑子里，还有什么有效性可言？个别不等于整体，个别与个别相加也不等于整体，教学内容的偷工减料对语文教学有效性的伤害显而易见。

有良知、有责任心的语文教师深知为考而教的危害，但由于所处的地位，不得已而做违心之事。考试在当今社会仍然是最公平的一种手段。但无论是检测性的，还是选拔性的，它不过是一种手段。我们的目标是育人，语文教学的目标是培养与提高学生的语文能力、语文素养。而今，为考而教，那就错把手段当目标，违背了育人的规律、教育的规律。

学语文要靠积累，多读、多写绝对是一条有效的途径。学生在读写中能增长知识，锻炼思维，提升认识水平，领悟语言文字的表现力与生命力并学会正确使用，这有个过程。提高每堂课的有效性就是为理解、积累、使用祖国语言文字提供一步步上进的台阶，提供扎扎实实的语文素养的基础。急功近利、立竿见影、削足适履，必然违背语文学习的规律。

形成为考而教、违背语文学习规律的局面有来自社会、来自片面追求升学率的政绩观念的种种因素，但教育内部也应深刻反思，从事语文教育必须有坚守精神家园的定力。只看到眼前的分数、升学的百分比，不顾教育对象是否学到真本领，是否德智体美全面发展，实践能力与创新精神是否获得培养与发展，是对以促进学生发展为本的教育缺乏起码的责任心。育人扭曲为育分，不仅可悲，而且其负面影响对学生本人、对社会都难以估量。

四、解放思想，走出困境

要走出语文课堂教学有效性不高的困境，最为重要的是解放思想，冲破束缚前进的不合理、不合规律的条条框框。

要争取社会文化大环境有进一步改善。由于多元经济、多元文化并存，特别是西方强势语言的浸染，母语的地位正在下降，母语学习对青少年学生成长的重要性、对民族文化传承与凝聚力的重要性、必要性日益被忽视，这给语文教学带来极大的冲击。外语热不要说在中小学，甚至冲击到幼儿园，特别是在大城市。一些幼儿园以幼儿从小就学外语来招揽顾客，甚至在幼儿园墙上写了斗大的字：从小要做国际人。改革开放后的中国，外语必须学，要走向世界，非学不可。然而，母语与外语的位置该怎样放，什么时候学，怎样学，是须严肃考虑的问题。母语是民族文化的根，蕴含着民族的情结、民族的睿智、民族的思维方式，不尊重母语，鄙视母语，是愚昧无知的表现。说穿了，什么重要不重要，背后是利益驱动。把利益驱动放在首位，是非就不分，乃至是非颠倒。由于对母语欠尊重，社会文化的方方面面都出现错别字连篇、文句不通的现象。语言文字瑕疵百出的状况屡见不鲜。低俗文化、垃圾文化、网络文化中的某些语言对学生也都会产生负面影响。如果社会文化纯洁、语言文字规范性加强、层次不断提升、语言环境良好，学生耳濡目染，实际上就支持了课堂教学的有效性，减少了相悖相左的摩擦与消耗。

还要争取教育小环境进一步符合育人的规律。由于语文教育不可能急功近利，它的地位和作用也就难以受到应有的尊重和重视。语文课程具有多重功能和奠基作用，是学生学好其他课程的基础，也是学生全面发展和终身发展的基础。对此，不少办学者缺乏应有的认识，更不用说深刻领悟了。在学校第一线工作的教师常碰到这样的事情：自主招生、推荐生、保送生，测试的科目往往只是两门——数学和外语，语文不在其列。更有甚者，你诉说语文重要，希望有课时保证，听到的话却是“要什么课时？外语、数学加课时，升学考会加二三十分，语文加什么？能加个一分就很好了，弄得不好还会减分，还要什么课时？”实质仍是“考”。什么课程不课程？这样的教育理念不更改，课堂教学的有效性只可能变味为反复的机械操练，学生在题海中消磨青春。

考试是指挥棒，这是不争的事实。但能不能在多发挥积极作用上深入研究，切实改进，促进课程方案的落实和语文课程标准的推进，促进课堂教学有效性的提高？我们不能要求教什么考什么，选拔性考试有它特定的要求，可以有一定的灵活性，但教什么总应是考的基础、考的出发点，考与教有联系也有区别，但不能脱离。强调测试能力，就与教材中精选的课文不沾边，学生不重视课本，不认真阅读体悟，乃至弃之一边，也就不足为怪。该积累的不积累，到各种各样的考题、语文知识库中大海捞针，付出的劳动与收获，没有构成文化底蕴，得不偿失。至于考什么教什么，为考而教，那就落入本末倒置的泥潭。如果基础教育的走势如此，那不能不说是极大的悲哀。

要实现语文课堂教学的有效性，最为重要的当然是语文教师自身的提高，包括业务水平、教学能力、教育理念与对教育事业、语文专业的钟爱与深情。就拿课程教育理念而言，应认真学习，正确而完整地理解、把握。语文课就是语文课，以语言文字的理解与使用为核心。融合文本固有的情和意，把情感、态度、价值观与语文智育、学习方法指导融合在一起，使学生获得基本的语文素养，并在学习实践中不断提升。语言文字是表情达意的，教学中既要抓“表”与“达”的正确、规范的理解、使用，又要抓“表”与“达”的内涵“情”与“意”，二者密不可分。忽视或者抽去“情”和“意”，语言文字就变成了僵死的符号，坠入纯技术的桎梏；脱离了文本语言文字的咀嚼、推敲，把“情”和“意”凌空起来发挥，乃至任意拓展、延伸，还美其名曰加强人文，那就不是语文课。认识指导实践，对语文教育的性质、目标、功能等的认识进入误区，行动上一定错位，课堂教学的有效性当然也就大大降低。

教师不能依赖教学参考书与一课一练，要练就阅读、写作的真本领。钻研文本，有自己独特的体会与见解，上课时就不会人云亦云，而是说自己的话。自己的钻研所得，虽是不知名的小花，由于植根泥土，容易与学生交流，打动学生的心，因为它鲜活，带有泥土的芳香。语文教师要动笔写，有了写的实践，不仅在指导学生写作时可摒弃空对空的弊病，而且能促进阅读能力、解读文本能力的提高。

语文课堂教学的有效性相当程度上依靠语文教师的文化底蕴。技术活儿易学，文化底蕴的厚实非一日之功，靠细水长流地积累。因而，再忙，也要读点书，文史哲精读几本，其他方面的读物广泛浏览，提升自己的认识水平、分析能力、文化判断力。自己功底厚实，教学就能游刃有余，指导学生进行有效的课外阅读时就能成竹在胸。

教学千古事，得失寸心知。让我们每一位教师，以自己的努力感动学生、感动家长、感动社会，还母语教学应有的地位，建设我们美好的精神家园。

第二编

教育政策和教育管理学研究

关于启动中国经济有效途径的思考

——扩大高校招生量一倍的建议[①]

/

汤　敏

通过扩大内需来启动经济，是使中国经济走出当前的增长低谷，化解亚洲金融危机影响的重大战略决策。实践证明，这一决策是正确的，及时的。因此，不断寻找新的经济增长热点是当前摆在各级政府面前的重要任务。

我们认为，在诸多的选择中，扩大高校招生将是一个国家投资少，刺激内需力度大，又能实现群众迫切愿望的有效措施。

为此，我们建议有关部门考虑在三至四年内使高校（含成人教育等）的招生量扩大一倍，即从每年200万人增加到400万人。新增学生实行全额自费（按目前的标准为每人每年一万元左右）。同时国家建立助学贷款系统，给部分有困难的学生提供贷款。

此项建议基于如下理由：

第一，扩大高校招生每年可增加1 000亿元左右的消费需求。

根据我们的估算，如高校招生量扩大一倍，每年可多收取学费200个亿，加上这部分学生在校增加的消费约40亿元，则共产生直接消费240亿元。这笔钱所带动的间接消费，即高校使用这笔钱后所产生社会上的第二轮以及后面若干轮的消费，再包括大学附近的服务业和有关行业的投资消费，还有因大学招生扩大所带动的高中的扩大从而一系列增加的投资与最终消费等，用我国的消费乘数匡算，这240亿元可拉动近1 000亿元左右的投资与最终消费。对GDP的贡献每年也可达到半个百分点以上。

值得注意的是，与扩大对基础设施的投资不同，这一巨额消费的形成全部来自于城乡居民的收入与储蓄，它并不增加国家的财政负担。相反地，国家还可以通过税收增加财政收入。同时，它对通货膨胀也没有不利影响。

第二，扩大高校招生可部分缓解当前的就业压力。

我国正在进行着大规模的国有企业及行政改革，职工和干部下岗的压力在未来的几年中将更为严峻。而每年新增的劳动力又会与下岗职工争夺有限的工作岗位。

①全文摘录。文章来源于《千虑一得》，广州经济出版社2002年版，第3—7页。

大学的扩大招生可使每年一至两百万左右的新增劳动力延迟进入市场，在今后四年内可给下岗职工腾出五六百万个工作机会。换言之，下岗职工的人数有可能为此减少近三分之一（据估计未来几年内下岗职工的人数将达1 500万人左右）。对正处在改革攻关的关键时刻又恰遇亚洲金融危机的我国经济改革来说，这几年的缓冲期无疑将发挥重大作用。

第三，通过挖潜与增加投资，我国现有的大学有能力承担招生量增加一倍的任务。

根据世界银行的统计资料，我国大学生与教师的比例为7∶1（不包括职员），这不但远远低于韩国的33∶1及我国台湾省的21∶1，也低于欧美等发达国家的15～20∶1。如果我国大学生与教师的比例能提高到15∶1，则现有的教师就可以基本满足扩大招生的需要。据粗略估计，如果增收的学费能基本留在大学里，则每年大学的收入与开支可在现有的基础上增加将近一倍。学校可用这笔经费来提高教师待遇与改善条件。再配合适当地增加博士生与硕士生留校人数和延长老教授退休年龄等措施，师资应不成问题。短期内，在校舍与图书和教学设备上可能会有些困难，但只要资金充足，经两至三年的努力后，这些问题也应该不难解决。在有条件的地方，还可以通过扩大走读，办校外公寓，办分校，办社区大学等措施来缓解学校对校舍的需求。

第四，配合助学贷款系统，大部分群众愿意也能够承担全额学费。

中华民族历来有重视教育的优良传统。给下一代提供一个受高等教育的机会可以说是所有家长的最大心愿。不少社会调查都揭示，老百姓储蓄的第一动机是为子女上大学做准备。投资子女的教育应是老百姓真正愿意花大钱的项目之一。

当然每年一万元的学费对相当数量的城镇居民与大部分的农村居民来说，还是一个很沉重的负担。对确有困难的家庭，国家可以考虑建立助学贷款系统加以解决。按目前的利率，以15年期的贷款为例，4万元的贷款每月连本带息要付300元左右。如果家长补助一些，加上大学毕业生本人的收入一般要高一些，这一负担应该不会太重。对特别贫困的学生，国家还可以用助学金和奖学金的办法来加以解决。

对贫困学生提供助学贷款已经成为各国政府扩大高等教育、提供平等教育机会的通行做法。在澳大利亚、挪威等发达国家，将近80%的大学生靠助学贷款上学。在美国，这一数字也高达30%。我们可以借鉴国外的经验，建立一套行之有效的助学贷款系统。

第五，扩大高校招生对提高民族素质，加强我国在知识经济时代的竞争力必将产生深远的影响。

我国的教育，特别是高等教育，严重滞后于国民经济的发展。据统计，我国内地 18～22 岁适龄青年上大学的比例仅为 2.4%，包括成人教育等在内也不过为 4%。这不但远远低于韩国的 51%，我国台湾的 39%，香港的 20%，也大大低于经济发展水平与我们接近甚至低于我们的印度（8%）、印度尼西亚（10%）和泰国（19%）。

长期以来，国家包投资、包分配的高等教育体制束缚了人们的思路。从发展速度与人均 GNP 水平看，印度经济只相当于我国的一半。如果他们的市场都可以支持和容纳 8%以上的适龄青年接受高等教育及就业，就应该没有理由认为我国反而没有这个条件。在这一问题上，我们还需进一步解放思想，开拓思路，找出更多的办法来。

综上所述，我们认为，高校扩大招生是于国于民均为有利的大好事。它不但可以在短期内形成一个巨大的新的经济增长点，而且对提高民族素质，加强我国在知识经济时代的竞争力都有着不可估量的作用。科教兴国战略的成功与否从根本上来说取决于教育，特别是高等教育的质量与数量。

为此，我们建议：

1. 迅速组织一个高层次的专家班子来评估在三至四年内使高校招生扩大一倍的可行性。

2. 制定一个从 1999 年开始，每年递增 25%～30%的扩大招生计划与具体的实行办法。

3. 防止一哄而上，不注意质量的方式扩大招生。招生扩大的重点应该在正规大学，特别是重点大学。对那些高质量的、有条件的大学，扩大招生的规模可以更大一些，速度也可以更快一些。而对那些条件不够的新办学校，应少扩大，甚至不扩大招生。

4. 组织教育部门与金融机构共同探讨设立助学贷款系统的可行性以及具体做法。必要时可利用国际组织，如世界银行或亚洲开发银行的技术援助项目来引进国际经验。

5. 发动社会各阶层、各部门的力量来帮助高校解决因扩大招生所产生的困难。

6. 加强监管，防止部分高校的不合理收费。同时也要防上一些部门对高校的借机乱摊派。

7. 扩大高校招生不应是权宜之计，也不应局限于扩大一倍的规模。要从中华民族在 21 世纪的知识化、全球化的新环境中能否重新崛起的高度重新认识与设计我国的高等教育体制，在“十五”规划以及国家的远景规划中加以通盘考虑。

（与左小蕾共同撰写，1998 年 11 月呈交有关领导。该文的主要内容在《经济学消息报》1999 年 2 月 19 日以“教育启动消费呼之欲出”刊登。）

应实行农村九年义务教育完全免费制[①]

/
周洪宇

九年义务教育是每个社会成员均须接受的基本教育。它作为典型的公共产品，必须由国家承担，政府提供。公民有义务把学龄子女送到学校去接受教育，国家更有义务担负义务教育的全部费用。免费是义务教育的基本特征。对义务教育实行免费，是义务教育的题中之意。

一般来说，实行九年义务教育完全免费制，即是对小学阶段和初中阶段的学生免收其学费、杂费，同时免费提供给学生教科书并补贴贫困生伙食费等。西方发达国家早已实施义务教育完全免费制，且效果显著。日本在第二次世界大战战败经济受重创的情况下，仍于1947年实施免除学费、杂费的免费义务教育。从1963年起，开始向不论是公立或私立的义务教育阶段的全体学生免费提供教科书，以后免费提供教科书的范围逐步扩大。1969年起实施完全免费的义务教育，从小学一年级到初中，全体学生所用教科书都免费，一些地方还为学生提供学习用品和交通补助费等。美国的大多数州不仅对接受义务教育的学生，而且对幼儿园和高中生，都免费提供教科书。发展中国家如朝鲜也已如此。

如果说过去“义务教育不义务”，主要还是由于我国的经济较落后，条件不具备，那么，随着近20年来我国改革开放进程的加快，经济的迅速发展，经济实力不断增强，我国实施九年义务教育完全免费制，已具备一定的条件和基础，特别是在未来不久财政性教育经费达到国内生产总值的4%时，国家更是应该而且有可能实施九年义务教育完全免费制。因此，不论是从理论上还是从实际上，从历史还是从现实，从国外还是国内，我国实行九年义务教育完全免费制都具有必要性、必然性、现实性和可能性。

之所以建议从农村开始首先实行九年义务教育免费制，主要是基于以下理由：

1. 中国是个农业大国，农村人口达到约7.96亿，占全国总人口的62.3%，义务教育阶段农村在校生占全国在校生的绝大多数。今天，农村在校生的受教育条件

---

①全文摘录。文章来源于《教育研究》2003年第4期。

已有很大改观，这是不可否认的，但他们仍是我们这个人口大国、教育大国亟须特别关注和关心的最大的学生群体。关心和帮助农村在校学生群体，就是关心和帮助中国最大的学生群体。

2. 农村教育是中国教育现代化乃至整个现代化的重中之重，难中之难。农村教育问题解决得如何，直接关系中国教育现代化乃至整个现代化的成败。经济发展的实践表明，教育是扶贫的最佳手段和根本途径，大力发展教育是减少、改变贫困和地区发展不均衡、实现现代化的关键。农村教育不发展，直接受损害的不仅仅是农民的利益，也必将对全面建设小康社会的奋斗目标顺利实现产生重大影响。因此，国家应把农村教育作为当前最大的扶贫工程和全面建设小康社会的基础工程来抓。对农村义务教育实行免费，是发展农村教育、扶教扶智的重要措施。

3. 农民也是中国的公民，他们与城市居民一道，共同参与并推动了中国近20年来改革开放的现代化进程，他们也理应与城市居民一样享受改革开放的成果。国家不但不能重城市，轻农村，重城市居民，轻农村居民，反而应该为过去实行的有关城乡政策所导致的事实上的不公平，给予农村和农民更多的补偿。现在已经到了“以工促农”“以城带乡”“工业反哺农业”“城市反哺农村”的阶段了。从农村开始实行义务教育免费，正是补偿政策的最好体现。

4. 欠发达地区经济实力薄弱，国家级贫困县（国家扶贫开发工作重点县）的教育财政支出更是捉襟见肘，难以满足日益发展的教育需求，加上“普九”欠债过多，必须要由国家财政予以大力支持。长期以来，我国各级各类学校教育经费总投入中义务教育阶段所占比例过低，义务教育阶段在校生合计1.93亿人，占各级各类学校在校生总数的78%，但义务教育经费投入占总投入的比例始终低于60%，而农村义务教育投入占总投入比重近年来还不足30%，这样的经费投入比例显然是不合理的。而且，在农村义务教育总投入中，政府财政拨款所占比例也不高。尽管近年来，由于中央教育财政转移支付向农村义务教育倾斜有所增加，但最高也只达到64.9%，还有相当部分的经费是通过农村教育费附加、教育集资、学杂费等渠道来筹集的。尤其是目前农村地区实行的税费改革，客观上使义务教育投入面临更大的短缺。农村税费改革是党中央、国务院为切实减轻农民负担、规范农村税费制度，从根本上治理农村各种乱收费、乱集资、乱摊派，保护和调动广大农民积极性而做出的一项重大决策。从其实行的情况来看，农民的负担确实减轻了，但它却直接冲击了农村的义务教育。过去可以征收的农村教育费附加和教育集资，费改税后取消了此类经费来源，下面的不许收，上面给的又不够，使原本就缺口较大、基础较弱的农村义务教育“屋漏偏逢连夜雨，船迟又遇顶头风”。笔者在参加今年（2003年）全国人民代表大会之前，在调研农村中小学办学情况时了解到，不少地方农村学校为了省电省钱，即使天色很暗，学校也常常不开灯，学生视力受到一定影响。还有的为了节省开支连试卷也不印发，学生很少做习题练习，学习用品奇缺。有的连教师用的粉笔、墨水也要向小卖部赊买。

5. 在农村开始首先实行九年义务教育完全免费制具有一定可能性。目前，义务教育阶段在校生合计约 1.93 亿人，按农村总人口的比例 70%算，农村在校生约 1.3 亿人。按小学生约为初中生人数一倍算，农村小学约为 0.85 亿人，初中生约为 0.45 亿人。按人均 GDP 与生均财政经费比例的国际平均数算，小学每年每生需 500 元，初中每年每生需 1 000 元，两者合计约 875 亿元。如从国家级贫困县开始实行义务教育完全免费制，贫困县 592 个，农村人口 1.98 亿，约 3 000 万学生，其中 2 000 万小学生，生均 500 元，约需 100 亿元；1 000 万初中生，生均约 1 000 元，也需约 100 亿元，两者合计约 200 亿元（按：全国政协义务教育课题组调研结果约需 105 亿元）。因此，无论是 200 亿元，还是 105 亿元，国家目前都是有能力首先从农村（特别是国家级贫困县）开始实行义务教育完全免费制的。

建议：

1. 分清责任，规范制度。农村义务教育是国家的责任，必须由政府提供。应尽快建立规范的义务教育财政转移支付制度，修改《义务教育法》，或制定《义务教育投入法》，明确中央、省、地（市）、县各级政府对义务教育的财政承担责任和比例，使义务教育经费投入规范化、制度化、法律化，确保义务教育经费投入有稳定来源。同时，在今年（2003 年）朱镕基总理所做的《政府工作报告》中，在“对农村义务教育实行在国务院领导下，由地方政府负责，分级管理，以县为主的新体制”等内容中，加上“由中央和地方政府负责，分类承担，分级管理，以省为主的新体制”等字，使农村义务教育的责任更明确。

2. 分类承担，视情而定。根据中国经济、社会、文化发展不平衡的基本国情，考虑到各地实际财政能力，对于现有的 592 个国家级贫困县，应由中央政府拿钱全部承担；对于西部欠发达地区主要由中央拿钱，省里承担部分（30%）；对中部一般发达地区，中央和地方各自承担一半（50%）；对于东部发达地区，则完全可以由自己承担，因为当地政府有这个能力。

3. 分步实施，逐步推开。此次工作可先点后面，先从农村最贫困的地区着手，再逐步扩大到整个农村地区，再延伸到城市；或者先从小学阶段着手，再扩大到初中阶段。这样，在财力上中央和地方政府还是可以承担的。此事最好从今年开始选点试验，有条件的先做，没有条件的创造条件做，争取三五年内取得明显成效。一句话，就是要从中国国情出发，因地制宜，分类承担，分步实施，不搞一刀切、不赶一窝蜂。我认为，如果此项工作能真正开展，将是新一届政府所做的一项民心工程、德政工程，一项功德无量的事业，一件具有里程碑意义的大事！

农村教育：现状、困难与对策[①]

/

谈松华

农业、农民、农村问题是当代中国经济和社会发展的突出问题，其发展状况将在很大程度上决定现代化的发展进程。农村教育既是农村发展的基础性条件，也是农村发展状况的重要表征。从20世纪80年代初到90年代中期，在农村改革和农村经济发展的带动下，农村教育获得了长足的进展，而90年代中期之后，随着财政体制与农村经济状况的变化，农村教育正面临着严峻的形势和严重的困难，普及九年义务教育面临经费短缺的困难，继续提高教育水准更是举步维艰，城乡教育与知识差距明显加大。这种状况如不及时改变，不仅影响教育的普及与提高，更将影响社会的公正与稳定乃至现代化事业的健康发展。因此，把农村教育作为一个战略性问题进行全局性的思考与筹划，实在是当务之急。本文只是就普及教育角度提出一些问题和建议，以期引起重视与讨论。

一、 现状

农村教育是中国教育改革和发展的重点。中国（内地）农村人口占全国总人口的65%，人口素质低，文盲和半文盲人口2.19亿，在农村就业人口中，文盲和半文盲占35.9%，小学文化程度者占37.2%，每万人口大学生数为4名，平均文化程度为4年，这种状况是现代化进程中的沉重包袱。大力发展农村教育，把沉重的人口负担转变为人力资源的优势，不仅是教育发展的重要目标，也是影响现代化建设进程的战略性任务。

农村基础教育是中国教育的主要部分，其普及程度及教育水平，直接影响全国普及教育和基础教育的实现程度。2000年全国小学553 613所，其中城市32 145所，县镇81 184所，农村440 284所，分别占5.81%、14.66%、79.53%；小学在校生数130 132 594人，其中城市18 166 507人，县镇26 928 904人，农村

①部分节选。文章来源于《北京大学教育评论》2003年第1期。

85 037 183人，分别占13.96%、20.69%、65.35%。初中学校77 267所，其中城市14 473所，县镇20 852所，农村41 942所，分别占18.73%、26.99%、54.28%；在校生61 676 458人，其中城市10 346 351人，县镇17 045 443人，农村34 284 664人，分别占16.78%、27.64%、55.58%。如果从教育民主化的要求来看，没有农村教育的普及和提高，就不可能实现中国教育的公平原则，更谈不上教育的现代化。

农村基础教育管理体制初步形成，并对普及教育发挥了重要的保证与推动作用。1985年颁布的《中共中央关于教育体制改革的决定》，明确规定基础教育实行地方负责、分级管理的体制，调动了地方政府主要是县、乡两级政府的积极性。在这种体制下，义务教育的经费投入实际上是由县、乡政府和农民共同负担：教师工资由县、乡政府和农民交纳的农村教育费负担；学校建设和设施由农民集资；学校公用经费来源于向学生收取的杂费。过去提倡的“人民教育人民办”，农民说实际上是“人民教育农民办”，县级以上政府的教育经费支出主要承担了城市的教育投入，而农村教育经费则主要落到了县级以下政府和农民身上。

农村已经实现的基本普及九年义务教育还只是初步的，是低水平、不平衡、不巩固的，其中还存在一些“水分”，而城乡的差距扩大正在加剧，是一个严峻的现实。据20世纪90年代中期的统计，全国只有40%左右的小学和50%左右的初中达到了国家规定的实验仪器和图书配备的标准，由此推断农村中小学绝大多数没有达到国家规定的最低标准。在有些城市投入上亿元、甚至数亿元建设所谓“标志性学校”或“示范性学校”的同时，农村不少学校的学生却在危房里上课；城市有的学校建设超标准的健身房、温水游泳池等高于当地居民生活水准的豪华设施，而不少农村学校的学生买不起必需的书本，教师得不到必要的教学材料。当然，这些现实是现阶段城乡差距的反映，但是教育体制和政策在缓和还是加剧这种差距上是有重要作用的。我们这里讨论的重点也就是这方面的现实问题。

二、困难

财政体制的调整影响农村教育的体制基础，县、乡政府财力难以承担原先分担的财政责任。20世纪80年代中期确定基础教育实行地方政府负责的体制时，财政体制改革的主要内容是实行财政包干、分灶吃饭，扩大地方政府的财力，中央政府与地方政府财政收入的比例，从80年代初的40∶60，变为90年代初的22∶78。地方政府财力的增强为支持农村教育的发展提供了物质基础。而90年代中期开始实行分税制的财政体制改革，改变了中央政府与地方政府的财政收入结构，1998

年中央财政收入与地方政府财政收入的比例改变为52：48，地方政府尤其是县、乡政府的财政收入日渐困难，而教育成本由于教师工资和教材等价格的上升而提高，许多地区单靠县、乡财政已经难以承担义务教育的全部经费，贫困地区有的县、乡全部财政收入还不够发放教师工资（例如，甘肃省榆中县2000年全县财政收入7 410万元，而财政支出13 900万元）；在农村义务教育的管理权放到乡级政府后，由于乡财政中的大部分是教师工资，容易被挪用，这样就连续出现了大面积拖欠教师工资的现象，2000年曾达到180亿元，有的地区拖欠达半年以上，农村教育面临着经费短缺的严重困难。

农村正在全面进行的税费改革，势将给现有的农村教育投资格局以重大的冲击。农村税费改革将取消各种收费，改为只收一种农业税，这对于减轻农民负担，发展农村经济和保证农村的社会稳定，将产生深远的影响。但是在税费改革中将取消农村教育费附加和大部分教育集资，大幅度减少农村教育经费，全国农村教育费附加1996年240亿元，1997年269亿元，2000年151.97亿元，地方教育费附加25.94亿元，农村教育集资34.2亿元（1999年）。在农村地区，教育费附加是补充教师工资不足部分的经费来源，而农村教育集资则是改善校舍和办学条件的主要经费来源。由于税费改革造成的经费缺口，只靠地方财政是难以完全填补的。仅以已经全面推行税费改革的江苏省为例，从2001年的调查材料看，该省2001年财政增加20亿元转移支付，用于苏北地区税费改革造成的缺额，其中10.6亿元用于教育，其结果是保证了苏北地区教师国标工资（现有教师工资构成中，大约60%左右是国家规定的工资标准，而40%左右是地方政府规定的各种补贴）按时足额发放，教师的这部分工资不再拖欠。由于苏北地区原先地方补贴约有一半以上的教师未发，现在矛盾不太突出，但长远来看，这部分工资来源没有落实；而苏中地区原来国标和地方补贴都发，这次没有省财政的转移支付，地方财政只能支付国标工资，地方补贴并未落实，教师实际收入减少，反响强烈。据省财政厅估计，如要解决地方补贴不足的问题，省级财政还要增加20亿的转移支付。即使这样，农村学校的校舍设施和设备添置仍然没有经费来源。江苏属于经济发达地区，地方财力充裕，其困难尚且如此，其他地区可想而知。如果没有中央财政的大幅度转移支付，农村税费改革可能会造成农村教育的严重困境。

城乡经济和收入水平的差距持续拉大，造成农村教师主要是骨干教师大量流失，城乡之间的教育差距仍在扩大。大城市、中心城市、县城、乡镇之间，以及不同地区之间的收入差距和工作、生活条件悬殊，一般县城的教师比乡镇教师的收入高出三分之一或一半，造成教师逐级向上流动，中西部城市的教师向东部北京、上海、深圳等大城市流动，县城的向中心城市、乡镇的向县城流动，而流出的都是骨干教师，如四川省德阳市2001年已流出高中高级教师61人，有的国家级骨干教师在参加国家级培训时，就被沿海大城市挖走。与此相对应，农村又大量增加了代课教师，因为一名公办教师的工资相当于五六名代课教师的报酬，由于教育经费短缺，地方政府和农村中小学宁愿用代课教师，而不用师范学校的毕业生，如果这种情况继续发展，农村教育仍将不断滑坡，将会失去持续发展的条件。

农村经济和农民收入增长放缓，缺乏推动和支持农村教育持续发展的能力。农村经济和农民收入在20世纪80年代联产承包和90年代农产品提价的政策调整中，曾有两次明显的提高，1978—1990年，农民人均收入增加5.1倍，但90年代后期以来，由于乡镇企业的调整、农业生产资料价格上升、农业劳动力过剩等原因，农村经济增长速度减缓，1991—2000年，农民人均收入增加3.1倍，农民实际收入增长甚微，有的地区和有的年份甚至下降，个别的还有入不敷出、种地赔本的现象，这势必影响农村教育的经济基础。而农村教育水平低，脱离农村建设和农民生活实际，相当部分学生厌学；学校收费提高，超出部分农民的经济承受能力，高等学校收费过高，使贫困家庭失去继续学习的希望。这些因素造成农村地区教育与经济之间的非良性循环，农村经济基础薄弱造成农村教育办学条件差；农村教育落后，难以发挥对农村经济的促进作用，影响农村教育的可持续发展，优秀的人才很少留在农村任教，现有的教育也缺乏对学生的吸引力，突出表现在初中辍学率大幅提高，一般县在10%以上，有的县高达30%～50%，如任其发展，“普九”成果有可能得而复失，农村教育的基础将会因此而动摇。

今后若干年，农村教育面临着危房改造、学校布局结构调整、初中入学高峰、加快高中阶段教育发展的四重叠加的校舍建设高峰，短期内需要大量基本建设投资，如不统筹规划，合理调节教育资源，将很难应对如此巨大的基建投资。

三、 对策讨论

（一）调整并逐步完善农村教育管理体制与投资体制

适应财税体制改革的新情况，2000年国务院颁布的《关于基础教育改革与发展若干问题的决定》规定，农村义务教育实行在国务院的领导下，地方政府负责、分级管理、以县为主的体制，明确了新体制的总体目标和基本框架，对于改变基础教育管理权限和经费分担责任层层下放，农村学校经费难以保证的状况，提供了制度的保障。现在的问题是如何从不同地区的实际出发，形成体制实现的制度模式，从全国范围而言，最终应该制定包括农村基础教育在内的教育投资法规。作为过渡性措施，首先建立教师工资由中央、省、地、县几级政府分担的机制，加大中央和省级政府的财政转移支付力度，确保农村教师的工资按时足额发放。然后按照不同地区义务教育生均成本的额度，确定不同地区中央、省、地、县几级政府的分担比例，并以法律形式保证实施。为此，需要从现在就开始着手进行调查研究，确定不同地区义务教育的生均成本，并按不同地区财政收支状况，确定各级政府分担比例，作为制定投资法规的依据。只有这样才能保证农村教育经常性经费的按时足额拨付，农村教育才能持续健康地发展。

（二）采取应急措施，缓解现阶段农村基础教育

农村教育的投资体制与农村经济发展以及国家财政状况有密切的关系，它的完善势必要经历一段发展过程，而目前农村教育的经费短缺不可能等新体制完善之后才解决，这就需要采取一些应急措施，主要包括：加大中央政府对农村义务教育的投入；发达地区继续发挥乡级政府对义务教育的管理和投资作用；在基本实现小康目标的农村地区，地方政府财力不能充分满足教育需求的阶段，继续实行多渠道筹措教育经费的政策，例如义务教育适当收取杂费、按照规定程序进行单项教育集资等。当然，鼓励发展民办教育也是增加教育投入、满足社会多样化教育需求的途径。这里就增加中央政府对农村教育主要是贫困地区教育投入问题提些建议。2000年国务院召开基础教育工作会议之后，中央财政增加农村教师工资转移每年50亿元，危房改造两年30亿元，贫困地区义务教育工程五年50亿元，还有其他用于农村基础教育的投入，是历史上中央财政对农村基础教育投入增长最快的时期，对缓解农村义务教育经费困难产生了明显的作用。但是，财税体制改革和农村教育发展所带来的经费缺口，仍然没有充分解决，仅以“普九”期间的举债而言，全国不完全测算约500亿元，近几年将要相继进行的大规模校舍建设更需要大量资金投入，维持学校正常运行的经费仍然难以保证，需要采取特殊的办法缓解困难，是否可以从两个方面考虑：一方面下决心调整财政支出结构，真正把人力资源开发作为“第一要务”，把农村发展摆到国家发展的战略重点地位，下决心压缩行政性开支（1991—1998年财政预算内教育支出增加3倍，而政府行政性支出增加4倍）和生产性建设中的决策成本浪费，因此，完善国家预算审核程序和投资决策程序，就有可能把一部分经费用于教育（主要是农村教育），把对农村教育的转移支付的水平提高到基本弥补税费改革后的缺口；另一方面，在近几年内把国债的一部分用于农村教育的基础设施建设，以缓解农村教育基础设施建设高峰期的困难，现在许多地方政府用国债进行城市基础设施建设，使城市面貌发生了显著的变化，而有些“标志性工程”标准过高，经济效益并不高，不必要地加大了城乡差距，如果按照城乡

协调发展的要求，加大农村教育的基础设施建设，对国家的现代化建设将产生更大的作用。因此，在现有的财政收支框架内进行适当的调整，有可能增加对农村教育的投入，而这方面所需的投入比大型工程项目和城市标志性工程的投入要少得多，它所产生的作用和效益则是长久和深远的。

（三）中央与省级政府采取一些特殊政策，解决贫困地区农村教育的燃眉之急

中央政府在“十五”期间实施“贫困地区义务教育工程”，将极大地推进贫困地区九年义务教育的实施，但是，因为它面对三片地区（包括少数两片地区）的相当数量的乡镇和学校，可能产生的效果是有多少钱办多少事，不能产生普及教育的整体性效果。根据笔者在一些地区调查的情况，有的地方行政部门领导建议能否从贫困地区开始首先实行免费义务教育，在此基础上逐步在全国实行免费义务教育。在实施步骤上，例如可以在云南这样的办学非常分散的多山省区（小学办学点两万多个），由国家在乡建设九年一贯制寄宿学校，学生免交杂费、书本费以及住宿费和伙食费，让贫困地区的孩子能保证接受九年义务教育。这对于已经进入工业化中期和初步实现小康的政府财政而言，适当向贫困地区实行倾斜是有可能做到的，而对于从根本上改变贫困地区面貌、全面推进现代化的事业则是千秋功业。

（四）加强城乡教育交流与互助，逐步缩小城乡知识差距

城乡知识差距不可能在短期内解决，现在的问题是首先不要继续拉大这种差距，然后逐步创造条件力求缩小差距。跨地区的城乡差距有待于全国经济的均衡发展，而现在需要努力的首先是在一个县域范围内实现教育的均衡发展。据一些成功地区的经验，现在有可能做到的，首先是政府公共教育经费和其他教育资源的分配应该按照公平的原则分配给每一所学校，农村“示范性学校”的建设既要有适当的超前性，更应有现实的可效仿性，即公平的竞争性，而且政府的教育经费不应只集中在个别学校，人为地制造不公平竞争的局面。就现阶段而言，政府的重点不是“锦上添花”，而是“雪中送炭”，更多地关注农村薄弱学校的建设，对于那些条件好的优质教育资源可以适当放宽政策，让他们增强“自我造血”的功能。其次，建立城市与农村教师定期轮换的制度，可以先从青年教师做起，即规定城市青年教师要有在农村学校任教的经历，才能晋升职务或职称；还可以规定高中或院校毕业生从事教育工作，要先到农村学校任教。与此相适应，应实行在一个城市和县域范围内城乡教师工资标准统一（包括地方补贴），以便于城乡教师流动，有条件的地方（如江苏省江阴市）实行城市教师到农村学校工作提高工资待遇，并计入退休工资之内的政策，只有这样才能逐步改变农村教师素质低下的状况，为提高农村教育的总体水平提供基本的条件。此外，采取多种形式，鼓励城市学校与农村学校、发达

地区的学校与欠发达地区的学校建立合作关系，包括校长、教师之间的交流任职，定期组织专题研讨，有条件的还可进行学生之间的交流，实际上这种做法不仅对农村学校，同时对城市学校都会有帮助。

在城乡学校、教师以及东中部与西部的交流方面，不仅是教育资源的合理使用，而且从现代化的进程而言，应该看作是现代教育与现代文明的传播过程，因为农村教育的现代化不仅需要现代校舍和教学设施的建设，更需要现代教育思想与教育模式的传播与实施，因此，人员的交流在某种程度上更为重要。可以在团中央现在组织的青年志愿者活动的基础上，扩大其范围，适当提高其服务期的待遇，让各类高校的毕业生到贫困地区的农村学校服务1～2年，除了从事教育工作外，可以运用自己的专业知识培训教师，提高教师业务水平，因为造就一支高素质的教师队伍是农村教育持续发展的根本条件。

（五）积极推进农村教育创新

处在社会转型和全球化背景中的中国农村正在和将会发生历史性的巨变，农村教育也必将经历一个前所未有的变革与创新过程。如果说我国长期形成的农村教育传统与教育经验基本上是适应小农经济基础与社会环境的话，那么，当我国农村正在进入农业产业化和农村工业化、城镇化的新时期，农村经济结构和社会结构将会发生激剧的变化，农村教育的对象、功能、机构和体系都将需要有调整和变革，尤其需要有适合中国农村实际的教育创新。这可以说是中国教育创新的主要内容与时代使命，需要几代人在继承前人经验基础上坚持不懈的探索。以下就几个实际问题提出一些想法，供研究讨论。

农村教育与农村经济社会发展紧密结合、协调发展，要从21世纪的实际出发，探索不同地区的新思路、新模式。农业产业化的发展，尤其是“公司加农户”“贸工农”以及各种专业经营、规模经营的发展，正在改变传统农业的生产方式和生产组织，农村教育将扩展其内涵，不仅要增加农业生产与农业教育的科技含量，促进农业生产走向依靠科技进步的轨道，还需要适应农村工业化的发展，培养和培训制造业和服务业需要的劳动者和专业人才，并为农村劳动力向非农产业提供多种教育服务。在有条件的地区，各种教育机构应该逐步成为当地社区文化传播和科技扩散中心，带动地区现代化的发展。

农村城镇化的发展，也将赋予农村教育新的任务与要求，集中体现在城乡教育一体化发展的趋势，势必会有许多新问题需要研究、回答。在当前，尤其是对农村学校布局结构的调整不仅要统筹规划乡村中小学的布点集中、新校舍建设与危房改造，而且还要规划未来新城镇建设中的学校布局，使学校建设与社区建设相协调，也使有限的教育资源发挥最大的作用。而从更长远的角度，农村教育在人才培养的素质与规格上要着眼于造就一代具有现代精神的新农民，即促进人的现代化，为改变中国的二元社会结构、实现城乡现代化协调发展准备人力资源。

教育信息化在推进农村教育的跨越式发展方面具有独特的作用。国家教育信息化工程包括中小学的“校校通”工程，最好能通过政府拨款、城市支援、银行贷款和社会捐助等多种途径筹集资金，逐步增加信息技术在教育中的应用，并且不断探索与丰富适合农村实际的教育信息化发展模式，把重点放到增强教师和学生的信息意识，学会应用信息技术接受现代文明，学习现代科学文化知识，扩展视野，促进人的现代化，进而推进教育现代化。

参考文献

［1］国家统计局. 中国统计年鉴2000［R］. 北京：中国统计出版社，2001.

［2］杜育红. 教育发展不平衡研究［M］. 北京：北京师范大学出版社，2000.

农民教育和农村教师队伍建设①

/

朱永新

温家宝总理在今年的政府工作报告中用相当大的篇幅专门阐述了新农村建设中的教育问题，提出用两年时间全部免除农村义务教育阶段学生的学杂费，将农村义务教育全面纳入国家财政保障范围。这是我国教育发展史上的一个重要里程碑，必将对新农村建设起到关键的作用。从我国农村教育的实际情况来看，目前应该着重抓好以下方面的问题。

一、 实施"现代农民教育工程"

当前农民教育存在不少问题。一是认识问题。一些地方还没有把农民教育同农村经济发展、农村社会稳定挂起钩来，因而带来行动上不力，措施上难落实；一些领导把农民教育看成是软任务，没有真正摆上议事日程；教育部门关注和加强农民教育工作的力度还不够，政策、经费、人员等要素上的投入在农民教育中仍然薄弱。二是管理体制问题。目前农民教育的管理体制还不够完善，没有单独的管理机构，在农村教育中还处于弱势。三是载体问题。作为实施农民教育主体的乡镇成人教育中心校的建设还十分薄弱，发展极不平衡，其管理还没有提到议事日程上来；农村各级职业学校、技工学校为农民进行技能培训的领域还不宽，职前教育和职后培训共同发展还有待于进一步推进。四是队伍问题。要根据国家、省、市有关规定，按农村总人口的比例，解决好乡镇成人教育中心校的干部和教师编制问题。当前存在着政策不稳定、数量不足、质量上有缺陷、年龄老化等问题，并到了非解决不可的地步。五是经费投入问题。经费不足是制约当前农民教育发展的一大问题，目前农民教育事业费仍然停留在20世纪90年代人均0.25元的扫盲水平，与新时代农民教育事业的发展现状不相适应。

鉴于上述农民教育的问题，笔者认为，加强对农民教育的领导，实施"现代农民教育工程"具有一定的现实意义。为此，提出以下几点具体建议。

---

①全文摘录。文章来源于《教育研究》2006年第5期。

第一，实施“现代农民教育工程”要解决各级政府的认识问题。实施“现代农民教育工程”是适应在国民中实施大教育、大培训的需要，为全民终身教育服务。韩国20世纪70年代开始的“新村运动”，就把“新村教育”作为核心工程。我们应把构建终身教育体系列入教育事业发展规划，深化改革和大力发展社会教育，特别是发展服务于全民学习、终身学习的成人培训和成人继续教育。政府应加快出台相应的《成人教育法》或《终身教育法》。

第二，实施“现代农民教育工程”需要相应的保障机制。中央、省、市、县（区）都要建立相对独立的成人教育机构。韩国的“新村运动中央研修院”在培养新村指导员、地区负责人等方面就起了非常重要的作用。我们应在各级成人教育机构中按农村人口的一定比例配备管理队伍和师资；各级政府要在落实现有政策所规定的经费的前提下，加大对农民教育的投入，要设立专项经费，提高事业费的数量，实施专款专用。

第三，实施“现代农民教育工程”需要有相应的政策措施。要出台有关政策，各级政府加大对农民教育的基础性建设，不断完善服务“三农”的条件。农民教育的基础性建设，主要包含县、乡两级农民教育基地建设、农科教结合示范基地建设等。各级政府要以就业为导向，大力推动农村劳动力转移培训的制度创新，制定相应的政策，切实解决农村劳动力的转移和就业问题，促进农民增收。当前各地必须加快实施“现代农民教育工程”，要抢抓机遇，千方百计为解决好“三农”问题做贡献。

二、启动“农村教师培养国家行动计划”

目前，我国农村教育水平还不高，其原因是多方面的，比如经济水平落后、政府投入不足等，但是农村教师数量严重不足，质量偏低是一个重要原因。

在广大的农村，特别是贫困地区，师资力量严重匮乏，现在又有许多民办教师变成了代课教师，成为农村师资队伍的重要组成部分。除了代课教师之外，农村公办教师的学历也较低。由于城镇教师相对富余，在城镇推行聘任制的过程中，一大批不合格的城镇教师被分流到了农村，使农村师资水平问题雪上加霜。同时，由于城市教育现代化的推进和民办学校的发展，许多优秀的农村教师纷纷进城，由村流向镇，由镇流向县城，由县城流向市区。另外，由于经费的拮据，许多农村聘用低水平的代课教师，又导致了许多优秀师范毕业生到不了农村。总之，解决农村教师的问题，已经成为提升农村教育水平的根本途径。因此，针对农村教育特别是西部农村教育，应该启动“农村教师培养国家行动计划”。

一是建立“国家教师培养奖学金”，实施“师范毕业生支持农村教育志愿者行动计划”，为农村输入优质师源。笔者认为，在全国范围内应改变师范学生的入学方式，采取国家奖学金的形式，每年在全国重点师范大学（也可以包括著名高校的教育学院）拿出 2 万名招生名额，为农村和薄弱学校定向培养教师。学生可以免费接受大学阶段的教育，也可以采取国家担保的助学贷款形式，同时国家提供基本的生活学习费用。如果以每人 2 万元计，国家财政也只需提供 4 亿元左右。如果每个省也实施相应的措施，在省属重点师范大学拿出 5 000 个名额，由财政投入 1 亿元，这样每年可以为全国培养 15 万名教师。接受资助的学生毕业以后有到农村或者薄弱学校工作一定时间（如 6 年左右）的义务，期满以后国家可以挑选其中的部分教师（20%左右）免试保送教育硕士，部分教师出国进修；国家公务员的招收也优先在服务期满的教师中录取；允许其他的教师合理流动或者另外选择职业；对于愿意继续在农村和薄弱学校工作的教师，给予相应的奖励。通过这种“国家教师培养奖学金”的方式，吸引经济困难或者有志从教的高中毕业生报考师范专业并进入教师行业。

二是在重点师范大学中成立农村教师培训机构，对农村教育的现状、课程设置等进行深入研究，开展农村在职教师的培训工作。对于优秀的农村教师，以免费培训作为奖励方式，提升农村优秀教师的水平，以带动整个农村师资队伍的良性发展。在对农村师资进行培训的时候，要打破传统的课程设置，充分利用城市的优质资源，重视教师职业知识与技能的培养，理论与实践相结合。要强调行动研究，强调师范院校与中小学的学术互动，强调案例式培训。

三是实施“城乡、东西部帮扶工程”。凡是师资力量强、办学水平高的城市学校、东部学校，都应采用一帮一的形式支援农村特别是西部农村的学校。这种帮扶可以采用优势学校派遣优秀教师到薄弱学校进行为期三个月至一年支教的方式，薄弱校也可以派出教师到优势学校进行为期三个月至一年的学习，费用可由国家财政负担。

三、 全面解决代课教师问题

代课教师是指学校中没有事业编制的临时教师。1984 年底以前他们被称为民办教师，1985 年开始，教育部为提高基础教育的师资质量，在全国一律不允许再出现民办教师，民办教师基本被转正或清退。但不少农村因贫困招不到公办教师或公办教师不愿去，一些空缺仍需临时教师来填补，他们转而被称为代课教师。2000 年以后，不少贫困农村由于招不到公办教师或者付不起公办教师的工资，代课教师又一次大量出现。据统计，中国西部农村有逾 50 万代课教师（另一说法是不少于 60 万，实际数字可能远远大于此数），他们承担了 1 000 多万农村孩子的教育工作。过低的工资不仅影响了代课教师的基本生活，也影响了整个农村基础教育的质量。因此，代课教师的问题是关系着农村特别是西部贫困地区义务教育前途的大问题。

各地对代课教师问题采取了不同的方式，这些方式大致分为以下三类。

一是放任自流。有些地方认为如果承认代课教师，将会使计划外民办教师大量增加，影响计划内民办教师问题的解决；而如果反对聘用代课教师，又会使许多学校因缺乏师资而被迫停课关门。因此，对代课教师既不承认，也不反对，持放任自流的态度，任其发展。

二是全部清退。有些地方认为代课教师特别是乡村自行聘用的代课教师，未经教育行政部门严格审查，素质普遍偏低，不仅严重挤占了教师的经费，加重了农民负担，而且降低了农村中小学师资队伍的整体素质，严重影响了教育教学质量的提高。因此，对代课教师采取一刀切的做法，不分优劣，全部清退。

三是择优聘用。有些地方认为学校既然需要代课教师，教育行政部门就应该管起来，因为代课教师的素质如何，直接关系到教育教学质量。因此，教育行政部门应根据需要严格审查、择优聘用。对于特别优秀的代课教师，可直接录用为正式教师。

由于国家关于代课教师并无统一的政策，所以大部分地区对待代课教师都采用了第一种方式。

作为一个不可忽视的教育群体，代课教师的问题必须尽快提上政府的议事日程，解决好代课教师的问题关系着农村基础教育的质量，关系着我们国家建设新农村的宏伟目标，也关系着和谐社会的建设。

第一，对代课教师既不能够放任自流，也不宜采用一刀切的方式。因为，一方面，代课教师的聘任往往比较随意，教学水平难以得到保证，如果放任自流，将无法保证教育的质量；另一方面，如果同解决民办教师问题一样采用一刀切的方式，将使许多贫困地区教学点无人上课，大量学生会因此辍学，入学率无法得到保证。因此，笔者认为，对现有的代课教师队伍应进行全面清理整顿，不合格的代课教师要坚决清退。然后，在调整布局、定岗核员的基础上，确定代课教师的数量。新聘代课教师必须经过县级以上教育行政部门批准，进行严格的考试和考核，在公平竞争的基础上，择优录用，并签订合同，明确聘期、权利和义务。

第二，教师缺额严重的地区可以择优录用一定数量的代课教师为公办教师。现在国家实行教师资格制度，也应该给那些长期处于一线的优秀代课教师以转正机会。这样既可以解决农村特别是贫困地区长期补充不到公办教师的问题，也有利于调动现有代课教师的积极性，让他们感到认真工作有前途。而且，由于代课教师大多是本地人，这样的师资队伍往往比较稳定。

第三，对在教师岗位上服务一定年限（比如10年或者15年）的代课教师应该逐年增加一定的贡献津贴，在退休或者被辞退时一次性给予一定的补贴。因为一个代课教师工作10年到15年，就已经为教育事业贡献了最美好的年华，应该得到一定的补偿。

第四，彻底解决代课教师问题的关键其实还是财政问题。事实上，由于代课教师的工资极低，一些财政困难的地方政府严格控制公办教师的编制，情愿聘用代课教师而不愿意接纳师范院校的毕业生。因此，可以借鉴发达国家的经验，重新分配国家与地方在义务教育方面的财政分摊比例，以中央和省一级政府作为义务教育经费负担的主体，这样，教师的工资问题将不再受地方财政状况的影响。

建设学习型社会与基础教育创新[①]

/

郝克明

一、学习者学习的主动性、积极性和创造性是建设学习型社会的重要动力

面临终身学习的要求，基础教育阶段学校的基本任务，首先是尊重、保护和不断发展儿童与生俱来的学习兴趣与积极性。这是在儿童开始系统接受学校教育时应该特别注意的问题。应该说，“在地球上所有生物中，儿童是最为如饥似渴的学习者”。人区别于动物的本质特征之一，在于主动的认知欲望和认知能力。婴儿从出生后，就逐步学习辨认父母的声音、面貌和周围的事物，学习说话、走路，随着他们机体的发育和成熟，学习的能力更是飞快地增长，而使一切其他的动物都望尘莫及。学习不但是人类智慧的根本特征，也是人获得知识、力量、快乐和满足的重要途径。除了极个别有特殊生理缺陷者外，这基本上是人人平等享有的天赋和特性，也是人类能够形成学习型社会的重要依据。

从儿童进入学校的第一天起，我们的一个重要任务就应当是爱护、加强和促进儿童好学的本性，使学校成为学习者学习的乐园。因为“探索未知”本来就是最引人入胜、最具诱惑力的过程。在教育的过程中，对于教与学的双方，都应充满着迎接挑战与享受学习和创造的乐趣。相当长一段时期，由于传统教育思想某些弊端等因素的影响，不少学生在学习上成为被动接受知识的对象，学习过程往往只是满足于记忆和背诵老师教授的知识，完成老师布置的作业、考卷和获得标准答案，学生对学习的兴趣和创造精神的培养没有得到足够的重视。对一些儿童来说，学习甚至变成了苦役。这不仅不能很好发挥甚至在一定程度上挫伤了不少学生学习的主动性、积极性，而且直接影响他们的健康成长，影响他们在未来学习型社会的生存和发展。因此，究竟什么样的观念和做法妨碍了学生热爱学习，什么样的方式可以促进学生对学习产生浓厚的兴趣，取得最佳学习效果，这是在教育教学创新中必须思

①部分节选。文章来源于《教育研究》2003年第8期。

考与实践的根本性问题，也是决定学校教育能否成为未来学习型社会的基础和重要动力的重大问题。

二、帮助学生树立正确的学习观

伴随儿童成长的，是人类天赋的好奇心。我们可以看到幼儿在学会说话以后，经常向大人们提问："这是什么?""为什么?"满足好奇心是人类原始而伟大的学习动机，也是科学家探索未知世界的根本动力。教育在保护儿童好奇心的同时，应帮助学生进一步确立正确的学习目的和态度，解决"为什么学"的问题，只有这样，才会使学生不断产生强烈的学习需求，形成执着的、良好的学习行为和习惯，取得良好的学习效果。把学习从纯粹的自发的本能变为自觉的社会行为，正是教育特别是基础教育的重要功能。

对学习者来说，从好奇心发展到具有正确的学习目的和态度，这也是在认识和行动上的一个飞跃。古往今来，所有在事业上有所成就、对社会对人民做出重大贡献的人，都是对学习有着正确态度和意志的自觉的学习者。由于传统观念的影响和当前我国人事制度还存在着过分追求学历层次而对能力要求重视不够等弊端，至今还有一些不切实际甚至错误的观念影响着一些学生的学习态度。在人类正在走向学习型社会的新形势下，什么是正确的、全面的学习观、人才观？怎样才能成为适应社会发展要求的人才？评价合格人才的标准以及不同类型人才的成长途径和培养模式是什么？这些问题都需要进一步深入研究和探讨。当前值得注意的一个重要问题是，不少教师、家长和社会成员，往往把眼光集中在学生的考试成绩和分数上，希望学生都能升名牌大学，都能读硕士、博士，认为只有这样才能成为人才。相当多的儿童从小学甚至从幼儿园开始，就承受着家长、教师和学校对自身学习成绩过高的期望值和沉重的压力。这不仅脱离广大具有不同个性和志趣爱好的儿童和青少年的实际，在一定程度上挫伤了不少未能升入大学和高中阶段学校青少年学习成才的信心和积极性（2002 年，我国同龄人中尚有 85%左右的人不能进入大学，有 41%左右的初中毕业生不能进入高中阶段各类学校），也脱离了我国国情以及经济和社会发展对不同层次、不同类型人才的需求。社会对人才的需求是多方面的、多种层次规格的、丰富多彩的。根据 1999 年出版的《中华人民共和国职业分类大典》，我国职业就有1 838种。这些不同类别的职业活动都是我国经济和社会发展中相互关联、相互服务、不可缺少的社会活动，并都具有相当长时期的稳定性、规范性和群体性。这些不同的职业对人才的知识、能力结构的要求以及人才培养的模式和途径也是不同的。人们在各项职业活动中，都可以通过自己的刻苦学习、努力奋斗和不断创新，对社会的发展和进步做出贡献，成为有益于人民的人才。"三百六十行，行行出状元"。在实际生活中，我们所看到的各种各样的人才，他们的人生奋斗目标、成长道路和对社会的贡献，也是多彩多姿、不拘一格、各有千秋的。因此，应当允许和鼓励学生发展自己的个性和爱好，努力提高自己的全面素质，使自己能够应对未来复杂多变、更富有挑战性的世界，通过各种学习途径和实践，成为对社会和人民有所作为和贡献的人才。

我们应该帮助所有的学生树立正确的学习观和志向，鼓舞他们的信心。对学习的态度实际上是人生观的组成部分。同时，学习的内容不仅包括知识和能力，更包括树立对社会的责任感和良好的道德品质与心理素质，包括情感、意志、性格等非智力因素的培养。这是学生未来能否在事业上取得成功的关键性因素。随着科学技术的高速发展和社会的进步，学习型社会应该是具有高度精神文明的社会，对人的思想道德素质也提出了新的更高的要求。学生在学校特别是基础学校学习的阶段，是他们能否形成高尚品德的关键时期，他们是否正确对待同学、老师、父母以及周围的人群，是否对祖国、社会、人民和人类赖以生存的自然环境具有高度的责任心和爱心，是否尊重和热爱科学、热爱劳动，是否对克服学习和生活上遇到的各种困难和挫折具有坚强的意志和毅力，等等，这些都在相当程度上决定着他们未来的精神风貌和思想道德品质。在这方面，学校和家庭对学生的教育起着决定性的作用。在建设具有高度文明的学习型社会的进程中，教师和学校的作用，不仅不应该削弱，而且应该加强。

三、 帮助学生掌握正确的学习方法和提高自主学习的能力

在终身教育时代和学习化社会中，具有自主学习和发展能力的人，才能适应社会发展的要求并创造未来。随着科学技术的发展和社会的进步，教师已经不是学生获得知识的唯一来源，学校课堂也不是学习的唯一场所。今天的学生不仅可以通过老师讲课获得新的知识，还可以跨越时间和空间的限制，通过各种渠道特别是信息网络技术在浩瀚的知识海洋中去寻找、挑选、挖掘生活所需要的各种知识。大自然、人类社会丰富多彩的世界，都是人生的教科书。因此，在学校教育特别是基础教育阶段，教师的任务不仅要帮助学生在文化科学知识方面打好扎实的基础，同时更要着眼于学生和社会未来的发展，指导学生如何学习，引导和帮助学生选择正确的学习路线、策略和处理信息的方法，提高对各种信息知识进行选择、辨别、分析和应用的能力，使学生不仅关注他自己所掌握的知识，而且关注自己学习行为的合理性，学会总结学习过程中的经验教训，懂得学什么和怎样学。

培养学生自主学习的能力要特别注意与培养学生的创新精神和能力结合起来。罗马俱乐部在《回答未来的挑战》的研究报告中指出，学习有两种类型：一种是继承性学习，它的功能在于获得已有的知识和经验；另一种是创新性学习，它的功能在于通过学习，提高吸收、发现新的信息和提出新问题的能力，以应对未来社会日

新月异的变化。这些年来，不少学校在帮助学生掌握文化知识的同时，引导学生进入主动探求知识的过程，激发和培养学生发现问题、提出问题、研究问题、解决问题的兴趣和能力，增强学生学习探索的积极性和创新精神，并在学生中提倡和鼓励独立思考和追求真理的风气。这些年来基础学校在这方面所进行的许多有益的探索，是很值得总结和倡导的。

学以致用，是学习和教育的最直接目的，学习和实践的结合也是学习的重要方法。课堂上、书本上、网络上的学习固然重要，但在实践中学习，在一定意义上是更为重要的学习。学生的学习能力、劳动和生活的能力，与同学、老师和社会其他成员沟通和交流的能力，分析问题与解决问题的能力，等等，都是要通过实践，才能逐步掌握的。对于文化科学知识的学习，人们也是通过自己的实践，才能进一步加深理解。因此，在教学过程中，要给学生提供更多的动手和参加社会实践的机会，并注意引导和帮助学生为了解决问题去寻找和运用他所需要的知识，使学生学会主动地、创造性地在实践中学习。这是学生健康成长的必要条件，也是社会发展对人才提出的基本要求。

学校教育是学生走向社会和就业的必经阶段。对不同年级的学生进行一定的就业和创业教育，也是学校教育包括基础学校教育的重要任务。由于我国是世界上人口最多的发展中国家，新中国成立以来，我国教育事业虽然有了极大的发展，但在同龄人中受到高等教育的仍是少数人（约占 15%），受到高中阶段教育的人数不到 45%，受到初中阶段教育的约占 85%。学生在初中或高中毕业阶段，面临他们人生道路上进行选择的第一个十字路口，即继续升入上一级学校学习或者是进入社会选择自己将要从事的职业。因此学生在学校学习期间，必须要有继续升学和就业的两种准备。目前，我们的学校包括广大农村的基础学校，在培养目标、课程设计以及办学模式等方面，主要是为帮助学生升入上一级学校做准备的，在帮助学生做好就业创业的思想准备和使他们具有相应的知识技能的基础等方面则做得很不够。联合国教科文组织撰写的关于面向 21 世纪教育的报告中提出：基础教育是必不可少的“走向生活的通行证”，这是很有道理的。现代社会经济体系和现代工业化的发展，可以说为每个社会成员提供了转变工作方式、工作内容、工作地点的机遇与挑战，学校教育包括基础教育，应该注意为学习者进入社会做好准备，并通过提供高质量的教育，使他们不仅有扎实的文化科学知识的基础和训练，而且有比较正确的择业观，有较强的对就业选择的能力以及知识迁移与岗位转换能力，努力帮助学习者实现个人的理想，并为社会提供和创造更多的就业机会。

当前基础教育教学中存在的许多问题，是整个学校教育与建设学习型社会不相适应的反映。其中解决学生“为谁学”“学什么”“怎样学”是基础教育需要解决的突出问题，这些问题的解决，也是基础教育改革与创新的根本。笔者 2002 年对澳大利亚和新西兰的终身教育体系进行了初步的考察了解。这两个国家作为世界上推进终身学习的领先国家，在发展各类学习组织和机构，满足人民群众和社会发展对学习的多样化需求，建立学习成就和资格认证框架，构建各类教育特别是职业教育培训与高等教育相互衔接、沟通的体系，实施终身学习政策，消除学习障碍等方面取得了突出的成绩，这两个国家的有关专家都认为，社会成员就业后继续学习的参与率与他们接受基础教育的状况密切相关。每一个人所接受的基础教育水平，是他们有效参与继续教育和培训与终身学习的基础。这两个国家都十分强调要从基础教育学校开始直至高等教育阶段，加强基础知识和学习能力的培养，使学生不仅有完成工作所需要的基本知识、技能和态度，同时还必须具有较强的自主学习和自我发展的能力、职业迁移能力、与他人沟通的能力和团队合作精神，等等。对这方面的关注，已经成为澳大利亚和新西兰政府建设终身教育体系和学习型社会的优先领域之一。发达国家的这些经验很值得我们重视。

四、 加强基础教育管理制度的改革与创新

面向全体儿童和青少年，全面普及九年义务教育和逐步推进高中阶段的教育，逐步消除由外在差异带来的歧视和教育机会的不平等，促进基础教育的均衡发展，使全体儿童和青少年都能受到良好的基础教育，这是建设学习型社会的基础，也是在我国全面实现小康社会的必要条件。为了实现这个伟大的目标，政府在师资队伍建设、经费保障以及鼓励民办教育的发展等方面应采取必要的、有效的政策措施；各类学校特别是基础学校也应在这方面做出极大的努力。在建设学习型社会的进程中，推进基础教育创新，提高基础教育质量的关键是充分发挥学校、校长和教师的作用。校长和教师是学校的灵魂。在政府教育宏观管理的指导下，应充分尊重学校和校长办学的自主权，鼓励不同的学校在基础教育创新中，努力发挥自己的优势，办出自己的特色。要通过深化学校内部管理体制改革，为每个校长、教师智慧和才能的发挥创造机会和条件，保护和激发他们对教育改革的积极性和创造性，并通过进修、科学研究、教学成果汇报和经验交流等各种方式为他们的成长铺路搭桥。

为了充分发挥基础学校在建设学习型社会中的作用，还应加强学校与社会的紧密结合，不仅加强学校、家长与社会各部门共同育人的合力，而且还应充分利用学校的教育资源，通过各种方式和渠道特别是运用现代信息技术手段，努力为社会成员特别是弱势群体提供高质量的基础教育服务。中小学还应成为我国学习型社区文化知识和科学技术传播的中心。我国有8亿多人口在农村，在未来的20年，不仅要实现农业的现代化，而且随着农村产业结构的调整，将有3亿农业人口向第二、第三产业转移，因此，农村的中小学校，还应努力为提高当地农民的文化技术素质做出积极的贡献。加强基础学校与社会的结合，促进学校成为与社区建设互动的、

新型的学习机构，不仅能更好地发挥基础学校在我国建设学习型社会进程中的作用，而且有利于进一步调动全社会和广大群众关心、支持基础教育的积极性，有利于促进基础学校的教育改革和增强基础教育自身发展的能力。

五、 进一步加强地区和国家之间基础教育的交流和合作

地区和国家之间教育交流和合作的日益加强，已经成为教育的现代化和面向未来的重要标志，也是最近二十几年来我国教育事业发展较快的一条重要经验。学习型社会是一个高度开放的社会，经济全球化的发展，特别是我国加入WTO以后的形势，需要我们进一步面向世界，把我国的基础教育发展置于世界科技、经济和社会发展的大视野中，加大改革创新的力度。在基础教育工作中，不仅要注意培养学生具有世界眼光和全球视野，有对我国文化和国情以及跨国文化的初步了解，并为增强学生与世界进行沟通、交流、竞争和合作的能力打好必要的基础；同时要进一步加强我国基础教育与世界各国的教育交流与合作，把借鉴世界各国优秀文化成果与基础教育改革的成功经验和我国教育改革的实际结合起来，并从我国的实际出发，充分利用国外的优质教育资源，促进我国基础教育的发展、创新和提高。

我国基础教育的发展，虽然从总体发展水平上，与发达国家还有较大的差距，但是在不少城市和发达地区，一些中小学在基础设施和条件装备上已经接近甚至达到发达国家的水平，我们在教育内容、教育方法方面的改革也积累了许多成功的经验。特别是最近几年我国实施素质教育的伟大实践，虽然还面临许多困难和问题，但在一些方面，已经和正在取得重大突破和进展。构建终身教育体系，形成全民学习的学习型社会，不仅将极大地促进我国社会主义现代化建设和中华民族复兴的伟大事业，也为我国教育特别是基础教育的创新，带来了新的发展机遇，增加了巨大的动力。在科学技术高速发展和社会处于巨大变革的时代，“教育改革最有希望的阶段，在于正规教育的头几年”。我们相信，依靠全体教育工作者对基础教育的不断探索和实践以及全社会的共同努力，我们必将迎来我国基础教育新的辉煌。一个充满生机与活力的学习型社会必将到来，“中国成为人人皆学之邦”的伟大理想一定会实现。

参考文献

[1]（美）厄内斯特·波伊尔. 基础学校——一个学习化的社区大家庭［M］. 北京：人民教育出版社，1998.

[2] 教育部发展规划司. 中国教育事业发展统计简况［R］. 2002.

加快学前教育的发展与普及[①]

/

庞丽娟

学前教育是人生发展的奠基性教育，是基础教育的基础、终身教育的开端，是国民教育体系的重要组成部分，对于促进个体早期的身心全面健康发展，巩固和提高义务教育质量与效益，提升国民素质，缩小城乡差距，促进教育和社会公平具有重要价值。其具有显著的公益性，直接关系到千家万户、广大人民群众的切身利益，因此，始终是党和政府、社会各方面关注的热点。

近两年，我国学前教育走出低谷，开始恢复性回升的态势。但是由于历史和现实等多方面原因，其发展状况仍不能满足人民群众的需要，与经济、社会和教育的发展需要也很不相适应。据教育部统计数据，2007 年全国学前三年毛入园率仅为 44.6%，是我国各级教育中普及率最低的阶段，同时落后于世界平均水平、周边及经济发展水平相当的国家和地区，在九个人口大国中也位于墨西哥和巴西之后。学前教育不仅已成为我国整个教育体系中的薄弱环节，同时也成为当前我国加强公共服务体系建设和满足民生重大需求中的一个突出的薄弱环节。党的十七大和十七届三中全会明确提出了“重视学前教育”和“发展农村学前教育”的要求，正在制定中的《国家中长期教育改革和发展规划纲要（2010—2020 年）》又将其作为重要方面。加大力度发展学前教育，无疑是各方面的期待。

一、 明确学前教育发展的方向与目标

为促进我国学前教育更好更快地发展，首先应明确我国未来学前教育发展的方向与目标。综合考虑我国国情、国家中长期经济社会发展趋势及其教育改革的要求，以及我国现有学前教育基础和广大人民群众对学前教育的迫切需求，建议我国学前教育以“加快实现基本普及学前三年教育”为中长期发展方向，重在加快普及，争取到 2020 年全国基本普及学前三年教育。当然，这应该是一个分阶段、分年限逐渐推进的过程与目标。争取到 2012 年，我国能实现基本普及学前一年教育

---

①全文摘录。文章来源于《教育研究》2009 年第 5 期。

的目标；到 2015 年，实现全国基本普及学前两年教育的目标；到 2020 年，除西部少数地区外，全国能基本普及学前三年教育。要实现这一发展目标，重点和难点在中西部、农村地区，为此，建议国家进一步重点支持中西部农村地区和少数民族地区普及学前三年教育。

二、 明确发展思路， 健全保障机制

就我国学前教育事业发展的思路与战略而言，当前最迫切需要的是研究建立适应于我国国情的学前教育发展机制。应坚持以政府为主导发展学前教育，同时，政府应积极研究出台相关政策举措，广泛发动和引导社会各方面力量共同投入发展学前教育，争取经过几年的努力，建立起一个政府主导、社会广泛参与、公共财政支撑、多渠道投入相结合的学前教育发展机制。在我们如此大国的学前教育事业发展中，要加快普及，关注公平，特别是要加快农村学前教育的发展与普及，为广大农村儿童提供普惠的、基本的学前教育服务，无疑政府必须发挥主导作用，应由政府主导学前教育事业发展。要进一步明确从中央到地方各级政府职责，切实落实各级政府责任，加大学前教育的改革发展力度，以加快农村学前教育普及和对城市贫困、弱势群体提供多形式的资助为重点，推进我国学前教育的发展与普及，以保障满足广大人民群众的需求，切实解决人民群众反映强烈的入园难、入园贵问题。

1. 明确“政府主导”职责。

“政府主导”并不等于政府“全包”。投入不是政府履职的唯一形式和体现。政府的主导职责应该是多方面的，主要应包括：制定发展规划，加大财政投入，完善管理体制，加强行政管理力量，加强教师队伍建设，推进政策与法制建设等。在当前，尤其有必要强调明确政府上述六项主要的整体性职能。无论是政府还是社会，对政府发展学前教育的职能和责任都不能狭窄化或局限在财政投入上，否则将极不利于我国学前教育事业的积极、健康和可持续的发展。

2. 加大对学前教育的财政投入力度。

政府应加大对学前教育的财政投入力度，尤其在广大农村地区应以政府财政投入为主，建立起以公共财政为支撑的学前教育投入保障机制。同时，政府应积极研究建立政府和家长共同承担的学前教育成本分担机制。当然，同时还要抓紧建立和完善对城乡困难弱势群体的扶助机制，通过政府的一系列完善而有效的政策举措，财政投入和吸引多方面社会民间投入并举，加大对贫困、弱势群体的扶持力度。

3. 建立公办民办共同发展的办园体制。

当前，我国幼儿园的办园体制发生了很大变化。关于幼儿园姓“公”还是姓“民”的争论很大。有人认为，我国学前教育应以公办园为主；有人则认为，公办为主不现实，应以民办为主。可见，办园体制问题是我国当前学前教育事业改革和

发展中必须明确的另一个重要问题。为更好地保障学前教育的发展和普及，更好地保障最广大人民群众的需求及其子女的受教育权，同时结合考虑我国现实财力和经济发展趋势、民间的资本潜力与积极性，笔者认为，办园体制既应充分体现政府的主导作用和办园导向，同时，又应有利于最大程度地、广泛动员与利用社会各方面的力量共同投入举办幼儿园。因此，在当前新的形势下，我国非常有必要明确并确立以公办为主，同时公办和民办共同、协调发展的学前教育办学体制。只有这样，才有利于最大程度地促进我国学前教育事业的发展与普及。

4. 加强对民办幼儿园的规范和管理。

近年来，我国民办幼儿园数量上升很快，已占到全国幼儿园总数的60%以上。应该说，民办幼儿园在一定程度上弥补了我国学前教育资源的不足，在满足人民群众接受学前教育需求上发挥了积极作用。但由于民办幼儿园办园行为、教育质量参差不齐，因此，应加强对民办幼儿园的规范和管理，规范百姓反映强烈的办园行为和收费标准。同时，应更多地思考如何支持和促进民办幼儿园的健康发展和质量提高。特别是应通过对民办幼儿园办园资质、条件的规范，园长和教师的培训与业务指导，加强教育部门对其教育过程与质量的引导和督导等，多途径帮助民办幼儿园改善和提高教育质量，支持其积极健康有序地发展。在有条件的地区，政府可探索制定支持民办幼儿园发展的减税、免租、专项投入和支持教师培训等扶持与鼓励政策。

三、 重点发展农村学前教育

农村学前教育发展滞后、城乡差距显著，是当前我国学前教育事业发展的突出问题和难点。据国家有关部门统计数据，2007 年，全国城乡学前三年毛入园率不仅相差 20 个百分点（城镇毛入园率 55.6%，农村毛入园率 35.6%），而且城乡差距比 2006 年增加了 2.96 个百分点，比 2005 年增加了 3.81 个百分点，学前教育的城乡差距在不断加大。目前，中西部 22 个省（市、自治区）27 284 个乡镇中，约有一半的乡镇没有一所乡镇中心幼儿园。在各级各类教育快速发展、城乡经济财力不断增长的形势下，作为基础教育之基础的学前教育的城乡差距反而在不断拉大，这有悖于我国当前强调教育均衡和社会公平的价值取向，尤应引起政府和各方面高度关注。

1. 由政府主导农村学前教育发展。

中西部农村地区学前教育发展的城乡差距将在相当大程度上影响或奠定个体今后发展差距的基础。因此，在我国贯彻落实科学发展观、构建和谐社会、促进城乡协调发展和教育与社会公平的背景下，在当前和今后较长一段时期内，我国应明确将学前教育发展的重点放在广大农村地区，并由政府主导农村学前教育发展，把加快发展农村学前教育作为基本普及九年义务教育后政府落实教育优先发展、新农村发展战略的一项重要任务，加快农村学前教育普及步伐。

2. 建立新的农村学前教育发展与保障机制。

为加快农村学前教育发展，根据农村的现实情况和广大农民群众对学前教育的迫切需求，建议国家研究建立新的农村学前教育发展与保障机制，即以政府办园为主、财政投入为主、公办教师为主，加大发展农村学前教育的力度。应将农村学前教育发展纳入当地新农村建设规划和教育事业改革发展规划；积极探索农村学前教育经费投入体制，建立以政府投入为主、集体经济支持、社会力量参与和家庭适当分担教育成本的学前教育投入与保障机制。同时，加大对贫困地区、少数民族地区发展学前教育的扶持力度，对地方财政不足的地区，中央财政应加大转移支付力度。大力推进农村乡镇中心幼儿园的建设，争取在每个乡镇办好一所公办中心幼儿园，并充分发挥其辐射、示范作用，引领和带动农村学前教育的整体发展。

3. 实行城乡不同的办园体制。

基于我国国情，城乡差距显著和不同的发展需求，城乡应实行不同的办园体制：农村地区应以政府投入、政府办的公办幼儿园为主，同时积极鼓励和支持社会力量在农村举办幼儿园，以民办幼儿园为辅；而在城市、县城地区，则应多种形式办园，在加大政府投入的同时，广泛发动和吸引社会多方面力量多渠道投入，形成公办幼儿园和民办幼儿园共同繁荣、有序发展的格局。

参考文献

［1］教育部发展规划司. 2008年全国教育事业发展简明统计分析［Z］. 2009.

［2］UNESCO. Early Children Care and Education in E-9 Countries：Status and Outlook［R］. 2003.

打倒万恶的奥数教育①

/

杨东平

4月12日，星期日。

下午要在广州大学桂花岗校区召开一个农民工子弟教育的工作会。上午无事，到校园里转转，却发现人流汹涌，感慨这里的大学生怎么那么年轻。再仔细看，原来是家长带着孩子，小学生、初中生、高中生都有。打听下来，才知是第七届小学“希望杯”全国数学邀请赛开赛，这里是主考区。

现场还有“广东省数学奥林匹克集训”的报名收费处，我为“取证”，购买了小学四、五年级的试题，一张A4的纸，每份5元，足见考试拉动经济的巨大作用！看了看第七届小学“希望杯”全国数学邀请赛“第2试”的部分试题。没想到过去我上初二时才学的平面几何题，已赫然出现在小学四年级的数学竞赛题中。我们都知道中国中小学数理化等学科教学的难度，比西方国家深一到两个年级。现在，竟然将难度下放了四个年级！

奥数的泛滥成灾不仅损害了青少年的健康，让家庭背上沉重的经济负担，而且是完全违反教育规律的。如杨乐等许多数学家所言，这种重在解难题、怪题，所谓的“数学杂技”和高强度的集中训练，与提高数学素养毫不相干（正如会全套的脑筋急转弯并不意味着高智商）；相反，只能扼杀和败坏儿童的学习兴趣，这正是许多中国孩子严重厌学、从小学就厌学的原因。其对少年儿童的摧残之烈，远甚于黄、赌、毒，远甚于网瘾网迷，说它祸国殃民毫不过分。青少年正被少数人的物欲所绑架，他们打着“智力开发”“优质教育”“培优”的美丽旗号，内外勾结，在牟取私已的暴利！

问题是为什么这样大规模地戕害青少年的行为没人管。不是有《未成年人保护条例》吗？不是不许乱收费吗？不是有各地教育主管部门的三令五申吗？公安、城管都不管？妇联、关工委呢？究竟谁应该对此负责？前几天，《中国青年报》也报道了《奥数这海盗为何越剿越猖狂》一文，副标题是“让数学杂技在小学泛滥是政

①全文摘录。文章来源于《教书育人》2009年第19期。

府监管失职"，可谓一言中的。有关部门有高考取消奥数加分的动静，引起一些人的质疑。我认为，在高中阶段，开展较深入的专业学习未尝不可；现在的主要问题是解放小学生，还小学生以健康的权利、休息的权利。这真的是非常高深、艰难、不可实现的目标吗？

我为什么反对奥数？

我没有想到，几天前一篇声讨奥数的博文，引起如此强烈的反响。其实，我不是小学生家长，并不很了解情况。博文发布后，许多家长与我联系，才知道情况要更严重。

资深家长告诉我，"希望杯"不是真正的奥数，是所有数学竞赛中最容易、中学基本不认的，是给那些"没有希望"的学生准备的。怪不得有些已经大学毕业的网友答出了题目，还说有什么难啊，学数学怎么不好？

有些人不解我的愤怒，"你为什么那么极端，怎么就比黄、赌、毒更厉害啊？"原因很简单，因为黄、赌、毒之类受害者少，影响的是极少数所谓的"问题学生"；而"奥数班"、培优班之类，大面积覆盖学校教育，堂而皇之地绑架了大多数学生，尤其是所谓的"好学生"，贻误、伤害着整整一代少年儿童，当然情节更为严重、性质更为恶劣。

众所周知，今天的"奥数"早已不是什么业余爱好、兴趣培养，而是围绕"小升初"进行的高度商业化的择校竞争。我周围有许多家长如热锅上的蚂蚁，惶惶不可终日；有许多没有寒暑假、双休日，奔波劳累、辗转于各种培训班的孩子。早晨，他们闭着眼睛由家长帮助起床、穿衣，在车上接着睡，在路上吃几口早点，一直学习到夜晚。为了获得进入重点中学的机会，他们一人要报好几个重点学校的"奥数班"，俗称"占坑班"——名副其实的令人恶心，臭不可闻！

已经21世纪了，已经普及九年义务教育了，已经初步实现"教育现代化"了，而且是"首都教育"，我们应该接受这样的现实吗？或者说，我们要容忍到何时？真的是"是可忍，孰不可忍"，还不能愤怒吗？

改变这种乱象的治本之策并不复杂，并且早已明确，就是"促进义务教育均衡发展"的方针，依法取消义务教育阶段的重点学校。一些落实这一方针的城市，已经大面积地取消了择校，如沈阳、盘锦、铜陵等地，并非天方夜谭。早在2005年，教育部出台了《关于进一步推进义务教育均衡发展的若干意见》。当时，各地大张旗鼓地整治过这一畸形现象，北京市紧急叫停了"迎春杯"小学数学竞赛，浙江省停办小学"奥数"竞赛活动。长春市取消小学所有竞赛，宣布竞赛和评奖活动一律与升学招生脱钩。湖南省紧急叫停中小学校违规抢生源。上海禁止名校举办小升初"衔接班"，规定不许组织小学生参加有选拔性的竞赛和培训班，山西省教育厅向学校发出13条禁令……问题是今天的情况究竟如何？许多数学竞赛改头换面，装扮得更加隐蔽和美丽动人了，例如“走进美妙的数学花园”趣味数学解题技能展示，已经举行了七届全国大赛！还不断有新秀出场，如EMC（英文数学竞赛）、AMC（美国数学竞赛），等等。

2006年5月在成都召开的现场会上，教育部还提出了实现义务教育均衡化的目标：“力争用3～5年的时间，做到义务教育资源配置更加合理，体制机制更加完善；大中城市基本消灭薄弱校，学校之间差距明显缩小，义务教育阶段择校现象大大减少……教育乱收费现象得到有效治理，义务教育阶段‘上学难、上学贵’问题得到解决。”现在3年已经过去，5年有希望解决吗？谁应对此负责？

城乡教育一体化：体系重构与制度创新
——中国教育二元结构及其破解①

/

褚宏启

三、 城乡教育一体化与教育制度创新

城乡二元结构问题本身就是制度问题，破解城乡教育二元结构，推进和实现城乡教育一体化必须从改革制度入手。

（一）改革教育管理制度

应打破几十年来计划经济体制形成的城乡分治的制度性障碍，对城乡教育进行统筹管理、一体规划，这就涉及不同层级、不同区域（人口流出地与人口流入地）政府的职责划分。

1．明确政府职责。

政府职责划分不明已成为城乡教育一体化进程的阻力，当前各级各类政府职责划分问题体现在两方面：省级政府不能有效发挥积极作用，造成中央政府越过省级直接对基础教育进行统筹，这种直接的统筹和管理措施难以取得良好效果；乡镇政府办学积极性不高，造成其在农村义务教育管理中的缺位。学者们提出的改进措施包括：科学界定各级政府的管理重心，明确改革的重点；强化中央和省市政府的统筹规划职能，构筑城乡教育统筹发展的平台；积极转变政府职能，强化公共管理和社会服务，等等。

2．提高统筹的层级和重心。

城乡一体化在空间意义上具有不同层面。最低到小城镇与自然村的城乡一体化层面。但这个层面的城乡一体化在全国来看是差距极大、很不均衡的，也是资源统筹能力有限的。“以县为主”新体制把教育的城乡一体化提高到县域层面，但其统筹资源的能力依然有限，导致了“富县办富教育，穷县办穷教育”这种新的教育不均衡现象。更大范围的城乡一体化必须在更大的空间范围内，由更高一级政府进行推进。“以县为主”统筹城乡教育发展、推进城乡教育一体化，重心偏低。

3．坚持规划先行和科学规划。

①部分节选。文章来源于《教育研究》2009 年第 11 期。

规划服从于建立健全“公平高效”的城乡一体化教育体系，进而促进人的发展和城乡经济社会发展的总目标。规划主要关注区域内各级各类教育的结构比例、空间布局、资源配置、规模速度等，是在一个较长的时间跨度中、在一个更大的空间范围（城乡一体）内，从战略高度统筹区域内城乡教育的协调发展与可持续发展。科学合理的规划是政府顺利推进城乡教育一体化工作的基本保证，规划的合理性体现在：规划是否与城乡一体化教育的总目标相匹配，是否发挥了本区域社会发展和教育发展的比较优势，是否有利于各子区域之间实现优势互补、公平配置资源。要做到合理规划，必须对当地和周边地区经济社会发展状况、人口变化趋势、教育发展现状进行深入细致的描述和分析。科学的规划必须以全面系统的高质量数据为基础，应该在区域层面建立城乡一体的教育数据库和教育管理信息系统（EMIS）。

4. 完善户籍、学籍管理制度。

伴随着城市化进程中农村剩余劳动力向城市转移，在教育管理中出现了一个新问题：针对进城务工农民子女的教育，人口流出地政府与流入地政府的职责应该如何划分?

在农村剩余劳动力向城市转移的初期，各地在对进城务工农民的子女教育、妇幼保健、社会保障等方面都存在着制度性歧视，一些地方的公办学校对义务教育年龄的进城务工农民子女要收取更多的借读费、赞助费，或者干脆将进城务工农民子女推向市场，或是条件简陋的民办简易学校。还有一些地方政府建立了专门的打工子弟学校。尽管这些措施在一定程度上解决了流动人口子女就学问题，但却形成了“分而教之”的城市内部教育二元分割现象，传统的城乡教育二元结构在城市内部被复制和强化。

2003年，国家六部委出台的《关于进一步做好进城务工就业农民子女义务教育工作的意见》提出了“两个为主”，即，以流入地政府为主负担流动人口子女入学，以全日制公办中小学为主进行接收。但是实际上，“两为主”的规定，对于双方政府主、次职责的划分并不明晰；流入地政府由于资金有限，在一定程度上存在着对流动人口子女教育投资不足的现象；二元户籍制度对于学籍管理制度的束缚有所松动，但不彻底，因为“两为主”的规定只是涉及义务教育，在一定程度上解决了进城务工农民子女义务教育的入口问题，但却没有解决出口问题，因此，即便一些城市地区的高中和中职生源严重不足，进城务工农民子女在城市接受完义务教育后也必须回原籍参加中考，不能在城市报考高中和中职学校。总之，“两为主”的规定并没有较好解决城市内部教育二元分割问题。政府的职责和相关的户籍、学籍管理制度需要进一步明确和完善。

（二）改革教育投入制度

在城乡一体化背景下，教育投入制度首先需要解决两个急迫的问题：一个是静态的或者说存量的城乡差异问题，也就是如何缩小目前过大的城乡教育投入差距；一个是动态的问题，也就是如何加大对流动人口的教育投资，增加其人力资本积累水平，从而提高流动人口的配置能力。具体要点如下。

1. 明确经费保障责任，完善经费管理机制。

我国农村义务教育经费投入经历了“人民办——政府办”以及“以乡镇为主——以县为主——以省为主统筹”的发展道路，财政投入比重不断加大，财政负担重心逐步提高。这种改革路径是合理的，但目前实施的“各级政府分担、经费省级统筹、管理以县为主”的农村义务教育财政体制虽然明确了中央和省各自的经费保障责任，可是省以下各级政府的经费保障责任仍不够明确，有可能助长基层地方政府（县级政府）的“等、靠、要”思想，降低经费供给的主动性和积极性，而且由于每项经费都需要多级政府共同负担，使农村义务教育经费供给机制的管理更为复杂，无疑将增加管理成本。

2. 明确政府解决流动人口受教育问题的教育投入责任。

流动人口受教育问题与城乡融合、国内统一市场的构建，以及人口跨区域流动时的政府财政政策等问题相关，而且如何向流动人口提供包括教育、医疗、社会保障等在内的公共服务是当前公共财政转型的一个重要命题。这一命题涉及多级政府结构下的政府责任划分，但现在其分析视角已与以往简单的讨论事权/责权划分不同，需要从存在外部性的政府竞争视角来看待这一问题。对于这种涉及跨行政区域的人口流动现象，由于存在着收益和成本的外部性，因此，不能仅仅靠流入地本级政府来解决。有的学者提出了“以市为主”“以省为主”和“以国家为主”三种不同的干预措施，来保障资金的投入。不管采取哪一种方式，对于专项资金的足额到位，一般可以考虑采取“教育券”这种“钱随人走”的方式，让流出地政府也承担一定的投入责任。

3. 公共教育财政制度应覆盖整个教育体系。

公共财政对于城乡教育的支持应该从义务教育（包括农村义务教育和进城务工农民子女义务教育）拓展到学前教育、高中阶段教育和继续教育，进一步解决城乡学前教育、高中阶段教育的差距问题，解决进城务工农民子女在城市完成义务教育之后的高中阶段教育问题，以及进城务工农民的职业技能培训问题。这就需要从城市与农村联动、城乡统筹、城乡一体化的视角设计和完善公共教育财政制度，加大教育投入力度，扩大公共财政覆盖城乡教育尤其是农村教育和流动人口教育的范围。

（三）改革人事制度

教育人事制度上的主要问题：在城乡教师人力资源规划方面，缺乏统筹安排，导致农村地区教师资源薄弱。在教师的选聘制度上，存在教师资格审查机制不健全以及教师编制缺乏弹性等问题，出现了农村教师队伍封闭性老化、结构性短缺、教师“终身制”缺乏激励机制、“代课教师”待遇不公等现象。在教师的绩效评价制度上，存在着评价标准不健全，对农村教师的绩效评价不合理，职称名额少、晋升难等问题。在教师的培训制度上，存在着培训内容背离农村教师需求、培训的成本负担缺乏制度安排等问题。在教师的调动制度上，存在农村教师“逆向流动”的问题，即优秀的农村教师向城市流动，致使农村学校成为城市学校的人才输送基地，加剧了城乡教育的不均衡发展。在教师的薪酬制度上，存在着农村教师工资福利缺乏长效的保障机制的问题，包括“以县为主”难以保证贫弱县的教育经费投入，农村教师经费被克扣拖欠，福利不好，得到的社会资本太少等问题。

针对这些问题，学者们提出了一些解决措施。沈阳、成都、重庆、铜陵等市，也建立了一些义务教育均衡发展综合实验区，通过实践得出了一些切实有效的拉动城乡教育一体化的办法。概括起来主要有：在城乡教育人力资源的规划上，建立起农村教育和农村教师发展动态监测系统；修改教师编制方法，使其标准多元化、弹性化；建立有利于城乡教师定期交流的考评机制，打破教师的区县归属、单位归属制度；创造条件扩大农村教师培训机会，建立费用全免、内容实践、体系下移、形式多元的农村教师培训机制；实行教师双向流动机制，农村教师流失补偿机制；薪酬分配和职称评定“补偿性”地倾向农村教师等。

但改革的举措也带来一些新的问题。城乡教师流动是为了缓解城乡师资差异，但是在教师流动过程中，从优秀校流动到薄弱校的少，优秀教师流动得少；流动教师的身份归属还不明确，“支教”教师的约束与激励机制不健全；各种新的管理模式未能有效解决教师关注的焦点问题，如福利待遇、人事归属等。这些问题有待于通过城乡教育人事制度的进一步改革加以解决。另外，与城乡教育一体化相适应的校长管理制度、教育公务员管理制度也需要进一步完善。

当前，教育投入、教师素质的城乡差异依然是制约我国城乡教育走向一体化、走向均衡优质发展道路的主要障碍。在教育条件保障方面，需要健全现代公共教育财政制度和教育人力资源开发制度，为促进城乡教育一体化提供均衡、充沛的财力和人力支持。

（四）建立健全教育质量保障制度和教育行政问责制度

政府在制度创新中具有不可替代的作用和责任。政府是公共制度的产出者，制度创新的过程也是利益重新调整的过程，政府在制度创新和调整利益关系中，要遵循激励相容原则，通过民主程序和参与机制，了解各利益相关者的价值偏好和利益诉求，并在制度创新中予以反映与协调，这样才能提高制度的针对性和实效性，提高制度效率，加快城乡教育一体化进程。为此，应建立城乡一体的学校办学条件标准、人员编制标准、课程标准、学生学业成绩标准、校长资格标准、学校办学质量评估标准，强化教育督导中的“督政”环节，实行严格的问责制度，把推进城乡教育一体化纳入到政府绩效考核、官员施政约束的评价体系。

另外，在制度创新的策略方面，要注意政府在制度创新中的边界与局限，不要完全依赖政府，不要夸大政府的作用，注意发挥市场和社会在制度变迁中的作用，把强制性制度变迁与诱致性制度变迁有机结合起来。

参考文献

[1] 褚宏启. 我国基础教育行政管理体制改革30年简评 [J]. 中小学管理，2008 (11).

[2] 包金玲. “以县为主”教育管理体制与教育均衡发展——对全国地县教育局长的专题调查分析 [J]. 河北师范大学学报（教育科学版），2007 (3).

[3] 陆铭. 11国的大国经济发展道路 [M]. 北京：中国大百科全书出版社，2008：144.

[4] 郑磊. 财政分权、政府竞争与公共支出结构 [J]. 经济科学，2008 (1).

[5] 范先佐. “流动儿童”教育面临的问题与对策 [J]. 当代教育论坛，2005 (4).

[6] 雷万鹏. 中国农村教育焦点问题实证研究 [M]. 武汉：华中科技大学出版社，2007：44-47.

[7] 郝俊杰. 重庆统筹城乡教育发展的有效途径 [J]. 乡镇经济，2008 (5).

[8] 廖其发. 中国农村教育问题研究 [M]. 成都：四川教育出版社，2006：178-181.

双优先：教育现代化的中国模式
——为改革开放40周年而作[①]

/

袁振国

二、 教育优先满足国家发展需要

教育具有多种功能。优先满足国家发展需要，是中国对其功能的定位。这一定位与优先发展教育的国家政策相呼应，成为中国教育良好发展的内在动力。

1978年，邓小平在全国教育工作大会上就提出，“教育事业必须同国民经济发展的要求相适应”。因此“适应国民经济的发展”始终是中国判断教育发展得好不好的标准。

1983年，邓小平为北京景山学校题词“教育要面向现代化，面向世界，面向未来”，集中代表了中国政府对教育的期待和要求，也为中国教育的发展确立了战略目标和工作方针。

1993年《中国教育改革和发展纲要》总结了建设有中国特色社会主义教育体系的主要原则，其中指出，“教育是社会主义现代化建设的基础”，“必须坚持教育为社会主义现代化建设服务，与生产劳动相结合，自觉地服从和服务于经济建设这个中心，促进社会的全面进步”。

1999年，第三次全国教育工作会议召开，江泽民在会上提出：“在我国社会主义初级阶段，教育作为经济、政治、文化建设的基础工程，不仅要为现代化建设提供人才和智力储备，而且要直接参与各方面的建设事业，为推动各项建设事业做出贡献。”

2017年9月，中共中央办公厅、国务院办公厅印发的《关于深化教育体制机制改革的意见》，全面系统地阐述了教育优先满足国家发展需要的要求，“教育为人民服务、为中国共产党治国理政服务、为巩固和发展中国特色社会主义制度服务、为改革开放和社会主义现代化建设服务”。

2017年10月，中国共产党第十九次全国代表大会报告用一句话把双优先很好地结合起来了，“建设教育强国是中华民族伟大复兴的基础工程”。

---

①部分节选。文章来源于《华东师范大学学报（教育科学版）》2018年第4期。

（一）教育必须为社会主义建设服务，社会主义建设必须依靠教育

1985 年《中共中央关于教育体制改革的决定》提出："教育必须为社会主义建设服务，社会主义建设必须依靠教育。"这句话简洁明了地说明了优先发展与优先满足的相互依赖关系。教育优先满足国家发展需要，在中国既有历史传统又有现实要求。

1. 历史传统。

中国自古就有尊师重教的传统。中国最早的教育专著《礼记·学记》说，"君子如欲化民成俗，其必由学乎"，"是故古之王者，建国君民，教学为先"。这一思想成为儒家文化的一大特点，并被建国者视作立国之本。在 2 000 多年前，西汉的文帝、景帝就主张"以德化民"，通过教化民众维持国家安定；汉武帝则采纳董仲舒"立太学以教于国"的建议，在中央设立最高学府"太学"。到了南宋，儒学集大成者朱熹认为，教育是治国安邦的大计。他引用《礼记·乡饮酒义》中所说的"民知尊长养老，而后乃能入孝弟；民入孝弟，出尊长养老，而后成教；成教而后国可安也"的思想，把"教化人心、治国安邦"推崇到了极致。明清时期，在教育思想中出现了"实学""实用"的思潮，以培养"经世致用"的人才，使教育所培养的人才有益于国家事业。近代，孙中山认为，"学者，国之本也，若不从速设法修旧起废，鼓舞而振兴之，何以育人才而培国脉"，强调教育是立国的基础。陶行知则更坚定地认为，"国民如果受过相当的教育，能够和衷共济，努力为国家负责，国基一定稳固"，并在中国现代史上开展了一场声势浩大的"平民教育"运动。满足国家发展需要厚植于中国教育的历史传统之中。

2. 红色基因。

中国共产党的创始人之一李大钊很早就主张教育家应当"为社会传播光明的种子"，认为"知识是引导人生到光明与真实的灯烛"，相信人如果接受了完全的教育，就可以"为国民生活辟出一新径路"。毛泽东更加重视教育服务革命、服务国家的作用，他在 1934 年就说过，"苏维埃必须实行文化教育的革命，解除反动统治阶级所加在工农群众精神上的桎梏，而创造新的工农的苏维埃文化"；他还提出了文化教育的总方针，"使文化教育为革命战争与阶级斗争服务，使教育与劳动联系起来，使广大中国民众都成为享受文明幸福的人"。在抗日战争时期，毛泽东强调"伟大的抗战必须有伟大的抗战教育运动与之相配合"。1942 年，他强调在当时陕甘宁边区的条件下，经济和教育是两大中心工作，"离开经济工作而谈教育或学习，不过是多余的空话"。1957 年，毛泽东在他的著名文章《关于正确处理人民内部矛盾的问题》中写道："我们的教育方针，应该使受教育者在德育、智育、体育几方面都得到发展，成为有社会主义觉悟的有文化的劳动者。"这一方针也成了中国共产党一以贯之的教育指导思想。

3. 国际竞争需要。

进入20世纪90年代后，面对国际形势的变化，国家领导人认识到，“当今世界政治风云变幻，国际竞争日趋激烈，科学技术发展迅速，世界范围的经济竞争、综合国力竞争，实质上是科学技术的竞争和民族素质的竞争”，并指出，“从这个意义上说，谁掌握了面向21世纪的教育，谁就能在21世纪的国际竞争中处于战略主动地位。为此，必须高瞻远瞩，及早筹划我国教育事业的大计，迎接21世纪的挑战”。

进入21世纪以后，中国领导人进一步强调，“当今世界正处在大发展大变革大调整时期。世界多极化、经济全球化深入发展，科技进步日新月异，人才竞争日趋激烈。我国正处在改革发展的关键阶段，经济建设、政治建设、文化建设、社会建设以及生态文明建设全面推进，工业化、信息化、城镇化、市场化、国际化深入发展，人口、资源、环境压力日益加大，经济发展方式加快转变，都凸显了提高国民素质、培养创新人才的重要性和紧迫性。中国未来发展、中华民族伟大复兴，关键靠人才，基础在教育”，并且很有危机感地指出，面对以上机遇与挑战，“教育还不完全适应国家经济社会发展和人民群众接受良好教育的要求”，要求深化教育改革，使教育能够更好地适应国家发展、提高国际竞争力的需要。

（二）扩大规模、调整结构、提高质量，满足国家发展需要的三个台阶

1. 扩大教育规模，解决有学上的问题。

在改革开放之初，中国劳动年龄人口平均受教育年限不到5年。在适龄儿童、青少年中，只有10％左右的人能上幼儿园，60％的能上初中，20％的能上高中，1％的能上大学。父母希望孩子有学上，国家则需要“多出人才，出好人才”。因此，扩大教育规模，提高三级教育的毛入学率，是中国改革开放以后教育面临的首要任务。为此，中国采取了优先发展九年义务教育，高中与高等教育分步推进的策略。

（1）普及义务教育。1980年，《中共中央、国务院关于普及小学教育若干问题的决定》颁布，提出“在80年代，全国应基本实现普及小学教育的历史任务，有条件的地区还可以进而普及初中教育”。1985年，《中共中央关于教育体制改革的决定》指出，“我国基础教育还很落后，这同我国人民建设富强、民主、文明的现代化社会主义国家的迫切要求之间，存在着尖锐矛盾”，为改变这一状况，要“把实行九年制义务教育当作关系民族素质提高和国家兴旺发达的一件大事”。1986年4月，《中华人民共和国义务教育法》通过，国家以立法的形式确定了中国实施九年制义务教育。从此，中国迈开了普及义务教育的三大步：

第一步：1992年10月，中国共产党第十四次代表大会提出，“到本世纪末，基本扫除青壮年文盲，基本实现九年制义务教育”；1994年具体化为“双八五”，即

到20世纪末，在占全国总人口85%的地区普及九年义务教育，初中阶段毛入学率达到85%。

第二步：2004年，国家实施西部地区“两基”攻坚计划（2004—2007年），并于2007年底如期实现“两基”人口覆盖率提高到2007年的98%。2011年11月，中国所有县级行政单位和省级行政区划全部通过了普及九年义务教育和扫除青壮年文盲的国家验收，完成了历史性的战略任务。

第三步：宣布“从2008年秋季学期开始，全部免除城市义务教育阶段公办学校学生学杂费”，学生上学不花钱成为现实。

（2）提高高中教育普及水平。由于人口多，底子薄，中国在推进普及九年义务教育的同时，只能少量地有重点地办好一批高中。随着“普九”工作的不断推进，普通高中教育发展滞后的问题进一步凸显。为此，1993年《中国教育改革和发展纲要》首次提出：“大城市市区和沿海经济发达地区在基本普及九年义务教育基础上，积极普及高中阶段教育。”此后，普通高中招生规模、在校生数逐年增长，初中升高中的升学率由1990年的40.6%增长到2000年的51.2%，高中毕业升学率由1990年的27.3%上升到2000年的73.2%。

进入21世纪后，中国高中教育发展进入了快车道。2001年，《国务院关于基础教育改革与发展的决定》发布，要求“大力发展高中阶段教育，促进高中阶段教育协调发展。有步骤地在大中城市和经济发达地区普及高中阶段教育”。到了2016年，高中教育毛入学率提高到87.5%。2017年教育部、国家发展改革委、财政部、人力资源社会保障部等四部门发布《高中阶段教育普及攻坚计划（2017—2020年）》，提出了到2020年高中教育入学率达到90%的目标。

（3）完成高等教育的大众化。从20世纪80年代到90年代中期，中国高等教育毛入学率长期在5%左右徘徊。1994年，《〈中国教育改革和发展纲要〉实施意见》的提出，加快了高等教育发展的进程。该实施意见指出：“到2000年全国普通高等学校和成人高等学校本专科在校生达到630万人左右，其中本科生180万人，专科生450万人。18～21岁学龄人口入学率将上升到8%左右。”但到了90年代后期，高等教育适龄人口的就业压力和升学呼声空前高涨，为了应对这种迅速变化的形势，从1999年开始，中国实施扩大高等学校招生计划，将普通高校年度招生规模从1998年的108万人扩大到159.68万人，扩招了近50%，然后连续三年递增45%。经过连续几年的扩招，到2002年全国普通高校招生人数扩大到320.5万人，高等教育毛入学率迅速提高到15%以上，高等教育进入大众化阶段[①]。进入21世

①在历史上，美国用30年、韩国用14年、日本用23年、巴西用26年时间实现了高等教育毛入学率从5%到15%的飞跃，而中国用了十余年的时间实现了高等教育毛入学率由1990年的3.4%提高到2002年的15%。

纪后，高等教育毛入学率持续提高，在 2016 年达到 42.7%。由于中国实施计划生育的原因，高等教育适龄人口自 2008 年逐年下降，预计到 2020 年高等教育毛入学率将达到或超过 50%（图 1）。

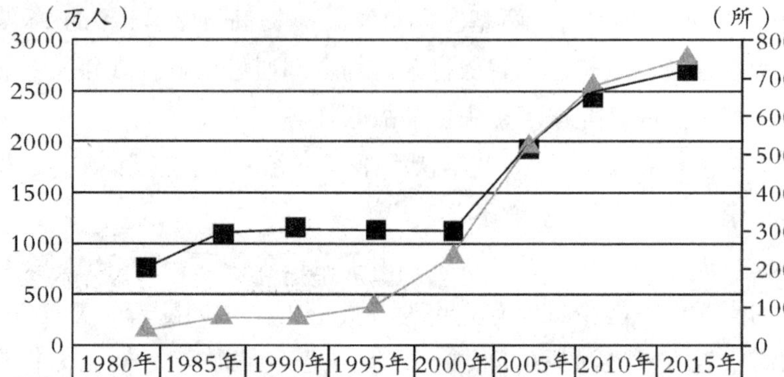

	1980年	1985年	1990年	1995年	2000年	2005年	2010年	2015年
■ 普通高等学校数（所）	675	1 016	1 075	1 054	1 041	1 792	2 358	2 560
▲ 普通高校招生数（万人）	28.12	61.92	60.89	92.59	220.61	504.46	661.76	737.85

图 1　1980—2015 年主要年份普通高等学校数、普通高校招生数

2. 调整结构，适应国家经济结构转变。

在改革开放之初，中国还是一个农业大国，70%的人口在农村。1980 年，我国第一产业、第二产业、第三产业在 GDP 中的比例分别是 30.1%、48.5%、21.4%。改革开放 40 年来，随着生产力水平的提高和城镇化的推进，中国城镇化率到 2016 年已超过 55%，三大产业占 GDP 的比例变成了 8.6%、39.8%、51.6%。在产业结构调整中，中国经济发展对人力资源的需要也发生了相应变化。为了顺应这种要求，中国的教育结构也在不断变化。

（1）调整普职结构。20 世纪 80 年代初的中国中等教育结构非常单一，“普通高中毕业生除少数升入大学外，每年有数百万人需要劳动就业，但又没有任何专业知识和技能；同时，各行各业亟须技术力量，对招来的新工人还得进行两三年的学徒培训，影响劳动生产率的提高”。1980 年，《教育部、国家劳动总局关于中等教育结构改革的报告》发布，提出了“要使高中阶段的教育适应社会主义现代化建设的需要，应当实行普通教育与职业、技术教育并举，全日制学校与半工半读学校、业余学校并举，国家办学与业务部门、厂矿企业、人民公社办学并举的方针”。1985 年，《中共中央关于教育体制改革的决定》指出，大多数地区的各类高中阶段的职业技术学校招生数要相当于普通高中的招生数，并把构建结构合理且与普通教育相互沟通的职业教育体系作为普职结构调整的重要目标。到 1990 年底，中等职业技术学校由 1978 年的 4 773 所增长到 8 173 所，普通高中与中等职业技术学校的招生比由 1980 年的 3.7∶1 调整到 1.1∶1（图 2）。

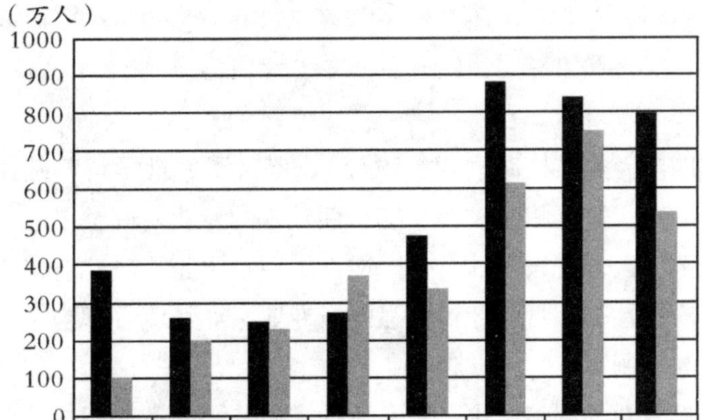

	1980年	1985年	1990年	1995年	2000年	2005年	2010年	2015年
■普通高中招生数（万人）	383.4	257.5	249.8	273.7	472.7	877.7	836.2	796.6
■中职招生数（万人）	104.0	200.9	227.3	373.3	333.4	607.7	752.0	536.6

图2　1980—2015年主要年份普通高中与中等职业教育招生数

与此同时，高等职业教育也迅速发展。到2016年，高职（专科）院校发展到1 359所，占普通高等学校数的52.3%，高职教育已经占据高等教育的“半壁江山”。

（2）调整专业结构。在进行中等教育结构性调整的同时，高等教育的专业结构也进行了重要调整。改革开放以来，中国先后实行了四次高等学校学科专业结构调整。

第一次专业结构调整（1984年）主要是“解决专业划分过细问题，拓宽专业业务范围，以利于加强学科基础，提高教育质量，增强人才适应性”。调整后，高校专业总数由1980年的1 039个下降到1988年的870个，除师范类、文科类、政法类、体育类和艺术类专业数量有所上升外，其余六个科类的专业数量有所减少。

第二次专业结构调整（1989年）强调“应讲求投资效益和社会效益，正确处理数量与质量的关系，形成合理的专业结构和布局，避免不必要的重复设置，在保证质量和效益的基础上稳步发展”。经过调整“进一步拓宽了专业口径和业务范围，调整归并了一批专业，充实扩大了专业内涵，形成共计10大学科门类、71个专业类、504种专业，比修订前的专业数减少309种，其中跨学科门类的专业56种，增加了国家亟须的专业，如信息工程、计算机及应用、计算机软件等专业”。

第三次专业结构调整（1997年），“改变了过去过分强调‘专业对口’的本科教育观念，确立了知识、能力、素质全面发展的人才观，对引导高等学校拓宽专业口径，增强适应性，加强专业建设和管理，提高办学水平和人才培养质量，发挥了积极作用”。1998年的专业目录设置了11大门类、71个专业类、249个专业，较上一专业目录专业调减幅度为50.6%。对比新旧目录可发现，本次专业目录调整除新设国家亟须的专业外，还新设了与高新技术产业相关的专业，使材料科学与工程、海洋科学、环境工程、电子科学与技术、信息与计算机技术等专业得到了较快发展。

第四次专业结构调整（2010年），保留了一批学科基础比较成熟、社会需求相对稳定、布点数量相对较多、继承性较好的专业，调整了一批内涵不够清晰、名称不够规范、区分度较小的专业，增设了一批国家战略性新兴产业发展和改善民生亟须以及应用性强、行业针对性强的新专业，如物流管理与工程、电子商务、轨道交通信号与控制等。

经过专业的调整优化，在专业种类中与第一产业相关的专业从1987年的69个下降到2016年的35个；与第二产业相关的专业从1987年的505个下降到2016年的251个；与第三产业相关的专业从1987年的276个上升到2016年的309个。

3. 提高质量，适应国家经济转型。

科学技术的突飞猛进和信息时代的到来，对人的素质提出了更高的要求。中国在提高各级各类教育入学率的同时，也在不断提高人才培养质量规格，调整人才素质的内涵，逐步适应了从粗放型、劳动力密集型经济向集约型、知识密集型经济的转型。

（1）恢复教学秩序，突出“双基”。在经历了十年的“文化大革命”后，中国教育近乎全面瘫痪，学生缺乏基础知识和基本训练。1977年，教育领域进行了拨乱反正，学校教学秩序逐步恢复。1978年1月，教育部发布《全日制十年制中小学教学计划试行草案》，提出“要大力加强文化课教学，教育学生为革命而勤奋学习，学好先进的文化科学基础知识，理论联系实际，逐步具有自学能力和分析能力、解决问题的能力”。同年，教育部试行《全日制中学暂行工作条例（草案）》《全日制小学暂行工作条例（草案）》，指出全日制中学学生的培养目标是“使学生在小学教育的基础上，进一步掌握语文、数学、外国语等课程的基础知识和基本技能，逐步具有自学能力和分析能力、解决问题的能力，具有一定的生产知识，养成爱科学、学科学、用科学的优良风尚”，全日制小学学生的培养目标是“使学生具有初步的阅读、写作和计算能力，具有初步的自然常识和社会常识，培养良好的学习习惯”，同时指出数学课应“加强数学基础知识的教学和基本能力的训练”。学校工作逐渐走上正轨，教育质量的基本体系重新建立起来。

（2）克服片面追求升学率的弊端，突出全面发展。随着基础教育教学秩序和高考制度的全面恢复，中国学生长期被压抑的读书求学的热情空前高涨，学校出现了“只抓升学，忽视对劳动后备军的培养；只抓考分，忽视德育和体育，忽视基础知识和能力的培养”的现象。为此，1983年教育部发布《关于进一步提高普通中学教育质量的几点意见》等文件，要求“改革和加强学生思想政治工作，减轻学生的过重负担，使学生生动活泼地学习，发展智力和能力；教学内容应更好地适应劳动和升学的需要”。1985年的《中共中央关于教育体制改革的决定》进一步指出，国家所需要的人才，都应该是“有理想、有道德、有文化、有纪律，热爱社会主义祖国和社会主义事业，具有为国家富强和人民富裕而艰苦奋斗的献身精神，都应该不断追求新知，具有实事求是、独立思考、勇于创造的科学精神”。1993年，中共中央、国务院颁布的《中国教育改革和发展纲要》提出，各级各类学校要培养德、智、体全面发展的建设者和接班人，强调“中小学要从‘应试教育’转向全面提高国民素质的轨道，面向全体学生，全面提高学生的思想道德、文化科学、劳动技能和身体心理素质，促进学生生动活泼地发展”。这些政策文件都反映了经济社会发展对人的素养的新要求。

（3）面对未来挑战，突出核心素养。1972年，联合国教科文组织发布了《学会生存——教育世界的今天和明天》的报告，分析了人类文明的发展形势，提出了终身教育和核心能力的思想。1996年，联合国教科文组织又发布了《学习——财富蕴藏其中》的报告，提出了学会求知、学会做事、学会共处、学会做人四种核心能力的思想。中国政府强烈地感受到了这种变化和趋势，对人才素质的培养也提出了新的要求。1999年，《中共中央、国务院关于深化教育改革，全面推进素质教育的决定》指出，“当今世界，科学技术突飞猛进，知识经济已见端倪，国力竞争日趋激烈。教育在综合国力的形成中处于基础地位，国力的强弱越来越取决于劳动者的素质，取决于各类人才的质量和数量，这对于培养和造就我国21世纪的一代新人提出了更加迫切的要求。”“面对新的形势，由于主观和客观等方面的原因，我们的教育观念、教育体制、教育结构、人才培养模式、教育内容和教学方法相对滞后，影响了青少年的全面发展，不能适应提高国民素质的需要。”该决定正式提出了“实施素质教育”的重要思想，强调学校教育应“以培养学生的创新精神和实践能力为重点”。2010年，《国家中长期教育改革和发展规划纲要（2010—2020年）》进一步强调，实施素质教育“重点是面向全体学生、促进学生全面发展，着力提高学生服务国家服务人民的社会责任感、勇于探索的创新精神和善于解决问题的实践能力”。2015年，《中共中央关于制定国民经济和社会发展第十三个五年规划的建议》强调，“深化教育改革，把增强学生社会责任感、创新精神、实践能力作为重点任务贯彻到国民教育全过程”，进一步将人的素质培养要求聚焦在学生的关键能力和必备品质等方面。

结语

1978年以后，中国始终以教育现代化为旗帜，以改革开放为先导，立足国情，借鉴国际先进经验，形成了国家优先发展教育、教育优先满足国家发展需要的互动模式，走出了一条追赶和超越世界先进水平的中国道路。

如何理解和处理教育和国家发展的关系，既是国家领导人普遍关心的议题，也是学术界经常讨论的议题。I. Fägerlind 和 L. J. Saha 把国家的发展分为不同的类型（发达资本主义国家、不发达资本主义国家、发达社会主义国家、不发达社会主义国家），进而从经济水平和社会制度两个维度来分析教育与国家发展的关系。他们认为，资本主义国家和社会主义国家在教育与发展关系方面最大的差别是：资本主义国家强调教育是为了实现个体的目标，强调教育的内在价值；社会主义国家则是主张教育是为了实现集体目标，强调教育的工具性价值。对于国家在教育与发展中的角色，他们认为："对于社会主义社会而言，如果大众能够接受发展和合作追求的目标，那么通过教育和其他社会制度的资源动员就很关键。然而资本主义的策略以及教育在其中的角色则具有竞争性的开放市场系统的优势，发展的动机是通过个体的竞争野心而产生的，但是社会主义系统则是强调通过集体的回报而非个体的报酬来激励个体。"

把社会主义与计划经济、集体目标画等号，把资本主义与市场经济、个人目标画等号，这在很长时间里是东西方共同的思维模式。但是这种思维模式已经不能反映和概括今天的实际情况了。邓小平早在1979年就指出："说市场经济只存在于资本主义社会，只有资本主义有市场经济，这肯定是不正确的。"1987年2月，他进一步指出："为什么一谈市场就说是资本主义，只有计划才是社会主义呢？计划和市场都是方法嘛。只要对发展生产力有好处，就可以利用。它为社会主义服务，就是社会主义的；为资本主义服务，就是资本主义的。"1994年，中国共产党第十四次全国代表大会在历史上第一次明确提出了建立社会主义市场经济体制的目标，把社会主义基本制度和市场经济结合起来，建立社会主义市场经济体制，这是一个历史创举。社会主义市场经济既坚持国有经济主导、集体目标优先的原则，同时强调保护私有财产、尊重个体利益、鼓励市场竞争、激发个人活力。改革开放以来，中国在教育上也努力在个人发展和集体目标之间保持最大的张力。正如《国家中长期教育改革和发展规划纲要（2010—2020年）》所要求的那样：坚持德育为先，立德树人，把社会主义核心价值体系融入国民教育全过程；坚持能力为重，着力提高学生的学习能力、实践能力、创新能力；坚持全面发展，做到文化知识学习与思想品德修养的统一、理论学习与社会实践的统一、全面发展与个性发展的统一。美国教育经济学家曾满超（Mun C. Tsang）明显认识到了这一点，他说，改革开放以后，中国共产党要集中力量发展经济，但同时也要解决社会公平公正、政治理论发展等问题，这些构成了教育系统发展的广阔社会历史环境；中国共产党在经济政治等方面的发展成就已经展现了其适应社会变革的能力，未来将可能进一步强化对政府、社会的控制力并影响着未来社会变革的方向和步调；在这个过程中，教育依然是国家发展所需的科学技术、人力资源的基础，教育政策要对培养什么人、怎么培养人以及教育内容等做出回应，因此，教育有间接影响国家发展政策的机构部门的潜力。

中国具有尊师重教的历史传统。不管是在社会繁荣发展时期，还是国家危机时期，中国都始终重视培养人才和兴办教育。改革开放以后，中国更是创造了“三个优先”和“三个增长”的教育发展模式，为中国国家现代化提供了丰富的人力资源，把巨大的人口负担转化为了社会财富；同样的，中国历来关注教育的社会价值，把满足社会、满足国家发展需要作为教育的第一使命，并且根据社会发展的需要，及时向教育传递需求信息、提出工作要求、制定相关政策，与优先发展政策互相促进。

“双优先”模式不是一次成型的，也不是简单的线性延续，而是在多次社会巨变与国家承担能力的发展过程中逐渐清晰起来的；两者之间相辅相成的作用也是在发展中形成的。近十年来，这种“双优先”模式及其互相强化的作用更加明显。在可见的将来，“双优先”模式将有助于继续深入推进中国国家和教育的现代化。

试论教育行政学的学科体系[①]

/
萧宗六

新中国成立后，我国把民国时期的教育行政学改称为教育管理学。20世纪80年代初，我国学者认为，教育管理学可分为教育行政学和学校管理学两门新学科。前者主要研究国家教育行政部门对教育事业的领导与管理，后者主要研究学校内部的管理。这两门新学科已分别出版了不少专著。这种分法，在教育管理的学者当中已取得共识。1985年出版的《中国大百科全书·教育卷》已把教育管理学正式列为教育科学的分支学科之一。

教育行政学与学校管理学两门学科又有分化趋势。教育行政学的有关内容，已经或正在分化为教育法学、教育政策学、教育财政学、教育督导学、教育评价学、教育管理哲学、教育管理心理学、中外教育行政比较等。学校管理学也有分化趋势，如小学管理、中学管理、高等学校管理、德育管理、总务工作管理等。

随着科学技术的发展和社会的进步，教育日益受到重视，教育事业正加快发展，教育管理的分工也越来越细，因而出现教育管理的学科群是很自然的。

教育行政学是一门实践性很强的学科。而实践是动态的，要形成完整的体系是很困难的。这门学科在我国虽然已有半个多世纪的历史，但学科体系并未形成。综观我国20世纪30年代和40年代出版的教育行政学著作，就各有各的体系。30年代的代表作是杜佐周的《教育与学校行政原理》，40年代的代表作是罗廷光的《教育行政》。这两本书除分“教育行政”与“学校行政”两编相同外，其他内容和体系有很大不同，谈不上哪本书的体系是完整的、科学的。

台湾学者黄昆辉著的《教育行政与教育问题》和林文达著的《教育行政学》，在学科体系上迥然不同。黄著分“教育行政”和“教育问题”两篇，第一篇“教育行政”论述了十五个问题，即现代教育行政的新观念、现代教育行政的特征、教育行政学的发展趋势、教育行政决定理论述要、教育行政领导形式、学校行政领导原理、发展才赋的学校行政任务、学校建筑与设备的心理学基础、教育计划的意义、

①全文摘录。文章来源于《课程·教材·教法》1995年第10期。

教育计划的新趋势、教育计划的方法、论教育与经济的结合、教育经费运用的原则、视导工作的新趋势、教育视导的基本策略。这十五个问题，还包括学校管理问题在内。第二篇“教育问题”，论述了十七个问题。全书未分章节，完全是论文式的。林著《教育行政学》共分十一章，各章题目如下：教育行政学的建立与发展、教育行政学的意义与范围、教育行政目的、教育计划、教育组织及其架构、教育资源运用的基本概念、教育经费的筹措与分配、教育事务管理、教育人力的培养与运用、教育领导、教育评鉴。其中第三、五、七章同外国做了比较，写了各国教育行政目的、各国教育行政组织的架构、各国教育经费筹措与分配的实际。黄著与林著的教育行政学差别如此之大，哪一个形成了“完整的学科体系”？恐怕很难评说。

日本研究这门学科比我国稍早些。而日本学者久下荣志郎编著的《现代教育行政学》的序言中第一句话就说：“教育行政学是一门新学科。”新学科意味着是不成熟的学科。他继续说：“教育行政学作为一门学科，其发展还落后于其他领域，在学科体系上还有许多可争议之处。”他并不认为日本的教育行政学已经形成“完整的体系”。他认为要形成完整的体系必须依据三条原理：第一是“理论化”，即如何使教育的内在逻辑同教育的组织作用的逻辑相结合的问题；第二是“体系化”，即如何使教育行政的全部内容形成体系的问题；第三是“现代化”，即对不断变化的现实进行分析，掌握其方向的问题。作者认为，按照上述要求来编书，“很难完成这一艰巨任务”。

苏联教育行政学的研究，没有受到重视。苏联学者帕纳钦在1977年著的《苏联的教育管理》一书中承认：“学校管理学通常被理解为教育学的一部分，主要是阐述照料校舍、设施和相应财物，以及保管教具等实际问题”“科学研究机构对学校管理问题还没有给予足够的重视。中央和地方出版社很少出版学校管理方面的书籍……有关单位很少举行学校生活管理方面的理论和科学实践讨论会，高等师范院校和综合性大学的科学著作和学报中，以及教育报刊上也很少发表这方面的材料。”由此看来，苏联的教育行政学，更没有形成完整的体系。

我国十多年来教育行政学的研究，虽然落后于学校管理学的研究，但取得了长足的进步。已出版的各种版本的教育行政学，在内容结构上各有特色。但是还远未形成完整的学科体系。久下荣志郎一方面承认，要建立现代教育行政学完整的体系是很困难的，但是他又说：“对学生来说，则必须了解这门学科的整个体系，掌握它的构成原理。因此，本书（指久下荣志郎编著的《现代教育行政学》）在内容上尽可能地考虑到有关教育行政的发展理论，它的全部研究对象，以及各种现实问题的实践方向。”我们也是这样考虑的，尽管现在还没有公认的教育行政学的完整体系，但我们总不能把杂乱无章的教育行政学知识教给学生。

一般说来，比较成熟的学科，应有比较完善的、稳定的学科体系。教育行政学尽管还不是一门成熟的学科，但并不影响它成为一门独立的学科，因为它有特定的研究对象和范围。例如，教育学的历史比教育管理学要久远得多，而教育学的学科体系，迄今为止还不能说已经达到科学的、完美无缺的地步。同样的道理，这并不影响教育学早已成为一门独立的学科。

教育的主要作用，是为社会主义现代化建设培养人才。教育的这种作用必须通过教育行政活动才能发挥出来。许多学者认为，构成教育行政活动有三个要素：一是教育行政的主体，即各级教育行政机关及其工作人员；二是教育行政的客体，即管理的对象，包括下级教育行政机关及其行政人员；三是教育行政手段，即联结主体与客体的纽带，主要指计划、组织、法规和信息等。教育行政的作用，在于使教育行政的主体通过一定的手段和方法作用于客体，以实现国家的教育目标。

我们赞成上述说法，因为这种说法是符合实际的。而且我们认为可以根据上述说法构建教育行政学的学科体系。即教育行政主体＋教育行政客体＋教育行政手段与职能。

教育行政手段与教育行政职能往往是相辅相成，不能截然分开的。没有教育行政手段的运用，就无法履行教育行政职能；同样，教育行政手段如不用来履行教育行政职能，教育行政手段也就失去了它存在的价值。例如教育政策，从教育政策的制定来看，它是教育行政的一种职能；但从教育行政的执行来看，它又是教育行政的一种手段，即运用教育政策，达到教育行政的目的。

教育行政的主要手段与职能，包括教育方针、政策与法规，教育行政执法、教育规划、教育督导、教育评价、教育信息统计与发布、教育科学研究等。这些手段与职能之间有其内在的逻辑联系，它们共同构成了教育行政主体与教育行政客体之间的中介桥梁。

这样构建起来的学科体系，有如下三个特点：一是能体现教育行政学的学科性质。作为一门应用学科，教育行政活动的基本要素及其相互之间的关系，应是教育行政学当然的研究对象和范畴。二是学科体系系统性强，逻辑严密，表达简洁明了。三是有利于学科研究密切联系实际，指导实践活动，促进教育行政活动的科学性和有效性。

按照这个体系，我们主编的《中国教育行政学》，共分以下十六章：

第一章　绪论

第二章　教育行政体制

第三章　教育行政机关

第四章　教育公务员

第五章　学校教育制度

第六章　教育人员管理

第七章　教育财政

第八章　教育设施

第九章　教育方针、教育政策和教育法规

第十章　教育行政执法

第十一章　教育规划

第十二章　教育督导

第十三章　教育评价

第十四章　教育信息统计与发布

第十五章　教育科学研究

第十六章　教育行政的国际比较

除绪论外，第二、三、四章为教育行政的主体，第五、六、七、八章为教育行政的客体，第九章至第十六章为教育行政手段、方法、职能等，即教育行政的中介条件。

学科体系的构建，可以有多种逻辑起点。从不同逻辑起点出发设计的学科体系，各有不同的特点。我们主张“三要素”说，是因为教育行政活动是由教育行政的主体、教育行政的客体和中介条件构成的。这样构建起来的学科体系，比较完整、比较科学、比较稳定，可以在实践中检验。

论教育管理学的学科体系①

/
孙绵涛

一、 教育管理学的著作体系

（一）作为一门学科的教育管理学的著作体系

作为一门学科的教育管理学的著作体系，是有着严密的逻辑范畴的理论体系。它是通过著作者的认识逻辑而展开的。范畴是基于人们对事物的理性认识而产生的最基本的概念，范畴与范畴之间的层次递进关系构成了范畴的逻辑，沿着这种范畴的逻辑展开就形成了一定逻辑的范畴。《资本论》的体系就是一种著作体系，它的基本范畴是商品、价值、使用价值、剩余价值、资本等。这些都是反映资本主义经济的最基本的范畴，它们之间有着严密的递进关系，形成了严密的范畴逻辑。《资本论》就是沿着这种范畴间的逻辑而展开形成的有一套逻辑范畴的经济学鸿篇巨制。我们要构建教育管理学的著作体系，就应找到能揭示教育管理现象的基本范畴及其逻辑关系。笔者曾经在《论教育管理学的研究对象》一文中，运用历史与逻辑统一的方法，指出教育管理现象是由教育管理活动、教育管理体系、教育管理机制、教育管理观念 4 个范畴所组成的，对这 4 个范畴的理论进行研究，就构成了教育管理学的活动、体制、机制、观念 4 个理论范畴。据此，笔者不揣浅陋地认为，教育管理学的著作体系是由教育管理活动、教育管理体制、教育管理机制、教育管理观念这 4 个范畴所组成的体系。它包括五论：第一，教育管理学概念，主要论述教育管理学的研究对象，教育管理学的学科体系，教育管理的产生、发展及当代教育管理的发展趋势等；第二，教育管理活动论，主要论述教育管理活动的职能、内容、过程及方法；第三，教育管理体制论，主要论述教育管理体制的含义、内容及结构，教育管理组织机构及其职责权限，教育管理体制改革等；第四，教育管理机制论，主要论述教育管理机制的含义、类型及教育管理机制的改革；第五，教育管理观念论，主要论述教育管理观的含义，教育管理观在整个教育观中的地位和作

①全文摘录。文章来源于《高等教育研究》1999 年第 1 期。

用，教育管理观的结构、传统及现代的教育管理观。

（二）作为一个学科群的教育管理学的著作体系

作为一个学科群的教育管理学的著作体系，称之为教育管理学的著作层次体系。所谓著作层次体系是指由严密的学科范畴所组成的体系。学科范畴是指一门学科在其产生和发展过程中，标志着这门学科由低级到高级的发展，从而区分这门学科不同层次发展水平的那些范畴。一门学科的产生是有一个过程的。如路甬祥在《科学的历史与未来》一文中认为，一门学科的创立要经过有重大意义的新物种、新现象、新规律的发现；有重大影响的研究的提出；一种新的科学理论的创建这样一个过程。一门学科创立以后，在它以后的发展过程中，有没有一个反映这个学科发展阶段及其水平的范畴呢？我们认为是有的，不同的学科，在其发展过程中，其理论的性质及形态总是有差别的，因而就会产生反映这些学科理论的性质及形态的学科范畴。如在西方教育理论界，依据教育理论不同的性质与形态，将教育学科区分为“教学艺术”和“教育科学”，后来谓之“实践的教育学”和“理论的教育学”。德国当代元教育学研究学者布雷岑卡在教育学科范畴两分法的基础上，进一步提出教育学科理论范畴的三分法，他认为教育是由教育科学、教育哲学及教育行为学或称实践的教育学 3 个层次的学科所组成的。我国学者陈桂生在三分法的基础上进一步提出了四分法的观点，认为教育学科是由教育技术理论、教育科学、教育价值理论、教育规范理论 4 个不同层次的学科范畴所组成的。笔者引证上述观点，无意对这些观点进行评述，只是想说明，既然作为一个学科群的教育学在其产生和发展过程中依据其不同的性质及形态也会形成不同的学科范畴。笔者认为，教育管理学的学科层次范畴依次为现象学层次的教育管理学，元学层次的教育管理学和方法学层次的教育管理学。我们可以将这 3 个层次的教育管理学依次称为教育管理现象学，教育管理元学和教育管理方法学。

教育管理现象学是研究教育管理现象的学问。我们这里讲的现象学不同于西方哲学史上的现象学。西方哲学史上的现象学是研究意识现象的学问。如黑格尔的《精神现象学》，是研究绝对精神的依次更迭的具体表现形式的。与哲学上讲的现象学相反，我们这里讲的现象学指的是研究不依赖于人的主观意识而存在的客观现象的学问。因此，准确地说，教育管理现象学以客观存在的教育管理现象作为自己的研究对象。虽然这种教育管理现象是由人的主观意识的作用而产生的，但它一经产生，就形成了一个相对独立的客观存在，我们可以对这个存在进行研究。这里，并不去研究我们的意识是怎样认识这个客观存在的，否则，就把意识作为研究对象了。教育管理现象的研究，根据我们的理解，应该以教育管理活动、教育管理体制、教育管理机制和教育管理观念作为自己的研究对象。

教育管理元学是研究教育管理现象学的学问，它以教育管理现象学作为自己的研究对象。我们提出教育管理元学这个学科范畴，是建立在元理论基础之上的。弄清楚元理论，有助于我们对教育管理元学的理解。以下我们以元教育理论或元教育学为例做一简要说明。

什么是元教育学的任务呢？德国学者布雷岑卡认为："教育的元理论是描述、批评、规范那些论述教育的陈述系统的理论。尽管人们认为这些陈述系统等于知识，但不能事先对这种主张是否或在何种程度上为真做出判断。因此，必须对陈述系统逐个检验。这样的检验需要标准、规则和规范。为了找到这些标准、规则或规范，权衡它们相对的优劣，精确地定义和评价它们成了教育的元理论的根本任务。"可见，元教育理论是以建立某种标准规则来权衡教育理论的优劣作为自己的任务的。什么是元教育学的研究对象呢？布雷岑卡认为，元教育学"不是把教育现象（教育）而是把教育理论（educology，又译教理学）作为研究对象"。我国学者陈桂生认为，元教育学"撇开教育学陈述的历史内容，只关注教育学陈述的形式问题。"可见，元教育学以教育理论而不是以教育现象作为自己的研究对象，因为教育现象是教育学的研究对象。元教育学研究教育理论，但不是研究它的全部，而只是研究这种理论陈述的形式是否科学合理。元教育学用什么方法去研究教育理论呢？用元语言（又称形式语言）对教育理论的形式做语义分析和语形分析。元语言是和对象语言相对的一种语言。对象语言是以教育现象为研究对象所使用的语言，属于对象理论的范畴；而"元语言"则把"对象语言"作为分析对象，它是以教育理论为研究对象时所使用的语言，属于元理论的范畴。用语义分析的方法对对象语言所阐述的概念和命题进行解释，然后用语形分析的方法，把有意义的概念和命题建立起一种形式系统，元理论得以确立。根据以上对元教育理论的分析，我们认为教育管理元学是以建立一种标准、规则为目的，以教育管理理论的陈述形式为研究对象，并以逻辑分析的方法来构建元语言形式的学问。

教育管理方法学是从方法论的角度，在研究教育管理现象学和教育管理元学过程中所形成的学问。它不是以教育管理现象和教育管理理论作为自己的研究对象，而是以在研究教育管理现象和教育管理理论过程中所使用的方法作为自己的研究对象，通过比较这些方法的同异、优劣来发现规律，并将这些发现加以系统化。

美国学者卡尔伯斯顿在《教育管理研究对其知识基础的百年探索》一文中，对教育管理学从19世纪末产生至今100年间的研究历程进行了探索。他认为，100年来，教育管理研究在对自身科学性的追求中，扣住了时代的脉搏，逐步走向成熟，在方法论上体现了一些共同的规律。第一表现在科学含义的变化上。在第一阶段（1875—1900年），实践者所设想的教育管理研究，思辨的科学观占主导地位；第二阶段（1901—1925年），教育管理研究寻找立足点和新视野；第三阶段（1926—1950年），教育管理研究的扩大和深化，实证主义盛行；第四阶段（1951—1966

年），教育管理研究向科学化跃进，逻辑实证主义抬头；第五阶段（1967—1985年），教育管理研究成为一个设防的概念，人文主义的观点居显著地位而实证科学的观点滑坡。从一个世纪前，哈里斯强烈反对实证主义的信条以来，教育管理研究在此画了一个圆圈。第二表现在探究观念和方法的变化上。第一阶段，研究的范畴涉及整个文明的过去与现在；第四阶段逻辑实证主义则强调过分狭隘的主题；而第五阶段反对简化论的改革者又倾向于全面的观念。随着探究观念的变化，具体研究方法也在发生变化。教育管理研究的整个历程经历了演绎法向归纳法的过渡，归纳法又向演绎推理法的过渡。在探究中，“是——应该”的关系的观点也同样经历了周期性的变化：在思辨哲学中，两者密切相关，此后实证主义把它们分开来，接着实用主义仍把它们放在一起，后来逻辑实证主义又把它们分开，近来批判理论则再次寻求它们的统一。第三表现在对社会科学的运用态度的变化上。最初是稍有意识，后来是广泛运用。最近人们虽然尖锐地批评并拒绝了逻辑实证主义所界定的社会科学，但仍支持解释性、批判性地运用社会科学。第四表现在探究的一般结果和证实知识的方式的变化上。比如，管理的概念在每个阶段都有所变化。第一阶段，强调课堂管理；第二阶段，指的是一种普遍的职能；第三阶段，指的管理专门化功能；第四阶段，是就管理而论管理的观念指导着探究和理论的发展；最近，随着探究途径的多元化，管理的概念也多样化了。

二、 教育管理学的教材体系

（一）作为一门学科的教育管理学的教材体系

教育管理学的教材体系，也是由在范畴的逻辑基础上展开而形成的具有一定逻辑范畴的理论体系。它与教育管理学的著作体系的区别在于这种体系的构建，除考虑教育管理理论自身的逻辑以外，还得考虑施教者和受教者的认识逻辑，以便于施教者的教和受教者的学。目前看到的美国高校使用的教育管理学，英文一般称之为School Administration或Educational Administration，其内容多讲的是如何运用科学的管理理论、行为科学理论和现代管理理论去研究教育管理问题，缺乏自身的范畴体系。日本没有统一的教育管理学，一般是分为教育行政学和学校经营学两个学科来分别阐述教育管理问题。我国20世纪三四十年代也没有教育管理学。这可能是受日本的影响，那时的教育管理学一般称为教育行政学。在教育行政学中既论述国家宏观的教育管理问题，也论述微观的学校管理问题。80年代以后我国出了几本高校使用的教育管理学教材。其体系一般由3部分组成。第一部分为总论，第二部分为教育行政论，第三部分为学校管理论。总论主要研究教育管理学的研究对象及学科体系，教育管理学的产生与发展，教育管理的原则、职能与方法。教育行政论首先要研究教育行政的组织与运作，包括教育方针、政策与教育法规；教育预测与教育规划；教育体制；教育人事行政、教育财务行政、教育业务行政，教育督导与教育评价。其次要研究教育行政的领导与效能，包括教育行政领导、教育行政咨询与决策、教育行政效率与效益。学校管理论主要研究学科管理目标、学校管理内容、学校管理过程、学校管理体制。

我们认为，上述这些教材都还不是一种教材体系，因为它们都不是具有严密的逻辑范畴的理论体系。它们是一种工作经验体系。为什么到现在为止还没有形成真正意义上的教育管理教材体系呢？这还得从教育管理学的著作体系与教材体系之间的关系来进行分析。一般说来，教材体系是建立在著作体系之上的。也就是说，先要有某门学科的著作体系，然后才产生某门学科的教材体系。现有的哲学、经济学、物理学、化学等学科的教材体系之所以比较成熟，是因为它们都是建立在大量的哲学、经济学、物理学、化学的著作体系基础之上的。教育管理学从它产生之日起就不太重视其理论范畴的研究，一般都是对教育管理工作的经验的总结。由此可以说，当前没有真正意义上的教育管理学教材体系，是因为没有真正意义上的教育管理学的著作体系所造成的。要改变这种状况，提高教育管理学教材的理论层次，不应在现有的教材上“编”来“编”去，而要在教育管理学的理论研究上下功夫。只有产生了大量的具有深厚理论基础的教育管理学专著，比较成熟的教育管理学的教材才有可能问世。

（二）作为一个学科群的教育管理学的教材体系

作为一个学科群的教育管理学的教材体系，又分为教育管理学的教材层次体系和专业教材体系。教材层次体系是在著作层次体系基础上产生的。因此，教材层次体系包括现象学的教材、元学的教材和方法学的教材。而专业教材体系则是根据专业培养目标的需要，依据人才培养的规格，在一门学科的教材和教材层次体系的教材中加以选择而构成的体系。这种专业教材体系目前一般分为基础学科、专业基础学科和专业学科3个层次。这3个层次应由哪些学科组成呢？有人说，要回答这个问题，首先要明确教育管理是姓“教”还是姓“管”，还是既姓“教”，又姓“管”。教育管理“姓”不同，它的专业教材体系也不同。其实，教育管理“姓”什么是无关紧要的，教育管理无论“姓”什么，都要受“教育”与“管理”的影响。因而教育管理学的专业教材体系既要体现管理的要求，也要体现教育的要求。按照这种理解，教育管理专业的基础学科一般包括政治学、经济学、法学、社会学、行政学、教育学、心理学、教育史、管理学、管理心理学、管理史等学科。教育管理的专业基础学科包括教育行政学、学校管理学、教育评价学、教育统计与测量、教育管理史、比较教育管理学、教育管理心理学、教育政治学、教育经济学、教育管理哲学等学科。教育管理专业的专业学科可以从两个方面展开说明，一是从教育行政学（研究宏观教育管理的学问），它包括教育政策学、教育法学、教育财政学、教育人事行政、教育规划、教育督导等。二是从学校管理学（研究微观教育管理的学问）看，从学校教育层次来说，有学前教育管理学、中小学学校管理学、高等学校管理学；从学校教育内容看，有普通学校管理学和职业技术学校管理学；从学校主办单位看，有私立学校管理学和公立学校管理学；从教育的对象看，有成人学校教育管理学和青少年、儿童学校教育管理学和特殊学校管理学；从地域看，有农村学校管理学和城市学校管理学；从形式看，有正规学校管理学和非正规学校管理学；从学校管理的内容看，有学校教育管理、学校德育管理、学校人事管理、学校后勤管理、学校教师管理、学校学生管理等。

然而上述这种划分专业教材体系的做法是欠科学的。因为它只考虑了培养人才需要的知识结构，适应培养人才规格的需要这一个因素，而没有考虑这种培养人才需要的知识结构本身的一些因素。一般来说，对专业教材体系中基础学科、专业基础学科与专业学科的教材，研究它们是属于哪个层次的教材，是属于现象学层次的教材，还是属于元学层次和方法学层次的教材是很重要的。因为不同层次的教材对人的培养规格的影响是不一样的。按照笔者的理解，培养本科及其以下层次的人才，应以现象学层次的教材为主；培养研究生层次的专业人才，应以元学和方法学的教材为主。因为本科及其以下层次人才的主要任务是打好知识基础，所以掌握系统而全面的现象学知识对他们来说最为需要。而研究生层次人才的主要任务是进行科学研究，因此掌握元学和方法学对他们来说就显得特别重要。在现行的一些大学本科和研究生专业的教材体系中，我们可以隐约看到两个层次教材的区别，如本科专业教材多为“×××学”，而研究生专业教材多为“×××研究”或“×××专题”等。由此看来，在构建专业教材体系时，还必须考虑不同层次人才培养规格与不同层次教材之间的关系，根据不同专业人才的培养规格，配之以不同层次的教材，形成科学合理的专业教材体系。

以上探讨了教育管理学的著作体系，包括一门学科和一个学科群的著作体系；探讨了教育管理学的教材体系，包括一门学科和一个学科群的教材体系，并对这几类学科体系之间的关系进行分析，以下用一简图对它们之间的关系做一概括性说明。

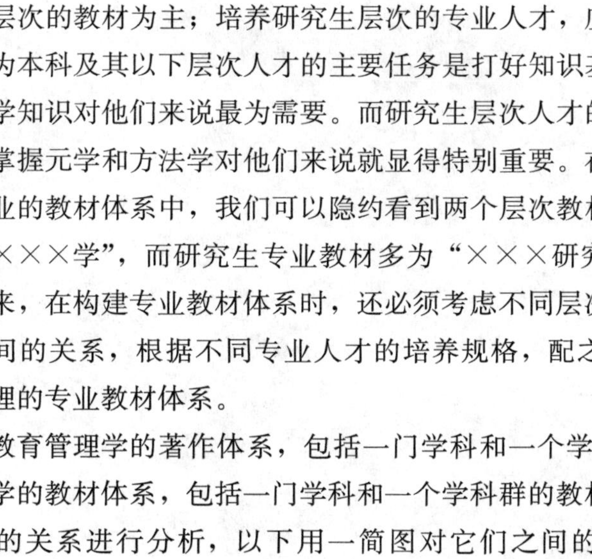

图 1　学科体系结构图

由上图可以看出，学科体系包括著作体系与教材体系两类。一般来说，先有著作体系，再有教材体系。在著作体系中，包括一门学科的著作体系和作为一个学科群的著作层次体系，一般来说，著作层次体系是在一门门学科著作体系的基础上形成的。在教材体系中，包括一门学科的教材体系和作为一个学科群的教材层次体系和专业教材体系。一门学科的教材体系是在一门学科的著作体系及学科群的著作层次体系基础之上形成的，一个学科群的教材层次体系是在一门门教材体系基础之上形成的，而专业教材体系则是在一门学科的教材体系和教材层次体系基础上产生的。

我国教育管理体制改革的走向及其分析[①]

谢维和

一

纵观10余年来我国教育管理体制改革的历程，我们不难发现，它基本上是沿着三个走向展开的。

第一，从高重心向低重心的转移。即通过权限下放，改变过去整个国家的教育活动的管理权都高度集中于中央政府和中央教育行政管理部门的状况，给予地方政府和学校自身更多的管理权和自主权。其重要手段之一在于，它反映了管理权限在原有体制内从上到下的变化，只是把管理的重心由中央下移到地方各级政府和学校，而并未超出原有体制范围。

这一走向主要反映在两个方面。其一，地方各级政府对本地方教育活动的管理权限的扩大。过去，无论是学校的建设、专业的设置和学科的调整，还是课程、教材、教学大纲与教学计划的审定，包括各种教育经费的拨付与使用，等等，基本上是由中央政府和中央教育行政管理部门集中统一管理，地方政府和教育行政管理部门的管理权限十分有限，更多的只是扮演一个执行者的角色。这一管理模式与当时的计划经济体制是相吻合的，在特定历史时期，它对于较好地利用教育资源，维护教育活动的有序性，也是必要的。但是，这种模式不利于发挥地方办学的积极性，难以适应随着社会发展和分化而出现的不同地区之间的差异；由于信息收集和掌握上的困难，也常常影响管理的效率。为此，在教育管理体制改革中，中央政府明确规定了基础教育管理权属于地方政府所有。除了大政方针和宏观规划由中央决定外，具体政策、计划的制定和实施，以及对学校的领导、管理和检查的权力和责任，都交给地方。《中国教育改革和发展纲要》则更进一步提出“省、自治区、直辖市政府有机决定本地区的学制、年度招生规模、确定教学计划、选用教材和审定

①部分节选。文章来源于《教育研究》1995年第10期。

省编教材”等，同时也给予了其对所属各级政府教育管理权限的决定权。其二，是扩大学校，主要是高等学校的办学自主权。在招生、专业与系科的调整、机构的设置、干部的任免、经费的筹措与使用、职称评定、工资分配及国际交流等各方面，高等院校正一步步地朝着在政府宏观管理下，面向社会自主办学的法人实体发展。

第二，从原有体制内向体制外的转移。即改变过去政府包揽办学的格局，逐步建立以政府办学为主体，社会各界共同办学的体制。

首先是学校的举办主体由过去体制内的一元化向体制内与体制外相结合的举办主体多元的改革。过去，学校的举办被完全看成是政府的职能和权力。教育作为一项十分重要的社会活动，也完全纳入了中央的计划调控之中，由此形成了政府作为唯一的举办主体的现象。对于有效地贯彻实行社会主义的教育方针和培养目标，无疑给予了体制上的充分保障。但面对日益增长的教育需求，政府在财政上的负担也越来越重，同时也限制了各种社会力量参与办学和发展教育。近年来，各种不同的社会力量办学的兴起，私立学校的涌现，以及与国际上有关组织机构的合作办学等，反映了教育管理体制改革中举办主体多元的走向，并呈现出逐渐深化和扩大的趋势。

其次，学校的举办者，管理者和办学者的同一也逐渐走向分离。过去，在政府包揽办学的体制中，学校的举办者、管理者和由政府任命的学校领导基本上都是同一的。政府既举办学校，又管理学校，同时也成为具体的办学者。如今，一方面由于出现了体制外不同的举办主体，而学校也获得了较大的自主权，便带来了三者之间的分离差异。这有利于更好地动员各种社会资源发展教育，有利于调动办学者的积极性，但它同时也向教育管理提出了挑战，增加了难度。

第三，教育供给与教育需求之间由基本重合向相对分离的转变。这里所讲的“教育供给”与“教育需求”分别指的是整个社会所提供的各种不同的教育及总的数量，和社会各个层面在上述种类和质量方面对教育的需求。这一走向表现为：社会的教育需求逐渐从完全由政府提供的教育供给的约束和控制中分离出来，并获得了相对的独立性，与此同时，教育供给本身也呈现出多元的状况。这一走向是与改革中整个社会的资源重新配置相联系的。由于在计划经济体制中所有资源基本上都被中央政府所掌握，地方和个人很难说是具有独立利益的主体，而中央政府又同时是唯一的教育供给的主体，由此必然形成在实质上的教育供给与教育需求的基本重合。通过经济体制的改革和社会主义市场经济体制的不断建立，各个地方、各个部门初步形成了一定的利益主体，有了相应的利益驱动和约束，成为教育需求的现实主体；而劳动人事制度、工资制度、招生及毕业分配制度等改革，也使得教育，尤其是非义务阶段的各种教育，与人们的自身利益有了内在的联系，并促使个人在教育需求上有了更为实际和主动的选择。所有这些，使当前社会的教育需求形成了一种极其复杂，取向多样化，并相对独立于教育供给的状态。另外，尽管中央政府仍然从宏观的角度调控着社会总体的教育需求，并在整个教育需求中占有重要地位，但各地区、各部门乃至于个人的教育需求已日益成为影响教育发展的不可忽视的力量。同时，由于学校举办主体的多元，教育供给上中央政府的单一主体地位也受到挑战，形成了一定的竞争局面。

总之，上述三个走向基本上是围绕着改变过去教育管理权限高度统一和过度集中的现象而展开的。而招生和考试制度的改革、教育职称职务制度的改革，以及教育经费结构及管理的改革等，则是从不同侧面进一步具体地反映了上述三个走向。

二

教育管理体制改革的三个走向，较大程度地促进了我国教育的整体发展，并取得了令人瞩目的成就。

第一，由于降低了管理重心，使教育活动与各个地区自身的实际情况和发展相结合，从而直接带来了两个好处：首先是调动了地方各级政府和人们发展教育与办学的积极性，形成了教育发展的新的支持机制，扩大和增加了整个社会对教育的投入；其次，教育本身与现实的联系更为紧密，从而使教育获得了更大的社会效益。一方面由于缩短了各种信息流动、反馈和转换中的时间与空间，增加了管理的直接性和决策的针对性，因而在一定程度上降低了教育的管理成本和费用，另一方面，学校的布局、课程的设置、教材的选编，以及教学计划的制定等也可比过去较好地适应本地区要求。

第二，扩大了高等学校的办学自主权，为高等学校的深化改革创造了一定的条件，在一定程度上调动了广大教职工的积极性，增强了学校主动适应经济和社会发展的能力，促进了高校办学质量、科研水平和办学效益的提高。

第三，学校举办者的分化，以及管理者与举办者、办学者的相对分离，在一定程度上调动了更多的社会资源参与和支持办学。近年来各种社会力量办学、私立学校的出现，以及非正规和非正式教育的兴起，已成为我国以政府为举办主体的正规学校教育的极大补充，并在一定程度上缓解了政府办学的压力，适应了现代社会中不断扩大的教育需求。与此同时，由于各种社会力量办学本身具有相对的独立性和自主性，它们在办学思想、课程设置、教学上的某些试验和创新，也为我国教育教学的改革和理论研究提供了十分可贵的经验。由此，一种多元的办学格局正在逐步形成。

第四，教育需求与教育供给的相对分离，也从某些方面促进了教育的改革与发展。因为各个地区和部门作为相对独立的利益主体而形成的各具特色的教育需求，以及个人在利益驱动下的不同选择，都较大程度地提高了整个社会在量、质、类等方面对教育的需求，并逐渐成为影响教育发展的重要力量。近年来大量涌现的各种社会力量办学，尤其是私立学校和各地举办的非学历性高等教育，正是在这种不断膨胀的教育需求的刺激下出现的。而政府在教育上的投资取向与政策行为，也不得不更多地考虑现实教育需求的状况与倾向。同时，这种相对分离还能够较好地为提高办学效益提供可能性。因为它可以在一定程度上改变过去作为行政附属的学校的办学思路和工作逻辑，激发学校的竞争意识，从而使学校更贴近现实和适应本地区社会经济发展的要求。

有必要指出的是，这种以管理权限的变化为核心的体制改革之所以能取得如此成就，与其社会背景和特征是分不开的，而这也是它与以往教育管理体制改革中曾经有过的“放权”的不同之处。1949年以来，我国在教育管理体制上曾进行过几次较大规模的调整，而这次教育管理体制的改革与过去相比至少有以下几点不同。第一，过去的调整只是单纯管理权限的变化，政府与学校的关系并未改变，仍然是直接的行政管理，不过是换了一个管理机构而已。而这次的改革则是以建立一个政府宏观管理，学校面向社会自主办学的体制为目标，要扩大学校自主权，使学校变成自主办学的法人实体。第二，就政府内部而言，过去的调整都只是在中央统一决策下的管理权限的下放，地方并无独立的决策权，而这次的改革则给予了地方较多的决策权，由此，使地方在办学上具有了更多的自主性和更大的积极性。第三，更为重要的是，过去的权限调整是在中央高度计划统一的经济体制的基础上进行的，地方并无独立的资源基础，所有资源都集中在中央政府手中。这样，地方和学校的权限实际上是没有基础的。而这次的改革则是与经济体制改革同步的，因此权限的获得具有了比较现实的资源基础。也正是由于上述区别，才使得近年来教育管理体制的改革取得了较大的成绩，真正推动了教育的改革与发展。

三

教育管理体制的改革尽管极大地促进了我国教育的发展，但也往往因为由于改革产生的分化而引起的各种不和谐与冲突未能得到有效的调整，以及改革过程中的某些不当，而导致一些发展中的问题和矛盾。

首先，由于教育管理权限的下放和学校自主权的扩大，中央政府关于全国教育改革和发展的整体布局、规模与宏观结构的一系列方针政策与地方政府在发展地方教育、满足局部利益之间的冲突和矛盾，以及教育行政管理部门的宏观调控与学校自身利益的冲突与矛盾，正逐渐成为深化教育管理体制改革的重大课题。一方面，有些地方政府和教育管理部门不顾中央的三令五申，擅自扩大招生规模，提高收费标准；有的则对各项教育经费进行挪用和截留，以致于造成大面积地拖欠教师工资，严重冲击了教育，尤其是基础教育的发展；有的地方只为一时一地的时髦所驱动，在条件并不具备的状况下盲目发展高等教育，造成相同或相近学科与专业在同一地区或不同地区之间重复设置，以至于无法产生一定的规模效益，造成资源的浪费，等等。另一方面，有的学校为了克服办学经费，尤其是公用经费的短缺，提高教师工资，改善办学条件，兴起了经商的热潮，导致学校行为的市场化倾向；有的学校则违反政策，滥发文凭；有的中小学则凭借自身的优势，招收“议价生”和“高价生”等，背离了义务教育的基本宗旨。所有这些，都在一定程度上导致了学校办学质量和教育水平的滑坡，涣散了学校的校风和学风。

其次，由于原有体制外社会力量举办的学校、私立学校等大量涌现，如何使政府办学和非政府办学这两类具有不同资源基础的学校协调起来，并使社会主义的教育方针和各种原则、政策得以全面贯彻，也成为教育管理体制改革中面临的突出问题。特别是在社会转型和教育改革时期，各种规范尚不健全，各种社会力量在办学中常常出现一些违反政策甚至是违法的现象：有的学校为了尽快收回建校的投资，过高地收取学杂费；有的学校为了吸引更多的生源，做出了与国外“接轨”的允诺；有的学校则追求高档次的生活条件、一流的学习设施和常人无法承担的学杂费，以至于被称为“贵族学校”；还有些学校利用种种机会和可能，变相地侵占公立学校的资源，等等。这些在一定程度上造成了教育领域中的无序现象，影响了社会的稳定。另一方面，各级政府和教育行政管理部门也尚未形成对各种社会力量办学的有效管理，包括缺乏统一的管理机构，缺少适当的制度规范和有效的手段等。

最后，由于学校举办主体的多元和各个地区、部门与个人成为相对独立的教育需求的主体，教育供给与教育需求的相对分离也进一步增加了政府对教育宏观调控的难度，在某些层次的人才供需之间，也已经产生了矛盾和不平衡。例如，在1995年大学毕业生的就业分配中，不少地区出现了大专毕业生难以就业，或供大于求的现象。尽管其中原因十分复杂，但很重要的一个因素便是除了正规学校教育培养的大专生之外，各地方、各部门还利用电大、自学考试、职工大学、夜大学和函授教育等多种形式培养了大量的大专层次的学生。由于这些学生大多数是在职学习，因而不会在各个部门出现人才的空缺，造成了大专人才需求减少的状况。又如，出于利益的驱动，不少人在选择专业时趋向于部门个人回报率和收益高的方向，由此造成某些基础理论学科、农林学科等生源短缺，甚至面临萎缩的局面，等等。这种供给与需求之间的矛盾和不平衡常常会导致教育资源的浪费以及社会的不安定。

显然，上述种种问题的认识与解决已经成为深化教育管理体制改革的重大课题和任务。但必须指出的是，随着社会发展和教育本身在结构性实体要素、功能、资源及各种关系方面的分化，以及由分化引起的冲突，上述种种问题的出现具有一定的必然性。关键在于，我们应该客观地分析这些问题出现的社会环境，确定某些既定的外部因素，找出那些可以通过主观努力和人为因素加以调整和改变的方面，从而逐步完善我国的教育管理体制。

在造成以上种种问题的诸多复杂原因中，现代社会日益扩大的教育需求和教育经费的不足无疑是一个根本的因素，并构成了我国教育管理体制改革的宏观社会环境和既定的外部因素。但从主观和人为的方面来看，教育管理体制改革中管理职能与方式的调整与更新，教育管理中法律的规范与政策的导向，以及某些教育管理人员的素质与水平等，也是亟待解决的问题。在这些因素中，笔者感到，教育管理体制改革在适应经济体制改革中的某些不当也是一个比较突出的问题。直言之，教育管理体制的改革应该而且必须以经济体制改革为基础，适应经济体制改革对教育的要求，但它绝不能简单地模仿经济体制改革的模式。

社会转型与教育的重新定位[①]

/

劳凯声

三、 教育的准公共物品性质

那么，教育是公共物品还是私人物品呢?

笔者认为，教育事业作为公益性事业，其目的不是为了谋求利益、获得利润，而是为了造福于他人、社会乃至全人类，是从文化、精神、体制、社会、环境诸方面开发人的潜能，为人类社会的生存和发展创造各种基本条件的事业。教育的这种特性使得它不可能通过纯市场的机制来有效地提供，而必须主要通过市场以外的资源配置机制。因此教育是非营利性事业，学校是非营利性组织，它所提供的产品或服务是一种典型的公共物品。这几乎是世界各国都普遍予以肯定的一个事实。[②]

但是根据公共物品与市场关系的不同，公共物品其实又可以分为不同的类别。例如从消费的角度，即按照物品的竞争性或可分性的程度，公共物品可以分为纯公共物品和准公共物品两类。美国学者布坎南认为，公共物品是一个外延广阔的范畴，不但可以包括萨缪尔森定义的纯公共物品，也可以包括公共性程度从 0 到 100％的其他一些商品或服务。如果一种公共物品的消费者群体，从部分成员一直扩大到全体社会成员的过程中，其边际成本始终为零，那么这种物品就是纯公共物品。国防、立法、基础科学研究等都属于典型的纯公共物品。如果一种公共物品的消费者群体扩大到一定数量时边际成本开始上升，而且继续扩大到某一数量时，其边际成本变得非常大甚至是无穷大，那么这种公共物品就是准公共物品。公路、公园、学校、图书馆、公共交通等都属于准公共物品。

如果按照供给者的数量来划分，公共物品还可以分为垄断性公共物品和非垄断性公共物品两类。垄断性公共物品是指那些只能由一个主体来提供，而不能由多个

①部分节选。文章来源于《教育研究》2002 年第 2 期。

②在计划经济体制下，这种市场之外的资源配置机制主要是指政府。但是政府不能做无米之炊，它所提供的物品并不是凭空而来的，也需要投入资源。政府的资源主要来自税收，税收是强制性的，每个公民都要依法纳税，否则就要受到政府的制裁。但是，纳税人也享受了政府提供的公共物品，而这些公共物品正是用税收来提供的，因此纳税人并不是无偿的。

主体来提供的公共物品，如现代国家的立法、司法、国防、外交等，都属于这类公共物品。而非垄断性公共物品就是那些可以由多个主体提供的公共物品，如教育、公共卫生、环境保护、消防等，都属于典型的非垄断性公共物品。

市场不能有效提供或者根本不能提供的公共物品必须由市场以外的资源配置机制，即通过一种集体选择的机制来提供。在公共物品的供给过程中集体选择取代了私人之间的市场交易，而政府和非营利性组织就是组织集体选择的形式，它们的功能是为社会提供公共物品。集体选择之所以会成为提供公共物品的主要方式，是因为通过政府的强制性税收和社会向非营利性组织的自愿捐赠，可以有效地解决由公共物品的非排他性带来的无人付费消费的问题。同时，通过无偿或低价提供公共物品，政府和非营利性组织还可以解决由公共物品的非竞争性带来的社会公平等问题。我国学者康晓光认为，公共物品提供者的职能应作区分：政府的主要职能是提供垄断性公共物品；而非营利性组织的主要职能是提供非垄断性公共物品。

不仅如此，由于教育的非垄断性质，这种公共物品实际上还可以进一步转化为私人物品或准私人物品，通过一种市场运作机制来向社会成员提供，这时营利性组织就会介入。这里牵涉到一个久远的传统观念，即教育是一种国家的权利和责任，国家根据社会发展的需要举办学校教育机构，发展教育事业。在这种情况下，对一个个体来说，受教育应当免费。如果教育收费了，似乎就会出现社会的不公正。由于这样一种观念，在我国，在计划体制下教育一直是由国家包下来的，也就是说由国家全额拨款，无偿提供。甚至在某些阶段连学生的生活费都由国家包下来。实际上，在市场经济国家，教育这种公共物品普遍是通过政府和社会力量共同来提供的，二者并无本质的不同。因为根据公共选择理论，在市场经济的条件下，税收就是政府提供的公共物品的影子价格，是纳税人为自己所消费的公共物品所支付的代价。因此，他把政府提供公共物品与个人和企业纳税之间的关系，看作类似于市场上的自愿交易关系。他认为个人和企业正是根据自己从公共物品所支付的代价来决定自己的纳税份额。这就是说，国家提供公共物品，实际上不过是另一种形式的等价交换而已。当教育这种公共物品转化为私人物品或准私人物品来向社会成员提供时，营利性组织就会介入。通过市场运作的规则，营利性组织实现了自己的私益，同时又满足了社会成员对教育的多元化需求，因而实现了公益，因此大多数国家对营利性组织举办的教育都采取了较宽容的政策。这就使得教育这种公共物品在一定的条件下经过转化，可以进入市场，可以通过市场来运作。

四、 学校市场化运作的两种形式

下面对两种典型的学校市场化公益行为略作分析。

一种情况是我们可以把学校这种公共物品象征性地转化为一种通过向学校捐赠

而获得的署名权，这种署名权可以像私人物品一样通过市场运作来购买。署名权既是一种“荣誉”，给持有人带来满足感与成就感，又能产生一种广告效应，从而使买来的“荣誉”直接转化为经济利益。通过市场积累了财富，然后以财富去资助公益而博取名声，通过名声则可以更有效地在市场上积累财富。这就是所谓“花钱买名声”的“署名公益”现象。一般来说，署名效果的大小直接决定着“署名权”的价值，例如在小山村命名一所小学，其造成的名声远不如在大城市命名一所大学，因此后者的署名价格要远远高于前者。也就是说想署名于大学的捐赠者要比署名于乡村小学的捐出大得多。我们可以将此解释为建一所大学的成本本来就比建一所小学大得多，因此以上差异是公共产品生产成本的差异。然而，也有完全不同的情况：就是“署名权”的价值远远高于该公共物品的价值，高于生产该物品的投资成本。例如在繁华路口建一个公交车站，其投资其实很小，也许不及建一所小学，但其署名效果会比署名于一所小学大得多。在这种情况下，这一署名权的价格会远远高于该产品的生产成本。这时，作为公共管理部门就应当把实际价格与生产成本之差额用于补贴那些署名权价值不及生产成本的公益项目，例如偏僻乡村小学。在理论上，这样运作可以解决相当一部分公共物品的供给问题。①

另一种情况是把教育这种公共物品实质性地转化成私人物品或准私人物品，使其可以通过市场来运作。这种情况在许多领域中是普遍存在的，例如高速公路设卡收费就是一种典型的公共物品的市场运作。这种公共物品向私人物品的转化，实际上可以通过两种途径来实现：一种是通过政府来实现，即由政府代表这种物品的所有人来向使用者收费；另一种是通过社会力量介入，由他们来经营公共物品，有偿使用，市场化管理。这些社会力量通过介入获得了某些好处，实现了他们的私益，另一方面也使社会的公共利益得到了实现。社会力量办学就是一种典型的公共物品市场化运作，一些人愿意出钱办学，另一些人愿意出钱上学，通过市场的运作方式，其结果是办学者获得了某些私益，上学者实现了上学的愿望，国家也得到了所需的人才，实现了社会的公益。

当然，这里要强调的是，教育这种公共物品是不可能完全转化为私有物品并完全通过市场来提供的，因为完全依靠市场提供不可能满足社会对教育的需求。同时，不同的教育领域，情况又极其不同。其中义务教育是人人都必须接受的，只有经历了这样一个教育阶段，个人才能服务社会，实现自我价值。因此，在义务教育阶段，应当更多地体现实质上的社会公平，使人人都接受一种条件基本相同的教育。因此教育的供给在更大程度上只能依赖于国家。而义务教育以外的其他各级各类教育，如职业教育、高等教育等，并不是社会成员普遍都能享有的，所谓的教育

①当然，并非所有的署名公益行为都属于市场化的行为，其中有纯粹处于公益行为而无条件行善者，对于这些人，社会应当无条件地予以褒奖。也有两种情况兼而有之者。

公平主要体现为一种形式上的社会公平，即机会均等。机会均等保证受教育权利分配上的程序平等，并不保证结果的平等。一个人获得了上学的机会就意味着会相应地排斥另一个人的上学机会，教育在一定程度上会表现出一种排他性。又由于获得上学机会的人会比没有获得上学机会的人有更多的发展机会和更好的职业前途，因此在这种情况下，由他们自己承担一部分培养成本就是合理的、公平的，像义务教育那样免除学费反而是不合理、不公平的。

五、 市场重新审视教育的性质

在社会转型的过程中，教育领域正逐步形成影响教育运行的三种力量，这就是学术力量、政治力量和市场力量，其中市场力量是一种新兴的，对教育构成巨大影响的力量。在这种情况下，如何处理教育与市场的关系就是当前教育改革发展面临的一个新课题。

1995年《教育法》规定："任何组织和个人不得以营利为目的举办学校和其他教育机构。"这一规定表明了教育与市场的基本关系。但是，在实践中，这样一个规定没有能够有效地调节政府对学校的制约关系，反而导致在贯彻中发生诸多认识上和使用上的混乱。实际上，通过市场对教育的有限介入来向社会提供公共产品，这是市场经济国家的普遍做法。但是在我国，教育能否介入市场，如何介入市场，政府在市场介入的情况下又如何发挥自己对学校的调节功能，问题的复杂性远不是上述简略规定就能解决的。

传统的学校是一个封闭的，与市场无涉的领域。但是在当前的社会变迁中，由于市场的介入，在学校领域中开始分化出三种取向各不相同的力量：即学术力量、政治力量和市场力量，三者之间构成了较为复杂的相互关系。这就向人们提出了这样的问题：在建立和完善与市场经济相适应的教育体制的过程中，政府和市场在教育领域中构成了怎样的关系？应如何发挥各自的作用？

笔者认为，教育这种公共物品不可能完全转化为私有物品并单纯依赖市场来提供，因为单纯依赖市场提供不可能完全平衡供求关系，因此市场对教育的介入只能是有条件、有限制的，政府对学校的监控功能不应当因为市场的介入而有所削弱。事实上，在教育的发展过程中，市场和政府都会有"失灵"的情况，因此，二者不是互相排斥的关系，而是一种互相补充和交替发挥作用的关系。

那么，市场和政府在教育领域中应当构成一种什么样的相互关系呢？一般来说，在教育规模未达到饱和之前，增加一个学生并不会影响其他学生的学习，此时不需要增加投资扩建学校，因此边际成本为零。这时教育更多地表现出公共物品的特性，应当更多地加强政府的调控功能。但如果到学校上学的人数继续增加，学校终将饱和，从而影响到其他学生的学习，这时，或者限制更多的学生接受教育，使教育在某种意义上具有了效用的可分性；或者追加投资扩建学校，使边际成本上升，从而导致教育具有效用的竞争性。这时教育又更多地表现出某些私人物品的特性，应当更多地通过市场的作用来加以调节。

六、面对悄然发展的教育市场

我国教育背负着太多的传统，“传道、授业、解惑”“立德、立言、立名”的惯性依旧在强烈地影响着我们的价值选择。近百年来的现代教育发展又积累了太多的工业文明烙印，理性、权威、塑造、训练似乎就是教育的代名词。现在，它已经难以承受这一重负了。一个庞大的市场体系将迫使我们重新审视我们对教育的理解。

当我国教育界还在热衷于进行教育能否产业化、商品化的经院式讨论时，许多国家实际上已经把教育看成是一种服务产业，把教育产品看成是介于公共物品和私人物品之间的准公共物品，用一种非市场提供与有限市场调节相结合的提供方式有效地解决了这一问题。已经有不少 WTO 成员国把开放教育市场列入了自己的承诺表。

更多的国家虽然没有对教育的开放贸易做出上述承诺，但通过对教育服务提供方式的实质性规定，实际上也在不同程度地开放教育市场。根据《服务贸易总协定》的规定，服务贸易通常以如下四种方式提供，它们适用于所有国际服务贸易。这四种提供方式分别是：跨境交付，境外消费，在服务消费国的商业存在和自然人的流动。目前，WTO 成员国中对跨境交付的教育服务方式没有限制的国家有 81 个、有限制的 9 个、不做承诺的 10 个；对境外交付方式没有限制的国家有 92 个、有限制的 3 个、不做承诺的 6 个；对商业存在服务方式没有限制的国家有 77 个、有限制的 18 个、不做承诺的 5 个；对自然人流动服务方式没有限制的国家有 90 个、没有限制的 6 个、不做承诺的 5 个。以上情况说明，在世界范围内，教育正在向开放贸易的趋势发展，从基础教育一直到高等教育和成人教育，市场都在不同程度地介入并产生影响，一个世界性的开放的教育大市场正在悄然发展。对此大多数国家都采取了较为积极的态度，并且其中已不乏捷足先登者。

把教育看成是一种服务业、一种可以交易的服务产品，这意味着庞大的现行学校体系运行方式将被彻底改变。在我国，多年来形成的一个观念认为，教育是一种国家的权力和责任，国家根据社会发展的需要举办学校教育机构，发展教育事业。在这种情况下，受教育对一个个体来说，基本上是一件被动的事情，是一个通过教育被动接受社会选择的过程。受教育者自己并没有选择的机会和可能。而今天，会有越来越多的人愿意为自己或自己的孩子投资教育，教育资源的配置将迅速市场化，人们将更重视教育的效率，使教育资源配置更趋合理化。每个学习者或其家长都将变被动为一种积极主动的选择，他们是这场贸易的消费者，因而有权选择和获得满意的教育服务。这就在学校、教师与学生或其家长之间形成了一种全新的权利与义务关系：作为消费者一方，学习者或其家长有权根据自己的需要和满意度来选择某类学校、某类教育形式、某位教师。与之相对，学校和教师作为这项服务贸易的提供者，有义务按照国家的教育标准和自己对学习者的承诺，来提供合格的教育服务。因此，在不久的将来，学习者或其家长自己来规划真正适合和有利于自己个性发展的教育目标和教育形式，精心选择适合自己的教育消费类别、水平和品位，从而获得自己真正需要的而且有效的教育服务，这可能是每个学习者和每个家庭在进行教育投资时都会反复考虑的事情。这就需要明确地树立一种新的教育服务与消费的理念。而作为教育的提供者，则应想方设法地提高教育的服务质量和品位，满足消费者的需要。

在这样一种严峻的形势下，我国教育要做出什么样的应对，会呈现出什么样的图景，现在人们还很难预料。但可以肯定的是，传统的以应试为基本取向的教育观念和教育制度都将受到彻底冲击，传统的学校界限将被打破，教育的形式、内容、方法都将发生根本性的变化，人们的不同需求将对教育发生更深刻的影响。一种多元化、更灵活的教育制度将会替代现行的选拔性教育制度，向每一个学习者提供更多的发展可能性；回归教育、继续教育将获得更大的发展空间，向不同需求的人提供更多选择的可能性，我国教育将从终身教育的角度对自身进行观念和制度的创新；我国的教育市场将会吸引越来越多的国外教育资源，从而大大提升我国学校的市场竞争力，给我国教育的发展带来新的机会。

似乎可以这样说，挑战将给相对封闭的我国教育带来契机，促使我国教育更快地融入一个世界性的教育大市场。但在登上这个大舞台之前，我们还有大量的工作要做。

参考文献

[1]（美）詹姆斯·M. 布坎南. 民主财政论［M］. 北京：商务印书馆，1993：20.

[2] 康晓光. 创造希望——中国青少年发展基金会研究［M］. 桂林：漓江出版社、广西师范大学出版社，1997：606-608.

第三编

教育史学和比较教育学研究

伟大的教育家孔子[①]

/

沈灌群

二、 人道主义的教育观

必须指出："仁道"即人道主义精神，是贯穿在孔子一生的思想和活动中的。他从人道主义出发，在政治上主张"为政以德"，主张实行仁道，要求从政者"尊五美，屏四恶"（《论语・尧曰》），坚决主张"因民之所利而利之"与"择可劳而劳之"，特别反对统治者对人民的不教而杀、不戒视成与慢令致期。从下面的故事里，可见孔子的人道主义精神在政治方面的表现：

"鲁有父子讼者，康子欲杀之。孔子曰：未可杀之，夫民不知父子讼之为不义久矣，是则上失其道。上有道是人亡矣。讼者闻之，请无讼。孔子退朝，门人子路难曰：父子讼，道耶？孔子曰：非也。子路曰：然则夫子胡为君子而免之也？孔子曰：不戒责成，害也；慢令致期，暴也；不教而诛，贼也。君子为政，避此三者。"（《韩诗外传》卷三）

孔子在政治上的抱负，是要做到社会上"老者安之，朋友信之，少者怀之"（《论语・公冶长》）。为要实施仁政与实现理想的社会，他极重视教育这武器，把教民当作实施仁政的重要内容之一，把培养具有"仁者"品质的政治干部——士君子当作学校教育的中心任务。

孔子在教育教学工作中，总是勉励学生为仁，鼓舞学生成为"仁者"，总是毫不疲倦地应答学生们反复提出的"问仁"。他给"仁"下的最简单的定义是"爱人"（《论语・颜渊》），他教导学生行仁的途径是以"人"待人，是按"己所不欲，勿施于人"（《论语・颜渊》）的原则待人，使用"尽己"的和"推己及人"的忠恕之道贯彻仁德，其目的正是要培养学生实践仁道的利他行为，正在于对学生进行一种仁道或人道主义教育。他要求学生诵诗、读书、学礼、习乐，并在掌握诗书礼乐等知识技能的同时，培养性情与提高道德品质。因此，诗书礼乐便成为孔子对学生进行

①部分节选。文章来源于《华东师范大学学报（哲学社会科学版）》1957 年第 3 期。

教育教学的主要内容，正是："夫子之教，必始于诗书而终于礼乐"（《困学纪闻》引子思子语）。

在诗书的教学中，除去武装学生以外交辞令，能够"始于四方，不辱君命"外，除去使得到关于鸟兽草木及历史社会知识外，更着重道德品质的培养，关于诗，他说：

"诗三百，一言以蔽之，曰：思无耶。"（《论语·为政》）

"诗：可以兴，可以观，可以群，可以怨；迩之事父，远之事君。多识于鸟兽草木之名。"（《论语·阳货》）

关于《书》，他要求吸取其中思想来指导仁政的实施：

"或谓孔子曰：子奚不为政？子曰：《书》云，孝乎惟孝，友于兄弟，施于有政，是亦为政，奚其为为政？"（《论语·为政》）

这说明，孔子在进行诗书的教养教学工作时，是与教育任务密切配合起来的，是很重视教养教学的培养性的，是要通过诗书的教学，培养学生事父事君及孝友等道德品质的。

关于礼乐，他更视为"成人之行"的重要条件，他说：

"文之以礼乐，亦可以为成人矣。"（《论语·宪问》）

"行躬以仁义，饰身以礼乐。夫仁义礼乐，成人之行也。"（《说苑·辨物篇》引孔子语）

在他答复子路和颜渊问成人之行的话中，正可看出：孔子是把礼乐当作教育或培养道德的重要工具的。就诗与礼来比较，孔子认为"礼后"（见《论语·八佾》子夏问），他视礼乐为形式节奏而仁义是礼乐之本，他说：

"人而不仁如礼何！人而不仁如乐何！"（《论语·八佾》）

"君子义以为质，礼以行之。"（《论语·卫灵公》）

"礼云礼云，玉帛云乎哉！乐云乐云，钟鼓云乎哉！"（《论语·阳货》）

礼乐教育的意义，并非熟悉和掌握了玉帛和钟鼓，就已完成其任务，而是指向仁义等道德品质的形成的。所以他虽搬出"周礼"作为实施仁政的工具，实质是采取礼的旧形式来体现人道主义精神的，是用礼乐来培养"仁者"品质的，他是把"礼"理解为"理"的，合理的也就合乎礼，所谓礼乐正是培养人们合理的声音笑貌、思想感情。因此，礼乐与仁义，在他看来，是作为"仁者"的表里两面，礼乐是形式是文，仁义是内容是质，文质统一的人，才是君子，否则不是失之于野，就是失之于史，正是：

"质胜文则野，文胜质则史。文质彬彬，然后君子。"（《论语·雍也》）

孔子对于"仁者"或者士君子的培养，还在物质生活上提出安贫志道的严格要求，他说：

“士志于道，而耻恶衣恶食者，未足与议也。”（《论语·里仁》）

“君子食无求饱，居无求安，敏于事而慎于言。”（《论语·学而》）

他自己就是一个安贫志道的典型，他的生活和志向是：

“饭疏食，饮水，曲肱而枕之，乐亦在其中矣。不义而富且贵，于我如浮云。”（《论语·述而》）由他教导出来的好学生，或者像颜渊那样：

“一箪食，一瓢饮，在陋巷，人不堪其忧，回也不改其乐。”（《论语·雍也》）

或者像子路那样，不以衣衫褴褛为可耻：

“衣敝缊袍，与衣狐貉者立，而不耻者，其由也与!”（《论语·子罕》）

他更要求自己所培养的“仁者”，不能毫无原则地行仁爱人，而须爱恶分明，他教导说：

“唯仁者，能好人，能恶人。”（《论语·里仁》）

“乡人之善者好之，其不善者恶之。”（《论语·子路》）

总之，孔子是严格要求学生把握“仁”德的，是要求学生“无终食之间违仁”的，是要求学生“造次必于是，颠沛必于是”（《论语·里仁》）的。

孔子认为：一个学生既被教育成为“仁者”以后，就有资格以士君子身份从事政治活动，扮演着治人者的角色，用子夏的话说，就是“君子学以致其道”，就是“学而优则仕”（《论语·子张》），而“仕”的目的任务，用子路的话说，就是“行其义也”（《论语·微子》）。而行其义的要道先务，孔子在适卫途中与学生冉有的对话中，作了宝贵的指示（《论语·子路》）：他称羡卫国人多（庶），他认为必须使这广大人民得到饱食暖衣（富），并在饱食暖衣的条件下使人民得到教育，这正继承了《诗经》所谓“饮之食之，教之诲之”或管子所称“仓廪实，知礼节；衣食足，知荣辱”的优良传统，而把“教民”的政治任务，恰当地提出来。他要求教“小人”学道并“教民……即戎”，其目的在于使人民有保卫国家的本领，也在于容易统治，正如子游说的：“君子学道则爱人，小人学道则易使”（《论语·阳货》），同时，也不可否认地包含了“爱人”的思想在内，这从上引“不教而诛谓之贼”的言论中，从他所说“以不教民战，是谓弃之”（《论语·子路》）的言论中，都充分体现出来。看出他从爱民出发主张教民的思想，也就容易正确理解孔子以下的话：

“民可，使由之；不可，使知之。”（《论语·泰伯》）

这就是说：人民如果可以按道行动，就让他们这样做；如果还不懂得“道”的话，就应进行教育使他们了解。

正是为了贯彻人道主义教育，为了实施仁政，他提出了“有教无类”（《论语·卫灵公》）的杰出命题。他正是肯定人人都应得到教育的，也是肯定人人都有受教育的可能性的。从人人都有受教可能性这一民主理论说，他从人性论上提出了理论的根据。《论语》一书中，孔子是“罕言”人性问题的，但从后人所引孔子言论里，可以看出他对“性”的问题，有着进步的看法：

“少成若天性，习惯之为常。”（《大戴礼记·保傅篇》引孔子语）

“少成若天性，习惯如自然。”（《汉书·贾谊传》记贾谊引孔子语）

这正说明，孔子认为人性善恶是后天形成的，初生之性，本来是差不多的，由于习惯影响，才越过越不相同，正是这种“少成”的习惯，看来好像是一种“天性”，所以他说：

“性相近也，习相远也。”（《论语·阳货》）

习善到极点，形成“可与为善、不可与为恶”的“上智”之性，习恶到极点，形成“可与为恶、不可与为善”的“下愚”之性，习惯把人带到“上智”与“下愚”的两极端以后，便难变更，也就是“唯上智与下愚，不移”（《论语·阳货》），这两种人实际上都很少，最大多数的人，在孔子看来，都是所谓“中人”，都是能够“学而知之”的。他就这样有力论证了“有教无类”命题，不仅从“教民”的政治角度有其意义，也从人性论上提供了它的论据。正是从“有教无类”这一具有一定民主意义的命题出发，孔子在自己的政治和教育实践中，热情地教育人们：据说，“互乡难与言”，而孔子见其童子（《论语·述而》），他认为：

“可与言而不与之言，失人。”（《论语·卫灵公》）

子桑伯子虽然不衣冠而处，但因他品质好，孔子仍然见他，企图给予帮助：

“其质美而无文，吾欲说而文之。”（《说苑·修文篇》引孔子语）

众所周知，他招收学生的原则，就是“自行束脩以上，吾未尝无诲”（《论语·述而》），因此，虽有人嫌孔门太杂，而作为教育家的孔子的伟大处，也正在此，他的学生子贡，对于这方面作了解释，据《荀子·法行篇》记载说：

“南郭惠子问于子贡曰，夫子之门何其杂也？子贡曰：君子正身以俟，欲来者不拒，欲去者不止。且夫良医之门多病人，隐括之侧多枉木，是以杂也。”

所以在奴隶主阶级没落、新兴势力开始抬头的春秋末年，孔门弟子除了极少数出身奴隶主贵族外，多数是新兴阶级底子弟，甚至还有出身“贱人”的学生。在孔子看来，问题只在于贤不贤而不在于贱不贱，如果能为实施仁政提供有用的干部，即使是出身微贱，他仍寄予热诚的希望，所以他曾热情地夸奖过父为贱人的学生仲弓说：

“犁牛之子骍且角。虽欲勿用，山川其舍诸！”（《论语·雍也》）

“雍也，可使南面。”（同上）

他这样评价一个“贱人”出身的学生，甚至认为他可任天子诸侯之位，正反映出孔子在政治和教育问题上，绝不是奴隶主利益和奴隶主传统的顽固拥护者。恰恰与此相反，他正是一个具有一定民主思想的人道主义者，为了仁政或人道主义的实现，竟指望“贱人”出身的贤者执政。在这里，正充分说明了孔子教育观点中，也是政治观点中，具有高度的人民性，反映了当时新兴阶级及“贱人”们在政治上和文化教育上的进步要求。

三、对于教育教学方法论的卓越贡献

作为古代伟大教育家的孔子，在教育学领域内，特别是在教育教学的理论和实践方面，留给后世的遗产是丰富的，有些论点至今还具有重要意义。

首先，在教育教学方面，孔子关于“因材施教”原则的实践，是中国教育史上一个非常宝贵的传统。前面说过：孔子是以培养具有“仁者”品质的士君子来实行仁政为教育目的和任务的，是用诗书礼乐做教材以使学生行礼成仁的，这是他对所有学生的共同要求。但在贯彻这一共同的总要求时，他却考虑到每个学生的性情才能和实际水平，通过对学生的亲密接触和仔细观察，深刻地了解学生，从而对不同的学生，提出不同的要求，进行着不同的教育。《论语》各篇中，记载着他的学生经常提出的问仁、问孝、问政、问“闻斯行诸”等问题，而孔子答问时，总是依据每一个提问学生的不同条件，做出方向一致而内容并不相同的指导，例如他对于学生所提出的“闻斯行诸”这一问题，原则上，正如曾参所说：“夫子……闻善，必躬亲行之”（《说苑·杂言篇》引曾子语），他自己也说，他是以“闻义不能徙，不善不能改”为“忧”的（《论语·述而》），是要求学生闻一善言则拳拳服膺的，但他对于子路和冉求两个学生，却做出了不同的答案：他对于“有闻未之能行，唯恐有闻”（《论语·公冶长》）的子路，说：

“有父兄在，如之何其闻斯行之?”（《论语·先进》）

正因为子路具有“暴虎冯河，死而无悔”的鲁莽性格，所以用这样的话，希望他冷静些、多考虑些。他对于自认为“力不足”的、信心勇气都不够的冉求，才告诉他：

“闻斯行之!”（同上）

他认为：“求也退，故进之；由也兼人，故退之”，这正是不同的学生，不同的对待，而目的只有一个，就是很好地把真理见之于行事。从他答复学生问仁、问孝、问政等答语中，也都可看出，他是照顾到时间、地点、条件，来对学生辨惑解疑的，但他并没有从根本上动摇自己对仁、对孝及对政治问题的观点。此外，他对学生的特长，也有足够了解，因而对不同的学生进行着不同的关于工作和学习的指导以及不同的前途教育。就以“闻斯行诸”这个问题的答复为例，不仅说明了孔子“因材施教”的思想，也正说明孔子在教育教学工作中，丝毫没有教条气息，他以充分了解学生，当作成功地贯彻“因材施教”原则的重要前提。

其次，在孔子教育学遗产中另一个宝贵论点，是他对于学习过程中思维活动的重视。他指出学与思不能偏废，必须紧密结合起来，才能够有所成就，也才够资格为人师：

“学而不思则罔，思而不学则殆。”（《论语·为政》）

“弗学，何以行？弗思，何以得？小子勉之，斯可以为人师矣。”（《中论·治学篇》引孔子语）

这正是说，学习与思考，是一个活动的两方面：学习而不思考，必然一无所获；反之，过多地思考而不学习，必然陷于困殆的境界。但就学与思二者比较，他认为“学”是比较根本的，他说：

“吾尝终日不食，终夜不寝，以思，无益，不如学也。”（《论语·卫灵公》）

这种视“学”为比较根本的论点，正是孔子在认识论方面也是在教育学方面的唯物主义倾向。为了很好地培养学生的思考能力，孔子在他的教育教学实践中，最善于抓住学生“心愤愤，口悱悱”的适当时机，启示学生，他常指出问题的一面，使学生进行考虑，并由此推知问题全面。如果学生想不下去，也就是说，如果学生还不具有进一步推理的能力，还不能及时向老师提出问题，才给他明白指示，他说：

“不愤不启，不悱不发。举一隅不以三隅反，则不复也。”（《论语·述而》）

教育学上启发教学的提出，应该说，这是孔子从自己教学经验中总结出来的一大贡献。孔子在教学工作中，是既不采取填鸭式也不用抱着走的办法的，据他自己的叙述，孔子正是很善于利用这一方法的人，他说：

“吾有知乎哉？无知也。有鄙夫问于我，空空如也。我叩其两端而竭焉。”（《论语·子罕》）

这是采用追问的方法，要求学生开动脑筋，他对于不发现问题不感到疑惑的学生，他是感到失望的，正是：

“不曰如之何如之何者，吾未如之何也已矣。”（《论语·卫灵公》）

但是，孔子在重视独立思考的同时，还是要求学生努力求知的。他要求学生多闻、多见、多记忆，他虽认为“多闻，择其善者而从之；多见而识之；知之次也”，他还是要求学生“默而识之，学而不厌”（均见《论语·述而》），他是深以“学之不讲”为忧的（同上），他是要求“学而时习”（《论语·学而》）与“温故而知新”（《论语·为政》）的，而所谓“温故而知新”，也正是边巩固边思考过程中的收获。而在学与思的过程中，他更要求学生老老实实，采取“知之为知之，不知为不知”（《论语·为政》）的态度，来说话做事，他说：

“君子，知之曰知之，不知曰不知，言之要也。能之曰能之，不能曰不能，行之至也。”（《荀子·子道篇》引孔子语）

从不知到知与从不能到能，关键在于主观努力：

“譬如为山，未成一篑，止，吾止也。譬如平地，虽复一篑，进，吾往也。”

（《论语·子罕》）

在于善学善问，正如他的学生曾参所体会的，虽是一个学问能力都很强的人，还应该做到：

“以能问于不能，以多问于寡。有若无，实若虚。”（《论语·泰伯》曾子语）

更在善于开动脑筋，进行思考，能够“见贤思齐，见不贤而内自省”（《论语·里仁》），能够如子夏和子贡那样，“闻一以知二”，甚至像颜渊那样，“闻一以知十”（《论语·公冶长》），能够遇事“三思而后行”（同上），孔子要求学生在言行学问的各方面，都要好好思考，他说：

“君子有九思：视思明，听思聪，色思温，貌思恭，言思忠，事思敬，疑思问，忿思难，见得思义。”（《论语·季氏》）

真能做到多闻、多见、多记忆、多发问、多思考，学习一定成功，用子夏的话说，正是：

“博学而笃志（识），切问而近思，仁在其中矣。”（《论语·子张》）

关于孔子“有教无类”的教育主张①

/
张瑞璠

我对孔子的教育思想的看法有两个出发点。第一个出发点：我赞同把孔子生活的时代确定为我国奴隶制社会崩溃的时代，把我国奴隶社会同封建社会的分界线定在春秋与战国之交。第二个出发点：我认为孔子在政治立场上基本上是维护周制，但主张有所改良，用“举贤”来补充氏族贵族的世袭制度，向士阶层开放政权。这两点不在这里讨论，但须先交代一下。

研究孔子关于教育对象的主张，有的同志主要根据《论语》中的两句话：“有教无类”和“自行束脩以上，吾未尝无诲焉”，认为孔子不分贫富，不择对象，只要送几条干肉（束脩）作为挚礼，孔子就可以收他作弟子。这种看法未免有些简单化和美化，未必切合孔子的思想实际。

在我看来，孔子主张有两种教育。一种是培养统治者的教育，即以《诗》《书》《礼》《乐》为主要内容的“六艺”教育，其对象是贵族和平民中的上层分子——士阶层。孔子本人所从事的就是这一种教育。另一种是训练士兵的教育，即以军事训练为主要内容的教育，其对象主要是奴隶，也包括一般平民。这种教育是孔子建议执政者施行的。

孔子主张用“举贤”来补充氏族贵族的世袭制度，向士阶层开放政权，但在实际政治生活中，一再碰壁，“再逐于鲁，伐树于宋，削迹于卫，穷于商周，围于陈蔡之间”（《庄子·山木篇》），弄得如丧家之犬。孔子却并不因为遭受这样的挫折而回头，他仍然抱着“知其不可而为之”的主观精神来推行他的政治主张。实际政治活动行不通，便选择了教育的途径，希望培养出一些忠实于他的主张的“贤才”，通过各种社会关系，参与并影响实际政治的改革。

这样的政治目的便决定了孔子的教育对象主要是士阶层和贵族。实际情况也证明了这一点。

《史记·孔子世家》记载，孔子的弟子达3 000之多，“身通六艺”的有72人。

①全文摘录。文章来源于《学术月刊》1962年第2期。

根据《论语》《史记·仲尼弟子列传》和其他书籍所保有的材料，我们知道孔子的弟子南宫适、司马牛、南宫敬叔、孟懿子等四人是贵族出身，其余都是来自平民的上层，其中有“鄙家”出身的子张，有所居“蓬户不完……上漏下湿”的原宪，有“一箪食，一瓢饮，在陋巷”的颜渊，有“缊袍无表……捉襟而肘见”的曾参，有“在缧绁中”的公冶长，有“形残”的漆雕开，也有“好货殖”的子贡……贵族来学的人很少，倒不是由于孔子不欢迎他们，而是因为贵族自有他们传统的师、保、傅教育，除了极个别的像孟僖子对于“礼”还有迷信，愿意教自己的儿子拜孔子作老师以外，一般贵族及其子弟是不屑跟着孔子这种身份的人跑的。平民来学的，从上引材料来，多属于很穷困的，但也不是一贫如洗。就以“一箪食，一瓢饮”的颜渊而论，据说他也还有“郭外之田五十亩，足以给飦粥；郭内之田十亩，足以为丝麻”，而且看样子并不需要他自己去耕种这土地。由此可以设想，这帮人都是“四体不勤，五谷不分”的。他们跟孔子学习的目的，就是“学而优则仕”。这些正是当时士阶层的一般特征。至于依靠劳动生活的平民和奴隶，在孔子眼里，都是属于天性“下愚”的，是不堪造就的，所谓“中人以下不可以语上也”。孔子从这种鄙视劳动人民的贵族立场出发，是不会收纳他们为门徒的。同时，不劳动就不能生活的平民和毫无人身自由的奴隶，又怎么可能跟在孔子身边弹琴论道呢？也许有人会说，孔子的学生中，有作“大盗”的颜涿聚，可能是属于奴隶身份。但是，颜涿聚其人不见于《论语》和《史记·仲尼弟子列传》，事实是否可信，是一个问题。即使肯定他是孔子的学生，也一定是在反奴隶主统治的斗争中获得了解放的奴隶。像这种身份的人在孔门弟子中也是仅见的。

还有一个问题，孔门第一流弟子中的仲弓，据《史记·仲尼弟子列传》说，他的父亲是“贱人”。这又该如何解释呢？能否说他是奴隶的儿子呢？这首先要研究一下“贱人”一词的训释。按《史记·仲尼弟子列传》原文：“仲弓父贱人。孔子曰：‘犁牛之子骍且角，虽欲勿用，山川其舍诸！’”裴骃集解引何晏曰：“言父虽不善不害于子之美。”王肃《孔子家语·七十二弟子解》则说：“冉雍，字仲弓……生于不肖之父，以德行著名。”可见前人对“贱”字是作为道德上的贬词来解释的。仲弓“以德行著名”，这在《论语》中是有明文可证的。孔子的弟子列入“德行”一类的有四个，仲弓是其中之一。因此，我认为上述训释是可以采纳的。不错，在阶级社会中，道德上的区分同社会地位上的区分往往是相连的，“贱”字的确有另外一方面的含义，即言社会身份的低下。但却不能因此就说“贱人”即奴隶的称谓。且看《论语》中，孔子自己说：“吾少也贱”；又说：“吾不试，故艺。”郑玄注：“不试”，即“不见用”。侯外庐同志等同意郑注，并谓“贱”与“不试”为同义语。这就是说“贱”乃指没有做到官。没有做到官，在统治阶级看来，地位当然是低下的，但是，无论如何，孔子的身份不是奴隶，也不是一般平民，而是典型的

“士”。以上说明，根据“贱人”一词是不能够断言仲弓的父亲是奴隶的。何况，春秋时代，士阶层的来源本来相当复杂，有由贵族下降的，有由奴隶解放之后上升的，也有本来就是属于平民的。即令有材料证明孔子的弟子中有奴隶的儿子，也不等于证明了孔子的弟子中包括了奴隶。

虽然，孔子自己的教育目的是在于培养统治者，其教育对象是限于贵族和平民的上层分子，但他也主张“教民”。他注意到在诸侯争霸的局面下，一个国家没有军事力量是不能维护其统治的。在著名的齐鲁夹谷之会，孔子就曾讲过这样的话，“有文事者必有武备”。这固然是在特定的场合下有所为而发的，但也可以证明孔子认识到“武备”是进行政治斗争的重要手段。要加强武备，就不能不对被统治的劳动人民进行军事训练。因此，孔子提出：“善人教民七年，亦可以即戎矣”，又说“以不教民战，是谓弃之”。这里所谓“民”就是指奴隶和一般平民。这种教育只有执政者才能施行，这是不言而喻的。“教民”是否仅限于军事技能的训练呢？也不是的。这里面还包括如何使被统治者效忠服从的问题。即思想教育的问题。用孔子自己的话来说就是要“道之以德，齐之以礼”。这种教民的主张，也不是孔子第一个提出来的，当时有资格称霸的国家早已采用这种方针。这里且引一段晋文公教民的材料作为例证：

“晋侯始入而教其民，二年，欲用之。子犯曰：‘民未知义，未安其居。’于是乎出定襄王，入务利民；民怀生矣，将用之。子犯曰：‘民未知信，未宣其用。’于是乎伐原以示之信，民易资者，不求丰焉，明征其辞。公曰：‘可矣乎?’子犯曰：‘民未知礼，未生其共。’于是乎大蒐以示之礼，作执秩以正其官。民听不惑，而后用之。出谷戍，释宋围，一战而霸，文之教也。”（《左传》僖公二十七年）

这是春秋时代军事训练与思想教育相结合的典型史实，对于理解孔子的教民思想是有帮助的。

赵纪彬同志在《论语新探》中也认为孔子主张有两种不同性质的教育：一种是以统治阶级（人）为对象，以“知”“智”（政治、伦理）为内容的教育；一种是以被统治阶级（民）为对象，以军事技能为内容的教练。这个看法在基本结论上我是同意的。但是他的论证是有待商榷的。据他说，在《论语》中，“教”与“诲”有严格的区别：“教”的概念只用于对“民”的军事教练，“诲”的概念只用于对“人”的“知”“智”教育。他认为孔子主张有两种不同性质的教育就是从这种概念的分析中得出来的。对这种分析，我曾在“春秋战国时期影响劳动人民教育的几种先进思想”一文中提了一些意见。我认为“教”与“诲”乃是同义词。现在把我的意见再加以归纳和补充说明。

1.《论语》本身的反证，不能抹杀。赵纪彬同志曾摘引《论语》中言“教”者六章如下：

（1）“季康子问：使民尽忠以劝，如之何？子曰：临之以庄则敬，孝慈则忠，举善而教不能则劝。”（《为政篇》）

（2）“子以四教：文、行、忠、信。”（《述而篇》）

（3）“（冉有）曰：既富矣，又何加焉？（孔子）曰：教之。”（《子路篇》）

（4）“善人教民七年，亦可以即戎矣。”（《子路篇》）

（5）“以不教民战，是谓弃之。”（《子路篇》）

（6）“有教无类。”（《卫灵公篇》）

六章之中，（1）（3）（6）三章没有说明“教”的内容；（4）（5）两章“教”的内容为军事；（2）章“教”的内容则很清楚是指孔子自己所教的政治、伦理和和道德修养。这就证明“教”与“诲”是可以互通的，不过在具体运用中，有时“教”仅指军事教育罢了。赵纪彬同志也知道这是一条很难处理的反证，于是说这一章是靠不住的，但是没有提出什么论据，只是讲了一点：“此章前人已疑为后儒伪托，非《论语》原文。（见刘宝楠《论语正义》引——原注）”前人怀疑的理由如何，刘宝楠在《论语正义》的什么地方引述的，都没有说明。为了弄清问题，我查了刘宝楠的《论语正义》，结果是查无实据。不仅在这一章的疏文中，根本没有提到有什么人疑此章为后儒伪托，在“弟子入则孝”章（《学而篇》）和“夫子之文章可能而闻也”章（《公冶长篇》）提到“夫子四教”时，也没有提出任何怀疑的话。既然如此，这一条反证就不能否定。

2. 从“教”字的起源来说，它的最初的含义就不限于军事。杨荣国同志有一段考证，可供参考：

“卜辞中有‘教’字。据宋戴侗的《六书故》说，即是‘孝’字。在种族奴隶制国家里，‘政’与‘教’是合一的，行政即所以施教，施教亦即所以行政。殷人既以‘孝’来达到某种行政上的目的，亦即以‘孝’为‘教’，因而‘教’字也就从‘孝’。”

当然在“卜辞”中，“教”字在具体运用时也有只同军事相连的，如：“丁酉卜，其呼以多方小子小臣，其教戒。”这里的“戒”就是军事操练。但却不能因此就说“教”仅仅包含军事操练。

3. 先秦时代的书籍都证明“教”与“诲”是同义词。如《论语》中的“学而不厌，诲人不倦”，《孟子·公孙丑上》则作“学不厌而教不倦”。赵纪彬同志认为这是孟子的创义。问题是不仅《孟子》如此，在《吕氏春秋·尊师篇》也可以找到同样的例子：

“故子贡问孔子曰：‘后世将何以称夫子？’孔子曰：‘吾何以称哉？勿已者，则好学而不厌，好教而不倦。’”

不仅“教”与“诲”是同义词，这两个字还可以结合成为一个词如：

“螟蛉有子，蜾蠃负之；教诲尔子，式谷似之。”（《诗经·小雅·小宛》）

“教诲不倦曰长。”（《左传》昭公二十八年）

“孟子曰：教亦多术矣，余不屑之教诲也者，是亦教诲之而已矣。”（《孟子·告子下》

“文公问于胥臣曰：吾欲使阳处父傅欢也，而教诲之，其能善之乎？”《国语·晋语》）

我认为这一系列的证据是既不能推翻，也不能置之不理的。因此，赵纪彬同志对“教”与“诲”的分析，似难令人同意。

现在再回到本文开头提到的问题，“有教无类”究竟该怎样理解呢？

关于“类”字，我同意赵纪彬和关锋等同志的意见，应该作“族类”解释。“有教无类”即是要求在教育对象方面打破族类的界限，以适应氏族制度崩溃和按地域编制的社会变化情况。进一步分析，这句话又可以作两种可能的理解：一种理解是“夫子自道”，表明凡贵族和平民（限于平民中的上层分子）来学的，孔子都接受。另一种理解是孔子对执政者讲的话，建议他们既要教育统治阶级，也要教育被统治阶级。不过，如前面已经讲过的，孔子主张对这两个阶级进行教育的目的和内容是根本不相同的。但是，这种思想在当时毕竟有它的进步意义，它批判了氏族贵族对受教育权的垄断，要求把施教范围向社会下层推广。孔子一生的教育活动，证明他执行了自己的主张，从而使他成为历史上伟大的教育家。

虞夏商周学校传说初释①

/

毛礼锐

一、关于“虞庠”问题

虞舜时代还不可能产生学校，这在前面已经说过。学校的产生必须具备一定的条件，这在之前也有所论述，不再重复。但是我国古籍中既然存在着关于虞舜时代的学校——“庠”的传说，同时在夏商周三代的学校传说中也有“庠”一类，那么就有必要对“虞庠”作些说明，以便讨论夏商周的学校制度时更容易了解。

认为虞舜时代就有了“庠”的传说，有下列几种：

《王制》：“有虞氏养国老于上庠，养庶老于下庠。”

《明堂位》：“米廪，有虞氏之庠也。”

《玉海》卷一百一十一，《学校》“周之小学为有虞氏之庠制”。

《三礼又宗》：“虞氏之学名庠。”

这些传说都认为“庠”是产生于虞代的。但《孟子》说：“夏曰校，殷曰序，周曰庠”；《说文》与《汉书·儒林传序》又说：“夏曰校，殷曰庠，周曰序”。这两种传说都认为“庠”是与有虞氏无关的，都承认学校是从夏代才开始的。后一点基本上是符合一般学校产生的规律的，那就是说学校在奴隶制社会的历史阶段才能产生。它们说夏朝已有学校，虽然没有提出什么证据，但在理论上是可以成立的，这点我们将在下一段再来说明。但它们还没有解决“庠”究竟产生在哪个朝代的问题。因为它们一则说“殷曰庠”，一则说“周曰庠”，究竟哪一说对呢？

据我看来，“庠”作为一种学校（广义的）是形成于殷代，而周代仍保有这种学校，故“殷曰庠”和“周曰庠”的两说都对。但是这种“庠”的萌芽，是在原始社会的末期——虞舜时代就已经产生了，不过它只是学校的前身，不能称为学校。所以关于有虞氏之“庠”的传说也不是完全臆造的，只是把它夸张成为学校罢了。

奴隶制社会和原始社会虽然是两个截然不同的历史阶段，但是某些社会现象的

①部分节选。文章来源于《北京师范大学学报（社会科学版）》1961年第4期。

形式还是有继承性的。原始社会虽然还没有学校，但已经具有某些教育形式，特别在它的末期，教育已经开始具有一定程度的独立性，即教育活动已经开始和生产实践以及其他社会活动逐渐分离，带有教育作用的机构向着形成学校这个方向演进。只因为在原始社会阶段，产生学校的条件还没有成熟，所以只能孕育着学校的胚胎，而毕竟没有出现正式的学校。

据苏联历史学家的研究，在全世界广大的地域中，在原始社会时期曾出现过“青年之家”这样的教育机关，青年就在这里面生活，受着成年男子特别是老人的教育，而这种“青年之家”便演变为后来奴隶制社会的学校。这个材料很可以帮助我们说明“庠”的问题。

我认为“虞庠”就是像“青年之家”一类的非纯粹的教育机关，它是学校的胚胎。所以古籍中关于“虞庠”的传说，也是有点影子的。

要阐明这个论点时，必须先弄清楚什么叫作“庠”，其内容如何？

“庠”的历史渊源是很早的。据《说文》，“庠”是养老的地方。《王制》说：“有虞氏养国老于上庠，养庶老于下庠”，这也是把庠当作养老的地方了。据我推测，“庠”最初在原始社会中只是老人看守畜养牛羊的地方，可能由这些老人兼管小孩，带有一些教育作用。从文字结构上说，“广”就是房舍的意思，所以“庠”的原意就是养羊的地方。在原始社会中有敬老的习俗，“庠”到后来便成为养老的机关，但仍然是饲养家畜的地方，由这些老人看守并兼负一部分教育儿童和青年的责任。鲁国的“庠”叫作“米廪”，这是经过了很长的发展过程，“庠”由家畜饲养场所变成了粮食仓库，养老和教育的作用都增加了。孟子说“庠者养也”，这个解释已经不是“庠”的原始意义了，而是发展到原始社会末期以至奴隶制社会时期“庠”的新含义了。后来儒家解释说，虞帝上孝，从孝养之心出发，才“即学以藏粢”，这是从儒家以孝悌为本的思想出发，把事实颠倒过来，有意把“庠”看作一种实施孝悌教育的学校，为儒家的教育思想提出历史的根据。孟子说：“谨庠序之教，申之以孝悌之义”，就是把庠序都看作实施孝悌教育的学校。实际上，虞氏的“庠”只是公家的家畜饲养所，由老人照管，同时也就是养老的地方，不过这些老人具有一定的经验和知识，所以他们也负有一部分教育任务。可能由于社会发展的需要，这种机关的养老作用和教育作用，愈到后来愈增加，因此便附会成为一种学校。至于说虞时的“庠”还分为“上庠”和“下庠”，后来儒家竟把它们渲染成为大学和小学，那就更为荒诞了。

二、关于夏代学校的传说

夏代已进入奴隶制社会，从理论上说，有可能产生了学校，但至今尚未发现充足的证据。

关于夏代的学校传说，有下列几种：

《孟子》："夏曰校。"

《王制》："夏后氏养国老于东序，养庶老于西序。"

郑玄注《仪礼》："夏后氏之学在上庠。"

《明堂位》："序，夏后氏之序也。"

《说文》及《汉书·儒林传序》："夏曰校。"

以上这些传说，告诉我们夏代已有校、序、庠三种学校了。儒家解释"东序"为大学，"西序"为小学；《孟子》上也说"学则三代共之"，似乎夏代又有大学了。这样的理想化，不能不说是出于儒家托古改制的思想。但是关于夏代的学校传说，也不能因为目前没有掘出地下的物证，便肯定为完全是无稽之谈，其中还是有几分可靠性的。例如关于商代的许多传说，在没有从地下发掘遗物出来以前，便认为都是传说，及地下遗物出土，有许多传统便得到证实，这些传说便成为真实的历史。最具体的例子，譬如说关于商代的帝王世系表，早在"卜辞"出土两千年以前便写在中国的历史古籍中，"卜辞"出土以后，经过整理研究，结果是真相大白，证明古籍中关于商代的世系表大体不错。从"卜辞"和"金文辞"的考释中，证明了许多古籍中的历史传说有的是几乎完全可靠，有的是部分可靠。这样一些宝贵的发现，使我产生一个观念，就是古籍中的学校传说不能一概以儒家托古改制为借口而一笔抹杀。特别在夏代已进入奴隶制社会的历史阶段以后，关于学校的传说，尤其应慎重对待。

夏代的学校既有"校""序""庠"等传说，因为文献不足证，暂时存疑当然是合理的，既不能完全肯定，也不能完全否定。前面说过，夏代已开始进入奴隶制社会，于理，可能产生了学校。从商代文化的发展程度来看，可以推测夏代已有一定程度的文化。从龙山文化遗物中可以看出夏代的文化水平，农业手工业有一定程度的发达，天文历法知识已相当进步，还发现了十六块带有钻痕的卜骨，推想当时可能出现了掌管文化和宗教的专职官吏像"巫"这一类人物。现在虽然还没有发掘出夏代的文字遗物，但从商代的甲骨文成熟的程度来看，似乎夏代应该有了较原始的文字。这些推测是有一定理由的。孔子说："殷因于夏礼，所损益，可知也；周因于殷礼，所捐益，可知也。"（《论语·为政》）经过对出土遗物的研究，证明了"周因于殷礼"的真实性，从而可以说"殷因于夏礼"也是有一定的真实性的。所以从殷代的文化教育情况来推测夏代的文化教育情况，是有一定理由的。

再从中华人民共和国成立后对少数民族的调查材料来看，也可以帮助我们来解释夏代的文化教育传说。在中华人民共和国成立前，凉山彝族还处于奴隶制社会，有文字和经典，经典中包括祭祀、占卜、神话、律历、谱牒、伦理、诗文、历史、译著等。有一种巫师被称作毕摩，他们掌握着文字和经典，主持宗教仪式。毕摩是通过师傅的传授来培养的。至于一般子女的教育任务，主要是由家庭承担，在日常家庭生活中进行，没有正式的学校。如果和凉山彝族在中华人民共和国成立前的情况相比，第一，夏朝可能有文字和经典，也可能有掌握文字和经典的“巫”（巫在氏族社会中就已经有了）；第二，夏朝也需要培养知识分子，但不能只靠师傅传授，因为夏朝是一个奴隶制国家，有了设立学校的需要与可能，不能像中华人民共和国成立前的凉山彝族那样只通过师傅的传授便可以满足培养知识分子的需要。根据这样的推测，夏朝已产生学校是有充足理由的了。

问题是：夏朝的“庠”“序”“校”等传说究竟何者为是呢？还是三者都同时存在呢？它们的性质又是怎样的呢？

我倾向于认为这三种机构可能在夏朝都同时存在。古代希腊也是奴隶制社会，它就同时有几种学校，为什么夏朝不能有呢？“庠”是从原始公社末期传递下来的养老机关，教育的作用增加了。由于夏朝已经出现阶级，所以这种养老机关可能有所谓国老和庶老的差别。“序”是练习射箭的地方，《孟子》说：“序者射也”，这种解释是正确的。在氏族社会时期便已发明弓矢，夏朝在对外战争中需要培养具有射箭能力的战士，所以“序”的存在是很可能的。这与古希腊的体操学校相似。《江陵项氏松滋县学记》中说：“夏后氏以射造士，……而命之曰序”，不无理由。在几种传说中，比较一致地承认夏朝有“校”这样的学校。吕思勉认为“这是真正教学之地”。《孟子》也说：“校者教也”。如果这种解说是正确的话，那么这种“校”便是进行文字和文化知识教育的地方，与古希腊的文法学校相似。但这种可能性很少，理由详下。

夏朝虽然可能已经存在“庠”“序”“校”三种教育场所，但只是学校的雏形，不能认为是成熟了的真正的学校形式。“庠”的性质比较清楚，它的主要作用是养老，教育作用还不大。“序”是习射的地方。据《说文》，“序”只有东西墙，没有房屋，可见“序”在开始时只是有东西墙的一块射场，并不是一种正式的学校。“序”的这种性质，到殷代仍未变，在下一节还要谈到这一点。至于把“东序”解释为大学，把“西序”解释为小学，那就不可靠了。“校”也不能认为是真正教学的学校。根据《孟子》，夏的“校”、殷的“序”和周的“庠”都是乡学，如果从历史的发展来说，不应该是夏朝已有教学的“校”，而往后的殷朝反而只有习射的“序”，周朝反而只有养老的“庠”，殷周反而都没有教学的“校”，这似乎很不合历史的发展规律。要按历史发展的顺序说，“庠”应该是最早产生的，因为养老的活动在氏族社会就已经有了；其次是“序”，因为培养战士是奴隶主阶级首要的任务；再次才是“校”（如果把“校”看作真正教学之地的话）。然而我又为什么说夏朝也可能有“校”呢？这是因为传说中比较一致地承认夏有“校”，同时我并不把这样产生的“校”看作真正教学之地，而是进行教化之地，类似一种社会教育的机关。

据《说文》，“校”原是指用木作栏格养马的地方，后来演变为角斗、校猎、考校和检校等意义。据《齐书》《崔祖思传》记，齐有“武校”的名称。综而言之，“校”在最初只是指用木做栏格作为角斗、比武之地，后变为考校、检校的场所，最后才演变成为学校。由此可见，夏的“校”还不是一种真正教学之地。这一点还可以从西周的“校”和春秋时期郑国的“乡校”的性质得到反证。西周邑里中的“校室”，主要作用是教化，而郑国的“乡校”则兼为乡人议论政治得失的公共活动场所。西周和春秋时期的“校”尚且还不是完全教学的处所，而夏代的“校”，就更不可能是真正的完全教学之地，而只是作为比武、角力、检校等活动的场所。除了庠、序、校以外，孟子说“学则三代共之”，那就是指大学了。根据常识，奴隶主阶级一开始便知道要培养他们的子弟成为统治者，孟子所说不无理由。但究竟是一种什么“学”，目前还不得而知。古书上说“明堂”自古有之，是否这种“学”就是“明堂”呢？据《周礼·考工记》：“夏后世室，殷人重屋，周人明堂。”注：“世室，宗庙也。”“重屋，王宫正堂。”“明堂，明正教之堂。”这种宗庙、重屋、明堂可能就是最早的大学萌芽，而孟子名之曰“学”。

三、 关于商代学校的传说

商代后期已形成一个奴隶制大国，疆域已越长江而南，其东南之敌也在帝乙时平定。盘庚迁殷以后的“卜辞”大量出土，其他文物很多，足证殷时的文化有相当高度的发展。郭沫若先生说：“殷代文化为我国文化之渊源”，信然！就政治、经济、文化各方面的条件而言，商代已有学校，那是没有疑问的了。根据“卜辞”，商代确实有了学校；但是古籍中关于商代学校的一切传说并没有完全得到出土文物的证实，我们应该运用出土遗物的材料来解释这些传说。

关于商代学校的传说有下列几种：

《孟子》：“殷曰序。”

《说文》及《汉书·儒林传序》：“殷曰庠。”

《王制》：“殷人养国老于右学，养庶老于左学。”

《明堂位》：“瞽宗，殷学也。”

这样，殷代就有了“序”“庠”“学”“瞽宗”四种传说。

（一）关于“序”

殷人多事征伐，殷王又好田猎，故亦注重射的训练。汤以武功得天下，所以注重军事训练、不仅重射，还重视“武舞”。《文王世子》中说“春夏学干戈，秋冬学羽籥，皆于东序”，周朝的这种“序”一定是由殷代递嬗发展起来的。至于“序”是否东西墙，有室还是无室，那是“序”的构造问题。“序”的开始大概只有东西墙，因为习射的地方必须宽敞，不能在一个屋子里进行。这种“序”的形式，后来可能有变化，到西周时也可能有室有堂了，所以有堂东、堂西之说。

“序”的作用，由注重习射渐渐发展到注重习礼，甚至习礼成了主要的作用。这从《乡饮酒义》和《乡射义》可以概见。射礼虽未必完全如这两篇所说那样完备严密，但这种发展趋向，大体是正确的。“序”的作用既逐渐转向学习礼乐，这就当然逐渐变成了一种学校形式，就可能有室有堂了。所谓“序”有“次序王事”（见《明堂位》注）之意，那是出自儒家的解释，要把“序”纳入儒家的教育体系，企图在“次序先王之道而学之”（《三礼义宗》）的意义下，假借“序”进行孝悌的教育。《乡饮酒义》说：“乡饮酒之礼，……所以明尊长也，……所以明养老也。民知尊长养老而后乃能入孝弟，民入孝弟，出尊长养老而后成教，成教而后国可安也。君子之所谓孝者，非家至而日见之也，合诸乡射教之乡饮酒之礼，而孝弟之行立矣。孔子曰：吾观于乡，而知王道之易易也。”这说的虽然主要是西周的事情，但殷周的所以重视“序”的作用，这是一个重要的理由。《射义》也说：“故射者进退周旋必中礼，……此可以观德行矣”。“射礼”的意义不外“明君臣之义”和“明长幼之序”。孔子也说过：“君子无所争，必也射乎！揖让而升，下而饮，其争也君子。”可见孔子也重视射的教育作用。“射”从技术训练变为“射”的礼乐教育，在殷时已有这种迹象，殷的“序”比夏的“序”在任务和作用上都更发展了。

（二）关于“庠”

“庠”是从虞夏继承下来的，虽然还是养老机关，但“养老”的教育作用却大为增加。商代已是奴隶制社会的国家，原始公社的养老意义已逐渐失去，养老不是固定的了，而只是一年有几次定期在那里举行养老的典礼，请老人饮酒吃饭，讲讲话，教育教育后辈，并且向政府提提意见。同时，到了阶级社会，也不是所有的老人都能被养了。据《王制》疏云，人君养老有四种，一是养三老五更；二是子孙为国难而死，王养死者父母；三是养致仕之老；四是引户校年，养庶人之老。“养老”的教育意义，是统治者借此向人民进行孝悌的教化工作。后来儒家所谓“上老老而民兴孝，上长长而民兴弟”，这种道理，在奴隶制社会已开始被奴隶主阶级认识到，所以很重视“养老”的活动。虞舜时代还是原始社会，“养老”是氏族公社应有的职责，夏代虽然已开始向奴隶制社会过渡，但原始公社制度仍占重要位置，“养老”的阶级性也还不明显，而到了商周时代，“养老”的目的就是为了奴隶主阶级的利益了。在奴隶制社会中的“养老”，出现了等级的差别，因而有所谓“国老”与“庶老”之分，从而“养老”的地方也有所区别。

“庠”“序”经过长期的演变，分工逐渐不明显，“养老”也可以在“序”进行，习射也可以在“庠”进行。“庠”“序”到了后来，逐渐失去了它们的差别性。这种发展过程，到西周便完成了。西周所谓设四代之学，就是把历代发展下来的学校都保存着，但其性质内容都有所变化，“庠”“序”成为各级行政组织的乡学了。这种变化并不是到西周时突然发生的，而是在商代已经开始在逐渐起变化，所以才有前面所举一片“卜辞”在庠教射的例。到了西周，所谓“党有庠，州有序”，其功用没有什么差别，都是尊贤、养老、习射之地，但是它们所属的行政组织有了差别。关于西周的学校，后面再详说，这里先提一下，为了是说明“庠”“序”这类学校在商代已开始发生变化，它们原始的分工逐渐在消失，它们的作用混合和统一起来。有许多矛盾的传说都由这一点引起，而几千年来没有注意到这一点，以致众说纷纭。其实这些不同的传说除了夹杂说者的一些主观解释以外，都有其片面的根据。所以无论说“殷曰序”或者说“殷曰庠”，可能都是对的，或者各就其主要者而言，只是不全面罢了。

（三）关于“学”和“瞽宗”

上面所说“庠”“序”之类是属于乡学，这里要说国学了。据《王制》，殷人有右学、左学；据《江陵项氏松滋县学记》，商人的“学”即是“瞽宗”。《明堂位》也说“瞽宗”是殷学。《文王世子》说周人学礼乐于“瞽宗”，而“瞽宗”便是殷学。到底殷代的“学”和“瞽宗”是二还是一呢?

据注疏家所说，大抵都认为殷尚右，所以把大学设在右边，即设在西郊。同时他们又认为周初仿照殷制，也是把大学设在西郊即右边。这种认为殷代尚右尚西的意见，从“卜辞”中得到证实。一片“卜辞”云：

“贞，即于又（右）宗，又（有）雨。”

郭沫若考释说：“古人以西为右，右宗者盖谓宗祭于西方也”。这间接地证明了注疏家认为殷人尚右尚西从而把大学设在西郊的见解。

殷人既然尚右尚西，把大学设在西郊，那么殷人的大学就是瞽宗，不会还有什么另外的大学。所以大体可以下结论说，殷人的“右学”和“瞽宗”是一而不是二。周人设四代之学，以“瞽宗”代表殷学，设在西，而称为“西学”，是其明证。孟子说：“学则三代共之”，就是说夏商周三代都有大学，都可通称为“学”，但没有指出三代大学的特殊称谓。《王制》说虞氏的大学名叫“上庠”，夏后氏的大学名叫“东序”，周人的大学名叫“东胶”，唯独称殷人的大学为“右学”。“学”乃各代大学的通称，殷人的大学也必有其特殊称谓，这个特称就是“瞽宗”。

《江陵项氏松滋县学记》谓商人以乐造士，故其学为“瞽宗”，这有些道理。周人在“东序”学舞，在“瞽宗”学礼乐，这说明殷人的“瞽宗”本来就是学习礼乐的地方。按“瞽”乃乐师的官名，“瞽宗”即乐人的宗庙。《文献通考》注云：“瞽宗，乐师瞽之所宗也。古者有道德者使教焉，死则以为乐祖，于此祭之”。《诗·灵台》：“于论鼓钟，于乐辟雍；鼍鼓逢逢。矇瞍奏公。”这是说矇瞍的乐官在辟雍主管音乐的工作。这个辟雍设在西郊，所以又名西雍，《诗·振鹭》：“振鹭于飞，于彼西雍”，可证。又据《诗·灵台》注，殷的辟雍与大学为一。可见殷之所谓右学即瞽宗，亦即辟雍，主要是学习礼乐之所。

殷的大学已经有了外国留学生。郭沫若的《殷契粹编》第1162片“卜辞”：“丁酉卜，其乎（呼）目（以）多方小子小臣其效（教）戒（戒）。”郭氏考释云：“多方，多国也。‘目多方小子小臣其效戒’当为一辞。据此，可知殷时邻国，多遣子弟游学于殷也”。郭氏且据此认为这是中国“留学制之滥觞”，确是的论！以前认为汉代匈奴遣子弟入学为我国留学制度的开始的说法，应予改正。

唐代考试初探①

/

孙培青

唐初的统治者重视兴办学校，使官学与私学并举以培植人才，学校成为人才的重要来源。唐朝又重视科举，它继承隋朝的科举制度，并把它进一步完善化，成为选拔人才的一条主要渠道。学校与科举两者相辅而行，学校培养人才供科举选拔，是科举赖以发展的基础，而科举是学校生员必经的出路，成为支配学校的重要力量。随着政治形势的发展，封建统治阶级越来越重视科举的作用，抓住科举作为关键的一环，以左右学校，学校也就完全被纳入科举的轨道。封建政府对学校如何培养人才，并不怎样费心加以过问。它依靠科举作为验收的关卡，每年举行一次全国性的科举考试，按照政治需要挑选人才。虽然每年选取的名额极为有限，但有取得名位利禄的可能性，对知识分子产生了巨大吸引力，使知识分子绝大多数以夺取科举功名为奋斗目标。学校既然被迫跟着科举走，而落为科举的附庸，学校教育的内容方法，都必须适应科举的需要。在考试制度方面更是如此，正如《唐六典》所说的，国子监内实行分科考试，“其试法皆依考功”，学校无独立的特殊的考试方式，其考试方法，完全仿照科举考试，两者在精神实质上是统一的。学校考试的历史记录不多，而科举考试的历史资料还保存了一些，因此需要汇通两方面的材料来说明考试的问题。本文着重就考试的方式方法进行一些初步探讨。

二、 考试项目由少增多

武德时（618—626），国学就订立考试的条例。国学根据科举有进士、明经等科也相应地设科考试，起初考试的项目较少，以试策为主。《唐摭言》说：“进士科与俊、秀同源异派，所试皆答策而已。……有唐自高祖至高宗，靡不率由旧章。”《册府元龟·贡举部》也说：“自是，士族所趋，唯明经、进士两科而已，其初止试策。”其中略有一点变化，贞观八年（634），进士加试经史，由经史中出策题，强调读经史的重要。“上元二年（675），加试贡士《老子》策，明经二条，进士三

①部分节选。文章来源于《华东师范大学学报（教育科学版）》1983年第2期。

条。”（《新唐书·选举志》）这些变动都不大，不论试经史或试《老子》，从形式上看，仍旧是以试策为主。这种考试比较容易应付，难于选取实才。到武则天当政时，这种考试的弊病已经显露，政府中展开一场讨论，有人要求增加考试项目。永隆二年（681）考功员郎刘思立指出：“明经多抄义条，进士唯诵旧策，皆亡实才，有司以人数充第”，他认为较单一的考试方式，难于挑选真才实学的人。考生的学问，大多肤浅，根底不厚。要求他们根底厚实，必使他们读经。于是奏请明经、进士两科并加帖经，进士还加试杂文，文章列入高等的，才准许参加策试。这种建议受到重视，因此在永隆二年八月下诏：“如闻明经射策，不读正经，抄撮义条，才有数卷。进士不寻史传，唯读旧策，共相模拟，本无实才。所司考试之日，曾不拣练，因循旧例，以分数为限。至于不辨章句，未涉文词者，以人数未充，皆听及第……自今以后，考功试人，明经每经帖试，录十帖得六已上者，进士试杂文两首，识文律者，然后并令试策。”（《唐大诏令集·条流明经进士诏》106卷）虽然下诏要实行新的考试办法，但因故并未即实行，直到神龙元年（705）才实行三场试。其原因《唐摭言》一卷曾提及：“寻以则天革命，事复因循。至神龙元年方行三场试，故常列诗赋题目于榜中矣。”

神龙以后，通行三场试。开元二十五年（737）颁发《条制考试明经进士诏》：“其明经，自今以后，每经宜帖十取通五已上，免旧试一帖；仍案问大义十条，取通六已上；免试经策十条，令答时务策三首。取粗有文性者，与及第。其进士，宜停小经，准明经例，帖大经十帖，取通四已上，然后准例试杂文及策，考通，与及第。”（《册府元龟·贡举部》639卷）

进士加试杂文有其社会原因。唐初在政治稳定之后，出现了社会经济繁荣，相应地要求丰富文化生活，重视诗赋成为社会风尚，这种风尚反映在科举制度方面就是以诗赋为进士考试的重要项目，当时名之为杂文。

各学学习内容不同，其考试项目仿照三场试也各有差别。据《唐六典》规定，并参照《通典》，举例列表如下：

科目	考试项目		
	一	二	三
名经	帖经（每经10帖，又兼《孝经》2帖，《论语》8帖，皆10帖通5）	口试大义（10通6）	时务策（3道）
进士	帖经（帖一大经，10通4）	杂文（2道）	时务策（5道）
明法	帖（律令每部试10帖，10通9）		策（律7条令3条）
明书	帖（《说文》6帖，《字林》4帖，10通9）	口试（不限条数）	策

续表

科目	考试项目		
	一	二	三
明算	帖（①《九章》3帖，《五经算》等各1帖，②《缀术》6帖，《辑古》4帖，皆10通6，并兼《记遗》《三等数》，也10通9）	口试（录大义本条为问）	
弘文崇文生	帖经（《孝经》《论语》共10通6）		经策（或史策，皆10道）或时务策（5道）

各考试项目，皆有评定标准。帖经：要求经注兼帖，每帖三言，须文注精熟。口试大义：明经口试大义皆录经文及注为问题，其答者须辨明义理，然后为通；明算口试大义也录大义本条为问，答者明数造术，辨明术理，然后为通。杂文：要求华实兼举，洞识文律。策：要求文理兼备，文理俱高为上上，文高理平或理高文平为上中，文理俱平为上下，文理粗通为中上，文劣理滞为不第。根据这些标准，区分考生成绩的高低。

五、 经验教训初步分析

科举考试虽然开始于隋代，但考试制度到唐代才完备起来。唐的考试制度，对宋及以后的科举考试也有较大影响，后来许多考试方式，追根溯源，多数发端于唐代，因此对唐代的考试经验，值得加以分析总结。现根据初步的认识，提出以下问题供讨论。

（一）舍德取艺

由于魏晋南北朝以来，九品中正选士制度已完全腐败，到了隋唐才代之以科举考试。选举和考试，对人才要求的侧重点不同。选举还标榜道德作风，考试则强调知识才能。选才制度的改革和选才标准的变化，反映封建社会发展到了一个新阶段，地主阶级内部力量的重要变化。

唐代科举名目虽多，主要的是进士和明经，这两科的考试，要求读一些儒家经典，但主要还在考察文艺的才能，对进士尤其是如此，而非考察其德行和实学，所以进士、明经及第的人，有真才实学者少。而道德品行又未作为考察人才的基本要求，思想行为不检者，既不妨应考，也不妨及第，所以及第的人，行为放纵、道德败坏的亦多。

有人对考试的选材标准提出异议，上元元年，刘峣就指出："国家以礼部为孝秀之门，考文章于甲乙，故天下响应，驱驰于才艺，不务于德行……致有朝登甲科，而夕陷刑辟，制法守度，使之然也。"只根据文词选拔人才，即使能日诵万言，文成七步，对于巩固封建统治作用也不大。所以他主张对考试制度实行根本改革，

"若以德行为先，才艺为末，必敦德励行，以伫甲科。丰舒俊才，没而不齿，陈实长者，拔而用之，则多士雷奔，四方风动。风动于下，圣理于上，岂有不变者欤！（《通典·选举》）希望改革考试制度之后，推动社会风气的改变，这是一种主观愿望，实际是难于办到的。如果要以封建的道德行为作为选拔人才首要标准，就可能会恢复乡举里选，由世家大族控制地方的选举，庶族地主是不会拥护的。唐代庶族地主力量有了发展，为了保护他们的利益，他们要求政治权力再分配，考试是庶族地主参与政治的一条途径，他们是不会放弃的。宝应二年，杨绾建议改革贡举，也是为了矫正尚文词而轻德行的偏向，虽然也有人支持，但科举考试主要反映了庶族地主的利益，已被人们所习熟，它可能带来的名利，吸引了成千上万的拥护者，这是一股相当大的社会力量，终于扭转不过来，而只能沿这条道路继续下去。以文艺为考选人才的标准，这是科举时代的基本倾向，有其内在的社会原因。

（二）因时变革

考试的方式，从属于考试的目的与内容，它继承历史遗产，又不能固定不变。沈既济在《选举论》中说："夫物盈则亏，法久终弊，虽文武之道，亦与时张弛……是以王者观变以制法，察时而立政。"主张要适时变革。实际上唐代的考试制度是适应政治形势而不断变化的。

武德、贞观、永徽、显庆之时，学校考试有试读试讲等方式，进士、明经考试亦只试策而已。武则天当政时，重文学轻经学，要在考试中拔取文士，因此酝酿一次较大变革。刘思立就是适应这种形势，提出建议要增加考试项目，最重要的是进士科加试杂文，到神龙时就付诸实行。试杂文这一项，开始时只试赋，再进而试一诗一赋，后来认为这种诗赋的考试，只是堆砌辞藻，实际没有多大意义，建中年代，就有人主张改试应用文，曾实行较短一段时间。到了太和年间，就有人提出改试议论，也实行过一段时间，过后又恢复了诗赋。由此可见，考试的项目办法都随时在改变，故《新唐书·选举志》说："有司选士之法，因时增损不同"。

唐代对考试方法也容许进行改革试验，主要看主考官的思想主张如何。如乾元初年，礼部侍郎李揆主持考试，"揆尝以主司取士，多不考实，徒峻其隄防，索其书策。殊不知艺不至者，文史之囿亦不能摛辞，深昧求贤之意也"。因此他不墨守成规，在职权范围内实行一些改革，"其试进士文章，请于庭中设《五经》、诸史及《切韵》本于床，而引贡士谓之曰：'大国选士，但务得才，经籍在此，请恣寻检。'"（《旧唐书·李揆传》126卷）提供经史和韵书，任学生参考，等于是开卷考试，这种破例的创举，就不在考其背诵能力，而在考其思维能力和写作才能。这次试验，效果良好，受到社会好评，李揆也因主持这次试验而得到提升。可惜考官大多数因循守旧，以后再没有人主持这类创新的试验。所以如何进行考试方式的变革，还与主持人的思想态度有关。较为开明者，才敢于创设新的考试方式。

（三）因科而异

各科考试内容有别，考试的方法、要求也就不能一律，专科学校根据专业情况，考试时特别注意检验解决实际问题的能力。

如书学的考试，也是帖经、口试、试策三个项目，其特殊之处在于口试，口试检查的方面在文字训诂，不仅知道字形和字音，还要了解字义，提问不限条数，有疑就可随时提问，要通过了，然后试策。

算学要求精究道理与实际，不搞试策，只采用帖试和口试，考试时摘取算经的条文作为问题，考生的回答须数字明确方法对头，辨明了道理，然后才可通过。

医学在教学上注意理论与实际结合，例如读《本草》时就认识药形知道药性；读《明堂》时，就查图认识穴位；《读脉诀》时就互相诊脉，等等。考试就检查这些方面的课业和医术，虽然也口试各医经是否精熟，但更重要的是考查医术能否应用，对治疗疾病，痊愈多少也加记录，作为考核的一方面。

由以上的事例，可以看出考试制度虽然是统一的，但在具体考试方法上，则是根据检查的需要，因科目不同而有差别，在实施方面允许有一定灵活性，因而显出方式的多样性。在实用科学的考查上，注意检查解决问题的实际能力，这种经验，至今还有意义。

（四）表面公正

考试制度是根据封建地主阶级的利益来制定的，它是封建统治制度的一部分。封建政治有等级性，体现在考试制度上，贵族官僚子弟享有一定特权，对他们是低要求，高奖偿，备受优待。魏玄同在《论选事疏》就指出："弘文崇贤之生，千牛辇脚之类，课试既浅，艺能亦薄，而门阀有数，资望日高。"对他们实行单独考试，以保证他们的特权。天宝十四载，规定宏文生考试办法，应明经进士者，"帖经并减半，杂文及策皆须粗通"。要求比其他学校学生大大降低，显然地给予优待。在全国统一的考试中，考官为维护本集团利益，临时改变办法，随意取舍，以保证贵族官僚子弟优先及第。有的当权者，虽非参加主持考试，却滥用职权来干预考试，"每岁策名，无不先定"（《旧唐书·穆宗本纪》），使考试制度受到破坏，徒具形式而已。统治集团中有识之士感到如此下去，整个考试制度都会被破坏，对地主阶级的统治是不利的，因此要求采取一些措施，改变一些办法，以维护统一考试公正的外表。下面提到的就是这些措施办法中的两项。

口问大义这种考试形式，进行舞弊的可能性较大，因此要改变。实行墨义，出题答题均用文字，凭卷面评定而后取舍，便于监督复查，避免落第者借口考试不公而制造事端，有利于维护封建统治秩序。

考试由礼部侍郎主持，但在确定录取名额名次方面，常受权势者的干扰，侍郎不敢做主，先要呈请宰相批准，事实上由宰相决定，这种做法，引起朝野议论。因此，有识之士，要求把考试事务责成礼部按章秉公办理，当政者不应加以干扰。太和八年，宰相王涯奏文说：旧例礼部侍郎皆将及第人名先呈宰相，获得批准，然后放榜，宰相先知名单而有干预，就难说至公无私，委托给部门管理，就应注意尊重其职权。今年以后，礼部不用先呈送名单，便可放榜，放榜之后，再将名单呈报。但是当权者滥用职权的现象，还是难于一下扭转，所以到会昌三年，宰相李德裕再提出这个问题，责成礼部全责办理，以避免非议，而维护考试在表面上的公正。

考试制度能否维持公正的外表，对于封建统治的巩固，关系至为重要。士人若认为考试公正，则怀抱希望而奔赴，虽落第亦只怨己而不怨官。士人若获知考试谬滥，多数则失望而不再赴试，安分者期待澄清吏治，激进者则欲社会变革，那时反对的不仅是考试的不公正，而是要打倒产生这种不公正的封建统治。

考试要公正就要统一进行，统一取士标准；要维护特权就搞特别考试，而破坏统一标准。公正与特权是矛盾的，在封建社会无法排除特权，这是社会制度决定的。

（五）疏漏遗才

唐代的考试制度，是用来考察人才和选拔人才的，但是由于途径的狭窄、标准的片面、考官舞弊等因素，使这种制度的作用受到局限。虽然通过学校考试，继之以科举考试，选取的进士、明经、明法、明算等人员中，出现了一些政治家、财政家、思想家、科学家、文学家，他们代表了地主阶级不同阶层的利益，对加强封建统治基础，促进社会发展是起了一定作用。但相当多的人员在中了科举之后，表现平庸，对社会历史不起什么作用。有些在考试中落第的人，却是很有才能的，其中有些在当时的社会发挥了作用，对历史也发生影响；而另一些人则因没有机会和条件，才能不能发挥，在历史上被淹没了。如贞元年代的太学生何蕃，在太学中二十余年，他的行为品德受到太学生的赞扬，是有威望的学生领袖，制止太学生附和朱泚叛乱，表现了政治能力，可是他在考试方面极不顺利，始终没有取得上贡礼部的资格。全国每年汇集礼部应试常有千余人，其间多有名士，而所取仅十几或二十几人，名士亦终落第而归。名士尚可藉诗文而传名，其他有才能者则因名不显而埋没。由此可见，唐代的考试制度，并不能正确检验人才，更不可能吸收一切有用人才。

从唐代考试方式发展的历史可以看出，考试的方式方法，总是要适应于考试目的和内容，它不是固定不变、单一通用的，而是不断发展、多种多样的。新的方式方法产生时，都是比较进步和合理的，但也内含消极因素。随着政治的发展，封建统治集团内外矛盾激化并趋向腐朽，消极因素就越来越突出，造成较大的流弊。所以同一考试方式，在不同的历史阶段发挥不同的作用，不能因其初期的进步性而否认其后期的落后腐朽性，也不能因后期的落后腐朽性，而抹杀其初期的进步性。我们需要具体地历史地对待，才能从中吸取历史经验教训。

明清蒙学教育述评[①]

/

李国钧

明清时期，广大农村和城镇的一些儿童，或者少年，特别是一般的贫寒子弟，能够读书识字受到一点教育，多不是在官学，而是在私塾中进行的。

当时的私塾，在性质上可分为三类：一类是有钱人家，多半是官僚地主，请名师到自己家去坐馆，教自己的子弟，称为教馆或坐馆，如李塨从 25 岁起，就到刘村赵太若家任蒙师；王筠不但做过家庭教师，而且还编了有名的识字课本《文字蒙求》。第二类，是做不到官的穷秀才，或年老归家的小官僚，或地方上热心教育事业的知识分子，在自己家中设学，收一点束脩，以维持生活，这种私学称为家塾。第三类，是由地方士绅主持，地方出钱，或向私人捐钱捐田，建立学田制，利用学田租金，请教师在一公共场所设塾，招收一般农户子弟，也有贫寒子弟入学的，称为义学或义塾。这种义学，在清代尤为盛行，成了统治阶级实施教化的重要阵地。他们一方面让贫寒子弟识几个字，另一方面，所着重的则是对他们进行封建的人伦道德教育。

以上这些私塾，在学生的程度和年龄上往往极不一致，有六七岁初开蒙的蒙童，亦有年至 20 岁左右读完了《四书》学作八股文的青年，都可以在私塾中学习。而私塾按学生的年龄和程度的不同，大致又可分为两级：一级是专教蒙童的蒙馆，或称蒙学；一级是专教大学生的经馆。本文着重要谈的，是私塾的初级班蒙学中的语文教学。

三、 阅读教学

蒙童六七岁入学，经过一年左右时间的识字教学之后，开始转入阅读教学，即从以识字为主转入以读书为主的阅读教学。这时蒙童八九岁了，大概已认二千字左右，有了初步阅读的基础。故王筠总结经验时说：“能识二千字，乃可读书。”

但是，在文言文的时代，怎样指导儿童读书，也是一个很复杂的问题。在整个

①部分节选。文章来源于《华东师范大学学报（教育科学版）》1992 年第 1 期。

阅读教学过程中，有两个困难问题要解决，即内容和语言的问题。在语言方面，是书面语言跟口头语言的分家；在内容方面，由于中国历史悠久，要读古书，须记忆相当的名物制度和典故。同时古人的思想和经验与儿童的生活也相隔甚远，这更加深了儿童对文章内容的不理解。还由于阅读教学这一环，有承上启下的任务，既得巩固和扩充识字，又须从识字教学向阅读写作教学过渡。在这种复杂的情况下，不但要求教学的方式方法得多样化，而且教材的选择也甚为重要。

（一）阅读教学的教材和对教材选择的问题

在一般的蒙学中，儿童读了“三百千”以后，已识得二千字，但这二千来字，不但还远没有全理解，而且也不巩固，是强记起来的。如果马上教儿童读“经”“史”，在一般情况下是行不通的，所以必须编选一种向读经史过渡的教材。在这种情况下，为了解决这些问题，不少教育家和蒙师们也寻找了一些出路，编了一些过渡教材，总名之曰“蒙书”，或称“小书”。在这方面，北宋的教育家朱熹，编了一本“授之童蒙”的《小学》，但还不能适合儿童的年龄特点和知识的水平，“开卷多难字，不便童子，此《小学》所以多废。”明吕本中编了一本《童蒙训》，清张履祥编了一本《训子语》等。这些书，其内容都是宣扬封建伦理道德的，总想把理学家的观念硬灌给儿童，其结果是儿童不能接受。故这些蒙书跟《小学》一样，都失败了。

理学家朱熹等编的蒙学教材失败以后，宋代以来本来早就有的蒙学韵语读物，在明清又得到了新的发展，开始大量地出现。从这类读物的编法和在蒙学中的采用来看，其用意大致在于巩固和扩大识字为主，并结合进行封建思想的教育和知识教育。在一般蒙学中，使用的情况是：先取“三百千”以识字，次教韵语读物，然后教《四书》。韵语读物，是向阅读经史过渡的“开其先”的教材。这种做法，在明清两代，很有代表性。故清人唐彪说：“读半年小书，便可教读《四书》”，但一般士大夫之家，并不用这类小书“开其先”。直教《小学》《孝经》等书，使儿童“苦难”。故王夫之说：“士大夫之家，颇知其（指《蒙求》一类的韵语读物）无用，而舍旃童习之初，遽授《小学》《孝经》等书，字语参差，往往不能以句，教者强揠，学者苦难，又胡能使之乐学哉!”

明清时期，儿童韵语的知识读物，流传最广的是唐李翰的《李氏蒙求》，宋王令的《十七史蒙求》，明萧良有的《龙文鞭影》和程登吉编的《幼学须知》，而通行的是清邹圣脉增补注释的《幼学琼林》等。《龙文鞭影》，清中叶以后最盛行，此书内容丰富，文字流畅顺口，全书共 1 006 句，就有 1 000 个故事，这是世界上一本故事最多的儿童读物。而《幼学琼林》，在整个清代风行全国各地，内容丰富，形式不求整齐押韵，打破了四言的约束。《李氏蒙求》，更被誉为“举世诵之”的蒙书。儿童读了这些蒙书，就会记得许多成语典故，对看书和写文章都会有些帮助。

这些蒙书的特点：一是使用整齐的韵语和对偶的形式编写的，念起来顺口，听起来悦耳，适合儿童的兴趣，又容易记忆，便于儿童学习。即阮元所说："寡其词，协其音，以文其言，使人易于记诵。"二是这类读物具有过渡性，是跨越白话与文言之间的一座桥梁。它在文言文统治时代，是从识字过渡到阅读再到读经的适当形式。

儿童经过一段识字为主的阅读训练后，已初步具有了一些阅读的基础，于是便正式进入以阅读为主的阅读教学。教儿童阅读简短的散文故事、浅易的诗歌，并教对对子（即属对）。蒙学中，阅读散文故事的目的，主要是从内容简短三四字头的韵语，向阅读内容较复杂、词句错综的文章过渡，为以后的写作打基础。

当时儿童阅读的散文故事，有《书言故事》《日记故事》等。《书言故事》，是属于名物掌故一类，如"守株待兔"。

《日记故事》，最为有名，流行较广，影响也大。明嘉靖本已用插图来说明故事，为世界上第一个有插图的儿童读物。它总算有图有说，只要儿童能读下去，就可懂了。它的优点，是适应儿童的特点，生动直观，在孩子们的世界中，产生乐趣，这是编写儿童教材的一大创举。教材中，有些内容对儿童很有启发，如劝学类，记有孟母勉子学习而断机，倪宽带书而耕，匡衡"凿壁偷光"，高凤护鸡诵读，江泌随月读书，李密乘牛读书，孙康映雪读书，司马温公手不释卷，还有"囊萤照读"，启发儿童刻苦勤学的读书故事。使儿童读了以后，不独能"渐知文义"，而且是"启其效法之心"。虽然，"这些故事，作为闲谈来听听是不算很坏的，但万一有谁相信了，照办了，那就会成为乳臭未干的吉诃德"。

关于儿童读诗咏歌，唐宋以来，一直在进行。到了明清，已成蒙学中一个固定的语文教学内容了。当时蒙学中采用的诗歌课本，多是《千家诗》《神童诗》等。诗歌教学的目的，在于"启发志意，流动精神，养其声音，宣其湮郁，荡其忿戾之气，培植其中和之德"。诗歌虽有消除儿童"倦忽懒散"、振作精神的作用，但主要用意还在于用封建的伦理道德观念，对儿童的思想进行"潜移默化"。王阳明就是主张用诗歌作为教育儿童的主要手段的。自幼就要消除人们的反抗心理，即所谓培植"中和之德"。

蒙学中教童子对对子，是一种综合性的语文训练法，也可说是作文训练的开端。其主要目的，是配合"习字演文"的教学。使学生了解字的"虚实死活"，掌握阴阳上去四声。对对子，还含有语音、词汇和语法的训练，同时也含有修辞和逻辑训练的成分。例如学对对子，首先得学正音和四声，这当为语音的训练；对对子要求一类对一类，天对地，雨对风，天地对山川，这是一种词汇训练。它还有特别的语法训练的作用，在进行教学时，是实字（名词）对实字，虚字对虚字，这是一字对。两字对，如"风吹"对"云腾"（上实下虚活），也是一种不讲语法理论的语法训练。至于说对对子也是一种修辞的训练，我们只介绍清人崔学古的一例，即可清楚了。如古人有“轻风□柳絮”，“明月□梨花”两句，令各补一字，推敲再三，如用“吹”“飘”等字，均有不妥，唯用“扶”字、“失”字，方足以为“轻”字“明”字传神。这当然是一种修辞训练的工夫。这种对课法叫作“句眼”，有“眼”在首尾者，有“眼”在中间者，就不一一尽举了。前一种叫作单对或双对，还有一种叫“增对”，假如出一“虎”字对以“龙”，“虎”字上加一“猛”字，对亦增一字曰“神龙”，等等，以此类推，一字可增至数字。从“虎”对“龙”来看，是类名对类名，而不能以“禽”对“龙”，因为“禽”不是跟“龙”相当的类。这显然是训练儿童注意概念、分类、比较等逻辑关系的。

对对子是中国文字的特点，这种训练，可以为儿童将来写作诗文做准备工作，故《平林义学规条》中说：“对课之法……先明字理，辨别虚实，讲求平仄”，“将来作文作诗之道不难矣”。

因此，把对对子看作作诗文的开始，说成是“通文理捷径”，这是有一定道理的。但这种对课法，是属封建社会的产物，必然有它不少副作用，首先是束缚儿童思想的发展，和应举试帖及八股比，所讲求的对仗与对股有同样的不良影响。

（二）阅读教学训练的原则

在蒙学中，阅读教学训练的原则，最重要的有三条：一是“晓文见意”；二是“熟读成诵”；三是精读与博览相结合。

中国古代有不少有经验有见解的教育家，主张仔细讲解文章的名物、训诂、句读和篇章。使童子充分理解其文意。就连提倡微言大义的理学家，谈到读书治学、指导儿童阅读时，也强调要弄清名物、训诂，以“晓其文”。

“晓文见意”这条原则，就是理学家程颐提出来的，他说：“凡看文字，先须晓其文义，然后可求其意，未有文义不晓而见意者也。”后来张伯行加以发挥，认为如未晓其文，“必至穿凿附会，失立言之本旨”，但也反对寻章摘句，割断前后文义的学究式读书法，主张以“文”中见意，从“文”中了解“道”，因为“道”寓于“文”。但是，论“道”又不可专求于语言文字间，要潜心理会作者的“立言宗旨”。

在阅读教学中，为了使童子理解“文意”，崔学古提出“讲”“贯”结合的方法。讲者须逐字逐句点读明白，讲其字句章节的“实意”，以达到“晓文见意”；贯者，贯通其“神理”，再以“理演文”，以作者的“宗旨”，复反其“文义”。讲解时，要同“说话一般”，通俗易懂。若用“深文奥理”，不但“童子理会不来”，反而会“滋其惑”。清代蒙学教育家唐彪更明白地说：“凡书随读随讲，则能明晰其理，久久胸中自能有所开悟。若读而不讲，不明其理，虽所读者盈笥，亦与不读者无异矣。故先生教学，工夫必以勤讲解为第一义也。”并进一步说：“子弟年虽幼，读过书宜及时与之讲解，以开其智慧。然须专讲其浅近者，若兼及深微之书，则茫亦不知其意旨，并其易者皆变为难不能解矣。更有说焉，书虽浅近者，若徒空解，犹未能即明其理，唯将所解之书义尽证之以日用常行之事，庶几能领会、能记忆。”可知讲书“开其智慧”，讲书要“证之以日用常行之事”，同时不可讲得过多过深，要适合儿童的理解能力。他们认为，这是做教师的一种特有本领，即教学的技巧。

“熟读成诵”也是蒙学中的语文教学原则，而办法是讲、读、背、温如环。

蒙童读书，经蒙师认讲以后，即各自进行朗诵。自读课文时，先分段读，叫“分读”，等口熟了再“通读”，若有甚难的章句，则还要“特读”，目的是使省力省功。大一些的学生要求更高了，其诵读程序，有句读、朗读和背读，以至熟记不忘。句读须“断终清醒，声音辨晰”，又须读出语气，“文虽数句，而语气作一句读”。古时教学，吟诗作文，均从讽诵入手，抑扬歌诵，其声音含有音乐之美，即谓“读书声出金石”。蒙师要求儿童读书须“眼到口到又在心到”，高声朗诵，不许含糊，切忌“兴至，则如骂詈，如蛙鸣；兴衰，如虱吟，如蝇鸣”。

蒙童读书，先由蒙师讲认生书，而蒙师如何对学生讲认生书，其形式主要是个别“口授”和“粗粗训解”。怎样“口授”，教师先教学生认字，带学生缓缓朗读，然后再让学生自读，等成诵时，教师还要“听差”，以纠正口误音误，并防止儿童读书只用口耳不用心目，若此处一放松，将来再纠正，就大为费力。

蒙师“口授”生书后，还要将书意“粗粗训解”。讲书之法亦有多种，有先说大旨，次训字句的，但讲时贵用“家话”（通俗话讲），不要空谈，言之无物，“虚套相欺”，应指实事说明，使儿童易懂。所以，陈芳生在《训蒙条例》中说：“取本日书中实字，讲作家话”。“训解”时，为了使儿童“心到”，蒙师还要启发儿童思考。其措施：一是讲书根据生徒年龄长幼，而分多寡深浅；二是“起难”，让生徒“质疑问难”，儿童能“质疑问难”，就容易启发，否则就得教师“特起一难”，让儿童解析；三是教师可“持数说，责令拣选”，促使生徒开动脑筋；四是“限日答师问”，可宽限一至三日，让儿童边学边思，学思结合，寻求答案，“务期有省”。以上这些办法，都含有启发儿童思考，培养儿童智力发展的功用。

儿童读书，蒙师要求烂熟成诵，达到永久不忘的地步。为了使蒙童所读之书皆能成诵，要求所读之书必须熟背，以背书驱使学生勤奋用功，“以期所习永永不忘”。所以，蒙师对蒙童背书要求甚严，在背书时，教师也要“听差”，以纠正学生的读音、分句等。背书时，还有“提背”，提到哪里背到哪里，以检查学生熟记的程度，若不能应对则重读。而背书又有“初背”（背生书）和带背（背熟书）和按时“抽背”，最后读完一册还要“通背”。故学生必须时时读书，时时背书，因此又必须经常温书、理书。在蒙学中，认书、读书、背书和温书四部曲，周而复始，日日如此，月月如斯。这对训练儿童的记忆力是有帮助的，同时也充分利用少年儿童记忆力强的特点。儿童在阅读教学过程中，背熟了许多文词，这对以后的写作也大有帮助。不过儿童所背的书，并不都懂，教师也不要求儿童全懂，“难者罕譬曲喻”，只好等儿童长大了才明白，现在只记住，到“后来受用”。

精读与博览结合。蒙童除精读背诵的书以外，还要求博览一些书。陈芳生在《训蒙条例》中，主张蒙学里设一个图书馆，藏书要多些，教师为书分类，簿记名目，并将各书大意作一小序，随注于各目下，使儿童“自幼即知某书有某用，某事当看某书。少长即能与人言，壮时自有不得不博览之势，而学问自此可渐扩充。”这种办法很好，儿童从小接触许多图书，渐渐养成了一种独立的工作能力。历史上许多人的成才，都与这个学习环境、学习条件有关。

在古时蒙学中，儿童读书，其任务之一，就是吸取前人的语言，吸取得越多记得越熟就越有用，而吸取的主要办法是靠朗读和背诵。能熟背不忘，将来才能应用于写诗作文，故“多记多作”，是传统的语文教学方法。但在一般的蒙学中，多是死记硬背，甚至于全不知其文意，而主张“通彻”文意，反对“强记”的，还只是少数。

参考文献

[1] 唐彪. 父师善诱法 [A] //读书作文谱 [M]. 长沙：岳麓书社，1989.

[2] 鲁迅. 且介亭杂文·难行与不信 [A]. 鲁迅全集（第六卷）[C]. 北京：人民文学出版社，1973.

[3] 崔学古. 幼训 [A] //檀几丛书 [C]. 上海：上海古籍出版社，1992.

[4] 朱熹，吕祖谦. 近思录（卷三）[M]. 上海：上海书店，1987.

[5] 王虚中. 训蒙法 [A] //张伯行. 养正类编（卷五）[M]. 北京：中华书局，1985.

陶行知生活教育的中国特色[①]

/
董宝良

一、 走中国化的办学道路

陶行知生活教育的中国特色，从其生活教育的形成和发展来考察，就是坚决反对脱离民众生活的传统教育和洋化教育，从中国教育实际出发，走中国化的办学道路。

陶行知是一位伟大的爱国主义者，又是一位杰出的教育改革家。他早年为寻求救国救民良方，曾留学美国，先学市政，后攻教育，深受美国著名教育家杜威的器重。1917 年由美返国，在南京高师、东南大学任教。由于他重视教育试验，参加了教育调查，从而发现中国传统教育存在着“五旧”弊端：“一曰依赖天工”“二曰沿袭陈法”“三曰率任己意”“四曰仪型他国”“五曰偶尔尝试”。“五旧”弊端的根本之点，在于缺乏教育试验，不合中国国情，脱离教育实际。

陶行知对“五旧”弊端针砭最多者为“仪型他国”的拉东洋车教育。他曾指出：“现在有一点我们应当注意的，就是以前的教育，都是像拉东洋车一样。自各国回来的留学生，都把他们在外国学来的教育制度拉到中国来，不问适合国情与否，只以为这是文明国里的时髦物品，都装在东洋车里拉过来，再硬灌在天真烂漫的儿童的心坎里，这样儿童都给他弄得不死不活了，中国亦就给他做得奄奄一息了!”他还以自己当过一段拉车夫而深有感触地警告说：这种不顾国情的拉车教育，“是害国害民的事，是万万做不得的。”他并写过这样一首讽刺诗，告诫人们切莫受拉车教员的骗，他说：“分明是教员，爱做拉车夫；拉来一车洋八股，谁愿受骗谁呜呼。”

陶行知之所以如此强烈地反对“仪型他国”的拉洋车教育，是因为他认识到：中国近百余年来都是照搬照抄外国的教育，由于不合中国国情，不切教育实际，以致害国害民，他指出：“我国兴学以来，最初仿效泰西，继而学日本，民国四年取法德国，近年特生美国热，都非健全的趋向。学来学去，总是三不像。”在他看来，用照搬照抄外国教育的办法，去改造中国的传统教育，其结果不但不能改造传统的

①部分节选。文章来源于《华东师范大学学报（教育科学版）》1987 年第 2 期。

"老八股"，还会拉来洋化教育的"洋八股"。传统教育与洋化教育似乎有土与洋的区别，其实本质上却是相同的，都是"八股"的教育，也就是脱离中国教育实际、脱离民众生活的教育。陶行知正是看出了它们这一共同的实质，认为："'老八股'与民众生活无关，'洋八股'依然与民众生活无关。"由于传统教育与洋化教育是新老"八股"教育，都"与民众生活无关"，以致"中国现在的乡村学校，老实说起来，确实不能适应乡村的需要。他们给儿童唯一的东西是书本知识，他们从来不知道注意到农人的真正的需要。"他认为这样的乡村教育，会使农人子弟变成书呆子，使富的变穷，穷的变得更穷。于是他认定："从前的旧传统和外国制度已经不适用，非抛弃不可"。因为"'老八股'与'新八股'的学生们却不用他们来学'生'，偏偏要用他们来学'死'"，所以让学生"是学生"还"是学死"，关系到当时教育要走什么道路的重大问题。陶行知于是大声疾呼：中国教育已经到了"山穷水尽"的关头，应该"为中国教育找条生路"。那么，"生路是什么?"陶行知肯定地回答："就是建设适合乡村实际生活的活教育"。可见，陶行知是把能否"适合乡村实际生活"作为他建立乡村教育的重要条件。

陶行知为寻求中国新教育的曙光，"建设适合乡村实际生活"的教育，面临至关重要的问题，就是先要搞清楚什么是当时中国乡村教育的实际，然后才是寻找什么样的教育才能适合这个实际的问题。在此之前，陶行知在五四运动影响下，重视开展平民教育，他担任了中华教育改进社的主任干事，深入到平民之中调查研究，推广平民教育，这对他了解中国教育实际是至关重要的。这使他了解到：平民之中绝大多数是农民，他们都住在农村。他经过统计之后得出：中国农民占全国人口总数的百分之八十五，全国四万万人中"有三万万四千万人民住在乡村里"，他逐渐明确了："密切注意乡村教育意义十分重大"。他关心农民之后，认为教育必须下乡，知识必须给予农民。但用什么办法才能让教育下乡？又用什么办法才能将知识给予农民？他从我国一大二贫的实际出发，认为只有找出穷办法，才能使人民得到丰富的教育。他后来论述说："中国现在还是一个农业国，大家靠着一双手和锄头斧头生产，所以生活是穷苦得很……我们要在穷社会里找出穷办法来教一切穷人都得到教育，得到丰富的教育，得到民主的教育，才算是达到了我们普及教育的目的。"

陶行知在当时提出用穷办法为劳苦大众办丰富的教育，并不是为教育而教育的，而是与他胸怀改造中国乡村教育进而达到改造中国、创造出一个伟大中华的新生命相结合的。为达到这个雄伟的目标，他要求"从事乡村教育的同志，要把我们整个的心献给我们三万万四千万的农民"，"要筹募一百万元基金，征集一百万位同志，提倡一百万所学校，改造一百万个乡村。"在他看来，当时中国"正是国民革命的势力高涨之秋。唯既有国民政治上的革命，同时还须有教育上的革命"。他认为："政治与教育是不能分离的，二者能同时并进，同时革新，国民革命才有基础和成功的希望。”他为了以“教育的革命”来实现“国民政治上的革命”，认为必须使教育下乡，改造乡村教育，为此决心进行改造乡村的教育试验。他毅然放弃东南大学教授、教育系主任等优裕职位，到南京北部乡村去，脱下西装革履，穿上布衣草鞋，创办别开生面的晓庄试验乡村师范学校。他同师生一起劳动建校，自觉走与工农相结合的道路，曾同老牛同铺过夜，作为一个留美归来的大学教授，确是前所未有的惊人之举。他在按照农村需要与可能的办学试验中，提出了适合中国国情的生活教育。尽管因为当时政治形势突变，晓庄师范遭到国民党反动政府的封闭，他的生活教育试验受到了挫折，可他并未就此停止奋斗，后来他又创办了山海工学团、育才学校，开展了乡村教育、普及教育、国难教育、战时教育、全面教育和民主教育等运动，使生活教育不断得到完善和发展。当纪念生活教育运动十二周年的时候，陶行知就像回忆“罗曼史”一样地描述当时的一群青年“从学府里跑到乡下去，和农人共生活”的办晓庄师范情景，然后指出：“这一群青年所带去的不是文化的赈济品，而是一颗虚心要探寻真正适合中国向前进取的教育。”他表示：他在这十二年中干了三件事，还没有做完：一是反洋化教育；二是反传统教育；三是在半殖民地半封建的国家建立争取自由平等之教育理论和方法。陶行知的座右铭：“人生为一大事来，做一大事去。”他为着寻求适合中国国情的教育理论和方法，为使中国劳苦大众及其子女受到教育，鞠躬尽瘁，奋斗一生，直到1946年不幸患脑出血逝世为止。陶行知是我国最早重视乡村农民教育的教育家，他创立的生活教育是走中国化办学道路的产物，是中国近代教育史中具有中国特色的重要篇章。

二、具有中华民族风格的教育内容

陶行知生活教育的中国特色，从其内容和特点来考察，就是具有中华民族的风格，能同中国劳苦大众的生活紧密结合，继承和发扬中华民族的文化教育传统，为中华民族的解放事业服务。

陶行知通过生活教育试验，经过生活的过滤，逐渐认识到他从美国带回来的杜威教育理论，是不切合中国实际的虚假理论。他发现杜威强调的“教育即生活，学校即社会”的教育主张，“就好像把一只活泼泼的小鸟从天空里捉来关在笼里一样。他要以一个小的学校去把社会上所有的一切东西都吸收进来，所以容易弄假”。于是，他勇敢地创造性地把这个“弄假”的理论“翻了半个筋斗”，把“教育即生活，学校即社会”改造成为“生活即教育，社会即学校”。在他看来，只有这样把“弄假”的理论翻转过来，才是符合中国国情的真正理论，才能“把笼中的小鸟放到天空中使他能任意翱翔”。他对杜威理论虽然是“翻了半个筋斗”，实际上是有一百八十度的大转变。他本人对于“翻了半个筋斗”一语，作过这样的解释：“怎么叫作半个筋斗呢？孙悟空一个筋斗十万八千里。他是站在如来佛手掌上翻筋斗，翻好了一个，他还是站着。翻一个筋斗是画三百六十度，半个筋斗是画了一百八十度，恰是颠倒了过来”。他吸取杜威的理论，如同马克思创立唯物主义辩证法吸取了黑格尔唯心主义辩证法的“合理内核”一样，既有批判继承又在本质上有所不同，变成了全新的生活教育论。

陶行知创立的生活教育论，是从中国劳苦大众实际需要出发的，“是给生活以教育，用生活来教育，为生活向前向上的需要而教育”。如果将生活教育与中国传统教育相比较，有六个明显的特点，即：生活的、行动的、大众的、前进的、世界的和有历史联系的。这些特点随着由他发动的乡村、普及、国难、战时、全面和民主等历次教育运动的前进以及他本人思想上的变化进步而不断有所增新。譬如，在抗战期间，陶行知就补充提出：生活教育必须是战斗的、科学的、有计划的，等等。总结起来看，他对生活教育概括出来的这些特点，体现在生活教育的内容上，明显地反映出它们具有中华民族的风格，也就是人们通常所说的中国特色。其中表现较为突出的内容，有下述几个方面：

1. 同中国劳苦大众的生活紧密结合，具有乡土气息。

生活教育特点之一是生活的。陶行知认为生活与生活相摩擦就能发生教育作用。在他看来，社会是大众唯一的学校，生活是大众唯一的教育。生活教育“与装饰品之传统教育根本不同。它不是摩登女郎之金刚钻戒指，而是冰天雪地下的穷人的窝窝头和破棉袄”。

陶行知并不是反对办专门的学校，但他创办的学校，也都要使学生过劳苦大众的生活，坚持教学与生产劳动相结合，学校同社会相沟通。在他所创办的晓庄师范，要求学生过健康的、劳动的、科学的、艺术的和改造社会的生活。学生除了要到中心小学工作、分任校务、管理自己生活外，还要从事劳动，同农友交朋友，等等。其后，他办山海工学团，将工厂（农场）、学校、社会打成一片，实行半工半读，让学员除了在木工、袜工、藤工的三个手工工场劳动学习之外，还学习养蜂、养兔、种菜，当小先生，普及文化科学知识。办了育才学校以后，虽然重视了分班级上文化基础课，分专业组上专业课，但仍要求学生同工农交朋友，参加劳动生产，进行抗日救国宣传等活动。陶行知的指导思想：“一切教育必须通过生活才有效。抗战建国的生活才算是抗战建国的教育。”

由于生活教育是土生土长在中国人民生活的土壤之中，颇有中国人民的乡土气息，因而也就从本质上富有中国教育的特色。

2. 运用中国劳苦大众语言，表述大众教育。

生活教育的另一特点是大众的。陶行知指出：“生活教育是大众教育，大众自己办的教育，大众为生活解放而办的教育。”陶行知为了使大众便于受到生活教育，很重视语言和文字的大众化。他主张向人民大众学习语言，要求“根据大众语，来写大众文”。为了能把大众文写好，他主张“必定要请大众的耳朵做我们的先生”，而且认为“工人、农人、车夫、老妈子、小孩子的耳朵都靠得住”。他还写成这样一首小诗阐明这种道理：“文章好不好？要问老妈子。老妈高兴听，可以卖稿子。老妈听不懂，就算是废纸。废纸那个要，送给书呆子。”

陶行知不但是伟大的人民教育家，而且是“一闻牛粪诗百篇”的大众诗人。他阐述的大众教育，有些本来是农村常见的事物，但经过他使用乡农词语，进行艺术加工，就充满了诗情画意，为大众所欢迎。他在晓庄前后，写出了很多脍炙人口的教育诗篇。《诗的学校》就是生活教育发祥地晓庄师范的缩影：“宇宙为学校，自然是吾师。众生皆同学，书呆不在兹”，等等。他还写过寓意深刻、通俗易懂的一些对联：“以宇宙为教室，奉自然作宗师”；“从野人出发，向极乐世界探寻”；他为大礼堂“犁宫”写的对联，更可以体现出乡村教育的风味：“和马牛羊鸡犬豕做朋友，对稻粱菽麦黍稷下功夫”。他在《小庄晓》中称颂晓庄师范开创了新时代：“老山劳，小庄晓，新时代，推动了。”他批判旧教育培养出来的人是“四体既不勤，五谷也不分。达则作官去，穷则教学生”。他以《工学团》为最理想的学校：“工以养生，学以明生，团以保生。”他鼓励学生要有创造精神，既能动脑又能动手，指出：“人生两个宝，双手和大脑。用脑不用手，快要被打倒。用手不用脑，饭也吃不饱。手脑都会用，才算是开辟地的大好佬!”他在《儿童工歌》中，希望学生成为小盘古、小孙文、小牛顿、小农人、小工人；抗战以后，更希望成为小战士。他对新旧乡村教师作了对比：“从前的先生，爱坐冷板凳。现在的先生，赤脚挑大粪。”他还用儿歌曲调写出教师关心学生《下雨不上学》的情景：“小宝宝！小宝宝！今天天气不好。你们回家要早，雨天变成水鸡，事情不妙。”像这样的教育诗篇，他写了很多，是他诗歌集中的一个重要组成部分。由于他善于运用工农群众和儿童们喜闻乐见的诗文表述生活教育，就使生活教育具有大众性、乡土性。

陶行知在撰写教育诗文时，不仅注意通俗化，为工农群众和儿童容易接受，而且很反对洋化，杜绝有拉洋车的文字。他“曾下了一个决心，凡是为外国教育制度拉东洋车的文字一概删除不留，所留的都是我所体验出来的。”可见，陶行知坚决反对照搬照抄的洋化文字，也反对主观想象，他所写的都是他之所行体验出来的结果。

由于陶行知反对使用“拉东洋车的文字”，又善于运用工农大众语言阐述生活教育，因此，在他的诗文中，既破除了传统的文人学者腔，又摈弃了近代舶来的翻译调，从而充满着中国人民大众语言的俚语乡音，增强了生活教育的中国特色。

参考文献

[1] 陶行知．试验主义与新教育［A］//陶行知全集（第1～5卷）［M］．长沙：湖南教育出版社，1984.

二重性·两点论·双重任务

——略论中国传统教育与现代化①

/

王炳照

传统教育与现代化是全世界所关注的问题。中国传统教育有悠久的历史和丰富的遗产，中国的现代化又在神速发展，并且具有鲜明的特点。中国的传统教育与现代化，不仅成为国人探究和思索的热点，而且也是世人关注的焦点。

中国传统教育与现代化的讨论中，人们最关心或最感兴趣的问题多集中在两方面。一方面是，中国悠久丰富的传统教育遗产对中国的现代化起着什么作用，具体地说，中国传统教育对现代化的进展是宝贵的财富，还是沉重的包袱？另一方面是，在中国现代化的历程中，有哪些传统教育遗产应该和能够得到继承和发扬？

大约在1990年，我们接待过一位比利时的学者。他的研究课题就是传统与现代化，并且把中国作为研究的重点之一。他听了我们的介绍后表示，希望过一百年之后，再来中国考察。如果中国真的解决了这个难题，他的研究课题就可以结束了，书也不必再写了。事实上，他向我们提出了一个耐人寻味、发人深省的问题，这就是：中国真能解决好这个问题吗？同时也说明，如果中国比较好地解决了这个问题，那将会对全人类做出有历史价值的贡献。我猜想，他在流露出某种不信任情绪的同时，也对中国寄托着希望，期待着中国在这方面有所进展。

从某种意义上说，这次接待，迫使我更有意识地留心中国传统文化或传统教育与现代化的讨论，并愿意发表一点粗浅的看法。

一、 中国传统教育有鲜明的二重性

中国传统教育是一个含义十分广泛的概念，一般说来，它是指中国奴隶制社会末期直至中国封建社会条件下产生和发展的教育实际和以儒家教育思想为主体的教育理论遗产。我们也正是在这个意义上探讨中国传统教育与现代化问题，人们也是在这个意义上关注中国传统教育与现代化的现状和前景。

传统教育的产生、发展和演变的历程及其规律，传统教育的历史特点及其历史价值，始终是中国教育史研究的主要内容。经过几代教育史工作者的努力，已经取

①全文摘录。文章来源于《北京师范大学学报（社会科学版）》1995年第5期。

得丰硕的研究成果，使人们对中国传统教育有了基本的了解和较明晰的认识，特别是对中国传统教育的总体特征也取得大体一致的共识，为较好地理解和处理传统教育与现代化的关系奠定了良好基础。

有些学者从多方面揭示或概括中国传统教育的基本特征，例如：尊师重教、社会本位、伦理为先、淡泊宗教、学思并重、知行相须等，对人们认识中国传统教育颇有启发。但是，中国传统教育更本质的特征、更深层次的内涵，似乎还有待于进一步的把握。

中国传统教育最本质的特征是它所具有的鲜明的二重性。按照唯物辩证法的原理，世界上任何事物都具有二重性，传统教育自然也不例外。但是，传统教育所具有的二重性，却更能反映它的本质特征，甚至可以说，不了解中国传统教育的二重性，就不能认识中国传统教育；离开中国传统教育的二重性，就无法真正把握中国传统教育的本质特征。二重性不仅是揭示和认识中国传统教育本质特征的根本方法论，而且它本身就是中国传统教育的最本质的特征。

中国传统教育产生和发展的基础是中国封建制社会。中国封建制社会有三大社会支柱：第一，以农业为主体的自给自足分散经营的自然经济；第二，以宗法制为本位的高度统一的中央集权制的政治体制；第三，以儒家思想为主导的德治、仁政、礼教统治思想和文教方针，以及忠恕、中庸、中和等特有的思维认识方式。而分散的社会结构和经济运行方式与高度集权的政治体制和治理策略的内在冲突和矛盾，正是依靠以儒家为代表的传统文化教育进行调剂或沟通。因此，在一定程度上，中国传统教育始终充当着中国社会得以顺利运行的调剂力或润滑剂。中国传统文化教育对维护国家的安定、民族的统一、社会经济文化的发展和繁荣做出了不可磨灭的历史贡献，同时，毋庸讳言，中国传统文化教育对中国社会政治、经济、文化教育的急剧变革和更新往往起着阻碍或延缓的消极作用，具有较强的保守性或惰性。这正是中国传统教育具有鲜明的二重性的最深刻的社会根源，也是中国传统教育二重性的最本质的含义。

中国传统教育是一个整体概念，大体上是由两大部分构成，其一是不断完善的教育体制和选士科举制度；其二是不断充实丰富和应时变化的儒家教育思想。传统教育体制和选士科举制度同传统教育思想本身就是既一致又歧义的矛盾统一体。儒家教育思想为主导的传统教育思想是传统教育体制和选士科举制度的指导思想、精神支柱和灵魂。儒家教育思想的许多代表人物又经常对统治者的文教政策、教育体制和选士科举制度等教育实施提出批评和抨击，孔子由“累累若丧家之狗”成为“大成至圣文宣王”；儒家思想由遭受“焚书坑儒”的劫难而变为“独尊”；孟子也经历过“抑孟”与“扬孟”的曲折而成为“亚圣”；朱熹也由“伪党”“禁学”变成官方认定的统治思想。教育思想与教育实践对立统一，正是传统教育二重性的基本内涵。

中国传统教育的二重性表现在各个方面。

传统教育的职能具有二重性。中国传统教育充分发挥着社会政治和伦理文化功能，其社会经济功能、物质生产功能和对自然界的认知功能也通过社会政治、伦理文化功能去实现。在充分发挥政治功能优势的同时束缚、限制着社会经济、物质生产和对自然界认知功能的发挥。统治者“尊师重教”在于强化为政治统治服务，使教育变成纯粹的统治工具，反而限制了教育功能的全面发挥，结果，统治者越重视教育，就意味着对教育的全面控制，越容易导致教育功能的偏离。教育的本义是传播文化，增进文明，积累知识，发展个性，而文明、知识与个性是与科学民主相联系的。中央集权式的封建专制需要的是民众的愚昧无知。重视教育与制造愚民构成教育功能上的鲜明的二重性。

传统教育的培养目标具有二重性。教育是人类培养人才的特殊社会活动，教育的职能主要是通过培养人才来实现的。中国传统教育的培养目标，一是培养“修己治人”的治术人才，二是通过社会“教化”造就大批俯首听命的“顺民”。就培养治术人才而言，既要“修己”，又能“治人”；既有“经世致用”的才干，又能忠于朝廷、善于“照章办事”。就造成“顺民”而言，既要有初步的文化修养，又要进行伦理道德的熏陶；既能效力，又要顺从。孔子有“性相近，习相远”“有教无类”的名言，孟子称“人皆可以为尧舜”，荀子也认为“涂之人皆可为禹”，选士科举制度也标榜人人都有“朝为田舍郎，暮登天子堂”的机会，但是实际上，传统教育在统一的教育体制和选士科举制度下，掩盖了教育的严格的等级性，实施着双重教育目标。统治阶级既要保持本阶级的特权，使教育成为本阶级的专利品，又要不断扩大教育的对象，普及统治阶级的意志，以扩展统治基础，稳定统治秩序。培养统治者，教化民众，正体现了传统教育目标的二重性。广大民众接受教育既是奔向文明之路，又是陷入牢笼之途；既是福音，又是灾难和祸根。

传统教育在教育内容、教育原则和方法等方面也无不具有鲜明的二重性。中国传统教育的内容以“五经”“四书”为主体。“五经”“四书”既是古代文明的象征，是世世代代凝聚起来的人类智慧的结晶，又是按照统治阶级利益不断删定、阐释的反映统治阶级意志的法定教条。在教学原则方法方面既强调“教学相长”“后生可畏”“青出于蓝而胜于蓝”，又随处束缚、限制甚至扼杀青年学生的主动性、积极性；既强调贯彻启发式，学思并重，知行统一，又到处可见呆读死记、照本宣科；既提倡质疑问难，又强调“言必称师”“代圣人立言”，等等。总之，传统教育从宏观到微观凝聚了宝贵的教育经验，汇集成珍贵的历史遗产，对人类文明和教育贡献了可贵的财富，同时，也包含着许多陈腐的历史垃圾，对中国教育的进步和发展造成沉重的负担。毛泽东同志曾用“精华”与“糟粕”加以概括。但“精华”与“糟粕”不能简单化地理解为哪一部分是“精华”，哪一部分是“糟粕”，而是要对传统教育进行深入剖解，揭示其内在的二重性。

二、坚持两点论，担负起现代化赋予传统教育研究的双重任务

马克思主义哲学，即辩证唯物论和历史唯物论，是研究中国传统教育与现代化的最高最科学的方法论。两点论是马克思主义哲学的核心和活的灵魂。有人或许会认为，这种看法是老生常谈，甚至是迂腐之见。其实不然。我们过去的研究之所以取得某些成就，提出过某些经得住历史检验的真知灼见，归根结底都是自觉或不甚自觉地运用马克思主义哲学方法论，坚持了两点论的结果；过去的研究工作，出现过不少偏差，存在许多不足，不能证明马克思主义哲学方法论不灵验了，恰好证明我们学习和领会马克思主义哲学方法论还不到家，不知不觉间背离了马克思主义哲学方法论，没有把两点论贯彻始终。例如：一会儿说中国传统教育是注入式、知识型、封闭式，现代教育应当是启发式、能力型、开放式；一会儿又说中国传统教育重视培养人，以德育为首，现代教育单纯传授知识，忽视德育；一会儿认为中国传统教育一无是处，转眼间又认为现代教育还不如传统教育。显然这些都背离了马克思主义哲学方法论，没有坚持两点论。

坚持两点论，要求透过现象，抓住本质。中国传统教育具有鲜明的二重性。坚持两点论，才能透过现象抓住本质。传统教育重视德育，提高了中华民族的文化素养和文明程度，形成了多方面的传统美德，同时又强化了神权、君权、父权、夫权，勒紧了四大精神枷锁。传统教育强调社会本位，弘扬了爱国主义，增强了民族凝聚力，造就了大批“天下兴亡，匹夫有责”“先天下之忧而忧，后天下之乐而乐”“精忠报国”“视死如归”的志士仁人，同时又强化了皇权观念、愚忠行为，也造就出不少甘为反动没落阶级和陈旧制度卖命的殉葬品。传统教育始终提倡启发式，倡导因材施教，并且积累了丰富的经验，留下了许多精辟的真知灼见，但实际上又造出了一批呆读死记的蛀书虫，严重地束缚和扼杀了个性的发展。传统教育有民本思想传统，甚至提出“民为贵，社稷次之，君为轻”的光辉思想，但其重民，正是为了得民、得民心，因为“民之于君若水之于舟，水可载舟，亦可覆舟”。重民仍是为了保君。总之，传统教育的社会基础是中央集权式的封建专制，需要的是愚昧与顺从，现代化的社会基础是人民成为历史的主人和现代大生产、科学技术，需要广泛民主和广开民智。坚持两点论，揭示传统教育的二重性，才能从本质上认识传统教育与现代化的关系。

坚持两点论，要求用历史的、发展变化的观点看待传统教育，防止静止地、凝固地看待传统教育。中国传统教育是一个历史过程，是几经传移和嬗变的，是多次筛选而积淀起来的。历史的发展，教育遗产的传承既有不以人们意志为转移的客观

规律，而人们的主观意向和统治者的导向又起着一定的作用。教育遗产的传承和积淀一般说来，是科学的、先进的、积极合理的内容或因素，得到继承和弘扬，并使之日臻完善。但实际情况并不尽然如此。有时科学的、先进的、积极合理的内容或因素反遭扼杀，竟被淘汰。荒诞的、没落的、消极无用的东西反而泛滥成灾，到处肆虐。例如：启发式、学思并重被注入式、呆读死记所淹没或代替；因材施教被"存天理灭人欲"所扼杀和束缚。又如：科举制度取代荐举和九品中正制，在一定程度上限制了豪门世族，调动了中下层民众的积极性，但最终变成造就庸才、蠢材的八股考试；颇有生气的书院讲学也蜕变成科举的附庸。此外，教育遗产中某些内容或因素本身也是发展变化的。例如：官学和私学，春秋战国时期，官学衰落，私学繁兴，封建教育逐步取代着奴隶制教育，私学表现出勃勃生机。但秦朝统一，私学被视为"惑乱黔首"，不利统一的祸害，从而遭受禁毁。而后官私学长期并存而互补，但到封建社会后期，私学官学化，只有形式上的差异，而不存在实质上的不同。在评价官学、私学的地位、作用、价值时除了考察其各自的总体发展之外，更应注意不同历史发展阶段上的特点。坚持两点论，就要求既要探明传统教育的各主要内容或因素自身演进的客观规律，更要揭示人们的主观意向、统治者的政策导向对客观规律的认识程度，运用水平，特别注意违背客观规律对教育发展所造成的干扰、破坏及其必然遭受的历史惩罚，从中总结历史经验教训。

坚持两点论，要求对传统教育与现代化的研究必须既要立足中国，又要放眼世界；既要立足现实，又要放眼未来。

毫无疑问，中国传统教育历史之悠久，内容之丰富，举世闻名。中国传统教育在相当长的历史时期内处于世界领先的地位，这自然是中华民族的骄傲。但是，中国传统教育的辉煌毕竟是封建文化教育发展的高峰。希腊、罗马创造了奴隶制文化教育的高峰，进入封建时代已经落伍了。随着资本主义生产方式的诞生和成熟，资产阶级登上文化教育的新高峰，中国传统教育与资产阶级文化教育相比，已失去了领先的地位，不可避免地从世界文明的巅峰跌落下来。坚持两点论，必须从世界范围全人类文明发展和演进的历史长河中，来审视中国传统教育的历史地位和价值。

中国传统教育向近代化现代化转轨起始于鸦片战争之后，这是偶然中的必然。中国传统教育与西方资产阶级文化教育交锋是在特殊历史条件下展开的。西方资产阶级的现代文明是在外国列强的坚船利炮的威逼下，在一个又一个丧权辱国的卖国条约保护下传入中国的。中国传统教育是在自身已经从辉煌走向衰败的条件下迎接挑战的。这在中国人的心理上造成极其严重的困惑或焦虑。向西方资产阶级学习现代文明，怎样避免与外国列强沆瀣一气，防止引狼入室之嫌，而不向西方先进的资产阶级文明学习，又何以自强，何以御侮？批判中国传统教育的没落腐败，怎样保存曾长期引以为自豪的丰富文化教育遗产？保存传统教育遗产，又何以清除或解脱封建文化教育对近代化或现代化的束缚和干扰？理想的出路是“师夷长技以制夷”，合理的逻辑是“中学为体，西学为用”。在当时，勇敢地向西方寻求真理的最先进的中国人，也只承认中国只是技不如人，而学仍高于人；只是用不及人，而体仍长于人。历史已经证明，“师夷制夷”也好，“中体西用”也好，都没能使自强御侮的目标得以实现，而且一而再、再而三地出现“老师”不断欺侮“学生”的奇特现象。长期以来，在中国人的心理上逐渐形成了一个思维定势：西方资产阶级现代文明与列强侵略、血腥掠夺连在一起；中国传统教育与历史优秀文化遗产画上等号。这就非常容易造成一种怪异心态，中国人对西方资产阶级现代文明的恐惧和仇恨远远超过对中国传统的封建专制文化的恐惧和仇恨。尽管有少数人有“外国月亮比中国圆”的媚外崇洋心理，多数人更多地仍保留着“中国月亮比外国圆”自赏自慰心态。事实上，中国和外国的月亮应该说是一样圆。如果不能放眼世界，从全人类文明发展演进的历史长河中去审视中国传统教育，去探索中国传统教育与现代化，恐怕终究难于走出历史为中国人划定的怪圈。

坚持两点论，就是要以科学的态度对待历史、看待现实、展望未来。应当明确地认识到：中国现代化的历程中，曾经多次遭受资本帝国主义的野蛮侵略、疯狂掠夺和血腥杀戮。但西方资产阶级文明又在一个很长的历史阶段代表着人类文明的高峰，与奴隶制文明、封建文明相比，是人类文明的一个新高峰，是现代化文明在一个历史阶段上的代表，是取代奴隶制文明、封建式文明的必然发展趋势。中国传统教育是中国封建文明的重要组成部分，有悠久的历史、丰富的内容、珍贵的遗产、辉煌的业绩，但是由于其自身的衰落，并且与资产阶级现代文明相比，已经无可挽回地失去了优势，成为现代化进程中不可忽视的阻力和障碍。总之，妄自菲薄固然不对，孤芳自赏更为有害。因此，坚持两点论，就是要在现代化进程中担负或实现对中国传统教育研究的双重任务，一是使中国传统教育中的优秀遗产经过现代化的审视、筛选、改造、充实，焕发出新的生机；二是要花费相当大的气力，致力于清除、排除中国传统教育中束缚和阻碍现代化发展的历史垃圾。始终不能忘记，中国传统教育最深层的底蕴是维护集权专制、倾向愚昧顺从，而现代化从本质上讲需要民主和科学。

两点论就是尊重辩证法，反对形而上学，避免极端片面性。就个人而言，说来容易，做起来真难！

论中国教育近代化的延误①

/
田正平

1840年爆发的鸦片战争，以《南京条约》的签订而告终。西方资本主义列强用大炮和兵舰轰开了关闭120多年的中国大门，有着几千年文明历史的中华帝国被无情地卷入资本主义世界性扩张的旋涡中。马克思曾经指出：“英国的大炮破坏了中国皇帝的权威，迫使天朝帝国与地上的世界接触。”“在这场决斗中，陈腐世界的代表是激于道义原则，而最现代的社会的代表都是为了获得贱买贵卖的特权——这的确是一种悲剧，甚至诗人的幻想也永远不敢创造出这种离题的悲剧题材。”马克思的论述深刻地揭示了鸦片战争的性质及其对中国社会的深远影响。一方面，这是号称“日不落帝国”的英国殖民主义者发动的一场旨在获得“贱买贵卖的特权”——图谋征服与掠夺中国的野蛮的殖民战争。另一方面，从世界范围看，它又是当时地球上两种不同的社会制度——陈腐的、代表中世纪农耕文明的、经济技术落后的东方封建主义制度，与新兴的、代表近代工业文明的、拥有先进经济技术的西方资本主义制度间的一场特殊形式的碰撞。碰撞的结果，“使天朝帝国与地上的世界接触”，中国开始了走向世界的艰难历程。先进、文明与侵略，落后、陈腐与道义，奇妙地交织在一起，铸成了近代中国绵延百年的历史悲剧。中国传统封建教育的解体和近代新式教育的产生发展，正是在这样一个广阔的背景下起步的。

一、 盛世之后的衰败

康雍乾盛世，延续了近一个世纪。至乾隆后期，终于由盛转衰。清王朝在盛世之后，已无可奈何地步入“日之将夕，悲风骤至”的颓境。与此相适应，嘉庆以降，封建传统教育再难重现昔日的辉煌。翻检时人的议论和后人编纂的史籍，再也找不到诸如“天子右文，群臣躬遇休明，栩赞文化，彬彬称极盛矣”等不无夸张粉饰而又大体反映了实际情况的充满激情之语。呈现在人们面前的封建教育体制已是百孔千疮。太学、官学、书院，科举、士风、学风，鸦片战争前夕封建传统教育的

①部分节选。文章来源于《华东师范大学学报（教育科学版）》1996年第6期。

各个层面，均已露出衰微颓败的景象。

在漫长的封建社会，每逢王朝末造，有关学校荒芜、士风日下的记载，可以说史不绝书；至于朝野上下对科举取士制度的批评指责，更是自宋明以来从未间断。如果清王朝所面临的仍然是封建社会周期性的改朝换代危机，那么，上述传统教育的衰败也许只是一种相对暂时的现象，随着王朝更迭会逐渐得到调整。但是，这种局面终究未能再现。西方资本主义列强的东来，改变了中国历史运行的轨道，农民大起义的急风暴雨，又加速了这种脱离旧有轨道的离心力。传统教育与它赖以存在的封建社会一样，被迫走上了近代化的曲折道路。

二、 两种冲击

发生于1840—1842年期间的鸦片战争和1851年爆发的太平天国农民起义，尽管是来自外部和内部的两种性质不同的冲击，但对于正在走向衰败的封建传统教育而言，其影响和作用却是相反而相成，具有大致相同的文化意义。

（一）游离于封建传统教育体系之外的洋学堂

如果从教会学校在中国发展的全过程来看，1860年以前的近20年远不是它的辉煌时期，充其量只能说是“事属草创”；而且，50所学校和一千余名学生与以后教会学校的大发展比较，无论是数量方面还是质量方面都可以说是无足轻重的。但是，换一种角度，如果从教会学校对于中国封建传统教育体系而言是一种完全陌生的新的教育机构的角度审视，问题就要复杂得多。

第一，早期教会学校毫无例外地都把传播宗教教义、培养宗教感情放在首位，这与中国传统教育的非宗教性以及各级学校始终注重儒家伦理道德熏陶的办学宗旨大相径庭。

第二，教会学校的课程设置，“均本以和平传播基督教及东方一般文化之原则，冀以达致有效影响为目的”。宗教课程之外，均程度不同地开设天文、数学、生理、历史、地理等课程，儒家典籍和经史之学的研习被大大冷落。这对中国传统教育几千年来陈陈相因的教学内容格局是一种明显的突破。

第三，主持教会学校的传教士们自觉或不自觉地把西方近代教育的一些基本观念、教育制度、教学方法等运用于自己的办学实践活动中，使教会学校不同程度地体现出西方近代教育的特点。

第四，早期教会学校中涌现出一批女子学堂。据不完全统计，在1860年以前，教会创办的女子学堂有16所之多。女子走出家门到学校去读书求学，对于封建传统教育而言，更是不可思议的。

上述种种特点，不仅使教会学校作为一种完全陌生的教育机构游离于封建传统教育体系之外，而且，就其总体倾向性来说，它们存在的本身就是对封建传统教育的冲击和挑战。当然，早期教会学校在创办和发展过程中遇到了巨大的困难，传统“夷夏之辨”社会心理的抵拒和排斥、“爱人如爱己”的空洞说教与殖民主义者强盗行径的鲜明反差所激起的强烈民族情绪，都迫使传教士不得不在平民百姓、村夫俗子中开展工作，不得不通过免收学费、提供食宿、奖励衣物的办法招来贫家子弟入学，这些在一定程度上使人们忽视了教会学校的冲击和影响。直至19世纪50年代，清政府的官方文书中都极少提及这些学校。19世纪60年代以后，随着《天津条约》等第二批不平等条约的陆续签订和国内新经济因素的产生增长，教会学校由沿海到内地，由通商五口到全国，由初等教育而中等教育、高等教育，获得了迅速发展。对传统教育的冲击和影响亦由微而著，终至形成一个独立于封建传统教育体系之外的教会学校系统。

编译出版书刊，作为传播福音的辅助手段，与创办学堂一样，从开始即受到传教士的高度重视。1842年至1860年的近20年间，传教士在香港和开埠的五个口岸城市共编译出版西书434种，其中属于宗教宣传品者计329种，占75.8%。所余105种书籍，其内容涉及数学、天文、地理、物理、植物、医学、历史、经济、道德、语言、风俗等西方近代自然科学和人文科学的诸多领域。这些西学书籍的编译出版，不仅解决了当时教会学校所急需的教材问题，也在中国知识分子中产生了一定的影响，在潜移默化中改变着部分士人的知识结构、思维方式，进而导致他们对外部世界、对自然、对人生、对历史的观念的转变。近代中国科技教育的先驱李善兰、徐寿、华蘅芳，近代早期改良派思想家、因担任格致书院监院培养新型人才而在近代教育史上有重要影响的王韬，他们的成长都与积极参与编译或认真研读这些西学书籍有密切关系。

教会学校的创办和传教士的早期译书活动由于蕴含着西方近代资本主义教育和文化的某些因素，对于正在走向衰败的传统教育来说是一种不可低估的冲击力量。需要指出的是，这对中国教育近代化有一定积极意义，但由于资本主义列强不道义的侵略行径和传教士们以基督教义征服中国的并不高尚的目的而大打折扣，理所当然地引起中国人民的反感并遭到不同程度的抑制，特别是在19世纪60年代以前，这种影响，更多地是以一种潜在的形式存在。

（二）武器的批判

相对于以坚船利炮和不平等条约为后盾，对以传教士为主体所介绍的西方文化教育而言，太平天国农民起义者们用大刀长矛作武器，以“火烧”“水浇”的暴力方式对传统教育的冲击，似乎来得更为直观、激烈，更具震撼的力量。

在《南京条约》签订后的第九个年头，广西桂平县金田村爆发了气势磅礴的农民起义。太平天国农民起义对封建传统教育的冲击是多方面的，从中国教育近代化的历史进程看，可以大致概括为两个方面。一是主张教育的平等性、普遍性，反对封建教育的等级性和男女受教育权的不平等；二是对封建教育中处于至高无上地位的孔孟学说给予无情的批判和扫荡。

太平天国纲领性文件《天朝田亩制度》中有关教育平等性、普遍性原则的规定是人们所熟知的史料，这里不再赘述。可贵的是这些原则大多在实践中得以贯彻实施。以太平天国时期最普遍、最通行的教育形式“上礼拜堂”和“集会听讲道理”为例，时人的记载中，无论作者对起义者持何种态度——赞赏或是仇视，都留下生动、直观的描述：“太平天国尊重妇女的地位，认为妇女为男子的伴侣，在教育上他们受到了同等的注意，在宗教上他们受到了谆谆的教诲，在宗教礼拜中她们享有适当的位置。”

应该指出的是，太平天国农民起义在教育政策和教育实践活动中所体现出的这种平等性、普遍性原则，虽然在一定程度上反映了农民阶级对千百年来被剥夺了文化教育权的义愤和反抗；但从根本上说，它更是现实的政治斗争、军事斗争需要的反映。对于千百万分散的、缺乏共同联系而又无知无识的农民而言，实施平等的普遍的政治思想教育、宗教教育和社会教育，是动员组织他们投身反清斗争，并在斗争中统一思想、统一意志、统一行动的有力保证。如果联系到太平天国教育的内容（充满宗教色彩）和具体形式（简陋而原始）来看，这一点就更加明显。从这个意义上讲，太平天国反对封建传统教育的等级性和两性差别，与其说是一种自觉的文化意识，毋宁说是一种不自觉的斗争需要。19 世纪中叶，历史的发展没有赋予农民阶级建立平等教育的责任，农民阶级也不可能真正完成这一任务。尽管如此，这毕竟是千百万人的一次规模空前的实践活动，封建传统教育等级森严的秩序被搅乱了，作为一场农民起义，它已无愧地完成了时代赋予自己的使命。

严格地说，太平天国农民起义的反孔主要是出于宗教信仰的需要。拜上帝会定一尊于上帝，决定了对人世间其他一切权威偶像都必须取缔。正因为如此，起义农民反孔，也反道、反释，甚至也反对祖宗崇拜。在封建社会里，“天地君亲师”都被作为崇拜的对象，于是，由拜上帝会组织发动起来的农民起义，就把孔子与皇帝捆在一起予以扫荡。另一方面，起义农民本身就是在儒家思想孔孟学说浸润了几千年的封建社会里成长起来的，他们可以从斗争的需要出发，激烈地批孔反孔，但却难以摆脱儒家思想在他们身上留下的深深烙印。这就是太平天国颁发的、用以取代儒家典籍的大量官方文书和各类教材中，同样充满封建伦理纲常说教气味的原因所在。

鼓浪而来的传教士创办学堂、翻译西籍，揭竿而起的农民起义倡言平等、反孔批儒。分别地看，两者的目的、动机是如此的不同。前者是为了传播上帝的福音，后者是为了建立人间的天堂；前者是资本主义列强侵略的辅助手段，后者是被压迫农民起义造反的精神武器。但是，对于正在走向衰败的封建传统教育而言，两者却都是一种异己的力量。西方近代教育文化知识信息的传播，教育上平等性、普遍性要求的提出，孔孟学说至尊地位的动摇等，都是传统教育变革、近代新式教育产生这个大课题中的应有之义。尽管上述种种因素均以被扭曲的形式出现，历史在这里却表现出了极大的宽容，它把来自内、外两方面的冲击，融汇导向为加速旧教育衰败进程的巨大合力。

两种冲击，既是挑战，亦是机遇。那么，面对西方资本主义近代教育文化的冲击浸润和起义农民的武器批判，清朝统治阶级在整合封建传统教育、迎接挑战方面采取了哪些措施呢?

三、 药方只贩古时丹

鸦片战争的失败以严酷的事实暴露了当时的中国与西方世界的差距，以无情的暴力，把中国抛入世界资本主义大潮之中。对于这种形势，清朝统治阶级中只有极少数人有所觉察和认识，“开眼看世界”的林则徐和提出“师夷长技以制夷”的魏源即是其杰出代表。但是，就整个封建统治阶级而言，直到19世纪60年代，依然是文恬武嬉、歌舞升平，沉湎于一纸和约可换来万年和平的美梦和对“天朝声威”的迷恋之中。鸦片战争后近20年间清朝统治阶级对外部世界这样一种基本认识，决定了整合传统教育、回应内外冲击的总体方向。

(一) 整顿官学书院，增广官学学额

值得注意的是，太平天国起义爆发后，清政府大幅度地扩大了各地官学的学额。清代对全国各级官学学额一直控制较严，偶然增加学额的事也是有的，往往是新皇帝登基或遇其他重大庆典时临时性增加。太平天国时期情况发生很大变化，表1是咸丰年间各省奉旨增广官学学额次数的初步统计。从表中可以看出，官学学额的增加，几乎遍及各行省，而且，在短短的9年间，有的省增加五、六次。

表1 1853年至1861年各省增广官学学额次数统计

省份	增广学额次数	省份	增广学额次数
奉天	3	山西	4
直隶	2	湖北	4
江苏	5	湖南	6
安徽	6	陕西	3
浙江	4	甘肃	2
江西	5	四川	5
福建	3	广东	5
河南	4	广西	1
山东	2	合计	64

（二）严禁科场积弊，扩大取士名额

鸦片战争后的近20年间，清政府在科举取士制度方面，主要采取过以下几项修补措施。

第一，定制各省举人一体至京复试。对乡试中式举人进行复试，一般而言，或因下第士子抗论考官取舍失当，或因科场舞弊东窗事发，总之是一种非制度化的临时性措施。清代自顺治十五年（1658）开始举行乡试复试，以后断断续续，时有举行，但终未形成制度。1843年，清政府明令："各直省中式举人，自下科始一体复试。"至此，中式举人非经复试不许参加会试，遂成为一种制度，一直延续到科举制度被废除。

第二，严肃科场规程。针对士子在考试中请谒舞弊、弄虚作假、贿赂公行的现象，三令五申严肃科场规程。但此种现象屡禁不止。1858年顺天乡试，50多名考生作弊，事发后，曾任内务府大臣、军机大臣的主考官大学士柏葰及编修浦安、主事罗鸿绎、李鹤龄被处斩，户部尚书朱凤标等数十人受到严惩，构成有清一代两次最大的科场案之一。

第三，扩大科举取士名额。大约在增广官学学额的同时，出于同样的目的，清政府大幅度地扩大了乡试中额人数。如果把同治年间增加的名额算进去，共181名。这个数字相当于当时中等省份每届乡试定额数的3倍（如山西、四川每届定额均为60名，而湖南、广西则每届定额仅45名），可见扩大名额数量之大。

（三）重振和巩固儒家学说在封建教育中的至尊地位

鸦片战争后，清政府花大力气恢复和巩固儒家学说在教育领域的至尊地位。从私塾书院、各级官学到国子监，从一般教学内容到科场命题，全面强调儒家学说圣贤义理在国家教育中的至尊地位。

通过上面的简略回顾我们可以看出，鸦片战争后的近20年间，清政府对来自内、外的冲击的回应，对传统教育的整合具有如下特点。

其一，从总体方向上看，清政府采取的上述诸种措施，主要是针对现实的教育问题，力图恢复被太平天国农民起义搅乱的封建教育秩序；而很少对西方资本主义近代教育文化的冲击做出正面反应。

其二，从具体内容上看，清政府所采取的诸种政策，几乎都是祖宗成法的沿用或释版，体现出从传统中寻求应变方案的特点。事实上，整顿官学书院、祛除科举积弊、推崇儒学地位，可以说是千百年来历代封建王朝在教育领域历久不衰的三大课题，积累了丰富的经验；换一种角度看，这些经验也可以说是封建教育在长期发展过程中所形成的自我调节应变的传统。清王朝康雍乾盛世时在教育文化领域曾经出现过的辉煌，放大了这种传统的作用。翻检道、咸两朝论及教育的谕旨奏章，所谓"我朝人才蔚起"、所谓"我朝振兴庠序加意教育"等，不绝于书。言辞之间充溢着对列祖列宗所创业绩的缅怀与追慕。迷恋于“天朝大国”的心态，既滋生了对外来冲击麻木不仁的冷漠，更决定了“药方只贩古时丹”的思维路向。

“秋风不惊堂前燕，夕阳仍恋路旁鸦。”

鸦片战争后的近20年间，传统教育的变革步履蹒跚，没有迈出有任何突破性意义的一步，其源盖出于清政府对肃杀“西风”的懵然和对祖宗“药方”的依恋，这正是中国早期教育近代化被延误的原因所在。

参考文献

[1] 马克思，恩格斯. 马克思恩格斯选集（第2卷）[M]. 北京：人民出版社，1972：3，26.

[2] 赵尔巽. 清史稿（卷106）[M]. 北京：中华书局，1976.

[3] 熊月元. 1842年至1860年西学在中国的传播 [J]. 历史研究，1994（4）.

[4] 呤唎. 太平天国革命亲历记（上册）[M]. 北京：中华书局，1961：233.

[5] 刘锦藻. 清朝续文献通考（卷86）[M]. 杭州：浙江古籍出版社，1988.

[6] 龚自珍. 龚自珍全集 [M]. 上海：上海人民出版社，1975：449.

叙事范式与历史感知：教育史研究的一种方法维度[①]

/

丁　钢

一、 历史叙事的范式

从叙事的视角来解读教育历史发展中的文化现象及其与社会发展之间的互动关系，其意义不仅在于变迁教育史研究视角与方法，更在于如何把人的活动置于教育史研究的中心地位，并以此强调教育史的历史感知及其人文意蕴。由此，历史叙事便成为一种令人关注的研究取向。而任何研究取向又必然活动于一定的文化处境之中，对于研究者来说，了解自身文化处境中的传统，以形成富有自身文化特征的研究取向，便成为了研究实践行动的必然前提。

王靖宇根据他对《左传》《史记》等中国早期历史叙事文的研究，在其《中国叙事文的特性——方法论初探》一文中，曾对中国叙事文的整体特点做了分析。他认为，从整体来说，中国作者在涉及人物描写时倾向于依靠对话和行动。其他方法虽也可见，但相比之下少得多。直接的心理探索方法鲜为采用，不像西方叙事文作为技巧之一，运用广泛。这基于中国的一个基本哲学观念：真相只能暗示而不能直接表达。就像老子在《道德经》中所说的“道可道，非常道”，以及庄子在《庄子·外物第二十六》中所说的“言者所以在意，得意而妄言”。在中国叙事文中，最受珍视的作品往往是用尽可能短少的文字或用尽可能间接的话语来表现出作者的思想感情和情绪的。王靖宇进而认为，在中国叙事文中，叙事者多采用第三人称的手法，不仅体现为一种“史家”叙事，而且间接性的基本美学原则在这里至少部分适用。因为，公开地、详尽地谈论自己，对于中国思想方式来说是一种太直接、太露骨的过程。

其实，不仅在中国传统史述中如此，《论语》也是这种思维方式的叙事作品。作为中国教育叙事传统，《论语》通过孔子学生的回忆、口述及用讲故事的方式，描述孔子和学生在不同情境中的教学与交往故事，“研究”了孔子的生活与思想，从而构成一部意义丰富的教育叙事作品。

---

①部分节选。文章来源于《教育研究》2009 年第 5 期。

关于所谓间接性的基本美学原则，在杨义看来是一种独具特色的意象策略和方式，他认为，意象“借助于某个独特的表象蕴含着独到的意义，成为形象叙述过程中的闪光的质点。但它对意义的表达，又不是借助议论，而是借助有意味的表象的选择，在暗示和联想中把意义蕴含于其间”。这种表象或以某种自然之物、或以某种社会或文化事物等，成为叙事中极富光彩和中国特色的叙事策略和方式。

弗朗索瓦·于连在《迂回与进入》中认为，从思维方式影响表达方式的角度来看，中国不是挖掘表象性，而是在关联的基础上建立对世界的看法。中国人关心的是顺应隐喻的价值，而不是象征的表达。所以，从最普遍的意义上讲，中国思想的确是一种关系性的思想。在中国人眼中，世界就是潜在与显明之间的不断互换，是在不言明与明言两极之间的言语过程。最成功的中国作品甚至把关联作为其运作的原则：在中国如此普遍运用的平行表达之中，每一个相对的表达都通过另一个得到理解，正如人们所说必须“互文见义”。所以，在中国，意义的迂回没有任何过分雕琢：因为当我说这一个时，另一个已经涉及，而说另一个时，我更深切思考的是这一个，这就是为什么迂回自身提供了进入。

在中国叙事结构方面，杨义做了更为深入而全面的探索，将其概括为顺序性、联结性和对比性三个要素，并认为三者是“相互贯通、互动互补的，顺序以见结构的模样和层次感，联结使结构的各部分承接、转折、组合、贯穿，形成整体，而对比则使结构参差变化、波澜曲折、比例协调，使整体性中增加了生命感”。这也体现在中国对于叙事时间上整体性的关注。从中国的“年—月—日”不同于西方主要语种的“日—月—年”的时间标示的表达形态来看，集中体现了以时间整体涵盖时间部分的思维方式，以及相对西方分析性的整体性思维特点。

杨义进而指出，中国历史叙事在总体上采取了全知的视角，而在小说中多采取了限知的视角，但真正值得重视的是在中国叙事文中所体现出的流动视角这一特点。并且，无论是从全知到限知，还是从限知到全知，过程方式是流动视角。而把视角的流动贯通作为一个过程来处理，这是与我们民族的认知心理和天人之道探究贯通的哲学根基相关的。

笔者认为，倘若从中国传统的绘画艺术构图来看，则更有说服力。如果把限知比为定点透视，西方绘画则是十分强调依几何学的科学测算构造一个的透视空间，一切视线集结于一个焦点或消失点。而中国宋代画家郭熙在其所著的《林泉高致·山川训》中提出“三远”法：“山有三远，自山下而仰山巅，谓之高远。自山前而窥山后，谓之深远。自近山而望远山，谓之平远。高远之色清明，深远之色重晦，平远之色有明有晦。高远之势突兀，深远之意重叠，平远之意冲融而缥缥缈缈。其人物之在三远也，高远者明了，深远者细碎，平远者冲澹。明了者不短，细碎者不长，冲澹者不大。此三远也。”

对此，宗白华先生认为，中国的“三远”法，对于同此一片山景“仰山巅，窥山后，望远山”，我们的视线是流动的、转折的。由浅转深，由深转近，再横向于平远，成了一个节奏化的行动。这种方法又可以称为散点透视，在中国传统书画之视觉运用不受固定视圈的限制，将其在不同的视点上，将不同的视圈内所观察的事物巧妙地组织在一幅画里，使得视点像是在移动。这种散点透视法，在一些结构复杂、场面广阔的画幅里如《清明上河图》等，更是经常地被使用。关于这种透视法，宗白华先生还有一段精彩的论述：“西画的景物与空间是画家立在地上平视的对象，由一固定的主观立场所看见的客观境界，貌似客观实颇主观（写实主义的极点就成了印象主义）……中国画的透视法是提神太虚，从世外鸟瞰的立场观照全整的律动的大自然，它的空间立场是在时间中徘徊移动，游目周览，集合数层与多方的视点谱成一幅超象虚灵的诗情画境……故中国画的境界似乎主观而实为一片客观的全整宇宙，和中国哲学及其他精神方面一样。”

这种在中国书画上的方法特点，在中国传统史述中也有充分的体现。而且，中国在视角流动方面的创造在近人的历史著作中也有淋漓尽致的体现，如范文澜的《中国通史简编》以及黄仁宇的《万历十五年》便是明证，可惜，这样的研究实在太少了。

以上所举的对叙事范式的讨论，如果从思维方式的角度来看，在中国科技史上，发展得最充分的是观察科学，其典型代表是天文和历法，从这一点来看，可以说，我们民族的思维方式是比较直观的、整体的。即使是思辨性较强的《易经》，也是以直观的思维文化作为基础。表面上看，《易经》似乎确实有些“符号逻辑”的味道，所谓“阴爻”“阳爻”，用“阴爻”“阳爻”组成“八卦”，然后八个“单卦”组成六十四个“复卦”，但这些符号里面所包含的意义却是“阴阳消息”，从阴到阳，从阳到阴，用来解释自然的季节变化和消长。而阴阳又代表天、地、人“三才”的构成，内涵一种阴阳和合的意境，都是从非常整体直观的角度来考虑问题。所以通过八卦，可以仰观天象，俯瞰人文，尽管这里没有区分所谓自然的法则和人文的法则，但中国的思维就是如此。由此，也为理解中国历史叙事的范式提供了一个民族思维方式的基础。

如上所述，如果对中国叙事的风格和方法特点做一个简单概括的话，则主要体现为三个方面，一是中国叙事以各部分非同质性、非同位性，以及部分之间存在的联结性或对比性的关系，形成结构张力；二是以视角的流动贯通，形成整体性思维特点；三是依靠对话和行动，并借助有意味的表象的选择，在暗示和联想中把意义蕴含于其间。这些都与我们的民族思维方式是一致的。

对于教育历史研究而言，民族文化及其思维方法总是不可避免地渗入到我们的研究方法之中，当我们在解释、理解和研究教育历史时，恰恰需要主动承继而非被动渗入地传递这种方式方法，并组织成我们今天所需要的研究范式，发展为教育历史叙事研究的真正杰作。

二、 叙事的历史感知

可以说，无论是为了研究历史，或者是为了了解历史，我们无可避免地需要进入历史，去经历历史，而体悟历史。这成为在今日我们面对历史所必须经历的。否则，历史只是干巴巴的知识，对历史的尊重仅仅是一种礼貌。博物、绘画、文学、影视等艺术形式在帮助人们对历史的想象，它们成为了历史舞台的主角，历史学却时常扮演着在幕侧提醒台词的角色。

克罗齐说，“一切的历史都是当代史”，他把人类所经历的时间和空间进行了整合。这种共时态的观察虽然带有主观的成分，却着实震撼过历史学界。而在汤因比的《历史研究》中，把不同文化的历程归纳为不同的文化（文明）圈的时候，这种穿越时空的研究路线也如出一辙。这样一来，不同文化的比较成为可能，全球化不唯随着经济的发展而被认识，同样随着文化历史的研究进展而被揭示。然而，历史的文化并未因此成为我们当代人的体验，它虽然已与我们当代的生活有了联系，但是仍然不能为我们身临其境地或生动地经历与感知。

如何经历历史？如何获得身临其境的教育历史感知？比如，我们自己历史上的哲学，本是充满生活情趣、日常人伦道理、清新的玄思，然一经在以西方概念名词武装起来的一些研究者的手中把玩，就把原本平易的思想搞得艰涩难懂。而历史叙事曾经是中国历史书写的重要特色。《史记》作为典型的叙事历史，它有着强烈的个人意识与语言风格。然而，在后来的历史著作中，故事或者说叙述渐渐被驱赶出历史学的门墙，历史学开始习惯于用被认定为是严肃的话语和公正的叙述方式书写着过去，故事逐渐在历史中隐去。在理性分析、考据、论证与结构化的写作模式中，历史失去了它固有的鲜活内容。而今天，我们对于基于自身文化中历史叙事范式的反省，不唯是为了继承传统，也在于使教育历史更为广阔和丰富复杂的面相得以体现，即通过关注教育历史中人物的生活经历和故事，而深入教育历史，从客观历史世界走进人的内心世界，揭示已经被过滤掉或被遗忘的教育历史真实。

如今，历史的阐述已经多样化。从专注于过去的时间历史与文献的追寻到对于日常生活乃至微观历史的探索，从文献研究到非文献研究，从记述到叙述，以及任何可以反映历史的方法手段的多元加入，使我们的历史研究也逐步走向立体。犹如音响的发展，就像早期的收音机，从单声道到双声道、四声道乃至六声道、八声道，使声音趋向于立体，并且为了更逼近原始声音或还原，聆听的环境也在不断地进化发展。就如声场趋向于立体而还原一样，历史逐渐展开为一个生动的场，使我们获得更为逼真、原始的现场感。

要使教育历史生动如同我们今日所经历的一样，使无论是作者还是读者都能容易经历，中国绘画的白描艺术以及通俗文学的情节关注，也可为我们提供借鉴。叙事化和情节化为我们提供进入教育历史的喜闻乐见的范式。我们需要在研究内容上逐步取代原有的宏大叙述模式，让社会生活、各种人物及其个体和群体经验等进入人们的视野。而在研究方法上需要不断地进行富有中国特色的教育历史叙事方法实验的尝试与探索。

应该承认，教育历史叙事必然经过研究者对教育历史的感知而进行的选择、修饰和重组，因为，没有把自己的经验带进去的体验和想象，你透不过这一被层层渲染过的修饰，看不到底色。其实，必要的体验能力和想象能力，常常是研究是否能够有突破的很重要的因素。但是，历史研究的体验感知与想象，要有必要的边界。必要的证据以及经过考证、排比和去伪存真的大量可靠的证据，这是确定历史想象合理性的基础。我们还需要考虑读者的态度以保持一个开放的研究心态，即不同的人具有不同的经历感受，历史的理解也各有不同，这正是教育历史研究所具有的特点。

读者进入历史不需要知识的准备，而研究者的研究叙述却是精心设计的。当不同的文化历史阅读成为毫无准备的享受，教育历史就这样被我们所进入而经历。当教育历史的感知感悟成为我们共同的经历，教育历史就如此获得了新的生命，成为我们当代生活中的重要组成部分。

三、 教育史拓展的可能

教育史是教育基础理论学科之一，也是教育学科国际化背景下更为凸显文化特色的重要学科。我国 20 世纪以来的教育史研究，无论是中国教育通史或外国教育通史研究，中外教育家的评传和中外教育比较史、交流史的研究，以及教育哲学史、留学教育史、中外教育交流史、书院史、教会教育史、课程教学史、地方教育史等众多的专题史研究，都曾为教育史学科的繁荣起到了重要的作用，其研究范式与方法基本是对思想与制度的梳理和研究。21 世纪以来，随着教育历史叙事、教育人物生活史、心态史等研究的逐渐展开，以及教育学术史或学术教育史和教育史学史的研究，教育史学科的自我更新、理论转型、研究视角和方法实验的重新审视和探究，已经揭开教育史学科前沿发展的序幕。

通过对于教育历史研究方法的探索，讨论如何重新勾画教育历史研究领域所需要的方法，拓展研究的问题领域，从而形成新的教育史研究的方法图景，还在于关注教育历史研究在自身的发展过程中对于自身理论话语的形成历程，使教育历史研究成为教育学理论发展的重要组成部分。

长期以来，我们的教育史学研究在于寻求教育历史发展的“规律”，注重精英思想和制度形成，而忽视了历史进程中各种人物活动及其事件。其实，教育历史离不开人的活动，或者说，没有人的活动就无所谓教育历史。而人的活动，我们必须从感知日常经验事实入手，从社会文化生活的角度来叙述人们的日常教育生活，以及与社会文化和经济生活的关系。这里，不是不要思想和制度的研究，而在于如何转换自上而下为自下而上的研究视角，以期更好地理解和解释教育历史事件和历史过程的复杂意蕴和内在价值。

从叙事范式与历史感知的视角来探讨教育历史研究的一种方法维度，其目的正在于试图把教育史研究的拓展与承继自身叙事传统相结合，比如，如何实现研究重心的下移，将传统的“思想”和“制度”融合于历史主体即个体与集体经验世界中的发现，从传统教育史研究走向教育的日常生活史和社会文化史研究，体味教育与社会发展、与个人发展的内在联系，探寻教育史研究范式的变革；如何转换教育史研究视角与研究方法，从新的历史视角分析教育历史活动中的文化现象及其与社会发展之间的互动关系，把人的活动置于教育史研究的核心地位，并以此强调教育史的叙事感知及其人文意蕴；如何从教育史功用的角度，使读者和学者都有经历历史的感觉，进而从历史感知的角度，进入历史、经历历史，以探索教育历史真相的意义。

可以说，厘清教育历史研究范式与方法取向，把方法论作为教育历史文化研究理论的灵魂，以及如何通过方法创新，进行教育史研究的开拓和创新，至少可以有以下三个方面的益处。第一，有助于我们解放思想，克服以往固化的思维方式和原有预设的立场，使我们更清楚地看到教育历史的多样性，赋予研究者更大的研究空间以提供不同的历史解释，而不只是简单地根据一种理论或范式去裁剪历史。第二，有助于我们研究视野的拓宽和研究重心的下移，这意味着多层次不同历史主体及其教育生活世界的发现，使重建教育史学科的知识图景成为可能。第三，有助于改变传统教育史学倚重于哲学史、思想史、政治史和经济史的偏向，重新厘定教育史学科领域架构，从而使更多的具有其他学科不可替代的研究领域逐渐走进我们的视野。

总之，不同的民族文化中孕育不同的思维方法，而每种文化都会产生它自己的解释、理解和处理现实的方式方法，并把这些方式方法传递、组织成技艺，把它们发展为真正的杰作。知识与技能虽然在教育历史研究中依然占有相当地位，但读者的状态或态度却成为研究者所应重点关注的。我们必须深入到社会的文化历史中去寻找作为教育历史思考和实践的源泉，我们需要考虑今天的教育历史研究的文化依据，以及教育知识的文化特征及其背后的思维方式特征，并由此建构、展开自身的教育历史研究。对于教育历史而言，如何在研究中确实地考虑中国自身叙事的风格和方法特点，是值得我们进一步思索的。

参考文献

[1] 王靖宇. 中国早期叙事文研究［M］. 上海：上海古籍出版社，2003：12-14，16.

[2] 杨义. 中国叙事学［M］. 北京：人民出版社，1997：60-61，122，221，1276.

[3]（法）弗朗索瓦·于连. 迂回与进入［M］. 北京：生活·读书·新知三联书店，1998：384-385.

[4] 宗自华. 美学散步［M］. 上海：上海人民出版社，1982：90-111.

[5] 葛兆光. 思想史研究课堂讲录：视野、角度与方法［M］. 北京：生活·读书·新知三联书店，2005：364-366.

中国教育史学科体系试构①

/
杜成宪

学科体系问题对于任何一门学科来说都是一个至关重要的问题，它所涉及的学科对象、范围、内容及其结构形式等一些问题，足以影响到学科的存在与发展。对学科体系的认识水平，是衡量一门学科成熟程度的重要标志之一。关于中国教育史学科体系的认识，有一个发展过程。

一、 对中国教育史学科体系问题认识的发展

早在20世纪30年代，中国的教育史学界就已思考过教育史学科体系的问题，有学者指出，教育史的研究应包括：

1. 教育背景的研究。
2. 教育通史的研究。
3. 教育专史的研究：

(1) 关于各级学校教育史的研究；

(2) 关于各国教育史的研究；

(3) 关于近代各家教育学说的研究。

虽然其论述不是专指中国教育史，体系也不完整，但可看出论者对教育史学科体系的初步设想。

进入20世纪80年代，中国教育史学科体系问题再次引起学界注意，有学者指出：中国教育史作为一门专史，其本身又是一个极广阔的领域，在其主干上生长着许多分支，依据不同的分类标准会组成多种不同的分支群。如可以按教育历史发展顺序划分、按统治者和劳动人民两个侧区划分、按教育实质划分等。表示如下：

按教育历史发展顺序划分：

①全文摘录。文章来源于《华东师范大学学报（教育科学版）》1997年第1期。

- 古代教育史
  - 原始社会教育史
  - 夏商西周教育史
  - 春秋战国教育史
  - 两汉教育史
  - 隋唐教育史
  - 宋元教育史
  - 明清教育史
- 近代教育史
  - ……
  - ……
  - ……
  - ……
- 现代教育史
  - ……
  - ……

按统治者与劳动人民两个侧区划分：

- 统治阶级的教育史
  - 教育制度史
  - 教育思想史
- 劳动人民的教育史
  - 劳动人民的教育活动史
    - 农业教育史
    - 手工业教育史
    - 艺术教育史
    - 科技教育史
    - 民主革命教育史
    - 民主文学教育史
    - ……
  - 民主性的教育思想史

按教育实质划分：

- 教育制度史
  - 各级各类学校教育史
    - 古代学校
      - 官学史
      - 私学史
      - 私塾史
      - 书院史
      - ……
    - 近现代学校
      - 幼儿教育史
      - 小学教育史
      - 中学教育史
      - 高等教育史
      - 职业教育史
      - 师范教育史
      - 教育行政史
      - ……
  - 教育内容、方法史
    - 德育史
    - 课程教材发展史
    - 教学法演变史
    - 考试制度史
    - ……
  - ……
- 教育思想史
  - 阶级的教育思想史
  - 派别的教育思想史
  - 教育代表人物的教育思想及历史影响
  - ……①

①此处参考了孙培青教授的《关于中国教育史研究对象的几个问题》。

因此，中国教育史应当是一棵枝杈繁茂的大树。这种见解的有见地之处在于指出组成中国教育史学科体系的众分支学科的划分是相对的，因此学科体系的确定本身也具有相对性。其未尽之处在于未将对中国教育史研究的历史和理论列入分支学科中。

20世纪80年代中后期，中国教育史研究取得了丰硕成果，学科的自我反思问题再次成为讨论热点，对中国教育史学科体系问题的探讨也有较大发展。有学者设想，中国教育史学科体系可以由三个层次构成：（1）低层次，即限于教育史内部事实的研究，如高等教育史、职业教育史、秦汉教育史等。（2）中层次，即教育史与其他学科的交叉，如教育训诂学，计量教育史学等。（3）高层次，“是从哲学思辨的高度对教育史学进行理论探讨”，如教育史方法论研究等。这一体系引入了教育史学理论、教育史方法论等范畴，虽然概略，却显得更为完整。

二、 对中国教育史学科体系的构想

由于学科的发展是无限的，因此，学科体系只有相对的存在价值，而无凝固不变的规定模式。另一方面，依据的原则不同，所构想的学科体系也会有差异。构想中国教育史学科体系应依据以下原则：第一，应当反映中国教育史学科作为教育学科的特点；第二，应当有相当的概括性，涵盖中国教育史学科的所有研究领域；第三，应当揭示中国教育史学科的各个分支学科及其关系、层次和结构；第四，应当反映中国教育史学科的新成果、新观念和新趋势；第五，应当是一个能不断包容学科研究新发展的开放的系统；第六，应当对未来的中国教育史学科发展有指导作用。由于中国教育史学科研究领域的无限广阔，分支学科众多，任何体系都是难以包容殆尽的，因此本文对中国教育史学科体系的构想将更为概括，注重框架结构。据此，采用“二分法”，逐层构建中国教育史学科体系。

（一）制度史与思想史

从实质内容方面考察，中国教育史实包含中国教育制度史和中国教育思想史两大部类。从纯粹的教育研究的角度而言，中国教育史研究实难出中国教育制度史和中国教育思想史之范围，长期以来，人们在思考中国教育史学科体系的结构时习惯于排列制度史与思想史两大部类及其分支，也实在是事出有因的。

中国教育制度史和中国教育思想史的研究是以中国教育的客观历史为对象的，它们是中国教育史学科群中的主体，前者研究的是人们的教育实践，而后者研究的是人们的教育理论思维。

1. 制度史。

“中国教育制度史”通常有广狭二义。狭义的教育制度史指制度化的教育形成的历史，如学校制度史、教育行政史。广义的教育制度史相对教育思想史而言，泛指一切教育实践活动的历史，除包括狭义教育制度史外，其他如家庭教育史、社会教育史、科技教育史等均属此范围。中国教育制度史也形成一个研究体系，它由家庭教育史、学校教育史和社会教育史三大分支组成。社会教育史之下可细分为道德教化史、法治教育史、宗教教育史、农业教育史、科技教育史、艺术教育史、民众军事教育史……学校教育史之下可细分为学校行政与管理史、各级各类学校教育史、教育教学内容与方法史……在此之下还可按内容再细分为各种专史，可见，中国教育制度史研究的分支学科难以确计。

2. 思想史。

"中国教育思想史"与"中国教育制度"相对，以中国教育历史上的教育理论思维为研究对象，其中又以对中国历史上教育家的教育思想研究为主，也兼及其他历史人物、社会阶层、学术流派、社会团体的教育主张和教育思想，现代教育理论的各个理论范畴也几乎都可以形成相应的思想史研究领域。由于教育思想源于教育实践，因此，中国教育思想史的研究也往往可以寻找到与中国教育制度史研究相对应的分支学科。除此之外，社会生活的各个方面影响到教育领域而引发的教育思考，也可成为中国教育思想史的分支学科，如教育经济思想史、教育政治思想史等；教育家教育理论思维的范畴、体系和规律，也应当可以成为中国教育思想史的研究对象，如教育范畴史、教育思想的逻辑发展、教育家教育理论思维的特征与规律等。以此而论，中国教育思想史研究的分支同样是难以确计的。

3. 制度史与思想史之关系。

恩格斯说过："历史从哪里开始，思想过程也应当从哪里开始。"这也可以用来说明客观的中国教育制度史与中国教育思想史之间的关系。中国教育制度和中国教育思想史之间常常存在着互相渗透的情况，历来的研究者和研究论著中也常存在将制度史和思想史相互混淆的现象。但是，制度史与思想史毕竟是两个对象不同的研究领域，应当注意把握分寸，有所区别。广义的教育制度史应着眼于教育实践，狭义的教育制度史应着眼于制度化的教育，固然应当揭示教育制度史的理论蕴含，但尚处于观念形态的关于教育制度的材料就不宜作为研究和叙述对象。反之，教育思想史应着眼于教育思想，固然，可以也应该以教育实践乃至教育制度的材料说明教育思想，但同样应注意发掘其中的思想蕴含。总之，区分中国教育制度史与中国教育思想史的尺度是，是实践形态的教育还是观念形态的教育。

（二）通史与专史

通史与专史是两个相对的历史研究范畴，它们都是中国教育制度史和中国教育思想史的研究类型和展现形式。通史重在贯通，专史主于专课。本文所谓"专史"既包括通常所理解的专门史，也包括断代史，这是因为断代史也是一种专题研究，相对于通史之横通，专门史可谓之"专"；相对于通史之纵通，断代史也可谓之

"专"。通史与专史在中国史学史上都有着悠久的传统。《史记》为通史之开山，《汉书》为断代史之初祖，《史记》《汉书》的各书与志实为专门史之滥觞。通史与专史各有所长，于人们的历史认识过程中有各自的特殊作用；通史与专史又互相补益，故又不可有所偏废。

1. 通史。

中国教育通史的特点在于"通"，"通"既指纵通，且指横通。纵通是贯通古今，系统地把握历史脉络，显中华民族教育史变迁之大势；横通是涵盖左右，举凡人们教育认识和实践活动的基本方面，如教育制度，教育思想及其组成部分，均应涉及，并将各个部分、各个方面加以有机地结合，展中国教育历史发展之断面。中国教育通史着眼于全貌，展现的是教育历史的整体与过程，有着其他分支学科所无法替代的作用。

2. 专史。

中国教育专史的特点在"专"，"专"既指剖面之专，又指断面之专。剖面之专即通常所谓专门史，断面之专即断代史。

专门史是就中国教育历史整体的某一侧面进行专门研究而产生的一大类分支学科，可谓对历史整体的"条分缕析"。"专门史"也是一个相对的范畴。相对于中国史，中国教育史本身就是一门专门史；相对于中国教育史，中国教育制度史和中国教育思想史也是专门史，相对中国教育制度史和中国教育思想史，前述这两个大领域之下的各个细小分支更可谓专门史。专门史的研究实是剖取中国教育历史整体的某一个侧面加以放大，集众多个侧面，最利于全面、深入展现中国教育史的面貌。

断代史是就中国教育历史过程的某一断面进行专门研究而产生的另一大类分支学科。断代史记某一历史时代或阶段之教育状况，记述方法与通史体例大体相同，但与通史相比，断代史研究更显专注集中，便于开掘与拓展，欲知某一时代的教育历史全貌，则非借助断代研究不可。断代教育史研究除以历史年代为断外，尚有多种标准。

事实上，专门教育史和断代教育史的研究还常结合起来，形成专门史的断代研究，使专门史研究继续分化。如中国古代教学思想史、中国近现代学校课程发展史，乃至于明代小学教育史、清代社会教化史……

3. 通史与专史之关系。

历史研究之所以会形成通史与专史二种研究和表述形式，乃是历史认识的需要使然。通史与专史各具所长，也各有其短。通史与专史之间，大体而言，专史为通史之基础，只有汇诸多专史研究之成果，才会有通史研究之大成。反之，通史又为专史之前提，局部总是整体中的局部，无论专史如何之"专"，离开通史之横通与纵通，都无力描述中国教育整体的历史进程。因此，中国教育通史之研究当以泛览为戒，中国教育专史之研究当以琐细为忌。

（三）“内部史”与“外部史”

“内部史”与“外部史”这一对范畴是本文自科学史转借而来。将科学作为知识体系的历史研究，形成了所谓“内部史”。着眼于科学理论产生的社会背景，并“把科学家的活动作为一个更大文化范围中的社会集团来考虑”，形成了所谓“外部史”。

中国教育史事实上也存在着“内部史”与“外部史”的区别。由于教育通常可以从两个层面上去理解，即作为人类活动和作为社会体制。因此，将教育作为人类的一种专门的实践活动而进行的历史研究，是为教育的“内部史”；从教育活动与教育思想产生及其作用的社会背景上着眼而进行的历史研究，则为教育的“外部史”。

1．“内部史”。

教育的历史研究存在着着眼于教育自身、还是教育所依存的社会环境、或是教育与社会之间的交互影响之区别，因此中国教育的“内部史”就有其特定的研究对象。既然中国教育的“内部史”是以教育这种专门的实践活动为对象的，所有前述中国教育的制度史和思想史、通史和专史就均属于这一范畴。

2．“外部史”。

由于教育是有目的、有计划、有组织地增进人的知识技能、影响人的思想品德的社会实践活动，同时其他方面的社会实践活动也在上述两方面影响着人。另一方面，教育通过人这一中介作用于社会生活的各个方面，同时社会生活的各个方面又影响着教育的实施与发展，因此中国教育的“内部史”与“外部史”的史实是客观存在的。

3．“内部史”与“外部史”之关系。

从某种意义上可以说中国教育的“外部史”较之“内部史”，是更为深入的一种研究，但这并不全面，事实上两者是互相依存的。

其一，中国教育的“内部史”与“外部史”诞生的先后顺序反映了人类认识的一般规律，即人们往往由认识自身开始，“近取诸身，远取诸物”，渐次走出自身，走向周围环境，又走向更加广阔的世界。这意味着若无对自身的认识与发现，就谈不上走出自我走向世界；而无对周围世界的认识与发现，对自身的认识就永远不可能是正确的、深入的。因此，中国教育的“内部史”的研究越是充分，“外部史”的研究就越是具备条件，反之，中国教育“外部史”的研究越是开展，就越利于看清“内部史”的问题。

其二，中国教育的“内部史”与“外部史”作为两个相对独立的研究领域。存在着相应的“内部方法”与“外部方法”的区别。如何将这二者结合起来，无论对

“内部史”还是“外部史”都是挑战。中国教育“内部史”的研究，似应注意加强“外部史”观，但切忌以往简单化的做法，即罗列一个时代的政治、经济乃至科学、文化的状况，而不是从深层结构中去把握教育与文化——社会的交互关系。而中国教育“外部史”的研究，则应注意尊重“内部史”的研究范围，并不是所有标榜“文化”的中国教育史研究都是可以称得上中国教育的“外部史”的，号称“文化”却缺乏文化的研究也着实不在少数。

（四）“实质研究”与“形式研究”

“实质研究”与“形式研究”这一对范畴，借用的是哲学的“内容”与“形式”这对范畴，作为哲学范畴，内容是指事物的内在诸要素的总和，形式是内容的存在方式，是内容的结构和组织。而所谓“实质”，是指事物、论点和问题的实在内容，因此“实质”与内容同义，也可与“形式”构成一对范畴。

本文所谓中国教育史的“实质研究”是关于中国教育史的具体（实在）内容的研究，而“形式研究”则指关于中国教育史的一般形式的研究。

1.“实质研究”。

所谓中国教育历史的“实在内容”，就是在中国历史上曾经发生和存在过的教育事实，具体地说，它们包括中国教育的制度、思想及其与中国文化、社会之间的相互关系。因此，前述中国教育的制度史与思想史、通史与专史、“内部史”与“外部史”都属于“实质研究”的范畴。对中国教育发展的过程和全貌的认识和展现，是由中国教育史的“实质研究”实现的。

2.“形式研究”。

相对于“实质研究”，中国教育史的“形式研究”的对象，“既不是具体的教育历史问题，也不是客观的教育史现象”，而是以对中国教育史认识过程的形式与规律为对象的。总的来说，它是对中国教育史研究之哲学思考，具体而言，它包括对中国教育史研究历史的研究、对中国教育史学理论的研究、对中国教育史料的研究等一些中国教育史学科的基础理论研究。无疑，中国教育史“形式研究”需要以中国教育史的“实质研究”的发展为基础。从历史看，在相当长时期内并未提出过中国教育史学理论，即专门进行中国教育史“形式研究”的问题。20世纪80年代后期，随着中国教育史学科的长足发展和研究成果的不断涌现，对学科发展做哲学思考并提出相应的基础理论以建立教育史学科的科学体系问题才被明确提出来。这一发展过程与哲学上内容与形式之间的发展关系十分吻合，就现实的情况看，中国教育史的“形式研究”已明显滞后于“实质研究”，开展“形式研究”实已成为刻不容缓的使命。

3.“实质研究”与“形式研究”之关系。

中国教育史“实质研究”的历史远远长于“形式研究”，其研究的成熟程度也远远高于“形式研究”，这正说明了哲学上内容与形式这一对范畴的关系——内容决定着事物的存在，而形式总是滞后于内容，甚至阻碍内容的发展。但是问题还有另一方面。尽管一种事物的内容已经形成，它也可以寄寓于、依附于别的事物的形式，但是，如果它不具备与自身相适应的新形式，不仅它的继续发展将受到阻滞，甚至连它的存在价值都要受到影响。因此，一种事物之所以具有独立的存在价值，是由于它有自己独有的形式，有自身内容与形式的完善统一。“实质研究”的存在，使中国教育史学科成为可能，但如无“形式研究”，中国教育史的“实质研究”绝不会是高水平的、自觉的，甚至也不能说中国教育史学科已成为真正的现实。如果以更高的要求来衡量，现今的中国教育史学科还未形成自己的理论体系，中国教育史“形式研究”的滞后，实已到了阻碍中国教育史“实质研究”乃至于整个中国教育史学科发展的地步。对于中国教育史学科的发展来说，中国教育史“形式研究”的重要性就这样体现出来。

（五）中国教育史学科体系

到此，我们可以勾勒中国教育史学科的结构图了。构想如下：

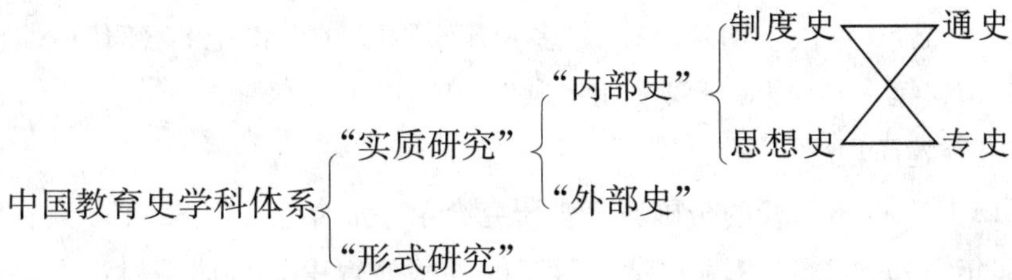

整个中国教育史学科体系由“实质研究”与“形式研究”两大部分组成。“实质研究”之下又分为“内部史”与“外部史”两大部分，“内部史”之下则分为制度史与思想史两部分，而制度史与思想史的表现形式则为通史与专史两类。以上对中国教育史学科体系和结构的设想有一个显著特点，即有较高的概括程度。这是因为：第一，理论体系应当有较高的概括水平。第二，中国教育史学科体系十分庞大，其中的分支十分繁复，如要尽数列举，根本不可能，与其举其一隅而遗其三隅，不如一隅不举众隅皆容。事实上，上述中国教育史学科体系结构及其诸构成范畴，已基本上可以让现实的中国教育史研究的各个领域、各个分支对号入座，各得其所了。

参考文献

[1] 高时良．时代的呼唤．历史的反思［J］．教育史研究，1989（2）．

[2] 马克思，恩格斯．马克思恩格斯选集（第二卷）［M］．北京：人民出版社，1972：122．

[3] 张斌贤．关于《教育史学》的构想［J］．教育科学与实验，1997（3）．

重构教育史观：1929—2009年①

/
张斌贤

三

从20世纪70年代末80年代初开始，教育史观的探索再一次重新启程。从那时以来的30年间，教育史观的探索大致包括三个主要阶段：第一，恢复重建阶段（1979年至20世纪80年代中期）；第二，多元探索阶段（20世纪80年代后期至20世纪90年代末）；第三，“史观断裂”阶段（21世纪以来）。

（一）恢复重建阶段

1979年12月在杭州召开的全国教育史研究会第一届年会、1982年5月在西安召开的第二届年会和1983年9月在黄山召开的外国教育史学科体系讨论会是教育史观重新探索的重要起点。在这三次会议上，教育史界分别对苏联教育史编撰模式的利弊、教育史研究中观点与史料的关系、教育发展的共同规律、教育史研究范围、教育历史人物评价以及外国教育史学科体系建设等问题，展开了空前热烈的讨论，形成了一系列重要的、具有启蒙意义的主张。其间，赵祥麟教授、滕大春教授、金锵教授等陆续撰文，对苏联教育史编撰模式将马克思主义的方法论公式化和简单化的倾向以及历史虚无主义进行批判，并从多方面探讨如何更为科学地把历史唯物主义的观点、方法运用到外国教育史研究中，使教育史研究更加深刻和全面地解释教育历史现象、历史过程以及科学评价教育历史人物和教育史遗产。

上述会议的召开和学者的主张对20世纪80年代前期教育史观的探索，发挥了重要的推进作用。这种作用首先表现在对杜威、赫尔巴特等教育史人物的重新评价。由于杜威与赫尔巴特均为西方教育史上具有重大影响的教育家，也是我国教育史界存在争议较大的教育史人物，因此，对他们的重新认识不仅有助于客观、准确地理解他们本人的思想，而且有利于促进形成对其他教育史人物的合理评价。更为

①部分节选。文章来源于《高等教育研究》2011年第11期。

重要的是，对教育史人物的评价首先是一个教育史观的问题，对杜威与赫尔巴特的再认识必然涉及对一系列教育史观问题的深入思考，进而涉及整个学科的全面重建。外国教育史学科以后30年间的发展表明，正是以对这两位教育家的重新评价为突破口，学科研究才迅速在废墟上重建并得到长足发展。

对杜威与赫尔巴特进行重新评价的关键在于，正确认识教育家的阶级立场、哲学倾向与其教育思想和历史贡献之间的关系问题。在此之前，由于受当时政治形势和苏联教育史观的影响，人们往往把二者等同起来，简单地从教育家的阶级地位和哲学倾向"推演"出其教育思想的"阶级属性"，从而加以绝对否定。从1980年开始，一些教育史家率先发表文章，对杜威等人的教育思想进行再认识。赵祥麟教授较早明确提出了要对杜威教育思想进行具体研究，既要看到其思想的阶级实质，又要从发展的眼光分析其中有价值的成分，从而客观评价杜威在教育思想史上的地位。此后，陈景磐教授、王天一教授等先后著文，从杜威的道德教育学说、杜威学说与赫尔巴特理论的比较等角度，广泛、深入地探讨杜威教育思想，以更加客观、辩证地评价杜威。对赫尔巴特的重新评价虽然没有引起广泛的关注，但有学者力图从教育家所处时代与教育家本人思想二者结合的角度来评价赫尔巴特，这在当时不失为一种较有见地的尝试。

1983年9月召开的"外国教育史学科体系讨论会"从各个方面探讨了外国教育史学科体系的建设问题。与会学者认为，应当扩展外国教育史学科范围，更加深刻、全面地阐述教育发展的基本规律，认真研究教育历史的分期，等等。特别重要的是，学者们一致认为应摆脱苏联教育史模式的束缚，建立具有中国特色的社会主义的外国教育史学科体系，使之适应我国社会的新需要。这次会议的标志意义在于，教育史学界明确表明了自觉摆脱苏联教育史编撰模式的束缚，自主发展教育史学科和重构教育史观的自我意识。

（二）多元探索阶段

从20世纪80年代后期开始，外国教育史学科进入了一个重要的发展时期，一系列著作和教材先后出版，如赵祥麟教授主编《外国现代教育史》（华东师范大学出版社，1987）、吴式颖教授等的《外国教育史简编》（教育科学出版社，1988）、滕大春教授主编《外国近代教育史》（人民教育出版社，1989）、戴本博教授主编《外国教育史》（上中下册，人民教育出版社，1989）、滕大春教授任总主编的多卷本《外国教育通史》（山东教育出版社，1990）、王天一教授主编《西方教育思想史》（湖南教育出版社，1996）、吴式颖教授主编《外国教育史教程》（人民教育出版社，1999）等。研究成果日益丰富的过程，同时也是学科自我意识不断觉醒、教育史观逐步更新的过程。

这个时期重构教育史观的努力主要表现为，在批判苏联教育史编撰模式的基础上，进一步探讨外国教育史学科研究的基本问题，这其中主要包括：继续分析外国教育史学科研究存在的主要问题及其主要原因，继续探索如何更为科学地把历史唯物主义的观点、方法运用到外国教育史研究中，使教育史研究更加深刻和全面地解释教育历史现象、历史过程以及评价教育历史人物，等等。到20世纪90年代，这个方面的努力逐渐转向借鉴相关学科的理论和方法，重新对外国教育的历史发展进行建构。一些研究者开始尝试运用现代化理论的方法和概念，对教育历史发展的本质进行分析。根据这种研究范式，教育的历史进程被认为是教育现代化的过程，教育的制度化、世俗化、法制化、普及化、科学化等被认为是教育现代化的基本指标，现代性的获得被认为是教育现代化过程的目标。这方面的代表性著作主要有吴式颖教授主编的《外国教育现代化进程研究》《俄国教育史：从教育现代化视角所作的考察》，等等。

（三）“史观断裂”阶段

2000年以来的10年间，外国教育史研究一方面延续了20世纪八九十年代的“传统”，即大型、通史性的著作编写，其中最有影响的是吴式颖、任钟印教授主编的十卷本《外国教育思想通史》（湖南教育出版社，2002）。这部巨著从策划到出版，历时十余年，动员了当时全国大部分外国教育史教学科研人员，基本上反映了中国学者关于外国教育思想史研究所达到的水准。此外，为适应新时期人才培养的需要，先后出版了部分教科书，如单中惠教授的《外国教育思想史》（高等教育出版社，2000），张斌贤和王保星教授主编的《外国教育思想史》（高等教育出版社，2007），周采教授的《外国教育史》（华东师范大学出版社，2008），张斌贤和王晨主编的《外国教育史》（教育科学出版社，2008），王保星教授的《外国教育史》（北京师范大学出版，2008），贺国庆、于洪波和朱文富教授等的《外国教育史》（高等教育出版社，2009），等等。

如果把上述著作和教材与此前出版的同类著述相比，可以清晰地看到，除吴式颖教授为《外国教育思想通史》起草的长篇导言之外，大多数著述似乎都自觉或不自觉地回避从本体论意义上讨论教育史观问题，而主要从认识论和价值论层面阐述教育史观。在某种意义上，可以把这种现象称之为教育史观的“断裂”，即史家已不再关注整体的教育史观，而只关注教育史观中的某一两个方面，尤其是教育史观中的认识论方面。

这种教育史观“断裂”的现象由于这个时期外国教育史研究更为重要的进展而变得格外显著。2000年以来，大量基于博士学位论文撰写的专题研究著作的相继出版，成为外国教育史研究21世纪第一个十年最为重要的发展标志。与以往的系统著述不同，这些著作往往以某一历史时期或某一个国家的某一个教育历史现象或问题为研究对象，而不涉及宏观或整体的历史线索。因此，研究者所关注的主要是基本文献的收集整理以及运用某些认识论意义上的理论和方法对史料所建构的历史片段进行解释而基本不涉及教育史观中的本体论问题。这就进一步强化了教育史观的“断裂”。

从近百年学科发展的历程看，专题研究成果的大量出现正说明外国教育史学科研究方向的重大转变，即从综合走向分析、从宏观把握转向微观研究、从整体认识转向具体探微。这种转变实际上意味着外国教育史研究正日益摆脱教科书传统的束缚，逐渐回归历史研究的本性。只有当教育史研究充分获得了历史研究的本质，才有可能真正获得学术合法性，才有可能真正成为一个学术研究的重要领域，也才有可能充分发挥在课程教学中的作用。教育史观的“断裂”并不意味着史观的缺失，而是教育史观探索的重大的、方向性的转变。这种转变的首要意义在于，有助于从根本上克服长期以来存在的把宏观历史观念简单套用到教育史研究的弊端，从而使教育史研究成为一种真正的学术研究而非观念的注解。其次，由于主要强调对教育本身的历史现象、历史过程的认识以及对这种认识的“再认识”，有利于教育史研究不断更新方法、转换视角，从而切实推进学科研究的发展。近十年来教育史研究的进展并不是因为在教育史的本体论有什么突破，而主要表现在方法和方法论的变换。

四

在经历了近一个世纪曲折复杂的变迁过程之后，教育史观的重构将如何继续？或者说，在全球化、信息化、多元化趋势不断加剧的当代社会，如何重构当代的教育史观？不管可能会形成何种教育史观，重构教育史观的努力首先应当自觉地摆脱四种束缚，寻求思想的独立与解放。

第一，自觉摆脱对国外学术思想的盲目崇拜、一味追随、简单搬用。随着国际学术交流的不断增进，来自境外的思想学说将更为广泛和深刻地对包括教育史学科在内的学术研究产生影响；教育史学科只有进一步开放，才有可能从当代的学术思想成果中获取自身发展所必需的营养。这些都是不言而喻的。问题的关键在于，应当以科学的态度和方法吸收借鉴国外的学术成果，不能仅仅停留在对名词、术语和概念的表面化的掌握和应用，不能只关注研究的结论而忽视研究的背景和过程，不能只见树木、不见森林，孤立地认识和理解某一种学术观点而漠视不同学术观点之间的联系，更不能把国外的学术成果奉为神圣而不加批判地照单全收。

第二，自觉摆脱对其他人文社会科学学科的“比附”。与人文社会科学其他学科之间的联系，始终是教育史学科发展的不竭动力。应当说，从教育史学科发展所经历的过程看，在这方面所做的工作还远远不够，要走的路还很长。但问题同样在于，教育史研究如何以科学的态度和方法借鉴人文社会科学的研究成果，而不是采取“拿来主义”、实用主义，仅仅停留在对某些理论或观点的表面的、一知半解的甚至是望文生义的“比附”。在这方面，外国教育史研究是有着深刻教训的。只有深入理解人文社会科学相关学科的理论和方法，只有全面把握这些理论和方法运用到教育史研究的适切性与合理性，才有可能真正科学地借鉴人文社会科学的成果，而不是简单的“比附”和套用。

第三，自觉摆脱“意识形态化”思维方式的束缚。教育史观受到宏观历史观念或社会历史观的直接和深刻的影响是必然的。但如果把二者完全等同起来，或者以社会历史观取代教育史观，并不能科学地认识教育历史的本质，也难以实现教育史研究的学术化或学科化，这是多年实践已经证明了的事实。尽管如此，由于苏联教育史编撰模式的深刻影响，外国教育史研究很难完全突破原有“意识形态化”思维方式的羁绊。在一些研究实例中，机械地、简单化地照搬“生产力与生产关系”“进步与保守”“先进与落后”“唯心主义与唯物主义”等模式的做法仍有一定市场。在这种情形下，教育史的研究往往成了运用简单的政治公式对历史事实的裁剪或者成为对历史人物的道德审判。需要不断重申的是，“教育史应当、而且必须首先是教育的历史”。教育历史发展的特殊性、教育历史与宏观历史以及其他人类社会活动历史的差异性，是教育史研究“安身立命”的基础。教育史研究的使命和目的不是去验证某些被公式化了的、而且被历史证明是不合时宜的意识形态化的历史解释，而是为更科学地认识、解释人类教育的历史变迁，以便深化和拓展当代人对教育的理解。对教育的理解本质上是对人类自身理解的重要组成部分。

第四，自觉摆脱教科书传统的束缚。众所周知，在我国，包括教育史学科在内的教育学科是适应近代师范教育的需要而兴起的，教育史学科最初是作为师范院校的教学科目而形成的。这本无可厚非。但问题在于，由于这样的原因，逐渐产生了对教育史学科性质、功能的片面认识和一种特殊的学科传统。在相当长的时间里，教育史学科更多的是作为教学科目而非专门的学术研究领域，教育史学界更多的是在课程教学的范畴中思考教育史学科的建设和发展。直到现在，关于教育史学科建设和发展的论述仍然主要是从课程教学的需要出发的。例如，在梳理教育史学科发展历程时，学者们关注的往往是教育史作为师范教育的教学科目的变迁，而忽略了作为学术领域分支的教育史研究的演变。学者们时常提及的一些著名的教育史著作，至少就编写者本人的意图而言，大多为师范院校教育系科相关课程的教科书。又如，学者们经常谈及教育史学科研究领域的拓展，在一定程度上也反映了这种思路的影响。由于实质上把教育史作为教学科目，并主要从课程教学的角度探讨教育史学科建设，因而事实上形成了一种“教科书传统”（这同时也是整个教育学科的共同传统）。在通常的情况下，教科书是为即将进入某一知识领域的学生提供的入门导引。为了使学生能系统掌握知识体系，教科书一般所强调的主要是知识的完整性和系统性，注重的是知识的“宽度”而非“深度”，关注的是知识的传递而非知识的创造。这种状况如果仅仅限于教科书的编写还不致造成不良的后果，但现实是它恰恰成了教育史学科建设的一种很重要的思路，并在很大程度上影响了对教育史问题的研究方式和方法。多年来，教育史学界常满足于“宏大叙事”，关注大问题、大事件、长时段，忽视对个别的、具体的教育史实的研究以及对史料的深度挖掘，某种程度上正反映了“教科书传统”在研究领域中的深刻影响。

在当代社会和知识发展的条件下，重构教育史观的根本在于史家自觉地形成一种“中级理论”——专门的教育史学理论或观念。这种中级理论虽然受到宏观的社会历史观的影响，但主要反映史家本人对教育及其历史变迁的本质、动力等方面的认识，反映史家对教育历史的本体论、方法论和价值论的基本理解。这不仅有助于形成丰富和多元的教育史研究的领域、路径和方法，而且有利于促进教育史研究中哲理探讨和哲理追求。只有当对具体教育历史现象和过程的探讨能够成为一种基于充足史料之上的哲理探讨，教育史研究才能最终完成自己的使命：促进人类对教育历史本质的深刻认识。

从教育史学科发展的过程看，在学科领域中发生的任何一次重大变革和转折都直接来源于以某种社会文化哲学为背景的“中级理论”或教育史观的更新。从认识论的观点来看，“中级理论”实质上是认识客体与认识主体之间的联结点，或者说是主体的认识工具。“中级理论”的变更实际上是认识手段和认识角度的转换，因而必然导致主体和客体相互关系的变迁。从这个意义上讲，“中级理论”是教育史学科不断发展的巨大杠杆。

参考文献

［1］陈景磐．《杜威的道德教育思想批判》补充［J］．教育研究，1982（9）．

［2］肖远．赫尔巴特教育思想的阶级性格和时代特征［J］．教育研究，1982（2）．

［3］张斌贤，刘传德．浅谈外国教育史研究中的几个问题［J］．教育研究，1986（4）．

［4］王天一．杜威教育思想探究［J］．北京师大学报（哲社版），1982（3）．

科举制对西方考试制度影响新探[①]

/

刘海峰

一、 问题的由来

科举制是中国的特产，但它却对东亚和西方国家产生过深远的影响。对东亚国家的影响表现在历史上日本曾一度仿行过科举，韩国（朝鲜）、越南曾长期实行过科举制度；对西方的影响则表现在英、法、德、美等国曾借鉴科举建立了文官考试制度。东亚诸国仿行科举于史有证，不成问题；而科举制对西方考试制度的影响却是一个以往中国人了解较少的相当复杂的问题。

西方考试制度是否真正受到过科举制的影响？这一说法能否确立？1870年前记载有关科举的文献是否仅有邓嗣禹文所列的70余种？孙中山关于英国考试制度是从中国学过去的说法根据从何而来？弄清楚这些问题，不仅在“科举学”研究中具有重要的学术价值，而且对全面正确评价中国传统文化及为当代考试制度改革提供历史借鉴等方面都具有重大意义。本文将运用新发现的资料，力图在邓嗣禹等人研究的基础上将该问题的研究向前推进一步，以得出更为明确的结论。

二、 新的探索与发现

作为本问题的拓荒者之一，邓嗣禹在论文中经过详细考证，基本上理清了西方考试制度的发展脉络，表明1702年剑桥大学三一学院实行了书面考试，1802年才有学士学位考试。而正式的文官考试，法国是1791年开始实行，大革命后渐趋松弛，1840年后又重新考虑建立文官制度，至1875年法国文官系统基本形成。德国约于1800年左右实行文官考试。1806年，英国成立东印度学院，1829年为东印度公司选用文职人员实行公开考试，1855年，英国政府开始推行文官考试，并在1870年使其制度化和正规化。1883年，美国也建立了文官考试制度，并于1893年使其进一步完备。对此，本文不再详细追述。

---

①部分节选。文章来源于《中国社会科学》2001年第5期。

为了证明中国科举制曾影响西方考试制度这一论点，邓嗣禹文广泛查寻，细大不捐，力图将1870年以前出版的记载中国科举制的西方文献搜罗殆尽。其文末附有记载中国考试制度之西方论著目录，收录了1570—1870年间的78本（期）多数是在伦敦出版的英文书刊。从此，海内外论及科举西传的学者都据此说1870年前谈及中国科举的西方文献有70余种之多。邓嗣禹文的确几乎已将常见的19世纪以前关于中国的西方书刊搜遍，但是，也并非此外再没有别的资料，张沅长文所引资料中已有10种是在邓文所列78种文献之外的，莱茨也找到一些16世纪的珍贵资料。只要扩大范围认真求索，还是能发现不少1870年以前论及科举的西方文献。

经过艰难搜寻，笔者目前已新发现了1870年以前论及科举的西方论著近50种，其中多数也是用英文在伦敦出版的，从中可以看出当时西方人尤其是英国人对科举考试的知晓和推崇程度。

三、确认受中国影响的说法

由于各种有关中国的书刊的介绍和描述，以及欧洲人对中国的兴趣和好奇，在18世纪下半叶至19世纪上半叶，科举考试制度在欧洲尤其是在英国已为知识界所熟知。曾经担任英国驻广州领事馆翻译和领事的密迪乐在1847年于伦敦出版的《中国札记》一书中说：中国奉行由贤能之士组成政府的原则，“对于以此原则为基础的科举考试制度的存在，每一位受过教育的欧洲人都了如指掌”。密迪乐这么说是有根据的。因为16世纪至19世纪中叶，欧洲人对遥远的中国充满了好奇，对这一处于另一文明系统的东方古国的一切皆感到新鲜，特别是在18世纪欧洲曾出现过“中国热”或“中国文化热”，而当时有关中国的书刊中又常有描述科举考试的章节，因此，一般欧洲知识分子大多知道中国的科举制。在这种情况下，欧洲国家后来出现的考试制度多少受到中国科举制的影响便是顺理成章的了。欧洲国家文官考试制度的建立曾受到大学中竞争性考试的启示，但英国的大学笔试至18世纪才开始，而在当时中国采用竞争性的公开考试选拔人才的方法已广为人知的情况下，牛津、剑桥等大学19世纪初建立的学位考试制度至少间接受到过中国科举制的影响。

以往邓嗣禹等人的研究虽举出了大量资料说明英、法、美等国建立文官考试制度曾受中国科举的影响，但因为没有举出直接证明的资料，因而一些人认为此说尚不能确立。笔者认为，由于东西方文化和国情之间的差异，十八九世纪的欧美国家不可能像10世纪或11世纪的高丽、越南等东亚国家那样照搬中国的科举制，朝鲜科举有进士和状元，越南科举连贡院和八股文也学过去，这种情况只能出现在汉字文化圈的国家。对西方国家，关键是看其是否吸取了考试选才的本质精神——公开竞争、平等择优，至于考试的内容和具体方法不可能一样，因此，在已证明西方考试制度是将科举考试的平等原则借鉴过去的情况下，如果能够找出英美等国实行文官考试之后的明确的定性说法，科举西传说便可以确立。

英国于1855年实行文官考试制度，美国于1883年开始仿行之后，有一些资料明确指出科举制曾对欧美国家产生过影响。1884年3—4月出版的杂志《中国纪录与传教士》第15卷第1号，刊载了一篇评论卫廉士《中央王国》一书第18章《中国制度恒久的原因》的书评。该文在对《礼记》所载先秦考试办法，以及密迪乐《关于中国政府与人民之散记》一书中称赞科举制的观点做了介绍之后，特别指出："这一强有力的证据表明，科举考试制度的优点和中国政府的榜样已导致了欧洲和美洲一些最开明的国家采用这种方法以提高其文官的效率。"这是在英国于1855年试行并于1870年全面推行文官考试，以及美国1883年开始采用文官考试制度后做出的评论，具有很强的说服力。

最为肯定科举制曾影响西方国家并直接主张美国仿行的是美国在华传教士丁韪良博士。丁韪良是中国通，从1865年起担任京师同文馆英文教习，1869年起任总教习（校长）达31年之久，并在1901年前后一度出任京师大学堂总教习。他对中国社会、文化、教育和知识分子问题有十分深入的了解，并出版了多部关于中国的著作，同时也翻译了许多西方著作，在当时中国广为流传。1883年，清朝政总理衙门刊印了丁韪良的中文著作《西学考略》，该书谈及科举考试制度时说："西国莫不慕之，近代渐设考试以取人才，而为学优则仕之举。今英、法、美均已见端，将来必至推广。"他当时的预言后来成为现实。

科举制从隋炀帝大业元年（605）设立以后，经过一千多年的发展，到19世纪中叶在中国本土已逐渐走向穷途末路，但却正在此时被西方国家所借鉴而建立了现代文官制度。为什么科举制会受到西方人的推崇进而效仿呢？

原因在于，18世纪以前，欧美各国文职官员的选用，或实行个人赡徇制，或实行政党分肥制。这些文官任用方式不可避免地导致任用私人，带来结构性的贪污腐败，使各种无能之辈充斥于政府之中，因政党更迭而大批撤换行政官员还会引起周期性的政治震荡和工作连续性的中断。而科举制实行竞争考试、择优录取，政权向平民开放，标榜公开取士，唯才是举。比起贵族等级制或君主赐官制等选官制度来，科举取士无疑具有其优越性。科举考试制度虽然产生于等级森严的中国传统社会，但其标榜和体现的"公开竞争、平等择优"精神却具有超越时代的特性。在西方社会倡导"自由、平等、博爱"的启蒙时期，科举制体现出的"机会均等"原则曾使许多人大为惊叹，使伏尔泰、孟德斯鸠、狄德罗、卢梭等一代哲人心悦诚服，法国重农主义经济学家奎奈还曾直接主张欧洲引进中国的科举考试制度。确实，科举从形式上看相当公平，"朝为田舍郎"可能"暮登天子堂"，这种"将相本无种""茅屋出公卿"的官员选任办法促进了社会阶层流动，同时可以保证行政管理人员维持较高的文化素质，进而提高政府工作效率，考试选才的公平客观性又可以排除人情关系对官员任用的困扰，因此引起西方人的兴趣并受到赞誉。

到19世纪四五十年代，英国工业革命已经完成，西方国家政治、经济、文化等各方面都基本上经历了从中世纪向近代化的转型。处于上升发展阶段的西方资本主义国家，在官员选用方面也日益要求向制度化、规范化方向发展。可以说，19世纪中叶以后，英、法、美等国已出现了建立平等择优的文官制度的内在要求和必然趋势，而中国的科举制为他们提供了很好的示范。当时中国在各方面多已落后于西方，在西学东渐的大趋势下，中国人不得不学习西文、西艺、西政，科举制是屈指可数的反被西方人学习的中国特产之一。当然，英、美等国借鉴科举并非生搬硬套，而是取其精华、弃其糟粕。西方的文官考试吸取了科举制的合理内核，即考试的平等竞争原则和择优录用方法，而舍弃了科举考试空疏无用的古代经典内容。笔者曾在伦敦翻阅1855年英国文官考试制度初建时的试题，考试的内容均为数学、法律、政治、国际关系等与各种文官职位密切相关的学科学问，避免了中国清代八股科举学非所用、用非所学的弊端。东方古老的科举制移植到西方的文化土壤中后，各国结合本国的国情，化腐朽为神奇，为各国的政治制度开创了新局面。

四、中国对世界文明的一大贡献

19世纪下半叶及20世纪初，在一些对此问题较为了解的西方人士的印象中，欧美各国文官考试制度的建立曾受到中国科举制的启导是理所当然的、没有异议的。当时中国的一些有识之士亦然。如在戊戌变法时期对八股科举深恶痛绝，将国贫民弱、割地赔款都归罪于八股取士的康有为，也说过中国历代科举“虽立法各殊科，要较之万国，比之欧土，皆用贵族，尤为非才，则选秀于郊，吾为美矣，任官先试，我莫先焉，美国行之，实师于我”。康有为当时还未出过国，就知道美国实行的文官考试制度是学习中国科举而来，可见此一说法为当时中国部分上层知识精英所知晓，其中很可能有丁韪良宣传的因素。另一位在公车上书时为变通科举摇旗呐喊、戊戌变法时为变革科举冲锋陷阵的梁启超，变法失败后逃亡日本，耳闻目睹欧美、日本等国借鉴科举实行文官考试之效用，而1905年科举制却在中国本土因积重难返被彻底废止，痛定思痛，发出了如此惊世言论：“夫科举非恶制也。所恶夫畴昔之科举者，徒以其所试之科不足致用耳。昔美国用选举官吏之制，不胜其弊，及一八九三年，始改用此种试验，美人颂为政治上一新纪元。而德国、日本行之大效，抑更章章也。世界万国中行此法最早者莫如我，此法实我先民千年前之一大发明也。自此法行而我国贵族寒门之阶级永消灭，自此法行，我国民不待劝而竞于学，此法之造于我国也大矣。人方拾吾之唾余以自夸耀，我乃惩末流之弊，因噎以废食，其不智抑甚矣。吾故悍然曰：复科举便!”此时科举刚停罢5年，梁启超甘冒被时人视为"顽陋"的风险而毅然提出恢复科举的动议，是其反思考试制度在中外不同国家中因革兴替的命运的结果，从中也可见梁启超是深知科举曾影响世界列强的。在某种程度上可以说，孙中山关于欧美各国考试制度是从中国学过去的著名论断，只是康、梁科举西传说的延续和发展。

科举西传说也为现代西方汉学界和行政学界所肯定，一些西方学者认为科举考试西传欧美是中国在精神文明领域里对世界的最大贡献之一，有的学者甚至认为其重要性超过物质领域的四大发明。邓嗣禹之后莱茨等西方学者的后续研究都赞同科举西传说。而美国学者柯睿格1947年在《哈佛亚洲研究学报》发表的论文中更是指出："以科举考试为核心的中国文官行政制度的创立，是中国对世界的最重要贡献之一。"1953年，他在《北宋前期文官》一书中，在对比科举与欧洲早期文官制度之后，对科举影响欧洲文官制度的史实也表示肯定，并认为邓嗣禹和张沅长两位学者的论文清楚地显示出，19世纪通过印度的文官制度，英国的文官制度曾受到中国范例的直接影响。1964年，顾立雅也发表过这种看法：中国对世界文化的贡献远不止造纸和火药的发明，现代的由中央统一管理的文官制度在更大范围内构成了我们时代的特征，而中国科举制在建立现代文官制度方面扮演过重要角色。可以明确地说，这是中国对世界的最大贡献。早在19世纪，当一些人主张英美仿行文官考试制度时，就曾多次将其与火药、印刷术对西方社会发展的作用进行类比，顾立雅的看法可以说与19世纪的一些西方人一脉相承。此说也得到一些当代外国学者的赞同，如日本学者福井重雅便一再引用附和顾立雅的观点。美国汉学家卜德在《中国思想西入考》一书中则说："科举制无疑是中国赠予西方的最珍贵的知识礼物。"《剑桥中国隋唐史》一书的编者崔瑞德也认为：唐代的科举制度经过以后的长期发展几乎被全世界所接受，"许多世纪以后，这一制度为我们所有西方国家以考试录用人员的文官考试制度提供了一个遥远的榜样"。确实，从对世界文明进程的影响来说，在一定意义上，科举可称为中国的"第五大发明"。

科举废止后相当长时间里，在国人印象中，科举是一种落后腐朽的封建制度，更多的是作为批判对象而被加以介绍的。而中国人对外部世界有关科举的评价则知之甚少。20世纪80年代以后，欧风美雨再度东来，当人们知道西方汉学界和行政学界对科举制的赞美和评价时，感到相当惊异和新鲜。而当我们准备借鉴西方文官制度以建立公务员制的时候，才发现原来西方文官制度竟然还是从中国的科举制学过去的。1983年，美国卡特总统任内的人事总署署长区伦·坎贝尔应邀来北京讲学时曾说："当我被邀来中国讲授文官制度的时候，我感到非常惊讶。因为在我们西方所有的政治学教科书中，当谈到文官制度的时候，都把文官制度的创始者归于中国。"中国历史上有不少事物是"失之华夏，得之四夷"，在本土未能得到良好的发展，传到外域后却生长为生气勃勃的东西。科举制在清末未能顺利地转型为现代文官考试制度，而是走到尽头，有其历史必然性，但其考试选才的“公开竞争、平等择优”精神却为西方文官考试制度所接力传承，现今中国反而要向其学习，这是值得研究与深思的。

综合全文所述，我们可以得出比以往研究更为明确的结论：1570年至1870年间主要用英文出版的涉及中国科举的文献远不止邓嗣禹文所列的70余种，在此之外至少还可以找到近50种相关文献，总数当在120种以上。由于这些书刊广为流传，在19世纪中叶时中国的科举考试制度已为欧洲知识界普遍知晓，史料明确说明英美等国建立的文官考试制度曾受到科举制的启示和影响，科举西传说可以确立。科举考试“公开竞争、平等择优”原则的合理性、近代欧美国家政治经济文化发展的现实需要、文官选用方法发展的内在要求和必然趋势，使得西方国家借鉴科举，建立了现代文官考试制度。在孙中山做出英美考试制度是从中国学过去的论断之前，康有为、梁启超等人也曾有过类似说法，这可能与丁韪良主张美国应借鉴科举和宣传科举制的优越性有关。科举考试西传欧美，是中国对世界文明进程的一大贡献。

参考文献

[1] 丁韪良. 西学考略（下卷）[M]. 同文馆，1883：53.

[2] 康有为. 请废八股试帖楷法试士改用策论析 [A] //戊戌变法（第2册）[M]. 神州国光社，1953：208.

试谈外国教育史的“古为今用”和“洋为中用”[①]

/

滕大春

研究中国教育史的同志讲求“古为今用”，研究外国教育史的同志，在“古为今用”之外，还有“洋为中用”的任务。毛主席在论述学习“古代的”和“异域的”知识时，强调“有的放矢”，重视和利用古代的和外国的对于我们有用的知识，以解决中国的革命和建设问题。按照这个原则，我们要高瞻远瞩，博古通今，充分吸取中外教育史上的有益经验，加速我国社会主义教育事业的发展。有人怀疑外国教育史能否发挥这样的效用。本文对此略举实例予以阐述和说明。

在高等教育方面：

第一，如今同志们常常提及把大学办成“教学中心”和“科研中心”的问题。外国教育发展史积累的经验，颇可借鉴。国际上高等教育研究的权威本·代维说，美国有些大学是科学研究工作的沃壤，取得了较大的成就。难道美国大学是轻而易举地做到这样吗？绝不！哈佛大学校长普赛在《美国高等教育：1945—1970年》一书中说，第二次大战后美国大学致力高水平的科研工作乃是革命性的变革。可见他们从未把科研和教学并列为大学的中心任务，高等学校把兴奋点投放在学术研究上是一种新生事物。我们不妨谈谈美国高校科研工作的发展过程。

美国在殖民地时期，仿照宗主国英国的牛津和剑桥大学，创建哈佛和耶鲁等学院。英国大学从中世纪起只是教学园地，并不进行科研。一则当时科学尚不发达，再则当时在教权统治下，学术研究被视为“危险信号”，无人敢轻予尝试。16世纪的人文主义学者阿斯奇曾勇敢地提出，大学不研究学术，教学便似无源之水或无本之木，陈陈相因，日趋贫乏。阿斯奇是享有盛名的硕学之士，是伊丽莎白女王的帝师和玛利皇后的拉丁文顾问，社会影响极大。他提出此观点后，牛津、剑桥二校于16世纪中期向国会申请研究经费。不料非议顿起，伦敦大主教反对最激烈，断言允许大学从事研究，不啻允许大学泛滥自由思想，异端邪说将会动摇人们的宗教信仰和国家的政权基础。终因反对派危言耸听，科研禁区未被冲破。美国在17世纪建立的学院唯英国马首是瞻，就不曾考虑科研之事了。——美国于18世纪宣告独

①部分节选。文章来源于《河北大学学报（哲学社会科学版）》1986年第1期。

立后，州立大学纷纷成立；19 世纪经过南北战争，为适应工农业迅速发展的需要，公私立高等院校更如雨后春笋，科研的重要性始为识者所洞察。恰在此时，德国大学因发扬学术而走在世界各国前列，美国随而以德为师，才把环绕教学而进行研究提上了日程。

难道德国大学开展学术研究是轻易出现的吗？不。在中世纪，德国境内的大学同样是神学的堡垒。举世震惊的宗教改革于 1517 年爆发于威丁堡大学，正说明大学桎梏人智之甚。宗教改革是深刻的思想解放运动，德国的神权势力在大学饱受冲击后，学术研究才挤进了校门。1694 年哈列大学诞生，是德国大学走向现代化的标志。它宣扬探索真理，唾弃背诵基督教义；罗致学者担任教授，鄙视不学无术的僧侣教士；教师被尊为知识的开拓者，鼓励自由讲学，破除束缚理智成长的清规戒律。耶纳、海德堡、哥尼斯堡等大学，仿效哈列大学，学风为之大变。柏林大学虽迟至 1810 年建立，但在新人文主义教育家洪保的倡导下，益加旗帜鲜明地致力学术研究，乃成为德国大学的冠军。

在美国为数众多的高等院校中，哈佛大学的声望最著。梯尔校长于 1862 年就职，大力提倡研究的风气，却遭到许多人的反对。稍后，义律于 1869 年任哈佛校长，煞费苦心才建立了一个小小的研究生院。1876 年，约翰·霍布金斯大学成立，校长吉尔曼在就职前，专程赴欧，参观柏林大学等校，引为楷模。那时适值德意志帝国建立后疯狂推行军国主义的时期，吉尔曼又乘机把那些由于思想进步而难于在帝国存身的德国教授，礼聘来校，从而创造了探讨高深理论的有利条件；他还选拔威尔逊和杜威等才华出众的青年做研究生，从此美国大学才由单纯教学而兼搞科学研究。但是，一直发展到一个世纪之后的今天，美国高等院校已多达三千所以上，其中设置研究生院、能授予博士学位的院校仅三百多所。这类研究生院注重的仅是进行研究人员的培养；其造就的人才还参差不齐，高下各异。至于设有规模宏大、经费充裕、设备高度现代化的研究所或研究中心，能罗致第一流学者专家，全力投入尖端科研，取得优异成果，使大学确能胜任“教学中心”和“科研中心”多重任务者，不过二三十校，不足高校总数百分之一，而且多是第二次世界大战后的产物。就此可知，实现“两个中心”绝非一蹴而就之事。

我们社会主义国家贯彻“双百”方针，保证了学术自由，不存在欧洲大学过去遇到的敌视研究的障碍。然而，对我国现有的学术力量和物质基础，却不能不深加考虑。1869 年义律按德国原则整顿哈佛大学时，就颇苦于学生水平低下。他说，美国大学本科相当于德国文科中学水平，研究生缺乏坚实基础，培养工作难以进行。约翰·霍布金斯大学创建之初，不设大学本科，仅设研究生院，企图倾注全力从事学术教育，后来也因学生基础薄弱，力不从心，不得不增办本科。可见师资造诣和学生程度是学术研究的重要条件，是切不可忽视的。我国要把大学办成教学和科研“两个中心”，当然是令人鼓舞的事，但借鉴外国经验，似不宜急于全面开花。最好先由少数重点院校试行，待条件成熟再逐步推广。这样做是较为稳妥的。

第二，“大学自治权”或“给大学放权”之类，也是国内正在谈论的问题。外国教育史对此同样可供参考。欧洲大学起于中世纪。最初的大学既非政府开办，也非教会创设，而是师生组合的。意大利的那布勒斯湾，一向是地中海岸驰名的休养胜地。在长达200年的十字军战争时期，大量伤员来此医治，急需医疗人员。12世纪时有志学医的青年联合起来，和名医订立合同，规定学生纳费和医师传艺的条件。医生任务繁忙，由学生充当校长，处理日常校务，这便诞生了世界上最早的医科大学——萨拉尔诺大学。世界上最早的法科大学——波隆那大学，校址位于意大利北部国际交通要冲。那里商旅聚集，讼案极多，需要大量法律人才。有志法学的青年和律师签订合同，成立了学校，也由学生任校长。这类南欧大学虽由学生管理收纳用费、筹备校舍、安排上课等事务，但教授对学科内容和教学方法享有决定权，学生是专业方面的未成熟者，没有发言权或决定权。教授和手工业者一样，组成行会，按照专业的需要和特点，决定传授业务的标准和要求。政府以有大学为荣，给大学师生以免役、免税和过境的特权，却对专业工作很少干涉，大学教师享有充分的专业自决权。由于教学是大学的生命，所以大学的实权操之于教授。

约在同时，天主教会不甘放弃掌管教育的世袭特权，为对抗师生自由组合的大学，也于12世纪创建巴黎大学，委派僧侣为校长，担负治校职责。西欧、中欧、北欧诸国纷纷效仿。表面看来，这类大学由教会任用教授，由校长治校，实际上，教授仍享有业务领域的自决权。僧侣之流不懂专业，不时侵犯这种自决的活动，教授遂利用教皇与国王之间或地方与国王之间的矛盾，力图保障这种自决权。当巴黎市民干扰巴黎大学时，他们求助法王路易七世的庇护；当法王菲力浦·奥古斯都对大学施加压力时，他们求援于教皇而取得支持；每遇外界干扰，教授们便组织起来迫使地方实力派让步。1231年，罗马教皇哥里格利九世以谕令肯定大学的自决权，于是教授治校成为合法的体制，大学无异于独立王国了。从此，大学设置专业科目、颁发学位、聘请教师等，其实权掌握于教授会，由僧侣充当的大学校长顺水推舟。到13世纪末期，巴黎大学文学院长操持了校政大权，被公认为巴黎大学校长。他以学者而治校，巴黎大学遂成为中世纪最享盛名的大学。后来人们常说，上帝给予意大利的特殊恩赐是梵蒂冈的教廷，给予德意志的特殊恩赐是神圣罗马帝国，给予法国的特殊恩赐是巴黎大学。作为学府的巴黎大学能跟作为宗教最高权威的梵蒂冈教廷和作为政治最高权威的神圣罗马帝国鼎足而三，就足见巴黎大学的威望了。不过，一般大学在教授治校方面全然不受干扰的并不多见。

欧洲近代摆脱经院哲学枷锁的大学，由宗教改革后的德国开其端。德国大学经宗教改革的猛烈冲击，思想解放，着手学术教育，教授治校之风益盛。通常由政府指派学有造诣的教授充任大学“讲座”，为他们设立研究室，研究经费由政府拨给；研究室人员必须听从“讲座”的安排，无异僚属和长官的关系，举凡课程设置和讲授内容，概由“讲座”决定，力避外人干预。“讲座”专务学术，潜心钻研，而且校际之间展开竞赛。德国学生素有游学的传统，凡只在一校学习毕业者，被视为孤陋寡闻，其辗转各校遍访名师者，最为尊荣。“讲座”为尽心学术，吸引青年，自然充分利用自决权，把学术工作搞得尽量出色，因此造就了许多杰出的学者。他们又以各自的专长创立不同学派，建立起新进学科。海尔巴特在哥尼斯堡大学创立实验学校，建立教育科学，冯特在莱比锡大学创立试验室，使心理学由哲学的附庸独立成为科学，这都是教育史和学术史上的里程碑。然而，后来由于军国主义猖獗，又因“讲座”制度不够完善，遂逐渐褪色。简单说，由于“讲座”为终身制，慢慢流为抱残守缺，不图进取，又因其势力过大，压制新生力量，对学术发展更加不利。美国大学在 19 世纪以前，实行英国式的导师制，由各导师负责教导若干学生，大学不分科聘请教授，而由导师负担所导学生的全部教学任务，注重人格感化，而轻学术培养。从 19 世纪中期起，美国以德国的“讲座”制取代英国的导师制，曾起过良好的作用。但后来流弊丛生，和德国如出一辙。恰恰当时因学术分化，大学科目日增，非改弦更张不可。约 19 世纪 70 年代，便创立了“系”的新体制。其方法是将性质相近的学科归并为系，原有的“讲座”被安置在相应的系内。“系”的建立既便于教授间在学术上分工协作，构成强有力的教学单位，又讲求民主作风，使同系教师结成伙伴关系，消除讲座独尊的旧法。新体制比以往跨进了一步。于是，欧洲大学转向美制学习。

在治校问题上，实行“讲座”制的德国大学，延聘教师、设置专业、颁发学位和进行研究等，一切均由“讲座”决定。“系”的体制产生后，则统由教授决定，系主任不过是主任教授而已。两制在实质上是一致的。由于大学是学府，讲座治校或教授治校都不是行政性和事务性工作，而是学术性和专业性工作。它绝不是像一些人误解的那样，以为教授治校是由教授掌管大学的收支、基建、保卫、食宿、清洁卫生等事。果真那样，即使组织怎样完善、工作怎样有效，也是舍本逐末、不符合“治校”的原意的。

在教授治校之下，大学校长处于怎样地位呢？英国牛津、剑桥二校校长是荣誉职，由名流学者担任；另设副校长负责行政事务；专业工作则由教授掌握。剑桥大学副校长阿什比说，校长的成功取决于使教授能够好好进行教学和研究。他还说大学领导和一般行政或企业的领导不同，后者通常是由上而下地进行管理，大学管理却要由下而上地进行。就是说，教学和研究都由教授做主，校长的本领是尊重专家学者的意见并发挥他们的专长。教授治校和校长治校显然不易分割。不过，阿什比虽尊重专家学者，甚至称“教授是大学的皇帝”，但他认为专家教授仅在某项专业领域是大行家，而大学行政涉及社会和学校等众多方面，是极为复杂的任务，具有局限性的书生往往穷于应付。他的结论是，这类专家教授做不了校长，要由既懂社会的宽阔需要又懂大学教育规律的专家做领导，才能掌握全局和协调力量，从而胜利完成育才职责。

美国大学校长在最初并不是单纯抓教学的人，而是可为表率的优良教师。校长不教学是不受尊敬的。因为在殖民地时期的哈佛等校，常仅十余名学生或数十名学生，校长兼负教学和行政职责。以后院校规模扩大，但有些院校直到19世纪后期，校长依然是以教学为主。霍尔从1888年任克拉克大学校长三十年，不但没有因为治校而荒废治学，反因坚持刻苦治学，创立了发展心理学，在学术史上享有崇高威望。达尔文是生物进化论的创始人，霍尔则被誉为心理进化论的创始人。康南特任哈佛大学校长二十年，也是一位研究化学而成就卓越的专家。霍尔等人从教学和治学上还为师生树立榜样，造成了浓厚的学术空气。

在另一方面，美国地广校众，大学管理不同于欧洲国家。英国牛津、剑桥两所古典大学久负盛名，历代帝王和贵族重臣乐于捐产捐款，企业大亨也肯于慷慨解囊，经数百年来的积累，基金充足，财力雄厚，不太仰赖政府拨款补助。这个自给自足的经济基础再加上数百年来的自治传统，大学自治权遂很巩固，教授治校的力量很是强大，大学较少地受到政府和社会干扰。美国大学众多，条件很不平衡，很多院校既依赖政府和企业经济支持，校董会乃由社会名流和企业主组成，校长对外的任务一向繁重；第二次世界大战后校内问题多端，更加劳其身心；“大学是大学校长的身影”，正反映美国大学校长的作用非欧洲可比。曾任加利福尼亚大学校长的克尔曾感慨地说，大学已成为杂学，校长也成为杂家了。

今天，我国高等院校在坚持党的领导这一前提下，似可借鉴欧美大学一些经验。大学除以教学和科研为职责，还需和国家建设紧相配合，非仅过去经院式的学府而已。因而过去的教授治校和校长治校都难切合要求，如今英美提倡的民主管理就类似我国常谈的集体领导。欧美的教授治校主要是指教授在学术方面当家做主，说穿了就是教授治学。由于学术是大学的灵魂，大学的一切都服务于它，不妨说教授是通过治学而治校的。近年来，大学受社会变革的冲击，由长于专业而不解社会的教授来治校已不可能。美国大学校长通常既是通晓专业的学者，又是神通广大的干才。英国大学也在强化校长的作用。“校长治校”和“教授治学”乃是大势所趋。当然，治校治学不能割裂，治校之成功离不开治学之成功，所以校长要靠硕学的教授协作而治校，而且只有高明的校长才真能推动而不妨碍教授的治学。用通俗话说，校长和教授不是“尔为尔、我为我”，而应是合二而一的。阿什比说，校长干涉化学专家的学术工作，是该送进精神病院的，不达世故的专家掌握校政同样会失败。就当前我国改革领导体制而言，这不足为参考吗?

同志们谈论的放权问题，就是国家允许大学自行根据具体条件而发扬优势和克服弱点。大学是独立王国的时代已不存在，但欧美大学在大学的重要决策和教学科研发展方面，仍然享有极大限度的自决权和自主权。理由是高等教育不同于中小学所实施的普通教育，学术研究或专业培养所需的水平高和学养好的专家学者，各国都感不足，因而各院校的人力分布不会平衡，现代化的设备也不会各校都一样齐全。一个尺码的衣服要人人都穿是不行的。合理的办法是由各校准情度理地扬长避短，而不能一刀切。就我国考虑向大学放权问题的当前而言，这不可供借鉴吗?

附带说一句：欧美大学在民主办校的浪潮中，还给非教授的教学人员和非教师的工作人员以发言权。阿什比还说学生可以就学习和生活方面，参加校政的讨论。意思是在完成学术任务和政治社会任务的艰巨复杂的工作中，应叫大家从不同角度贡献智慧。显然，这也要分清主次而不能不适当地搞对等、搞平权。“校长是大学的神经中枢”和“教授是大学的灵魂”，当今已成通例。神经中枢和神经细胞的功能是不同的，灵魂和躯干的作用也是不同的。

杜威简论[①]

/

任钟印

对于杜威，历来褒贬不一。正确评价杜威的前提是要着眼于杜威教育思想的全貌，摸准杜威教育思想的核心。

一、 社会需要

任何一种教育理论的产生和传播，无不根源于社会的需要。能适应社会生活的变革、满足社会需要者，始能有生命力。杜威教育思想产生的历史背景，很多论者都做了分析，毋庸赘述。我要补充的一点是，在分析杜威教育思想产生的历史背景时，人们往往忽略了一个重要方面，这就是学校本身的发展。

第一次工业革命用机器代替人手劳动，它使劳动技术变得更简单了。劳动技术的简单化使得利用没有文化的童工和女工以代替成年男工成为可能。但是第一次工业革命的初期并未对直接参加生产劳动的工人提出文化要求。19世纪末，当工业革命继续发展，生产技术的复杂化对工人提出了文化要求时，初等教育的普及才受到先进各国的重视。19世纪50年代初开始，由马萨诸塞州带头，美国各州相继颁布了实施初等义务教育的法律。南北战争以后，随着美国工业革命向纵深发展，初等教育的普及进展迅速。当杜威的教育思想尚在襁褓中的时候，第二次工业革命的态势已咄咄逼人，美国初等教育的普及已近尾声了。初等教育的普及向学校提出了新的课题。

中、高等学校是培养文化人的学校，进这类学校只是极少数幸运儿的骄傲。学校的产品是律师、记者、医生、政客、神父、牧师、教师乃至经理、工程师、科学家。在这种学校里，旧的传统还是可以容忍的。现在，初等教育普及了，但是初等学校肄业或毕业的学生中只有为数极少的一部分能够升学成为文化人。据杜威所提

①部分节选。文章来源于《华中师范大学学报（哲学社会科学版）》1986年第6期。

供的19世纪90年代的数字，“全国学生中受高等教育的不足1%，进中学的只占5%，半数以上的学生于读完小学五年级[①]或在此以前，就离开了学校……大量的学生，一经获得初步的知识，获得足够的在生活上实际应用的读、写、算的符号，就离开了学校”。这些占学生总数95%以上的初等学校毕业或肄业的学生，是杜威断定没有“天生的强烈的理智兴趣”的人，是注定了要从事“做”或“制造”的人。要使学校教育“投合于那些其主要兴趣是要做和制造的人”，学校中的旧传统就变得不可容忍了。普及引起了改革的需要，普及迫使学校必须改革，普及是改革的催化剂。

从前，学校寥若晨星，广大劳动群众被抛掷于愚昧无知的境地，这是资产阶级顺利进行统治的方便条件。初等教育普及以后，劳动者获得的知识即使是简单的、零星的，但文化水平毕竟有所提高。有文化的工人会变得不那么“安分”。他们有自己的思考和判断，他们会异想天开地试图跳出原有的生活环境，改变自己的地位，甚至幻想挤进文化人的行列，乃至改变旧的社会秩序。资产阶级从初等教育的普及中收获到的，既有丰厚的利润，又有深切的危机感。怎样能使利润和安全感齐头并进、相得益彰而又保护华盛顿、杰弗逊留下的民主帷幕完整无损？初等教育普及以后，这是摆在学校面前，也是摆在杜威面前的一个急待解决的问题。普及伴随着危机，危机促进着改革。

杜威敏锐地注意到，“我们的社会生活正在经历着一个彻底的和根本的变化。如果我们的教育对于生活必须具有任何意义的话，那么它就必须经历一个相应的完全的变革”。在社会生活急剧变化洪流的而前，墨守成规，以不变应万变的学校即使有幸不失去存在的权利，也会成为社会的累赘。教育改革刻不容缓，而初等教育的普及更增加了它的迫切性。

如果说19世纪最后几十年的美国社会条件是孕育杜威教育思想的母体，那么初等教育的普及便是这个应运而生的婴儿的助产婆。忽视这一点，会妨碍我们正确认识杜威。对社会生活的敏锐洞察力、自觉的历史责任感，使杜威为自己在教育史上建造了一座赫然高耸的里程碑。

四、两个层次，两个支柱

杜威的教育思想归根结底是资产阶级意识的反映，是资产阶级的物质利益在观念上的表现。但是，初等学校的两个任务是讳莫如深、只能心领神会的。杜威必须

①当时美国初等学校大多是八年制。

赋予自己的主张以普遍性形式，为它提供理论上的论证，以便把它描绘成唯一合理的、有普遍意义的思想。为此，杜威必须寻找理论基础、理论支柱。

杜威教育思想的理论基础可以分为两个层次。第一个层次是，在整体上，杜威依据经济学、政治学和达尔文的渐变的发展观，获得了观察事物的方法。他承认了社会的政治经济形势正以不可阻挡之势在变革、发展，从而认识到教育必须适应这种变革而脱胎换骨的必要性和迫切性，并着手探索改革教育的新设想。第二个层次是杜威提出的教育改革方案的理论支柱。这一层次的理论支柱有两个：一是心理学，一是哲学上的认识论。心理学体现于生长论，认识论体现于经验论。

生长论说明的是，一切教育、教学都要成为儿童自身的本能、兴趣、能力的生长过程，离开了儿童自身生长的过程，一切教育目的、课程、道德教训都是外加的、武断的、呆滞的。儿童是在自己的活动过程、生活过程中生长的，单纯外来的灌输不是真正的教育。这是卢梭以后的教育和教学过程心理学化的思潮的发展。杜威以前的教学过程心理学化只是方法上的改变，不是教育概念和学校概念的改革。儿童的社会生活没有在心理学化中占据应有地位。赫尔巴特也主张教学法以心理学为基础，但他的教学过程仍然是外加的、武断的、呆滞的。赫尔巴特把人的心理看作受动的容器，而生长论把人的心理看作在活动中生长的过程。

经验论说明的是，一切认识、知识、观点都来自儿童亲自参与活动所获得的直接经验，只有直接经验才是亲切的、真实的，教学和道德教育的过程就是在学校的社会生活中积累直接经验的过程。一切教育和教学的凭借、媒介不是学科、书本，不是知识的传授，而是儿童亲身的直接经验，新的经验增加到旧的经验上去，引起旧经验的改组或改造，增加对未来经验的指导能力。教育过程就是经验不断改组或改造的过程。离开了直接经验，教育都是灌输的、被动的、外打进的、没有生气的。

本文不拟对杜威的生长论和经验论本身进行评价，这是需要另有专文去讨论的问题。这里要说明的只是，一种适应19世纪末和20世纪上半期美国社会生活条件的具体需要的具体教育主张，在生长论和经验论的心理学、哲学术语的基础上获得了“普遍性的形式”，被“描绘成唯一合理的、有普通意义的思想”，从而使杜威的教育思想增加了魅力。

生长论和经验论之于杜威教育思想，犹鸟之两翼，失去其一，杜威就不是杜威了。这两个理论支柱中哪一个是杜威教育思想的核心？任何一个都不是。“白马非马，坚石非石”，经验论不是杜威教育思想的核心亦犹生长论不是杜威教育思想的核心一样。克理明既指出杜威的经验论是理解生长论的关键，同时又指出，正是生长论才把杜威关于个人的学说和整个进步主义连接起来。即令合生长论与经验论而言，也不是杜威教育思想的核心，因为它们并不是教育思想本身，而只是教育思想的理论支柱，而且只是第二个层次的理论支柱。杜威的教育思想是一个庞杂的体系，它是各种思想、理论的综合，其中任何一个构成因素都不是杜威教育思想的核心。前述社会的需要、初等学校的两个任务、四个历史渊源、理论基础的两个层次和第二层次中的两个支柱，在杜威手里汇成一个结合点。只有这个结合点才是杜威教育思想的核心。这个结合点就是：教育即生活，学校即社会。

将杜威与卢梭做简单比较，有助于我们正确理解杜威。卢梭认为教育有三个来源，即自然的教育，人为的教育和事物的教育。杜威的生长论是卢梭的自然教育的发展，杜威的经验论是卢梭的事物教育的发展。但是杜威没有停留于卢梭的水平。

卢梭使人为的教育和事物的教育服从于自然教育，而杜威使自然教育和事物的教育共同成为人为教育的基础。卢梭认为事物教育只有一部分能被我们所控制，它在一定程度上具有或然性；杜威则要求将事物的教育纳入周密的计划，使之成为自觉设计的由人完全控制的过程，它是在精心特设的环境即学校中进行的。卢梭打开樊笼，让爱弥儿出去自由活动，杜威则将儿童重新关进精致的樊笼，让他们自由自在地失去卢梭所珍惜的自由，成为快活的笼中之鸟。卢梭要求排除一切传统的文明、习惯、道德原则对爱弥儿的影响，以保护爱弥儿的善良的天性；杜威则主张年轻一代要“把成熟的成员的兴趣、目的、知识、技能和习惯接受下来”，使之成为他们的“天性”。卢梭是理想主义者，杜威是现实主义者；卢梭面向未来，而杜威立足于现在。

将杜威教育思想归结为儿童中心主义的人没有看到杜威与卢梭的区别；相反，将杜威教育思想归结为经验论的人又没有看到杜威的生长论和卢梭的自然教育的联系。所以生长论和经验论都不是杜威教育思想的核心。核心只有一个：教育即生活，学校即社会。

五、教育即生活，学校即社会

杜威认为，正式教育的出现是社会进步的结果，这个好传统必须保持。但是正式教育舍弃了非正式教育的许多生动活泼的东西，使学校丧失了生气。只有将非正式教育中生动活泼的积极特征重新引进到正式教育中去，将儿童在家庭、社会中的实际生活经过过滤以后重新引进到学校中去，才能充分发挥教育的作用，恢复学校的生气。这是改造旧教育的全部关键。

杜威说，教育不是生活的预备，教育本身就应该是生活。前一句话的意思并非说教育不要为生活做预备，并非说要在教育和生活之间掘出一道鸿沟。恰恰相反，杜威正是要填平教育与生活之间的鸿沟。教育即生活，才是教育为生活做预备的最有效的途径。只有使教育过程成为生活过程，人们在结束教育走向实际生活时才不致张皇失措，才能使教育过程既是儿童生活的过程，又是经验改造的过程，才能完成初等学校的使命。

教育过程就是儿童社会生活的过程，学校就是儿童社会生活的场所。但是学校中的社会生活不是社会中的社会生活的简单再版。社会上的社会生活在移植到学校以前要先经过简化、净化。这就有赖于教育者精心的筛选、设计，把学校布置成一个特殊的环境，使学生在这种人为的特殊的环境中生活、活动、做事、制作、交往、互助，在这个特设环境的种种刺激中发展能力，获得简单知识和做事的经验，不知不觉地受到"民主制度"的精神熏陶。只有这种特设的环境，才能起同化作用，即消除人与人间、集团与集团间、阶级与阶级间的隔膜、对立。通过社会生活的简化、净化以达到同化的目的，这就是杜威为学校规定的三个任务。这三个任务的政治意义重于经济意义，它是资产阶级获得安全感的保障。

传统教育之所以脱离生活，主要在两个方面。一是，学校只传授书本知识。对于美国当时占学生总数95%的不能升学的初等学校毕业或肄业的学生来说，学校教育对他们是学非所用，用非所学。他们需要的不是古典语，不是系统知识，而是做事的能力，这是初等学校所不能给予的。二是，传统学校的道德教育靠灌输、靠背诵道德教条，甚至传统的道德教育也不能针对美国社会的现实需要。19世纪末美国社会中的阶级矛盾，民族和种族矛盾，教派矛盾，移民间的传统、习俗、语言、利益的冲突，南北的差异，经济集团之间的争斗，党派的角逐等对于形成一个统一的民族是严重的障碍，特别是马克思主义的广泛传播和国际工人运动的发展，成了美国"民主制度"的隐忧。杜威一再惊呼民主制度处于危险中。他认为教育是唯一可靠的救生船，它比警察、消防队更有效，办法就是通过教育培养合作精神，增强内聚力。由于这两种情况，学校必须改造。只有实行教育即生活，学校即社会，才能使学校适应生活的需要。

六、评说功过

资产阶级教育理论的发展历史如果从夸美纽斯算起，已经有三百多年了。三百多年来，名家辈出，力作纷陈。每一代都有人放射光芒，做出重要贡献，留下珍贵遗产。但是和杜威比起来，其余的人都只看到教育问题的一个或几个局部，而杜威看到了整体；有的人只摸着教育的纤枝细叶，而杜威拥有一片茂密的森林；别人只触及教育的皮毛，而杜威深入到骨髓。总之，在杜威这个巨人面前，其余的人都是侏儒。三百多年来，在资产阶级教育家营垒中，真正配称为教育哲学家者，杜威一人而已。真正配称为系统的教育哲学著作者，《民主主义与教育》一书而已。在杜威以前的两百年间，欧美教育发展史上有一个奇特现象。17 世纪和 18 世纪的自然科学取得长足进步，而大学长期重门紧锁，闭目塞听，吟咏悠游于亚里士多德、西塞罗和阿奎那之间以怡然自乐。实科中学破土而出了，却始终不能争得正统的地位。教义问答长期是初等学校的必修课。所谓正规教育，长期存在于社会之中，却超然于社会之外。正规教育对时代的脉搏麻木不仁，对生活中新的需要熟视无睹。它们对社会生活是冷漠的、疏远的、格格不入的。倒是那些正规学制以外的讲习所、讲习会、演讲会、夜校、技术学校、陈列馆等机构，能密切注视生活的变化，紧跟时代的步伐，在技术职业教育上做出了重要贡献，对生产发展和社会进步起了推动作用。正规教育制度的这种惰性的屏障屡经冲击而依然故我。杜威一出，旧教育的屏障崩溃了，教育概念改变了，探索代替了因循守旧，创造代替了故步自封。即使杜威有点矫枉过正，然而只有他才凿通了教育与生活之间的隧道，架设了学校与社会之间的桥梁。杜威给予了教育以新的刺激、新的活力。他在美国教育史上开拓了一个新时代，这个时代并没有因为进步教育运动的解体而结束。杜威之后，力图纠杜威之偏、救杜威之失的美国教育家们也许不无道理，但就他们理论上的成就而言，谁也没有达到杜威的高度。

在教育研究的方法上，杜威树立了一个永远值得学习的榜样。他把历史遗产的总结、教育调查、教育实验、理论思维和社会宣传综合起来。《明日之学校》就是一部有事实、有分析的教育调查报告。当杜威在芝加哥进行教育实验时，他把自己的设想、实验的成果向社会做宣传，和家长共同讨论教育改革。他使教育研究越出了大学的讲座和学者的书斋，他唤起社会来共同从事改革。古往今来的教育家中，能使这几个方面完全结合者，能有几人？仅就这种研究方法而言，它也是教育史上的稀有财富。

在教育理论上，杜威的功与过都集中在教育即生活、学校即社会这个凝聚点上。他将生活注入教育中去，即使僵死的教育获得了新的活力，又冲淡了教育所固有的特殊职能。他将社会移植到学校，既改变了学校的沉闷气氛，又削弱了学校的专门任务。应当指出的是，杜威的着眼点在于初等学校。他所要解决的主要是 19 世纪美国因初等教育的普及所面临的新问题。他将动手能力的培养和思想熏陶放在同等重要的地位，置于同一个社会生活过程的基础之上，主要是为了使初等学校投合那些将要从事“做”或“制造”的人的需要。如果有人将“通过做事学习”（即

"做中学"）这一套机械地搬用到中、高等学校，轻视系统知识的掌握，那不是杜威的过错。中等学校漫无边际的选修制，杜威以前就已出现，后来选修制的滥用所造成的中学生知识水平低落，应归因于进步教育运动内外的一些人对杜威的误解。美国人因苏联人造地球卫星上天受到第二次震动以后，反顾自己的教育历史和现实时，如果把一切过错都推给杜威，这是不公正的。正如子贡所说："纣之不善，不如是之甚也，是以君子恶居下流，天下之恶皆归焉。"

参考文献

［1］赵祥麟，王承绪．杜威教育论著选［M］．上海：华东师范大学出版社，1981：27-28，143.

关于比较教育研究中的几个问题的设想①

/

吴元训

西方的比较教育研究开始于20世纪初，我国的比较教育研究开始较迟。在旧中国，虽然有张怀等人的国别教育和钟鲁齐等人的比较教育书籍出版，但这些著作多数是介绍性的一般资料，作为正式研究还很少。新中国的比较教育研究开始于建国以后，但作为正式广泛的研究是从20世纪80年代开始的。

我国比较教育研究从20世纪80年代开始至今有了很大的发展，也取得了一定的成绩，如出版了《外国教育动态》《外国教育》等多种杂志，出版了《比较教育》书籍，更创建了全国和不少省的比较教育研究会，近几年来不少高等院校和教育科学研究所还建立了比较教育研究室等。这些组织和书刊提供了很多有关外国教育的现状资料，并撰写和发表了不少有价值的论文，对我国教育改革做出了一定的贡献。

为了进一步对我国教育改革提供可借鉴的外国教育经验，我对比较教育研究有以下几点设想。

一、 关于指导思想

“教育要面向现代化，面向世界，面向未来”，这是邓小平同志为开创我国在新的历史时期的教育新局面的指导方针，也是我们比较教育研究的指导方针。

教育要三个面向，面向现代化是基础。这就要求我们首先研究自己的现状。所谓“知己知彼百战百胜”，就要首先做到这点。但是，要研究自己的现状就要同时研究自己的过去。所以，比较教育研究的一个很重要的环节就是要研究自己，比较今昔，也就是要“博古通今”，经过批判，“古为今用”。现在我们的比较教育研究，经常忽略研究自己，不知己焉能知彼。因为，知己是为知彼打好基础的。知己愈深、愈透，这样才能比深、比透、比好，才能从比较中受益，百战百胜。

当前在比较教育研究中有一种偏向，就是不研究自己，认为这不是自己研究的

①全文摘录。文章来源于《外国教育动态》1991年第1期。

范围，而是教育学和教育史研究的范围。实际上这种做法是不妥的。固然研究我国教育现状及其历史主要是教育学家和教育史家们的事，但是作为比较教育家也要认真去研究和掌握它（当然我们可以借助他们的研究成果），否则如何知己？何况现在深入系统地研究我国以往和现状的教育家的，特别是后者，为数并不多，因此系统、全面的成果也很少。为此，在知己的问题上，对我们比较教育研究者来说是不能掉以轻心的。因为对自己知之不清、不明、不详，就很难辨别他人经验的好与坏，以及他人的好经验是否适用于自己。形式的引进或盲目的排斥都会产生不良的后果，我们以往不是没有这方面的经验教训的。

面向世界也就是知彼。我们是世界组织的成员之一，既是成员之一就不能脱离世界整体孤立地生存，要在世界中生存、竞争，列于先进之林，就要知彼。知彼也是为了知己，这与知己是为了知彼一样，二者是相辅相成的。因此，知彼也要把人家搞清、搞透，从历史到现状，从理论到实际，不能一知半解，这样才能真正知彼，只有这样才有比的基础。知彼主要是为了与自己比，不是给别人比。有人怕跟自己比，怕说自己落后，实际上这是不必要的。我们比较教育研究的目的在于经过批判，“洋为中用”“取长补短”提高自己。邓小平同志说过：“承认落后，才能去改变落后。学习先进，才有可能赶超先进。”何况我们的教育是有特色的，并不全部落后。

面向世界，知彼，要广泛，因为任何国家民族，不论大小，先进或后进都有其长处和不足，所以不能只着眼于先进国家。先进国家好的经验有些不一定能适用于我国，后进国家中也会有我们可借鉴的经验。所以我觉得研究的面要广些，特别是与我们国情相类似的国家的经验和教训值得重视。

面向未来，我认为应包括两个方面：一是有我国民族特色的社会主义教育的发展远景，一是世界教育发展的未来的趋向。首先是我国教育的未来发展远景，这就要从我国的现实出发，认识研究我国的政治、经济、文化、教育、科学技术以及人口等的发展趋势，从而预测我国未来教育发展的前景，并为达到这种前景创造条件。现在的世界还不是大同的世界，还存在着社会主义与资本主义两种不同制度的国家，因此我们也要研究它们的未来发展趋势，以益于我国教育的未来发展。

总之，只有根据教育要“三个面向”的指导方针，有组织、有计划、有目的、有步骤、有分工、有合作地进行研究，我国的比较教育事业才能飞跃发展，独树一帜，立于世界先进之林。这是我们应该做到的，也是我们能够做到的。

二、 关于研究的内容

综观中外比较教育研究的内容，由于缺乏组织领导，各自为政，结果内容不但繁杂，重复而且缺少比较研究。这样既浪费了人力、物力和财力，又得不出比较有系统价值的成果。为此，我认为比较教育研究的内容可分为以下三个层次：

1. 资料性的内容。这样的内容有两种：一种是介绍本国和各国教育的现状(综合的或专题的)，但未加分析和比较。另一种是在前一种资料的基础上加以历史的和现状的分析，但也未加比较。

2. 比较性研究的内容。这样的内容也有两种：一种是以有分析的资料性的内容为基础进行国别间综合的或专题的比较研究。这种比较研究的重点应放在我国教育与其他国家的比较研究上。所谓比较研究就是要分析综合、推理判断，最后得出一定的结论，而不是平列地摆材料让大家看。我们有一本比较教育书的内容就是犯了这个毛病。关键问题在对基础资料分析研究不够，因此无法下手。另一种是我国教育与世界各国教育的总体比较研究，从中找出我国教育的特殊性、优越性和不足。

3. 预测性研究的内容。这种内容主要研究我国和世界教育发展总趋势，以及我国教育在这种发展总趋势中所应有的特殊地位、作用和贡献。

以上三个层次的研究内容就是要掌握我国和世界各国教育现状及其未来的发展趋势，用以提供教育现状的改革方向。这也是教育要“三个面向”的具体要求。这三个层次是密切关联着的，前者搞不好就会影响后者研究的质量。

此外，我国当前比较教育研究的内容，重点应放在研究、解决在改革开放新形势下教育上存在的问题，如教育的体制问题、管理问题、道德教育问题、教师素质问题以及未来发展的规划问题等。

三、关于研究的方法

总的原则，我认为是理论联系实际，有助于解决教育的理论和实际问题，为“四化”服务，而不是为研究而研究，脱离我国教育现代化的实际，纸上谈兵。

具体的方法，我认为应该是收集资料与研究并举。开始以收集资料为主，逐渐再以研究为主。因为研究是以资料为基础的，而资料是逐步丰富和完善的，因此研究工作也是逐步深入和完善的。反过来，由于研究的逐步深入和完善也就要求不断地补充资料。这两方面互为因果，不能互不联系截然分开各搞一套，但要根据客观需要有重点地进行。要做到这点就要采取有领导、有组织、有目的、有计划、有步骤、专业队伍与业余队伍相结合的办法来进行研究。

为此，我建议并希望教委委托中央教育科学研究所通过行政渠道组织有关机关、学校、学会、比较教育研究人员及其爱好者共同分工合作，团结一致，努力做好这项工作。这样既节省人力、物力、财力并可获得比较系统有价值的成果。同时，还希望教委把大家研究的成果通过组织加以鉴定，用行政力量使之付诸实践，使理论研究与社会实践紧密地结合起来，以利于我国的“四化”建设及其发展。

试论美国高等学校的服务职能①

/
王英杰

世界上任何一个国家的高等教育制度都是本国经济制度的反映，都要为本国的经济发展服务，否则就失去了存在的基础。但是，还没有哪一个国家像美国那样，明确地把直接为经济发展"服务"作为与"教学"和"科研"并列的高等学校三大职能之一。因此，我们有必要了解美国高等学校服务职能的形成和服务的各种方式，进而研究美国高等学校开展服务的利与弊。

一、 美国高等学校为经济发展服务传统的形成与发展

美国自1776年独立以后，高等教育曾经历了一段发展时期，遂陷入停顿，到19世纪20年代，人们普遍感到高等教育的价值在下降，到19世纪50年代大学注册的学生数不仅在全国人口中的比例下降，就是绝对数量也在下降。这主要是由于当时美国高等学校是封闭的体制，大学中的教学仍受英国高校的影响，只注意学生心智的培养和性格的养成，而没有传授经济发展所必需的实用技能和知识，这显然有悖于美国人民在开发新大陆中形成的对"即刻有用"知识的崇尚。

18世纪末至19世纪上半叶是美国向西部扩张的时代。1783年美国仅有国土80万平方千米，到1865年以后定居线已延伸到西海岸。因此，在新疆界发展经济、开发农业成为美国当时的最重要的任务。1790年到1840年美国在运输方面也取得了重大发展，公路、桥梁、运河、铁路遍布广袤的土地，促进了美国工业的发展，为农产品开辟了新的市场。而美国高等学校却置身于社会重大发展变化的形势之外，显然改革已势在必行。

1848年，议员莫雷尔建议取消美国学院中"几个世纪前建立的以欧洲学术为特点的那部分学习，以较新的更有实用价值的学习来填补空白"。但是他的建议在当时并没有引起人们的注意。于是他在1857年正式提出了议案，其目的是，"促进工业阶级的文理和实用教育"。但其提案又遭到了否决。直到南北战争开始，南方

①部分节选。文章来源于《外国教育动态》1988年第6期。

退出联邦，议案才于 1862 年得以通过。同年经林肯总统签署，正式颁布《莫雷尔法案》。该法共八章，主要规定向各州提供联邦土地，以资助各州农业和工艺教育的发展。各州要将所获土地以每英亩 1.25 美元的价格出售，然后用所得款建立永久性的基金，资助最少一所学院，要求“这所学院要在不排斥科学、经典学科和军事战术学科的前提下，教授与农业和工艺有关的学科”。在《莫雷尔法案》通过以后，土地赠予学院迅速发展，形成了“土地赠予运动”。这场运动中的灿烂明珠是康奈尔大学，它创建于 1868 年，它把大学大门向贫穷青年打开，把科学和实用技艺的传授与博雅教育并重。其创建者艾茨拉·康奈尔曾指出，“这所学院将向社会的工业和生产阶级提供最好的设施，以使他们获得实用知识和精神文化”“这所学院将使科学直接服务于农业和其他生产劳动”。总之，建校的目标是使学校成为“任何人都可以找到自己想学的任何学科的地方”。有鉴于《莫雷尔法案》的成功，议会于 1890 年又通过了《第二莫雷尔法案》。法案规定联邦每年要拨款资助土地赠予学院，此外还规定土地赠予学院在录取新生时，不得搞种族歧视，否则联邦停止资助。

《莫雷尔法案》的通过、土地赠予学院的建立给高等教育带来了一场革命，它以摧枯拉朽之势冲破了传统高等学校紧闭的大门，高等学校不再是上层社会的特权领域，农民的子弟也可进入大学的殿堂。实用的农业和工艺学科登上了高等学校的“大雅之堂”。这样，美国高等学校培养出了大批国民经济发展所急需的科学技术人才。从此，为社会服务、为经济发展服务成为美国高校的主要职能之一。

从 1877 年到 1892 年，美国的工业产量翻了两番，到 1890 年，美国已成为世界第一工业国。美国所取得的这一巨大经济成就当然主要是由于在国内北方的工业资产阶级打败了南方的奴隶主，巩固了资本主义的生产关系，解放了生产力，同时向西部开拓，占有了丰富的资源；在国外侵略扩张，掠夺了廉价的原材料和市场。但是，毋庸置疑，教育的发展、国民文化教育水准的提高和高等学校为国家经济发展服务也是创造美国经济奇迹的重要推动力量。

进入 20 世纪以后，美国为了更进一步发展经济，对高等学校的“服务”有了更高的要求。1904 年，最早建立的土地赠予学院之一威斯康星大学在查里斯·范海斯的领导下提出了“威斯康星计划”。这项计划赋予威斯康星大学两项重大使命——帮助州政府在各个领域开展技术推广服务和函授教育以帮助本州公民。1909 年林肯·斯蒂芬在《美国杂志》上著文，把这项计划描绘成“把整个州交给大学”“大学对本州人民的作用就如同人的头脑对人的手、脚和眼的作用”，意即“大学要给人民以信息、光明和指示”。由于“威斯康星计划”的推行，威斯康星州的经济有了迅速的发展，成为美国的“牛奶之乡”。威斯康星大学也在“服务”中得到了发展，成为全国最好的十所大学之一。“威斯康星计划”的成功使得《莫雷尔法案》

创始的高等学校“服务”职能更趋完善了。

在第二次世界大战中，美国高等学校直接为战争服务，与工业界一道研制了原子弹、雷达、盘尼西林和橡胶等，为战争取胜做出了重大贡献。在战争中发展起来的高等学校与工业界的合作关系在战后又得到了进一步加强。进入80年代以后，美国在科学技术和经济方面受到日本和西欧的强劲挑战。世界上很多重大的科学发现出在美国，但大规模的商业生产都在日本和西欧，美国人意识到美国的科研——生产机制存在着问题，决心大力推进学术界与工业界的合作，创造多种形式，充分发挥美国高等学校为经济发展服务的职能。

二、 美国高等学校为经济发展服务的几种主要形式

1. 开展技术推广服务。美国土地赠予学院始终坚持农业推广教育。例如，俄亥俄州立大学在全州88个县聘用了260个农业推广教育代理人，这些人负责直接解决农民有关农业技术、家政或销售的各种问题，极大地推动了俄亥俄州的农业发展。在此基础上，美国高等学校又创建了数百个技术服务计划（中心），为企业提供免费的咨询服务，促进知识的传播和技术的转让。这些中心的推广代理人是由大学雇用和培训的，由于他们的工作，企业的效率大大提高了。

2. 建立科学（或工业）园区。在20世纪50年代初，斯坦福大学决心在短期内发展成为世界第一流的大学。于是采取了一项措施：廉价出租学校闲置的土地，鼓励企业家在这块土地上投资办企业。由于当时斯坦福周围被若干所大学所环绕，以及交通便利等条件，很快就吸引了大批投资者，建起了新兴的半导体企业。由于企业可以迅速将大学的最新科研成果转化为商业产品，雇用大学培养出的大批高级人才和得到大学科研人员的指导，这一地区迅速发展起来，成为举世闻名的硅谷。斯坦福工业园区的发展促进了美国电子工业的起飞，这是高等学校成功地为经济发展“服务”的典型。斯坦福大学也在这一服务中取得巨大的发展，每年大学可从工业园中获得200万美元的收益，使之有充足的资金聘用最优秀的教授，此外，大学的电子工程专业也在服务中得到扩展，居全美之首。整个大学在20世纪50年代后期也发展成为全美乃至全世界最优秀的大学之一。

3. 签订科研合同。大学与企业签订科研合同，由企业提供经费，大学开展科研。例如，1892年华盛顿大学与蒙桑多公司签订了五年的生物医学科研协定，蒙桑多公司在五年中提供2 350万美元的科研经费，华盛顿大学从事遗传学开发研究，大学中的任何教授都可以申请经费，由大学教授和公司的科学家组成的评审委员会负责审批，但经费要拨到教授所在的系。公司有权优先阅读有可能获取专利的论文，公司有责任帮助大学申请专利。如果科研成果最终发展为商业化生产，大学将根据专利权获得利润分成。

4. 制订"成员计划"。公司付出成员费，成为大学的一项计划、一个系、若干个系或整个大学的成员。成员可以通过访问大学、出席大学召开的学术会议或阅读大学出版物而了解大学科研的动向，也可以参加大学为他们特设的训练或短期课程。大学则可听取成员有关市场的顾问意见，从而对课程设置和专业计划做出相应调整。这样就有可能进而签订科研或咨询合同，同时公司也能尽早了解大学生的情况而做出雇用选择。例如，有近 300 家公司参加了麻省理工学院的"工业联系计划"，学院每年收取 600 万美元的成员费。

5. 建立大学——企业联合研究中心。20 世纪 70 年代中期，美国国家科学基金会拨款建立了 4 个大学——企业联合研究中心，其中 90%取得了成功。到 1981 年，这些中心全都无需联邦的资助而自给有余了，每个中心一年平均要从工业伙伴吸收 20 万～30 万美元。参加中心的企业要分担科研经费，因而享有优先受益权。研究的领域主要是大学基础研究和企业开发研究的"交接点"，仅设在麻省理工学院、卡内基梅隆大学和俄勒冈大学的三个中心从 1973 到 1976 年就创造研制了 27 个新产品，并帮助建立了 29 个企业，培训了企业高级科技人员 36 人。

6. 兴办合资企业。这是一种刚刚兴起的大学为经济发展服务的方式。1986 年华盛顿大学与风险公司阿拉菲资本公司签订了十年合同，联合兴办 AW 公司。根据协定，阿拉菲公司管理和资助 AW 公司，但 AW 公司归大学和阿拉菲公司共有。AW 公司的工作是在校园确定有价值的技术，然后在校园附近开办公司，赢利由大学和阿拉菲公司共享。对这种尝试尽管褒贬不一，但华盛顿大学副校长麦科迪认为，"我们为把技术向社会转让开辟了新的途径"。

7. 提供咨询。教师个人对企业的咨询是美国高等学校对社会服务的一种历史悠久的形式，也是最普遍和最行之有效的形式。大学鼓励教师开展咨询，允许教师用一定的工作时间进行咨询，因为这样有利于教师将理论与实际结合起来，发现新的科研课题，提高科研水平，从而提高教学质量，同时还有可能最终为学校带来经济收益。据统计，在大学与企业的合作项目中，有 75%是在教授个人为企业咨询服务的基础上发展起来的。

8. 开展继续教育和成人教育。美国素有开展成人教育的传统，在《莫雷尔法案》以后，开展了对农民的教育。当前由于新兴产业的发展，高等学校承担了对转业人员的教育。1982 年，通用汽车公司和 45 所社区学院签订合同，每年培训 18 万汽车维修服务技术人员。此外，由于知识的急剧增加，已受过高等教育的专业人员需不断更新知识，于是高等学校必须承担继续教育的工作。例如，斯坦福大学商学院每年暑期举办 10 周的经理学习班，培训大公司的经理人员。

三、 美国高等学校开展服务的利与弊

美国高等学校通过为经济发展"服务"，使新发现的知识得到了实际应用，开

发了新的产品，提高了生产效率，增强了国家在国际市场中的竞争能力，从而使国家经济有了长足的发展。同时，高等学校在为社会提供优质服务的过程中，也使得公众意识到高等教育的价值，重视高等学校在解决社会和经济发展问题中的作用，从而支持政府和工业界资助高等教育的发展。高等学校在为经济发展“服务”中获得了自身的发展。

1. 高等学校获得了发展所急需的经费。据统计，1984年企业用于各项慈善事业的总费用为38亿美元，其中用于教育的费用占42%（详见表1），用于高等教育的费用又占教育费用总数的71%。1984年对于美国企业来讲并不是一个好的年景，所得赢利比1979年赢利最高峰时的2 577亿美元还要低7%，但企业对教育的资助却增长了82%，这不仅反映出企业对科研开发的依赖，也反映出企业对高等学校为经济发展“服务”的高度评价和所寄予的厚望。美国企业家是精明的，是不会为不生利的事业投资的。

表1　美国企业资助教育统计表

年份	资助教育额（单位：亿美元）	占付税前净收入的比重	占企业各项资助的比重
1959	3.75	0.43%	35.3%
1974	4.45	0.33%	37.1%
1979	8.80	0.35%	38.5%
1984	16.00	0.68%	42.1%

2. 促进了高等学校科研的发展和课程的更新。现代科学技术的发展表明，基础科学与应用科学之间的界限趋于模糊，基础科学的发展越来越受技术发展的影响，因此高等学校的科学家与企业界的工程技术人员的合作成为科学进步的关键，美国高等学校的基础科学研究在这种合作中取得了巨大的进展。此外，企业所提出的问题往往不是个别教授或个别系所能解决的，经常需要若干学科教授合作进行研究，这自然会促进高等学校内跨学科科研的发展。随着高等学校基础科研和跨学科科研的发展，课程的设置和内容也就有了不断更新的基础，美国课程理论家赫佛林曾对美国110所四年制院校的课程做了调查统计，发现这些院校每年要淘汰5%的旧课程，增加9%的新课程。

3. 有实践经验的教师充实了师资队伍，培养出了理论与实践相结合的高级人才。由于高等学校为经济发展服务，促进了高级人才的流动，一些在企业界服务的科技人才返回高等学校任教，当然也会出现部分大学教师流向工业界的现象。有数据表明，这两部分人数大体相当。一些大公司还派出工程技术人员到高等学校讲学，以减轻大学在高技术领域缺少教师的压力。更重要的是，大学的教授们把在合作科研或咨询服务中获得的最新应用知识带到了课堂和实验室，在讲课和实验中把理论和实际有机地结合起来，这对于只重学术知识的传统教学无疑是一个意义重大的变革。教授们还经常吸收自己的研究生参加合作科研或咨询服务，这样，高等学校所培养出来的高级人才必然是理论与实践相结合型的。

美国高等学校在为经济发展服务方面取得了巨大的成功，有着丰富的经验，但也存在着以下一些严重问题或矛盾冲突。

1. 由于高等学校经费的短缺，越来越多的高等学校把为社会服务看作获取经费的渠道，这就使得美国高等学校出现了商业化的趋势，引起了许多教育家和科学家的忧虑。他们认为，由于学校和教师向钱看，有可能忽视基础科研和教学工作。对基础科研的忽视，在新的科技革命的条件下，是十分危险的，有可能在战略上危及国家的安全，而对教学的忽视造成的严重后果是不言自明的。他们还认为高等学校的商业化有可能危及美国引以为自豪的学术自由传统，教授们可能会按钱的多少而不是从科学的发展出发选择科研课题。

2. 在高等学校与企业签订合同开展科研取得成果时，大学教授们急于公开发表它们，这样一方面可以促进学术交流，推进科学的发展，另一方面可以尽早获得承认。而企业则要保密，以便获得充足的时间，独家将科研成果开发成商业产品，获取最大的利润。这一冲突对高等学校为经济发展“服务”构成潜在的威胁。

3. 高等学校在为企业开展科研时所使用的设施和仪器等主要是用政府经费购买的，而利用科研成果受益的却是某些企业，也就是说使用了公共经费，而获益的则是少数企业主。这就带来了道义上的问题。此外，在高等学校与企业开展科研合作取得成果时，有可能出现专利权的归属问题。

4. 高等学校为企业开展服务有可能使一些优秀教师流失。他们中的一部分人可能由于兴趣的转移或巨额金钱的诱惑而自办企业离开学校，一部分可能被企业用高额工资或理想的工作环境而吸引走。

5. 在高等学校为企业服务中，某些系科，如工程、医学和生物等获得较多的经费，而某些理科，特别是文科则很少有机会获得费用。据调查，工程、医学和农学院从企业获得的科研经费占企业资助大学科经费总额的86%。这就使得本来经费就极为短缺的文理科处于更不利的发展环境之中，从长远看，会影响学生的全面发展。同时还会造成不同系科教师收入悬殊，破坏学校和谐的工作气氛。此外，由于教师在应用科研方面使用了太多的时间与精力，而使研究生教育过于狭窄和实用。

美国高等学校目前正对上述问题和冲突进行热烈的讨论。由于美国高等教育领导的分权体制，不同的院校提出了不同的对策，其中主要有：(1) 伦斯雷尔多科技术学院院长劳博士认为，“大学和企业建立成功的合作关系所必须遵循的一条最基本的原则是，这种关系必须以具有内在学术价值的教育为基础”。这里实际上提出了两条原则，即高等学校在为经济发展“服务”时一要有利于基础科学的发展，二要有利于学生的教育，这样才能避免高等学校的商业化。(2) 麻省理工学院和耶鲁大学等高等学校都规定了教师对企业界的咨询服务时间每周不应超过一天，还有些高校规定一年不应超过 52 天（除节假日外），这样既在制度上保证了教师把为社会服务作为自己职责的一部分，又避免了教师把过多的时间与精力用于服务而影响基础科研和教学。(3）有些大学规定，教师与企业的合作计划应由大学专人审批，大学领导有权否决。教师有责任向大学报告自己与校外机构的合作协议。(4）多数高校规定了，在与公司合作进行科研取得成果时，专利权应属大学，而经营权应在有限的时间内归提供科研资助的公司。从科研发现到公之于众的时间应尽可能的短，但要留够申请专利的时间。(5）多数高校都明确制定了大学与教师在专利收入上的分成。(6）许多高校规定，如果教师成为某公司股东，则不应从事该公司提供资助项目的科研。如果该教师在公司所投入的时间和精力与在大学的工作发生冲突时，至少应该暂时离开大学。

总之，美国高等学校在为经济发展“服务”中遵循了以下几个原则：

第一，坚持教学、科研和服务相结合，把它们看作知识的发现、传播和应用的统一过程，它们之间既存在着矛盾，又在矛盾的运动与解决当中相互促进发展。在服务中坚持以高质量的科研为主，这样才能使服务不偏离轨道，转移到以赢利为唯一目的的轨道上去。所有教师都应从事教学，不能用服务冲击教学，因为高等学校为社会和经济发展所能提供的最重要的服务莫过于培养出优秀的高级人才。

第二，高等学校要积极开展服务，但又不可对通过服务改善改善办学条件寄予不切实际的幻想，否则就会加剧高等学校商业化的趋势。据统计，美国高校从私人捐赠和与企业签订科研合同所获经费仅占全部收入的 4.9%（见表 2)。因此，高校应不断做出努力扩大从政府等渠道的收入来源。

表 2　美国高等教育经费来源统计表（1981—1982 年）

	经费额（单位：千美元）	占总经费的比重
经费总额	72 190 856	100%
学费	15 774 038	21.9%
联邦政府	9 591 805	13.3%
州政府	21 848 791	30.3%
地方政府	1 937 669	2.7%
私人捐赠和企业科研合同	3 563 558	4.0%
捐赠基金收入	1 596 813	2.2%
销售和医院等服务	15 543 098	21.5%
其他	2 335 084	3.2%

资料来源：Digest of Education Statistics（1985—1986，OERI）.

第三，大学应制定和公开与企业关系的准则，并建立专门的机构审查大学或教师个人与企业间的协定，解决可能出现的各种问题。也就是说既要积极开展服务，又要有合理的管理制度。

尽管美国高等学校在为社会服务方面还存在这样或那样的问题，其中有些问题是不大可能解决的，但它们冲破了高等学校为科研而科研和为教育而教育的封闭系统，给高等教育带来了革命性的变化，培养了大批理论与实践相结合型的高级人才，为发展本国生产力做了开创性的工作，是值得其他国家研究与借鉴的。

英国高等教育改革的新阶段[①]

/

王承绪

二、 高等教育的体制结构改革

1989年8月30日，大学拨款委员会举行最后一次会议，走完了它近70年的历程。根据1988年教育改革法建立的大学基金委员会于1989年4月1日取代它负责为大学提供资金。同一天，英国的多科技术学院和其他规模较大的学院不再是地方当局教育事业的一部分，它们成为由属于执行类型的董事会管理的高等教育法人团体，一个新的独立的高等教育部门。全国地方高等教育咨询委员会走完了它近7年的历程，为多科技术学院和其他学院基金委员会所取代。这是英国高等教育的一次有深远影响的重大改革。在英国教育史上，大学和国家的关系第一次以法令明确地作了规定；地方教育当局也是第一次丧失了任何与高等教育的重大关系。

英国大学坚守自治的传统，又适应外部的利益，力求保持自治与适应之间的平衡。19世纪中叶以后，适应工业革命的需要，近代城市大学兴起，由于经费困难，急需政府资助。1889年保守党政府同意拨款1.5万英镑资助各大学学院。1889年3月，特设大学学院拨款委员会，指导补助金分配事宜，10所英格兰大学和1所苏格兰大学获得资助，这是英国政府资助大学教育的开端。此后，拨款和受补助的院校逐步增加，1919年7月1日财政部备忘录建议正式设立大学拨款委员会，职权范围：调查联合王国大学教育的财政需要并向政府建议关于议会满足这些需要所拨款项的分配事宜。委员会设委员九人，规定所有委员，不在大学任职。委员会隶属财政部，向财政部负责，委员会有相当程度的自由。委员会成立之初，其主要职责是向政府报告各大学需要什么，不是向大学报告政府要求什么。1943年，大学拨款委员会进行改组，规定正在大学任职的教师可以担任委员，委员会的职权范围作了扩充。1946年修订的大学拨款委员会的职权范围：调整大不列颠大学教育的财政需要；向政府建议关于议会满足这些需要所拨款项的分配事宜；收集、研究和分发

①部分节选。文章来源于《外国教育动态》1991年第3期。

有关国内外大学教育情况的资料；与大学和其他有关团体协商，帮助制订并执行为保证大学充分适应国家需要而不时需要的有关大学的发展计划。(《克罗哈姆报告》，第79页）到20世纪60年代早期，政府就不再接受大学拨款委员会有关大学需要的意见全数拨款。同时，委员会从财政部转移到教育和科学部，向教育和科学部负责。政府对公共开支的全面规划破坏了大学拨款委员会和政府的亲密关系。1981年英国政府削减高教经费引起的冲击，使大学教育的发展受到挫折，大学拨款委员会已经抛弃它原来的任务。

新成立的大学基金委员会，共有委员15人，其中教授9人，实业家5人，多科技术学院院长1人。主任齐尔弗勋爵，行政长官史温顿·戴厄爵士。目前尚未设立小组委员会。大学基金委员会的职能大体上与大学拨款委员会的职能相似，但大学基金委员会兼有为校外教育系科提供资金的责任。对大学基金委员会和各大学来说，将把教学和科研更明确地区分开来。各大学董事会必须对大学基金委员会提供可需信息，以便分配补助金。据统计，1984—1985年度，大学拨款委员会为大学提供资金14亿英镑，英国大学全年收入21.196亿英镑，其中60.1%系议会拨款，学费占13.0%，捐赠占1.0%，科研补助16.9%，其他收入占9.0%。总计国家提供资金占77%。(《克罗哈姆报告》，第8页）

大学基金委员会将给政府提供信息和建议。建议可分两类，一类是教育和科学大臣委托提供的，主要是大学基金委员会有关大学财政情况的年度评估；另一类是对其他问题的自动的建议。大学基金委员会将更多地注意入学机会问题，以便符合目前政府向妇女、年长学生和少数民族开放高等教育的政策。大学基金委员会在分配资金时还应考虑不同学科所需学额的平衡，特别要注意多招理工科和职业性科目的学生。继续教育将较过去更为重视，尤其是专业、工业和商业方面的进修课程。大学基金委员会将继续大学拨款委员会在改进高等教育的质量和效率方面业已开始的工作，特别是要继续大学拨款委员会有关有选择地资助科学研究和监测大学的工作。

全国地方高教咨询委员会成立于1982年。20世纪70年代末，对公共高等教育部门，需要有一个比较统一而有效的计划机构。争论的主要问题是这个机构应如何反映中央政府和地方政府的合法利益。公共高等教育部门的经费大部分来自中央，但是多数院校属地方当局所有，由地方当局管理。全国地方高教咨询委员会成立后，地方当局的代表有较大限度的主动性，教育和科学大臣则保留接受或拒绝其建议的权利。

多科技术学院和其他学院基金委员会将按月直接向多科技术学院和其他学院提供资金。各院校应向基金委员会提交各校发展战略计划，不单纯完成课程开设指标。各院校在办学方面有相当的灵活性，以便发挥各院校的主动性。多科技术学院和其他学院基金委员会既没有像全国地方高教咨询委员会有骑在它头上的一个双层结构，也不实行代表各方面的委员制，没有工会，没有地方教育当局联合会，只有一位文职人员，不设部长级主任。新的基金委员会开会的次数远较咨询委员会为少，提倡开短会，立誓保持咨询委员会的公开性。不仅负责各院校的经常费用，还负责它们的基建投资。在课程设置方面，保留咨询委员会的专业方案，成立学科组，但减少为9个学科组。建立若干咨询委员会，监测学术质量。

在英国高等教育体制结构改革的蓝图付诸实施，两个新的基金委员会正式取代大学拨款委员会和全国地方高教咨询委员会前夕，英国《泰晤士报高等教育副刊》（1989.3.31）的社论《向旧体制告别》说："不能因此就说没有大学拨款委员会，大学就不能独立，或者没有地方当局，多科技术学院和其他学院的联系就不开放……也不能说，我们对独立和开放的观念能保持不变。随着大学系统的规模、复杂性和费用的增长，以及更加紧密地从事于国家社会的和经济的目的，大学和国家的关系必然要变化，旧的大学拨款委员会的章程无论如何亟待明显的改革。我们关于开放的观点也可能已经发展得不是专注于社会平等，而倾向明确地强调经济的事业心，这在80年代最为明显和迅速，这种转变反映在高等教育的管理和提供资金的新的安排之中那是合理的。"社论最后的结论："明天取代旧的大学拨款委员会制度的新秩序和散开的地方当局统治的地域，必须按两大原则来判断，它会促进独立，鼓励开放吗?"这就是衡量英国高等教育体制结构改革的两个原则。

三、 英国高等教育双重制的终结

1965年4月27日，教育和科学大臣克罗斯兰在伍立奇多科技术学院的讲话和1936年的白皮书宣布建立30所多科技术学院，从而建立了双重制。克罗斯兰这样辩护双重制的政策：

第一，在高等教育中，有着不断增长的对职业的、专业的和以工业为基础的课程的需要和需求——有全日制学士学位的水平、全日制稍低于学士学位的水平、部分时间制的高级课程水平，等等。大学不能充分地满足这种需求。如果要在现代科学技术发达的世界作为一个国家前进，这种需要必须充分地满足。因此我们认为，在高等教育系统内部需要一个具有单独的传统和观点的独立的部分。

第二，一个建立在阶梯观念基础上的制度必然不可避免地抑制和降低非大学部分的士气和标准。如果大学在授学位方面出现"阶级"垄断，如果每所达到高标准的学院自动地进入大学俱乐部，那么剩余的公共高教部分就变成一个永远被剥夺了它最光彩的装饰的永久的穷亲戚，并且处于永久而公开的劣等地位。这样，士气必坏，标准必低，只能产生不健康的竞争心态。

第三，高等教育系统的相当部分应该在社会控制之下，直接地适应社会的需要，这件事本身就是可取的。负责中小学，并且已经开始建立这么多高等教育机构的地方政府，应该在高等教育方面保持合理的利害关系，这件事也是可取的。

第四，……如果我们单独在英国贬低非大学的职业技术教育部分，我们将无法生存在这个世界。

克罗斯兰在引证法国的大学校、德国的高等技术学校和苏联的列宁格勒多科技术学院之后，接着说："为什么我们不应该针对这样的发展呢？针对一个以职业为方向的非大学部分，授予学士学位，有适当分量的与大学的学习机会相当的研究生学习机会，并且给予第一流的专业训练。让我们现在抛开我们势利的、受特权阶级支配的对大学地位的摆脱不了的着迷情感。"

克罗斯兰又说："由于这些理由，我们相信双重制。大学部分将继续做出它自己独特的和奇迹般的贡献。我们希望公共高教部分做出它自己同样卓越而又独立的贡献。在这两个部分之间，我们需要——我相信我们将赢得——相互了解，在它们的工作重叠的地方需要健康的竞争。"

克罗斯兰讲话的第一点和第三点与学生的人数、发展的速度、控制和相对的费用有关，第二点和第四点与地位有关，与地位和院校的性质和它们的发展的关系有关。

英国高等教育实行双重制的政策，在英国历次竞选中都得到遵守。撒切尔夫人1972年白皮书《教育：扩张的构架》赞同工党的政策，并指望多科技术学院在20世纪70年代的高教发展中发挥"关键的作用"。

牛津大学社会和管理研究教授浩尔西曾先后于1976年和1989年就以下四个问题对双重制安排的发展进行了跟踪调查：①大学和多科技术学院的教师属哪一类人？在多大程度上已成为统一的专业团体？②他们在从事怎样的工作？③他们对高等教育的观点怎样？④他们对统一的和双重的两种组织形式有什么意见？

调查表明：两个高校系统的教师在阶级和学校出身方面并无重大差别，虽然大学教师很可能来自独立学校和直接补助学校的比较多；他们的政治身份和投票情况基本相似，男女比例也类似，女教师仍属少数，特别是高级职位的妇女较少；大学教师较多来自中产阶级。总之，不存在重大的差别。

从1976年至1989年，两个系统高级讲师以上职称人数的比例出现相反的趋势。大学教师中教授人数的比例，从10.2%降至9.5%；多科技术学院的系主任人数比例，从4%增至7.3%；大学教职员中副教授和高级讲师占19.7%，多科技术学院的院长和高级讲师占50%。但是两方面的教师的资格却存在严重分歧。42%的大学教师曾获一级荣誉学士学位，多科技术学院的教师只有1.6%曾获一级荣誉学士学位。大学教师中有69%获博士学位，多科技术学院教师获博士学位的仅32%。

大学方面设置的主要专业，在多科技术学院都有。具有讽刺意义的是，农业、森林和兽医等职业性专业却几乎完全限于大学。英国有一种思想，认为多科技术学院提供现代职业课程，而大学教育可以不顾工业和多种专业，限于基础科学和研究。这种观点是经不起事实的检验的。

目前英国纯粹科学支配着大学，纯粹科学专业占27%，而多科技术学院方面可以比得上的巨人则是社会科学，包括行政和商业方面的研究，占31%。多科技术学院的迅速发展，部分是通过吸收教育学院的结果，而社会科学则提供了花钱最少的发展方式。大学教师从事科研的人比多科技术学院多，1976年和1989年的两次调查都反映这个基本的差别。1989年，四分之三以上的大学教师指导研究生，而多科技术学院指导研究生的教师不足三分之一。几乎所有大学教师目前进行的科研成果能够出版，而多科技术学院教师的科研成果能出版的不足四分之三。高等院校环境方面最能说明问题的是无论在大学和多科技术学院，大约有三分之一被调查的教师感到搞更多科研工作的压力。多科技术学院的教师更倾向于教学，他们用在教学的时间比一般大学教师多，他们以48%的工作时间用在教学，而大学教师教学的时间只占工作时间的34%。以上这些有关职业行为的对比，表明科研人员和教师之间的区别，但是这种区别更多是学校生活工作重点的不同。历史产生了这种区别。但是自我选择可能使这种区别延续下去或更加强。

随着缓慢走向废止双重制的运动，几乎有三分之二的多科技术学院教师希望大学和多科技术学院之间的区别消失，但不幸的是四分之三以上的大学教师反对。双方被调查的人员中有十分之九都认为，在非学术性供应方面如住房应该平等。他们也都同意双方在职能方面有所区别。大学限制在传统的学术性科目，把比较新的和比较职业性的科目留给多科技术学院并不可取。

牛津大学的浩尔西教授认为，政策和历史形成了英国高等教育的双重制。这个制度并不是指存在两类具有明显不同职能地位平等的高校。无论英国高等教育的目前的实际，或教师的意见，对任何这种职能上的区分都不存在任何基础。双重制的实际是模糊的质量上的区分，不是教育职能的横向的区分。未来资源的缺乏未必可能让多科技术学院提高到大学的标准。降低标准很可能进一步威胁大学在国际科学和学术方面业已受到危险的地位。整个高等教育结构需要按统一的要求重新考虑。

1990年5月11日，《泰晤士报高等教育副刊》的社论《双重制的终结》指出：双重制将摇摇晃晃地走几年；但是双重制的政策已经死亡了。一个统一的、目前部门界线宣告废止的高等教育系统，不会很快建立起来。但是，我们这个分裂的高等教育系统的基本假设，现在不可能维持了；双重制的理论基础已经被事实侵蚀殆尽了。社论认为，英国的双重制与同时期其他国家的双重制不同。其他国家高等教育的双重制是围绕明显的教育原则组织起来的。例如把高等教育分成第一阶段和第二阶段，或者把科研工作和研究生培养工作留给最高层的院校。在英国，不管历届政府提出的教育基本原理如何详尽，也不管地方教育当局的开放传统的说法如何动听，实际上，双重政策是关于财产的政策，多科技术学院和其他学院为地方所有，大学则否。今天，基本条件已不再适用。所以，双重制已失去它的逻辑。甚至在双重制全盛时期，过分夸大了两类高校的差异性，同时又过分简化了双重制的复杂性和丰富性。英国二十年来技术大学的失败，大体上是因为它们并不适合双重政策的两极化的高教观。双重政策的死亡，将产生一个结果，就是改造英国高等教育。

四、两个基金委员会拨款制度的新尝试

1989 年 4 月，大学基金委员会取代大学拨款委员会，负责大学经费的安排，经过半年多的筹划，先后于 1989 年底和 1990 年初公布大学拨款办法。

大学基金委员会通过四个步骤算出 22 类学科每一全日制学生所需教学费用的最高价格，作为各大学报价的指导价格。这四个步骤是：①大学基金委员会责成 37 个成本核算中心根据 1987/88 年度各大学经费开支和学生人数算出单位开支数；②把每一成本核算中心所分配到的经费划分为教学经费和教研经费两部分，算出教学费用；③把成本核算中心的开支转化为各学科组的费用；④把各学科组的教学费用转化为 1989/90 年度的价格，反映大学基金委员会的国家平均拨款数和本国学生学费数。各大学报价必须低于指导价格，相互竞争，同时又要考虑质量，以便所报价格能为大学基金委员会所接受。如果某一大学报价低于指导价格，应提供足够情况，使大学基金委员会认为该大学对评估保持和提高学术标准有适当安排。大学基金委员会希望各大学所报价格，对该大学本身来说是“经济的”，但是和其他他大学的报价又是“竞争性的”。

《泰晤士报高等教育副刊》（1990 年 1 月 12 日）以《价格与价值》为题的一篇社论，认为大学基金委员会的按指导价格申请拨款的新体制，反映了对大学和国家、个人与社会之间的关系的新观点。社论说：毫无疑问，大学基金委员会的指导价格公式代表着对过去实践的决裂。这种决裂，和 19 世纪末英国政府首次试验性的决定和 20 世纪早期以公款资助大学，或者以后由于大学的收入势不可挡地依赖大学拨款委员会，使大学成为国家的教育机关，意义同样重要。这两次英国大学经费来源的变革，表明英国大学作用的深刻转变。第一种情况，公款补助，开始时仅仅属于弥补赤字，反映了大学所生产的科学和技术与工业化国家发展的重要联系，第二种情况，大学的国有化，反映了战后福利国家的支配地位。

社论还认为，大学基金委员会的新的拨款体制可能产生三种结果：

1. 虽然新的拨款制度将鼓励各大学发展比较有效的计划和花费的机制，它也将损害大学在管理上的自由和学校的自治。原因有二：①规定的“指导价格”并非真正市场价格。它们是官方所决定、与实际成本相联系的常模。大学基金委员会有

权调整这些常模，接受或拒绝比较低的报价，和改变分配的办法。②由于某类学生的费用由指导价格固定，大学难于背离官方的“指示”，共同使用经费。

2. 新的拨款制度很可能使大学课程比较划一。目前，共同的名称掩盖了课程的多样性，这些课程一般具有不同的结构和不同的内容，同一科目往往叙述完全不同的知识领域，很多课程是跨学科的或多学科的。如果采用全国性的标准价格，结果很可能是标准的内容、结构和方法，这里有一个矛盾，大臣们使大学拨款“私有化”，造成一种制度，促使大学提供比较划一的课程。

3. 各大学将互相竞争，比较廉价地教学生，单位开支将下降。大学基金委员会鼓励各大学报价低于指导价格。当然，如果各系科真正相信他们能少花钱教好学生，不降低质量，这的确不错。问题在于大学基金委员会明白要求各大学压低报价，而并无明显的安排监测压低报价在学术质量方面所产生的后果。

大学基金委员会的拨款方法，彻底改革了大学拨款委员会的拨款方法。《泰晤士报高等教育副刊》1990年3月的社论称大学拨款委员会的拨款原则是“有情报根据的偏见”，这个原则每个人都懂但没有人能描述。大学基金委员会采用“指导价格”的公式，这个公式每个人能描述但没有人能懂。可见，大学基金委员会的拨款制度还有待在实践中加深理解。

第四编

高等教育学和教育技术学研究

关于高校德育地位问题的讨论[①]

/

杨德广

德育，是高等学校教育中的重要组成部分，它与智育、体育等，组成了教育的系统工程。德育，包括政治教育、思想教育、品德教育和个性心理品质的培育。在高等学校里，把德育放在何种地位，直接关系到教育质量的高低。新中国成立以来，关于德育在学校教育中居于什么地位，一直是个有争论的问题。现将有代表性的几种观点综述如下，供大家在讨论时参考。

1. 突出论。在20世纪60年代和“文化大革命”中，有人提出“突出政治”的口号，把政治和政治思想工作放在“高于一切，大于一切，先于一切，优于一切”的地位。政治可以冲击一切，它冲击了智育和体育，冲击了学校正常的教学秩序。为了“突出政治”，学校可以随意停课，随意取消一些课程，可以把广大教师、学生赶到农村、工厂去搞政治运动，去下放劳动，改造思想。显然，突出政治的实质，是突出“阶级斗争为纲”，是“左”的思想路线的产物，违背了思想政治工作的客观规律。在“突出政治”的口号下，高等学校政治运动一个接着一个，大批干部、教师、学生被整，被批判，尤其在史无前例的“文化大革命”中，达到了登峰造极的地步。打倒“四人帮”以后，全党全国人民进行了拨乱反正，批判并摒弃了“突出政治”。因此，它已基本上没有市场。

2. 淡化论。即有人提出在高等学校要淡化政治思想工作。淡化论在我国曾出现过三次高潮。一次是打倒“四人帮”以后，有人以批判“突出政治”为由，说什么思想政治工作是“整人的工具”，今后应减少思想政治工作，全盘否定新中国成立后我党思想政治工作的经验和好的传统。还有人提出要取消高校政工机构，取消政治辅导员，从“突出政治”的极端，走到“淡化政治”的另一个极端。第二次是党的十三大提出社会主义初级阶段理论以后，有人认为，我国现在处于社会主义初级阶段，还不具备共产主义的经济基础，没有必要对学生进行共产主义思想教育，高等学校的德育要“降一格，放一码”，“要淡化其内容，削弱其功能”。第三次是

①全文摘录。文章来源于《高等教育研究》1990年第3期。

赵紫阳同志提出"改造思想政治工作"以后，有人进一步全面否定我国传统的思想政治工作，认为现在的思想政治工作不合潮流，是失败的，必须彻底改造，其实质是取消思想政治工作。在淡化论的影响下，学校德育工作被削弱了，不敢理直气壮地宣传和坚持四项基本原则，不敢旗帜鲜明地反对资产阶级自由化。1989 年出现的那场政治风波，就是对主张淡化论的惩罚。

3. 侧重论。长期以来，在德育、智育、体育等诸育的关系上，一直没有摆正，时而重德育轻智育，时而重智育轻德育；时而提"德育第一"，时而提"智育中心"，于是有人提出侧重论。即主张根据需要来强调重点，要从实际出发，因地制宜，因时制宜，某一时期哪个环节薄弱就先抓哪一个，德育放松时就把德育作为重点，智育放松时，就把智育放在首位。还有人提出，在不同的阶段，教育的侧重点不同，如刚开学时、重大节日、纪念日之前，学生思想问题比较多，应侧重抓德育，期中考试和学期考试前应侧重抓智育，期中考试后侧重抓体育，用不断调整重点的形式，来实现全面发展教育。显然，侧重论是搞轮流"突出"，轮流削弱，因为突出一育，必然削弱其他二育，在实施过程中，很难掌握重点。侧重论，实际上是把德育、智育、体育三者割裂开来，否定了三者之间相辅相成、相互促进的关系。否定了德育的功能和地位。目前，主张的人虽然不多，但在实际工作中，确实存在这种做法，因而往往顾此失彼，影响了教育质量的全面提高。

4. 并举论。即德育、智育、体育三者并举，三育同时抓，不可有一偏废，有人形象地喻之为"三匹马拉一部车，同时前进"。并举论者认为，德育、智育，体育，组成了学校教育体系，三者同等重要，分不出重点、次点，只有把德育、智育、体育三个力同时作用于学生身上，才能真正体现全面发展教育，持这一主张的人比较多。但有人认为并举论是否认各种矛盾之间和每一对矛盾双方之间的主次之分，不符合唯物辩证法的两点论，而是均衡论或多中心论；还有人认为"三育并举"的实质，就是忽视德育的重要地位。

5. 渗透论。有人认为，学校德育渗透到智育、体育和日常的管理之中，在各个领域中都应贯穿德育工作，因为学生的思想问题总是反映在学习和日常生活之中的，只有把德育工作渗透到这些领域才能产生良好的效果。渗透论主张在各个方面都应做好学生思想教育工作，这是正确的，但不能把所有德育任务完全依赖于这种"渗透"来完成，因为学生的政治思想、道德品质、心理活动等是受到社会的政治、经济、文化、伦理等多种因素的影响，经常会产生各种各样的问题，不少问题是不可能在德育渗透于智育、体育和管理中所能解决的。何况，学校德育工作不仅仅是为了解决学生的现实问题，更主要是为了塑造一代社会主义事业接班人，这就必须有计划、有组织、有目的地对学生进行政治思想和品德教育，企图用"渗透"来取消德育的独立地位是不现实的，是违背教育规律和青年学生成长规律的。

6. 代替论。新中国成立以后，尽管各级领导和学校再三强调德育的重要性，并取得了很大成绩。但是，从教育科学的角度看，从德育的全面含义看，存在着德育被“代替”的状况。一是被政治运动所代替，过去在“左”的思想路线下，尤其在十年“文化大革命”中，提出“以政治运动为中心”，把政治运动代替思想政治教育。二是以教学科研代替思想政治教育，打倒“四人帮”后，党中央提出了“把工作重点转移到经济建设上来”的正确方针，于是有人便提出，高等学校要以“教学科研为中心”，“搞好教学科研就是最大的政治，没有必要另搞一套思想政治工作”。三是以“教书育人”代替学生思想政治教育，有人主张高等学校只要依靠广大业务课教师在教学过程中注意做好育人工作就可以了。德育任务完全由业务课教师来承担，这是不现实也是不可能的，因为要完成学校德育任务和解决学生的各种思想问题，绝不是业务课教师所能胜任的，必须有专门的德育教师队伍。四是以“活动”代替思想政治教育，有人提出，要寓思想政治教育于娱乐之中，强调思想政治教育的趣味性、知识性，于是用看电影、搞沙龙、组织旅游等活动来代替思想政治教育。代替论的实质，是否定德育工作的独立存在，是取消学校思想政治教育。

7. 从属论。即德育是从属于智育、体育的，是为智育、体育服务的。有人认为，学校思想政治教育总是与智育、体育紧密联系在一起的，而不是独立存在的，否则就成为空中楼阁。这些观点显然也是不全面的。在他们看来，德育的功能仅仅是服务于智育和体育的，也就是说，智育和体育完成了就等于德育完成了。它否定了德育自身的特殊任务。在教育史上，这是典型的“智德论”和“智育中心论”的翻版。我认为，德育确有促进智育、体育任务完成的功能，但德育的功能不仅于此，德育的根本任务是为了育人，为促进人的全面发展服务，学校教育不是以智育为中心，也不是以教学科研为中心，而是以育人为中心。育人，包括德育、智育、体育等各方面，缺一不可。因而德育绝不是处于从属与可有可无的地位。把德育放在从属地位的问题至今没有完全解决，它不仅存在于认识上，而且存在在实践中，如没有确立德育的独立地位，没有德育的完整体系，没有建立一支专门的德育教师队伍，没有德育的考核制度等。

8. 取消论。有人认为，资本主义国家没有思想政治工作，没有政治理论课，照样培养出许多人才，因此，我国也可以取消。还有人认为，目前我国的大环境不太好，党内和社会上存在着不正之风，六天教育被一天的社会影响抵消，思想政治教育是“瞎子点灯白费蜡”，学校干脆只抓好智育，思想教育到工作岗位再说，或者等社会风气根本好转，大环境治理好以后再说。这种由悲观论到取消论，在高等学校不乏其人。这些观点对学校德育工作是十分有害的。那种认为资本主义国家没有德育的看法是不符合事实的。从 17 世纪以来，资产阶级教育家一直认为，“德育先于智育”，“教育的唯一工作与全部工作可以总结在这概念之中——道德”，资本主义国家不仅在学校里，课堂上对学生灌输资产阶级思想，而且利用现代化信息传播手段，如电台、影视、报刊等，利用一切时间和空间等向学生灌输资产阶级思想。至于悲观论也是站不住脚的，学校教育与社会环境的影响相比，有自己的优势：一是学校有一支政治素质较高的教师队伍；二是学校有良好的育人环境；三是学校有计划、有组织地对学生施教育，处于主动的地位，可以利用社会上的积极因素教育学生。在我们的社会现实中，光明的、积极的东西总是占主导地位，我们可以采取“先入为主”的方法教育学生。取消论，现在虽已没有市场，但是对于德育工作抱着“无能为力，无所作为”的思想的人，仍为数不少。

9. 首位论。江泽民同志在1989年国庆讲话中指出“各级各类学校不仅要建立完备的文化知识传播体系，而且要把德育放在首位，确立正确的政治方向”。把德育的地位明确地提到“首位”，是纠正长期以来重智育轻德育，端正学校办学方向，提高教育质量的根本保证。有人认为，把德育放在首位，就意味着德育第一，智育第二，体育第三。这种排名次的做法是片面的、形而上学的。德育首位，主要指德育在整个教育过程中在育人中的主导作用，方向作用，以确保正确的政治方向，而并不是说花最多的时间，投入最大的精力。在高等学校，德育是主导，智育是主体，体育是物质基础，三者相辅相成，相互促进。江泽民同志提出“把德育放在首位”，是针对德育在各类学校地位不高的实际而说的。从高等学校来说，德育工作面临不少困难。如：有些学校德育存在队伍无编制，教学无课时，经费无保障，活动无基地的状况。因此，必须从各级领导开始，提高思想认识，采取有效措施，否则又会像以前那样出现“说起来重要，做起来次要”和“风波到来重要，风波过后不要”的现象。

为了切实做到“把德育放在首位”，应制定衡量“德育首位”的标准。我认为它至少可以包括以下几方面。

（1）在学校整体教育中，要确立德育的独立地位，对智育、体育的主导地位，而不能把德育放在从属于智育、服从于智育的地位。

（2）在培养目标上要把坚定正确的政治方向放在首位，即在办学方向上、学生培养上必须坚持四项基本原则，坚持改革开放，坚持德智体美劳全面发展。

（3）教师在“教书育人”中要把育人放在首位，也就是说，教师的职责不仅仅是传授知识，更主要的是在思想政治，道德修养、思维方式、治学精神等方面给学生以正确的导向，并做到为人师表，以身作则，发挥潜移默化的育人作用。

（4）在教师队伍建设上，把德育教师队伍建设放在首位。放在优先的位置。德育教师队伍包括学生思想政治工作干部、政治理论课教师和思想教育课教师，要在编制、培训、设施、经费等方面给予保证。

（5）在学校各级领导干部、政工干部的选拔上，把政治思想素质放在首位，即把那些坚决贯彻党的路线、方针、政策，马列主义理论水平较高，有丰富工作经验的同志安排在领导岗位上，因为这些干部的素质高低，直接关系到德育工作的成效。

（6）对学生的考核选拔上，把政治标准放在首位。即在招生、评定三好学生、评定奖学金和毕业分配中，要把学生的政治思想素质放在首位，而不能仅看学习成绩和考试的分数。

建议今后在评估、考核学校工作时，把上述几条作为学校是否“把德育放在首位”的主要依据，以督促学校把德育放在首位，落到实处。

通识教育与人文精神①

/

章开沅

通识教育与人文精神，这是当今世界各国有识之士关心的热点。

关于通识教育，1988年秋天我在索菲亚大学百年校庆大会上的演讲曾有所阐述，现摘录数段如下：

“此次会议的主题是：‘20世纪的大学——发展、问题、前景及预测’，我只就一个问题发表意见，即当前大学的着眼点应是培养21世纪的新人。

“现在已是1988年，还有12年，20世纪就要结束，21世纪就要开始。今后培养的大学生，如果按照每个人一生有40年的工作时间来考虑，他们一生的大部乃至全部时间都将工作、生活于21世纪，前瞻性是学校教育（尤其是高等教育）应有的属性。因此，今天的大学就应该注意如何培养学生，使之能够适应21世纪的工作与生活。

“21世纪的世界将会出现什么样的状况？未来学的学者们已经或正在做形形色色的预言，包括各种不同的乐观的与悲观的判断。但至少有一点可以获致共识，即本世纪末和下世纪初，已经突破与行将突破的各种新技术，特别是新能源与新材料的开发，必将迅速应用于生产并带来社会生产力的飞跃发展。而这种生产力的新进展，又必将引起社会生活、社会思想、社会结构，乃至整个世界格局的深刻变化。所谓教育的前瞻性，就是要预见并力求适应这种深刻的变化。

“当今的大学，为了迎接科学技术革新浪潮的挑战，大多调整了自己原有的专业结构，即增添新专业与改造老专业，并相应调整专业之间的关系，同时还有课程设置、教学内容、教学方法乃至教师知识结构的更新。这些自然都是至关紧要的，但人们在应付眼前事变的过程中，往往容易忽视更为长远的战略目标。我认为教育改革必须要考虑的一个关键问题，乃是21世纪所需要的大学毕业生，究竟是适应性较强、基础知识比较广博的‘通才’，或可称之为‘通识型’的专才，抑或是专业性特强而知识面较为狭窄的‘专才’？

---

①全文摘录。文章来源于《高等教育研究》1995年第2期。

“我的主张倾向于前者，理由如下：

“1. 所谓新科技或高科技，多半是若干学科整合或边缘学科的产物，知识面过于狭窄的‘单一’专家，很难在技术革新浪潮中有较大的作为。因为，当代科学的发展，有从分离走向综合的趋势，不仅是自然科学、应用科学内部与外部的互相渗透，而且还有人文科学内部的相互渗透以及与自然科学之间的相互渗透。因此，在课程设置方面，就必须注意顺应这种由分到合、由专到博的新趋势。

“2. 为适应现代化建设的需要，强调理论与实际结合，特别是加强各种应用科学的发展，无疑都是必要的和正确的。但是，在任何时候都不能忽视基础理论与基础学科，因为基础理论毕竟是科技发展的源头与根本。一些基础理论的重大突破，特别是带体系性的突破，往往是科技革新浪潮的先导。而任何科技的重大发展，又必须经过理论的升华与总结，才能对科学本身起较大的推动作用。那些只重技术应用而忽视基础理论、基础学科的国家，可能多少获益于一时，但迟早会遭到历史的惩罚。

“3. 当今和未来的技术革新可说是日新月异，新学科的纷然杂陈与老学科的分化改组，不断对大学的专业结构与课程设置给以冲击。面对这些接踵而至的冲击与挑战，大学既要有应变性，又要保持相对的稳定性，而预见性则是相对稳定的前提。因为，科学技术与国民经济的格局总是在不断地变化，今天供不应求的热门学科，若干年后也有可能成为产品大量积压的冷门学科。有经验的大学校长都懂得，除非国家特别急需的某些短缺专门人才，一般专业设置都不宜太专太窄，必须考虑其得以比较长远存在的基础，以求避免刚刚已培养出来的新式专门人才不久即面临就业困难的畸形状况。”

我的主张得到许多与会者的认同。可能由于保加利亚高等教育受苏联专业分工过窄的消极影响更深，他们更加重视这个问题，因此在保共中央机关报——《工人事业报》头版全文译载了我的讲话。

1989年秋天，我与北师大前校长王梓坤应邀参加布拉格世界教育大会，在会上讲的也是通识教育的重要，同样得到许多到会外国教育家的赞同。

1990年8月，经国家教委同意，我摆脱学校行政职务，应邀到美国普林斯顿、耶鲁、加州（圣地亚哥校园）三所著名大学讲学与研究，前后工作将近三年。1993年6月至8月，应邀到日本讲学与访问3个月。同年9月应邀到台湾政治大学历史所任客座研究教授一学期，接着又到“中研院”近代史研究所合作研究一个月，直至1994年3月才经由香港回到武汉。回国以后，深深感到，国民经济正在迅速发展，祖国面貌产生巨大变化。但就高等学校的通识教育而言，似乎不仅未能加强而且显然有所削弱；特别是应该渗透于高等教育方面的人文精神与人文关怀，更与物质文明的发展形成强烈的反差。

为了适应现代化建设的需要，教育结构适当向应用学科与职业教育倾斜是应该的。但现在的问题：1. 20世纪50年代初由于片面学习苏联而形成的专业面过窄课程设置单调等缺陷，至今并未得到根本转变。2. 由于高校经费严重短缺，创收渐成“压倒一切”的硬任务，“适应市场经济需要”变成急功近利的代名词，不仅顾不上通识教育，甚至使高校办学层次“下移”，严重冲击本科教育的质量。3. 由于社会不健康风气的影响，拜金主义、享乐主义等市侩精神正在侵蚀校园的文化氛围。面对这些触目惊心的问题，使我更加感到通识教育的必要，特别是普遍加强人文关怀、重建人文精神的必要。

我很高兴地看到，对通识教育和人文精神的强调已经逐渐成为教育界与学术界的共识。1994年10月在广州参加国家教委召开的“历史系课程体系与教学内容改革”座谈会，许多学者都着重谈到通识教育与人文精神重建问题，有的大学甚至把文学院改名为人文学院（如复旦等）。我更高兴地看到，许多工科院校与科技专家也具有这样的共识。如清华大学负责人曾提出，宁可少办一个工科系，也要增办一个文科系，因为文、史、哲等学科不仅是建设社会主义精神文明的基础，也是提高全民素质的基础，而且对于文理相互渗透与营造校园文化氛围都具有深远意义。该校校长教学顾问郑大钟教授则在《华夏文化》1994年第4期，发表《加强人文学科教育刻不容缓》一文。他特别强调：“对于加强人文修养和人文精神的教育，人们往往容易认识到其对提高精神境界和高尚情操的作用，这无疑是一个重要的方面。但是，它的作用远非如此，它在树立和训练人的理论思维和科学训练上的作用也是不容忽视的。这两者都是应当成为精神人格的组成内涵……就工科类型的大学生而言，为了适应于时代的发展，其合理的知识结构中必须同时包含专业知识、经济管理知识和人文学科知识，否则，是难于具备适应性、开拓性和复合性的。”此外，在前些时举行的“21世纪的中国高等教育”国际研讨会上，武汉同济医科大学王智平老师根据该校对330名学生的调查，认为当前高等教育有两个弊病：一是注重专业教育，忽视系统的文化教育；二是注重学生做学问，忽视引导学生做人。他认为，21世纪的大学要把提高学生的文化素质与专业素质结合起来，开展跨文化的教育，培养跨文化的人才。1994年11月下旬，就在参加国家教委召开的“国家文科基础学科人才培养和科学研究基地评审会”期间，我还看到中央电视台《东方之子》节目主持人向南京大学曲钦岳校长的访谈。这位著名的天体物理学家，把自己谦称为“过渡性的大学校长”，认为今后应该让更多的人文学者出任校长，这样才可以更为有利于纠正重理轻文的缺失，促进高等教育更为全面完善的发展。

离开祖国近4年，回到武汉不久，本不应该到处哇啦。但由于一贯重视人文科学的华中理工大学，邀请我参与“人文科学讲座”这一具有深远意义的活动，同时也有感于上述诸点业已成为许多高教工作者的共识，才匆匆草写此文略抒浅见，意在引起政府与社会的更加重视，使通识教育与人文精神重建问题逐步得到妥善解决。

大学生命的真谛①

/

朱九思

从1953年起，我在华中工学院工作。1984年底，我从领导岗位上退下来，仍在本校高教研究所做点力所能及的事，迄今已45年。

这几年，我向博士研究生讲一门课，名为“高等教育的今天与明天”。所谓“今天”，是指从解放初期到现在，“明天”是指今后几十年。我试图通过这门课，总结几十年的经验。但严格说来，也谈不上总结，而只是一种反思，是高教战线上一名老兵的历史的回顾。当然也提到“明天”，期望今后几十年的我国高等教育能办得更好。

说来有些奇怪，当去年冬全国教育科学规划办公室来函，要我为《面向21世纪——我的教育观》丛书撰稿时，我却做了一件很不礼貌的事，未予置理。今年2月初，又接到规划办公室1月29日的来信，说交稿时间，原定为1月15日，一部分作者尚未交稿，希望于3月1日前寄去。我仍然很不礼貌，仍未回应，以致高教卷主编汪永铨同志亲自打来电话，催促此事。毕竟是三十多年的老朋友了，实在盛情难却，问他已经收到的稿件字数多少，他说最长者两万字，最短者三千字。我说我也写三千字吧。很抱歉，占用了不少他打电话的时间。

既然要写我的教育观，首先要说，我的教育观是“学术自由，追求真理”。这当然主要是指高等教育。八十年前，蔡元培先生任北京大学校长，就宣布“思想自由，兼容并包”。对此我早就知道，但领会不深。直到“文化大革命”以后才逐渐有进一步的理解。去年下半年，我在我们高教所“学术活动”时间，关于学术自由，我讲了两个下午。何清连为《现代化的陷阱》一书写的“后记”，题为“追寻学者生命的真谛”，这个题目令我深思。有一个刊物约我题词，我题的是“学者生命的真谛是追求真理”。套用何清连的话，我这篇短文命题为“大学生命的真谛”，这个真谛就是“学术自由，追求真理”。重说一句，这就是我的教育观。

规划办公室1月29日的再次来信中说：“文章集中阐明本人的面向未来的教育

---

①全文摘录。文章来源于《高等教育研究》2000年第5期。

观。不是写工作经验总结性文章，也不是写论证严密的理论性文章，是给作者充分的自由度来展示对面向21世纪中国教育的个人观点，因此，文章一定要突出‘我’，突出‘观’。”

尽管如此，由于学术自由毕竟是一个敏感的话题。为避免有人抓辫子，我仍然不得不先引用毛泽东同志的一大段话。他于1957年2月27日在最高国务会议上“关于正确处理人民内部矛盾的问题”的长篇讲话中说：

“百花齐放、百家争鸣的方针，是促进艺术发展和科学进步的方针，是促进我国的社会主义文化繁荣的方针。艺术上不同的形式和风格可以自由发展，科学上不同的学派可以自由争论。利用行政力量，强制推行一种风格，一种学派，禁止另一种风格，另一种学派，我们认为会有害于艺术和科学的发展。艺术和科学中的是非问题，应当通过艺术界科学界的自由讨论去解决，通过艺术和科学的实践去解决，而不应当采取简单的方法去解决。为了判断正确的东西和错误的东西常常需要有考验的实践。历史上新的正确的东西，在开始的时候常常得不到多数人承认，只能在斗争中曲折地发展。正确的东西，好的东西，人们一开始常常不承认它们是香花，反而把它们看作毒草。哥白尼关于太阳系的学说，达尔文的进化论，都曾经被看作是错误的东西，都曾经经历艰苦的斗争。我国历史上也有许多这样的事例。同旧社会比较起来，在社会主义社会中，新生事物的成长条件，和过去根本不同了，好得多了。但是压抑新生力量，压抑合理的意见，仍然是常有的事。不是由于有意压抑，只是由于鉴别不清，也会妨碍新生事物的成长。因此，对于科学上、艺术上的是非，应当保持慎重的态度，提倡自由讨论，不要轻率地作结论。我们认为，采取这种态度可以帮助科学和艺术得到比较顺利的发展。

“马克思主义也是在斗争中发展起来的。马克思主义在开始的时候受过种种打击，被认为是毒草。现在它在世界上的许多地方还是继续受打击，还被认为是毒草。在社会主义国家里，马克思主义的地位不同了。但是就是在社会主义国家，还是有非马克思主义的思想存在，也有反马克思主义的思想存在……因此，马克思主义仍然必须在斗争中发展。马克思主义必须在斗争中才能发展，不但过去是这样，现在是这样，将来也必然还是这样。正确的东西总是在同错误的东西作斗争的过程中发展起来的……这种斗争永远不会完结。这是真理发展的规律，当然也是马克思主义发展的规律……思想斗争同其他的斗争不同，它不能采取粗暴的强制的方法，只能用细致的讲理的方法……

“人们问：在我们国家里，马克思主义已经被大多数人承认为指导思想，那么，能不能对它加以批评呢？当然可以批评。马克思主义是一种科学真理，它是不怕批评的。如果马克思主义害怕批评，如果可以批评倒，那么马克思主义就没有用了。”

我之所以摘录如此之多，更重要的原因是由于现在许多人根本没有读过这篇重要文章，有些人虽然读过，但也慢慢淡忘了。再加上二十年“左”的思想影响，经过党的十一届三中全会以来的批判，虽已在很大程度上有所克服，但应该清醒地看到，尚未根除，也并非轻而易举地可以根除。

大学是研究高深学问和培养高级人才的场所。大学的根本特性可以概括为两个字：学术。这里所谓学术的含义是广义的，包括教育、研究与开发。美国的《美国新闻与世界报道》杂志，每年评估美国最佳大学有五个指标，第一个是“学术声誉”，占百分之二十五。包括我国在内的许多国家或报刊，凡评估最佳大学者，莫不如此。由此可见，也可以说，学术自由，追求真理是大学的灵魂。

江泽民同志在北大百年校庆纪念大会上说，我国要有若干所世界一流大学。须知世界一流大学的主要标志是具有世界一流的学术水平。但是若没有学术自由，哪能达到一流的学术水平？

江泽民同志又十分强调知识创新，这是完全切合时宜的重要号召。但如无学术自由，哪来知识创新？

我完全同意著名历史学家、原华中师范大学校长章开沅教授的谈话：

“学术自由问题，是个很重要的问题。没有学术自由，只能培养庸才，培养不了具有高度创造力的人才。人们常说，要培养创造思维。如何培养创造思维？如何给创造思维以良好的环境？这就是需要学术自由，不能堵塞创造思维的空间。引导与学术自由不是绝对对立的。我在位时，要求教师追求学术自由，给教师以宽松的空间。我常对教师说，政治责任，我负责，学术水平，你负责。总之，在大学应该是校长有自己的追求，学校有自己的追求，教师有自己的追求，学生有自己的追求。

“我认为，在学术自由问题上，我们没有很好地解决。尤其是在社会科学领域，学术自由不是很多。现在有些年轻人，毕业参加工作，首先考虑的不是追求真理或终极关怀，而是会不会犯错误。青年人，首先就考虑个人安危，这是很可怕的，不利于一个民族的兴盛。譬如打仗，首先考虑的应是占领阵地，打击敌人，而不是个人安危，否则就没有取胜的希望。当然重要的应该是创造环境，给创造思维以空间。”

宇宙间一切事物都在无休止的发展变化中。如无学术自由，学术如何发展？社会如何进步？国家如何兴盛？

但是非常遗憾的是，就在毛泽东同志上述那篇讲话以后，风云突变。就学术自由问题而论，最突出的是大肆批判著名经济学家、人口学家马寅初教授的“新人口论”。考虑到这是一个后果非常不好的事件，这里有必要主要根据对马寅初生平很有研究、现任北大经济学院院长晏智杰教授和另一位教授朱正直所写《唯一的名誉校长——马寅初》一文，将事件经过加以简要介绍。

正是毛泽东1957年讲人民内部矛盾的那次最高国务会议上，马寅初将他已思考与调查了几年之久的“控制人口”问题发表了自己的见解，当即得到毛泽东的赞赏，使马寅初分外高兴，认为解决中国人口问题的时机已到。经过进一步准备，1957年6月，马寅初将一篇书面材料，作为正式提案，提交第一届人大第四次会议审议，然后又在7月5日的人民日报全文发表，这就是他著名的《新人口论》。他的基本观点是：我国人口基数大，增殖快，使有限的国民收入，被六亿多人口吃掉了一大半，以致影响积累和工业化。因此，控制人口，刻不容缓。否则，日后的问题更为棘手，愈难解决。不知是何原因，陈伯达和康生竟然敢于先后在1958年5月4日北大60周年校庆大会上和7月1日向北大师生作报告时，点了马寅初的名，要他作检讨。从此，一场声势浩大的批判马寅初运动开始了。这一年，全国主要报刊发表了几十篇批判《新人口论》的文章。1958年，马寅初在《重申我的请求》一文中说：“我接受光明日报开辟一个战场的挑战书。我说，这个挑战书是合理的，我当敬谨拜受。我虽年近八十，明知寡不敌众，自当单身匹马，出来应战，直至战死为止，决不向专以力压服而不以理说服的那种批判者们投降。”这篇申辩文章还未及发表，就被康生看到了。1959年12月15日，康生气势汹汹地对北大领导人说，马寅初的问题已不是学术问题，而是借学术为名，搞右派进攻，要对他进行彻底的批判，把大字报贴到他门上去。在批判激烈的时候，好心的朋友劝马寅初“认一个错误了事，不然的话，不免影响我的政治地位”。但是，马寅初认为：“这不是一个政治问题，而是一个纯粹的学术问题。学术问题贵在争辩，愈辩愈明，不宜一遇袭击，就抱明哲保身，退避三舍的念头。”他明确表示，我“只得拒绝检讨”。1960年1月4日，他被迫向高教部辞去了校长职务。但他并没有改变坚持真理、维护学术尊严的决心。他说：“在北大政治上我是不能领导，可是在学术上我是可以领导的吧。我的人口理论是纯粹的学术问题，可是有人硬把它扯成政治问题，我当然不服。现在北大空气太沉闷了，学生谁也不敢发表意见，没有学术空气。”

历史证明，马寅初的人口理论完全正确，现在我国已因人口过多而成为重大问题。如当年真正按毛泽东上述讲话的精神行事，那该多好！对马寅初的错误批判所造成的非常不好的后果，用“差之毫厘，失之千里”这句老话来形容，似乎也未尝不可。

另一个因缺少学术自由而进行错误批判的事件，是对于著名经济学家孙冶方的批判。我知道此事，但不熟悉。为写此文，特向熟悉者请教。孙冶方1956年写了几篇文章，认为价值规律是所有经济规律中的第一规律，因此，实行计划经济也要重视价值规律，讲究效益与利润。但是1957年却遭受到严厉的批判，后来还受到牢狱之苦。历史同样证明，他的观点是对的，只是他当时还不可能预见到在社会主义初级阶段，还要实行社会主义市场经济。“文化大革命”以后，不仅为他彻底平反，而且设立了孙冶方经济学研究奖励基金。

还有一次涉及面更宽的错误批判，就是1958年教育革命中的“拔白旗”，全国许多大学，不少教师都受到批判。后来又发展到广泛的学术领域的大批判。刘一凡同志在《中国当代高等教育史略》一书中说：从1958年开始，高等学术的学术批判，在内容上，从教学和研究的方向深入到教学体系和研究内容；在范围上，从中国知名学者，扩展到外国有声誉的科学家；在跨度上，从当代的学者和理论上溯到近代甚至古代的学者及其学说；在层次上，从学科的具体内容上升到学科哲学基础。

我为何谈这些往事？主要因为这些错误的批判，不仅完全否定了学术自由、双百方针，对我国科学文化的发展极为不利，严重挫伤了大批学者的积极性，而且由于现在大多数中青年教育工作者不了解这些往事及其严重性，有时难以判别是非，以致重复历史上的错误。

当然，党的十一届三中全会以来的情况变化很大。例如，《中国现代教育家传》第一卷，既有蔡元培、黄炎培、徐特立、吴玉章等的传记，也有陈独秀和胡适的传记。几年前，人民出版社又出版了三十万字左右的《胡适传》。特别是今年2月24日光明日报上北京大学出版社的新书广告，第一条就是《胡适文集》，共十一卷，既有精装本，又有平装本。

尽管如此，由于“左”的影响尚未根除，在人文、社会科学的领域中，还有些历史遗留下来的阴影，有待继续消除。

有人担心提倡学术自由以后，“出格”的文章和著作容易出现。其实，毛泽东在上述讲话里已经有所告诫。他说：“对于非马克思主义的思想，应该采取什么方针呢？对于明显的反革命分子，破坏社会主义事业的分子，事情好办，剥夺他们的言论自由就行了。对于人民内部的错误思想，情形就不相同。禁止这些思想，不允许这些思想有任何发表的机会，行不行呢？当然不行。对待人民内部的思想问题，对待精神世界的问题，用简单的方法去处理，不但不会收效，而且非常有害。不让发表错误意见，结果错误意见还是存在着。而正确的意见如果是在温室里培养出来的，如果没有见过风雨，没有取得免疫力，遇到错误意见就不能打胜仗。因此，只有采取讨论的方法，批评的方法，说理的方法，才能真正发展正确的意见，克服错误的意见，才能真正解决问题。”

现在，党中央号召要“三讲”：讲学习，讲政治，讲正气。在学术自由、追求真理这个重大问题上，看来也需要认真学习，以提高认识。

1999年4月

参考文献

[1] 毛泽东. 毛泽东选集(第五卷)[C]. 北京:人民出版社,1977:388-391.

[2] 马寅初. 我的哲学思想和经济理论 [J]. 新建设,1959(11).

[3] 刘一凡. 中国当代高等教育史略 [M]. 武汉:华中理工大学出版社,1991:47.

[4]《中国现代教育家传》编委会. 中国现代教育家传(第一卷)[M]. 长沙:湖南教育出版社,1986:174-419.

关于大学创造教育模式的构建[①]

/

刘道玉

我们即将跨入 21 世纪，这是一个急剧变革，以创造为特征的时代。知识经济竞争的核心是创新，它向沿袭了数百年的传统教育提出了严峻的挑战，同时呼唤一种新的大学精神，企盼构建一种新的教育模式。作者根据多年的研究，设计了在大学实施创造教育的“SSR 模式”，认为它具有普遍推广的价值。

一

早在 20 多年以前，联合国教科文组织在谈到教育改革困扰时曾尖锐指出：“像今天这样零星地进行一些教育改革，而没有一个关于教育过程的目标与方式的整体观念，这已不再是可取的了。”还特别提到：“经验证明，内部改革之所以没有成效，或造成人才和精力的巨大浪费，这通常是因为上面的管理与下面的行动之间缺乏沟通和协调不好。这样便使得那些具有创造性、富于想象力的改革家们孤立起来了。”

20 年过去了，我们大学的教育状况如何呢？当然，我们不能说没有一点进步，但这些进步主要是量的增长，或者是一些添枝加叶的修饰工程。从根本上来说，教育观念仍是陈旧的，教育模式是保守的，教学方法是死板的。旧的教育观念，主要表现为“三型三性”，即封闭型、重复型、记忆型与专制性、权威性、统一性。很明显，它们是与现代教育的开放型、创造型、思辨型与科学性、民主性、多样性的理念相悖的。我们大学的改革，之所以没有革命性的进步，一方面是没有摆脱旧教育观念的束缚，另一方面是没有形成新的教育观念。美国学者 C. W. 莫里斯曾形象地比喻：“观念是人类文化的原子弹。而观念是来自有思想、能说善写的人。”这就是说，观念的力量是十分巨大的，它既可以阻止社会的变革，又可以把社会推向前进。

①全文摘录。文章来源于《教育发展研究》2000 年第 12 期。

去年，在国内某重点大学里，一个已毕业而未获得博士学位的学生，一纸状子把母校推上了法庭。事情的起因是，该生的学位论文通过了答辩委员会的答辩和系学位评审委员会的表决，但在校学位评审委员会审查和表决时，却以一票之差而未获通过。在反复申诉未果的情况下，该生才行使了法律诉讼权，法院受理了。经过调查和辩论，一审判原告胜诉。对此，议论纷纷，赞成者有之，反对者亦不乏其人。很显然，问题不在于人而在于制度。这种由不同学科的专家组成的校评审委员会，看似科学，其实并不科学；以无记名投票表决，看似民主，其实并不民主。这件诉讼，从多个角度反映了我国教育的“三性”保守观念。然而，对于这种不科学、不民主的评审制度，年复一年，校校如此，竟没有人提出质疑，更无人敢于去改革一下。

从教育模式看，我国大学的教学仍深深地陷在“传授知识——接受知识”旧模式的窠臼之中。以教师为中心、以课堂为中心、以课本为中心的“三中心”教学制度，依然顽固地统治今日的大学。这种模式和制度的保守性在于：以教师为中心也就是以教师为主体，把学生当作被动的客体，维护教师的绝对权威，这与当代教育自由平等的原则是相悖的。以课堂为中心的弊端在于满堂灌，使教学脱离了实际、脱离了社会，特别是脱离了日新月异的新技术革命。以课本为中心致使学生的知识面狭窄，妨碍了学生广泛阅读、深刻思考，不利于创造性人才的培养。

“三中心”的教学制度，最早始于17世纪捷克著名的教育家夸美纽斯提出的“分班教学”。他强调以教师为中心，认为“教师是一个稽查长”“教师的嘴就是一个源泉，从那里可以发出知识的溪流”。夸美纽斯的功绩在于，他是第一个企图发现教育规律性并根据人的本性来组织教学过程的教育家。他针对中世纪经院式的死寂空气，改革传统的个别施教为分班教学，使教育发展为全民的事业成为可能。因此，夸美纽斯受到教育界的尊重，他本人被尊为教育史上的“哥白尼”。

但是，夸美纽斯毕竟是属于那个时代的教育家，不能要求他预测到今天教育发展的趋势，也不能把他创立的“三中心”教学制度原封不动继续沿用。然而遗憾的是，300多年以来，我们先后所进行的一些改革都丝毫没有触动到这些制度，依然把它们视为教学工作的金科玉律，致使我们的大学教育与时代精神格格不入。为了使大学教育适应21世纪的需要，我们必须对陈旧的教育模式和制度进行彻底的改革。我们可以预见，一场教育观念上的“哥白尼式”的革命，将在全球范围内展开，这场改革将是全面的、深刻的和连锁式的。历史经验表明，一次巨大的变革，将会涌现出适应这种变革的出类拔萃的人物，并将最终产生出当代教育的“哥白尼”。

二

古希腊哲学家、教育家柏拉图有句名言："最先和最后的胜利是征服自己，只有科学地认识自我，正确地设计自我，严格地管理自我，才能站在历史的潮头去开创崭新的人生。"这话虽然是两千多年以前讲的，但现在听起来仍然令人振聋发聩。这句话的重大意义在于，他第一次提出了人的自我设计思想，这是每一个人走向成功的必由之路。

教育是什么？这好像是一个不言而喻的问题，其实我们并不完全明白它的真谛。据查，在文献中，给教育下定义的表述多达 65 种，可谓见仁见智。不过从根本上说，把教育定义为："是设计和塑造成功人的实践历程"是符合现代精神的。如果这一观点得到认同的话，那么设计为实现这一目标的教育模式就是至关重要的。我们过去的教育之所以不成功，就是因为设计不正确，塑造的模具不适用，教育的模式太保守。

那么，21 世纪的大学教育模式应当是什么样的呢？未来学家预言：21 世纪是以创造为特征的世纪，是一个充满未知的时代，也将是揭开众多的科学奥秘的时代。很显然，适应这一时代需要的人，只能是那些具有创造力的超越型的人才，而他们也唯有通过创造教育来培养。这是合乎逻辑的必然。

设计大学创造教育模式，首先必须树立正确的教育观念。正如世界首富比尔·盖茨所说："教育观念将被改变，也许被改得几乎面目全非。"这一点是十分重要的，如果没有大无畏的改革精神，不破除旧的教育模式，那么新的创造教育模式就立不起来。因此，设计新的大学创造教育模式，也就是教育再发明。为此，我们必须以 21 世纪为坐标，以人生的最大价值为目标，以成功人的各项优良素质为参照系。唯有如此，才能设计出培养创造性人才的新的教育模式。

其次，新的教育模式必须具有可操作性。目前国内大学开展创造教育的做法是，在某些大学开设了创造学、创造技法或创造教育学选修课，以传授创造学的基本知识。应该说，这种做法是有益的，对推行创造教育是一个进步。但是，它丝毫没有触动到旧的教育模式，在总教学计划中，仅仅起到点缀作用。然而，新构建的创造教育模式不仅要传授创造学的知识，而且要带动课程设置、教学内容和教学方法的彻底改革；不仅要启迪创造思维方法，而且还要催生发明创造成果。

再次，新的教育模式必须具有可推广性。教育模式是由一定教育观念抽象出来的标准教育形态或可以让人们照样子去做的标准教育方案。因此，设计一种教育模式不是为模式而模式，而是为了解决教育实际问题的需要。一个模式的正确与否，唯一的是要经过实践检验；它能否推广，主要不是靠行政的干预，而是靠模式本身的实效，靠它所代表的新生力量。

在多年研究的基础上，逐步构想出了大学实施创造教育的一种模式，我把它称作“SSR模式”。第一个S是英文词组“Study independendy”的缩写，可译为自学或独立的学习，是由学习者自己完成学习的一种方式。第二个S是英文单词“Seminar”的缩写，指大学生在指导下进行课堂讨论的一种形式，有时也指讨论式的课程。R是“Research”的缩写，意思是研究、探索。它是由字冠Re和词根search组成的，因此也可译为再寻找、再探索。

自学既是一种古老的学习方式，也是现代最值得提倡和推行的学习方法。我们说它古老，是因为自孔子开始到现代的许多著名大学者，无一不是靠自学成才的，他们的知识也主要是靠自学而获得的。在面向21世纪之际，联合国教科文组织明确提出：“新的教育精神使个人成为他自己文化进步的主人和创造者。自学，尤其是在帮助下的自学，在任何教育体系中，都具有无可替代的价值。”因此，自学是一个广泛的概念，不光适用于那些没有机会进入学校的人，也包括具有一定文化基础的一切人，特别是大学生、研究生都要普遍采用自学的方法来学习。

早在19世纪，在德国的大学里，开始使用课堂讨论方法。英文单词seminar是从拉丁语seman衍生出来的，意思是“种子”。这个词意很有意思，因为在讨论中形成的灵感或新观点犹如种子，通过讨论能起播撒种子的作用。然而，把课堂讨论正式纳入教学计划，作为一种补充教学方法，还是美国哈佛大学于1904年首创的。目前，这种教学形式在国外十分流行，形式也多种多样。

把科学研究引入到大学中，是德国著名教育家洪堡于1809年倡导的。他认为，大学教学中，首先要使学生对于各种科学的统一性有相当了解，其次要培养学生从事研究的能力。教师的任务应当是对学生从事研究的一种引导，学生的任务应当是独立研究。自20世纪初，美国引进了德国的“教学和科研相统一”的新体制，造就了一批世界闻名的研究型大学，既出了成果又出了人才。

SSR为什么能成为一种创造教育模式呢？主要是基于以下三点：第一，SSR代表了世界古今教育之精华，特别是经过百多年的实践，证明了它们是最具有推广价值的成功的教学方法。第二，这三种教学方法的共同特点是创造，是与“三中心”的灌输式的教学法根本不同的。自学是从学习者本人出发，是依靠学习者的主动性、积极性和创造性的有效学习方法。课堂讨论是双向交流，营造一种自由民主的氛围，以达到激励灵感和产生新思想的目的。科学研究是学习的最高境界，它不是为了掌握现成的知识，而是应用已有的知识去创造新的知识。第三，SSR既反映了教学内在的联系又符合认识规律。自学是基础，是学习的初级阶段，是自己发现、提出和解决问题的过程。课堂讨论是在教师的指导下，选择自学中提出的有代表性、启发性问题，依靠集体智慧，展开自由讨论，以达到既解决问题又训练思维方法的目的。科学研究是学习的最高阶段，在课堂讨论的基础上，选择那些既有研究价值又具备研究条件的难点和疑点，深入进行研究，以获得新的发现和发明。

总之，SSR 分别代表三种学习的方法，它们既是独立的又是相互联系的。同时，SSR 又代表三个学习的阶段，由初级到高级，一环扣一环，一步比一步深入。SSR 分别作为单个的学习方法，本早已有之，本文的创新之处在于运用组合思维方法，把它作为大学的创造教育模式，以挑战“三中心”的“传授知识——接受知识”的旧模式，并希望由此而引起大学教学领域里一场全面的、深刻的革命。

三

教育是以人为对象的实践学科，任何教育理论、教育模式，必须能够付诸实践，并且接受实践的检验。这时，我们方可以说某个教育理论或模式是正确的。同样的，提出“SSR 创造教育模式”，尽管有其依据，但它也有待实践的检验，只有到那时，我们才能认定“SSR 创造教育模式”推广的价值。

“SSR 模式”是一个普遍的教学模式，不仅适用重点大学也可在普通大学推广；不仅适用于文科学生也可在理科学生中试行；不仅适合于高年级的学生也可以在低年级学生中采用；不仅适用于专业课也可以拓展到基础课。尽管如此，我们应当清醒地看到，实施“SSR 创造教育模式”还存在一些困难和阻力。我们要像对待其他新生事物一样，为它的顺利实施创造条件。

(1) 转变观念，排除思想障碍。经验反复表明，任何一个重大的改革措施出台时，都会遇到传统观念和习惯势力的阻挠，有时甚至是拼死的反抗。同样的，推行“SSR 创造教育模式”，也不可能是一帆风顺的，思想障碍主要有三：即在自学上的依赖性、在课堂讨论中的泛式性和对待科学研究的神秘性。

人们大多认为，自学是个好办法，但是真正采用自学成才的人却只有极少数。特别是在学校的教育中，推行自学更是困难重重。难在何处呢？依我看，自学的阻力既来自于学生也来自教师，但归根到底还是来自于法定的讲授制度。就学生而言，主要是怕艰苦，对教师有依赖思想。对教师来说，主要是受讲授制度的束缚，不明白教师的作用在于引导，他们能够给予学生最大的贡献，乃是帮助学生学会学习、学会自助。妨碍自学的主要借口是学生看不懂，教学必须循序渐进。对此，有一个很有力的例子，说明其理由是站不住脚的。据报道，16 岁的安徽学生赵梅生，于 1996 年高考时，居然以 634 分的优异成绩考入了中国科技大学，可他却是一个农村穷学生，他自小学四年级一直坚持自学，学完了高中全部课程。他的体会是：“自学是靠自己提出问题，又由自己去解决问题的过程，再难的问题都由自己去解决。”赵梅生的成功，再一次证明了自学是一个普遍的学习方法，一个仅有初小文化程度的学生，能够通过自学而获得成功，难道大学生和研究生们还不能够自学吗？

鉴于中国学生大多性格内向，不爱提问题，怕争辩，因而课堂讨论的效果都不大好。有的开会不发言，有的仅仅提一些知识性问题，难于就一些实质性问题开展思想交锋，更不敢提出独特的见解，不能发挥讨论课对启发思路和激励灵感的作用。我所说的泛式性，就是指在课堂讨论中的形式主义，泛泛而论的习气。为了克服这些不良的学风，须花大力气，否则推行“SSR模式”就会落空。

从世界范围来看，教学方法受到普遍批评的原因，就在于忽视了教育过程的复杂性，不是通过科学研究进行学习。大学生进行科学研究关键是要破除对科学研究的迷信，打破人为存在于教学和科学研究之间的鸿沟。科学研究是探索求知，而未知充斥在生活的各个角落，只要你是一个有心人，那么时时、处处、事事都可以有所发现或发明。世界上有许多著名科学家，如数学家高斯、天文学家伽利略、物理学家爱因斯坦和化学家鲍林等，在大学期间就开始了研究，并在相关领域里做出了重大的发现或发明。他们的成功经验，证明了大学生开展科研是可行的，每个大学生都应坚定不移地走自己的成功之路。

（2）转变教师职能，提高教师的素质。美国教育家里欧·巴士卡里雅曾说：“我们的学校教育不成功，因为我们从不帮助老师们撕下教师的面具，平平易易地做人，从来不使他们认识到老师的作用只在于引导。”这段话听起来似乎有点偏激，但却点到了问题的要害，也是符合时代精神的。

在传统教育中，教师的主要职能是讲授课程，而学校里的课程内容和教学方法又多半是从教师出发，而不是根据学生的需要而选定的。教师讲授课程的特点，倾向于重复过去，并且容易导致形式化、公式化、标准化。这种“讲说章句”式的教学，严重地背离了时代精神，改革已是刻不容缓的事了。

按照“SSR的教育模式”，课堂教学基本上将被学生的自学所取代，但这并不意味着教师将被取消。在新的教学模式中，教师的作用仍然是不可少的，只不过他们的职能发生了转变。同时，由于网络学习的兴起，也促使教师职能的转变，教师不再是传授知识的媒介。未来教师的主要职能是：培养学生的道德品质，启发学生的创造思维能力，指导学生进行科学研究工作。

就大多数教师而言，目前要担负起新的职能还是有困难的，这主要是因为他们本身接受了知识面很窄的专业化教育，仅仅担当教学单一的角色。为了适应新的教学模式的需要，每个教师必须努力提高自己，主要是加强人文素质修养，拓宽专业知识面，掌握创造思维方法，提高管理能力，学会做科学研究工作。唯有如此，教师才能在推行新的教育模式中，找到自己的位置，也才能真正发挥教师的主导作用。

(3) 精简课程，编写便于自学的教材。目前，大学里课程设置太多，内容陈旧，课时太长，统一过多，致使学生负担太重。这些问题由来已久，改革的任务是艰巨的，必须作为一项系统工程，由国家组织力量方可完成。从课程改革方向看，应当有利于学生从整体上掌握知识，多开设短课、研究型课、选修课、思维方法课，促进学生创造力的开发。从教材内容看，应当贯彻“少而新”的原则，突出重点、难点和疑点，既便于自学又有适于开展课堂讨论的参考题和提示。

总之，改革课程和教材是实施“SSR创造教育模式”的重要环节，是培养创造性人才素质的基础，一定要抓紧抓好。设计和实施“SSR创造教育模式”，是大学教育迎接新技术革命的对策之一，是引发高等学校全面改革的突破口。尽管实施“SSR模式”不是一件易事，但也绝不是望而生畏的难事。只要我们发扬改革和创新的精神，不断实践和总结经验，我们就一定能够创建一种反映当代大学精神的创造教育的新模式!

参考文献

[1] 联合国教科文组织. 学会生存——教育世界的今天和明天 [M]. 上海：上海译文出版社，1979：233-240，274.

[2] (美) C. W. 莫里斯. 开放的自我 [M]. 上海：上海人民出版社，1987：59.

[3] 刘传德. 外国教育家评传精选 [M]. 北京：北京师范大学出版社，1993：39.

[4] 王长沛，陈爱苾. 怎样跨入新世纪——21世纪的教育 [M]. 北京：科学技术文献出版社，1995：96.

[5] (新西兰) 戈登·德莱顿，(美) 珍妮特·沃斯. 学习的革命 [M]. 上海：生活·读书·新知三联书店，1997：6.

[6] (美) 里欧·巴士卡里雅. 爱和生活 [M]. 上海：生活·读书·新知三联书店，1988：15.

大学与课程[①]

/

张楚廷

一、 课程研究在中国大学地位的上升

我国高等教育改革经历了办学体制改革、管理体制改革、投资体制改革、招生就业制度改革，直到专业改革、教学内容与课程体系改革，这样一个不断扩展和深入的过程。这不是一个演绎的结果，而是全方位改革导致的纵横交互，反映了中国高等教育自身特性的自然而又必然的结果。

在上述过程中，课程研究的地位在高等教育领域里日益上升。1995年春季，可称之为是我国高等教育“教学内容和课程体系改革”的“正式启动”之时。大学以自己朴实的感觉一刻也没有离开过对课程的关注，但是，关注与研究尚不是一回事。应当说，自20世纪90年代中期之后，课程的研究出现了一个崭新的局面。出现这一局面的基本原因有三：(1) 体制改革创造了更好的条件，同时也催促了课程问题的突显。(2) 教育行政部门的倡导和组织，无疑对这一问题的充分显现并迅速在更大规模上引起人们的关注与研究起了作用。(3) 教师们也在改革的进程中获得了思考课程问题的更大空间。

围绕上述问题，还有些问题值得探讨。大学教师们对课程的热情是容易理解的，但是为何在今日特别被焕发出来？教育行政当局关心到课程上来并不是那样容易的，为何在如此宏大的高教改革大潮中，他们的目光也投向了课程这个相对微观的世界？课程及课程研究的意义有多大？它在大学发展中占有何种地位？大学课程究竟面临一些什么样的问题？这些问题都有清理的价值。

二、 课程问题的意义

课程虽然大体上属于高等教育领域的一个微观世界，但它却又是最基本的元素。我们可以从以下几方面来看它的基础性。

---

①全文摘录。文章来源于《高等教育研究》2003年第2期。

1. 课程比专业更重要。

这是从某种意义上讲的。我们可以说专业决定了课程，同时，也可以说课程构成了专业，专业是由课程来体现的。我们再看看大学的专业是如何被确立的？是根据什么而设置的？专业大体上是受社会分工影响的，具体来说便是受已有或将要有的职业影响的；同时，专业受到学科及其发展的影响。职业通过什么途径影响专业呢？专业不可能与既存的或可能的职业之间一一对应，一个专业可能考虑到某种或若干种职业及其变化，无论哪一种情形，职业对专业的影响都是通过课程而发生的。学科又通过什么途径而影响专业呢？也必须通过课程。往往是一门课程代表和局部地代表一个学科的某分支，多门课程比较全面地反映一个学科（虽然仍可能是局部的，但却是更大的局部）。专业是教育学的词汇，职业是社会学的词汇，学科是科学的词汇。总之，社会发展与科学进步对高等教育的作用是经过专业发生的，然而，在这一作用的过程中，课程发挥基本的功能。或者说，大学归根结底是通过课程而呼应科学技术的发展与社会经济、政治、文化进步和变革的。

2. 课程直接关系学生的发展。

其实，决定专业的不只是职业与学科。任何专业的构思都不能不考虑一个更基本的问题，即人的发展，大学生的发展。只有人的充分发展才能保证对社会进步与科学创新的有效应对。因此，关于人的发展的考虑对专业有更重要的影响，虽然这种考虑必定是与对职业、学科的理解不可分离的。

那么，关于人自身发展的考虑对专业的影响又如何去体现呢？课程依然担当着重要的角色。甚至于只有课程才真正触及人生，良好的课程设计就是为大学生的美好人生提供设计蓝图。

3. 课程研究地位的上升是课程地位上升的反映。

我们常常讨论专业面的宽窄问题，过窄、过宽都使我们面临一些矛盾，然而调节这些矛盾的有力杠杆正是课程。所以，任何一项有效的专业改革必须伴随着成功的课程改革。

社会也以更深沉的眼光看待大学，人们不仅看大学能为他们或其子弟提供什么专业，而且直接询问大学提供了哪些课程。随着社会对大学关注程度的提高，人们对课程的要求将给大学越来越大的触动。那些已不满足于一纸文凭的人对课程会有更多的挑剔，大学与生活关系的日益紧密将会更多地依靠课程来加强。

学生的需要与课程关系的密切（这种关系日益为社会所深切地感受到），这是一方面。另一方面，教师的本体活动使他对课程必然有更强烈的感受。我们进而可以看到，对专业的评价必然会以对课程的评价为基本的尺度。

当然，我们课程的落后状况也许从另一侧面使课程的地位上升了，这种落后使得课程改革变得更为迫切。但是，落后状况的改变却不会使课程的地位回落，何况，同样的落后状况在不同时候给人们带来的震惊程度不见得是一样的。很明显，中国大学有了更多的敏锐，这使得课程问题的地位将十分牢靠。

三、 大学在如何对待课程

一所大学若没有关心到课程上来，这所大学肯定已有相当的麻木；一个教务处的工作若没有做到课程上去，它工作的价值肯定是令人怀疑的，甚至可以说，它的工作可能还没有上路。笔者问过不少的教务处长，他们大半回答不出这样一个不大的问题："你的学校为学生提供了多少门课程?"如果再进一步问及学校课程的结构状况，这便使他们更加为难了。也确有一些教务处长常年在研究着课程，这种可喜的现象确实不太普遍。

杰出的教学管理人员必定对课程有独到的理解，杰出的校长必定对课程有更为先进的理念。人们敬重蔡元培先生，大半是基于蔡先生在中国大学史上具有特殊意义的大学理念。可是，我们同时也可以看到他先进的大学理念是与其先进的课程理念相关的。蔡先生不仅在中国大学首开美学课程，首开人文地理（他把地理分之为自然地理和人文地理），而且为了开设东方哲学而聘来梁漱溟，为了将近代自然科学系统引进北大而诚聘了李四光、丁文江、王星拱、何杰等大批学者。蔡元培在北大历史上重重的一笔也写在课程改造上。曾任芝加哥大学校长的赫钦斯倡导了永恒主义课程，曾任哈佛大学校长的博克首创了核心课程概念，由洪堡首倡而后经过一批大学校长（包括康奈尔大学校长怀特、哥伦比亚大学校长巴纳德、斯坦福大学校长约登等）的有力推动，选修课程的概念扎下根来。笔者在前不久耳听一位中国大学的领导人说，要让我们学校的每个学生至少享受10至15门优秀课程。①"享受课程"的观念是意味深长的。

人们不难看到这样一种现象，在我们国家的教育研究中曾主要是教学理论研究，而在某些国家却主要是课程理论研究。现在，特别是近10年来，我国课程理论的研究热度迅速上升。原因之一是十分明显的，我们曾经在很长时间里几乎只有国家课程，极少地方课程、校本课程，因而，课程研究留给大学的空间是狭小的，课程理论研究也就很难进入主流。正是这种状况的急剧变化及改革进程中大学对自己使命的更为深切的意识，使得我国大学正以一种崭新的态势在注视着课程。

课程作为大学的一个最基本的要素，事实上全方位地反映着大学的各种思想。

①2002年10月22日下午在中山大学，党委书记李延保介绍副校长徐远通的观点。

四、大学课程的结构问题

一所大学所能提供的课程数量越多、种类越多，它就越能满足学生发展的需要，越能应对万千变化的各类社会需求，事实上，也就因为课程的数量和种类众多而有更强的构成新兴专业的能力。中国最优秀的大学能向学生提供1 800到3 000门课程，美国最优秀的大学则能提供五六千门乃至上万门的课程。我们常常议论与世界一流大学的差距，然而在课程上的差距也是值得议论的。恐怕在课程上的差距还不只是一个数量问题，在这个数量背后你可以看到更多的东西。当一所世界顶尖大学一年之内能够有8 000篇进入SCI的论文，有高达60多篇论文载于Nature和Science时，你可以想象它不断开发出新的课程的潜能有多强。可是，这种潜能若不刻意去开发，便不会自然地使课程极度丰富起来。课程开发具有相对独立的意义。

大学的眼光很少有可能是只停留在数量上的，虽然数量亦是十分重要的方面。在思考专业特点的时候就会立即想到课程的结构，不考虑结构的丰富性实际上亦必陷入某种贫乏。当MIT于20世纪40年代始，大力发展自然科学的基础理论学科，随即又花很大力气发展起了人文科学和社会科学学科的时候，我们可以认为它是为了进行学科改造，改变学校单一的工程教育结构。那么，当MIT能向学生提供80门音乐课程的时候，它又是为了什么呢？仅仅是学科改造吗？单单一个音乐学它就提供了80门课程，其全校课程之丰富便可想而知。在如此丰富的课程背后，我们不难思考其特别值得思考的结构问题。足够丰富的课程为思索和改善结构问题开辟了更大的活动余地，甚至是给出了更好的前提条件。但这不是唯一的条件，如果想求得一个更好的结构，就会反过去使不太丰富的课程更加丰富起来。就像MIT这样以工程教育著称于世的大学在为学生提供音乐课程时曾有过先天不足的感觉那样，但只要消除了这种不足，它的课程就更丰富了。结构问题本身就是丰富性的基本内容之一。

更进一步的问题是，MIT为什么要这样不断地优化结构从而更丰富了结构？它真的改善了吗？同样性质的问题发生在与MIT邻近的哈佛更令人深思：哈佛在20世纪60年代末开始了《零点项目》的研究。那是一项投入了巨大人力、财力且持续20年之久的研究，其主题就是艺术课程的地位及与其他课程的关系问题。

对这个问题的回答迫使我们又要回到大学理念上去。在一所有着浓浓哲学气息的大学，关于这个问题的回答无需更多的逼迫。而当一所大学（尤其是大学领导人）习惯于沉思，习惯于让自己的沉思进入一种自由、辽阔且深沉的境地时，它是很容易靠近教育哲学的，即使是单科性大学。另一方面，毕竟单科性大学面对课程结构问题会遇到更多的尴尬，或者说，它在改善结构上会有更多的困难。改变学校性质并非唯一的道路，也并不是只要想改变就能改变得了的。

五、 大学理念与课程

我们要具体讨论一下大学理念或教育哲学与课程结构的关系。科学主义与人本主义似乎始终以不同分量左右着大学课程，乃至有科学主义课程观与人本主义课程观的长期争议。实际上，我们从古代中国的“六艺”或古希腊的“七艺”都可以看出人文的独特地位，到了中世纪，政教合一的强力介入改变了这种状况；近代科学迅猛发展以来，科学主义才逐步抬头，才构成了似乎支配一切争议的两军对垒。尽管有所谓要素主义课程观、结构主义课程观、现代主义课程观、后结构主义课程观、后现代主义课程观，但是，大体上也是两大营垒。然而，这样的归结并不是十分妥当的。

人创造了科学，可是，科学的强大居然导致了创造它的人的地位的下降，认可这一点并进一步加以阐述的便是科学主义。科学主义影响及教育领域，便有了科学主义课程观。但是，也有人来维护人的地位，无论如何强大的科学应当继续置于人文之下，走到极端之时便有了人本主义。人本主义影响及教育领域，便有了人本主义课程观。同样，是人组成了社会，人创造了社会，可是，社会的强大也造成一些茫然，社会也使创造了它的人的地位下降，认可这一点并进一步加以阐述的便是社会本位主义。社会本位主义影响及教育领域，便有了社会本位课程观。但是，也有人来维护人的地位，无论如何强大的社会应当继续置于人文之下，人不是社会的工具，人不是用来适应社会的。这从另一方面强化了人本主义，强化了人本主义课程观。这样，人本主义事实上在两条战线上展开自己。

更多的人容易接近人本主义，人不愿意在自己的创造物面前被异化。许多成功的大学校长倾向于人本主义课程观，虽然并不能由此而断言他们就是人本主义的信奉者。这种现象十分普遍的原因是既深刻又简单的，即令是追求人与自然、人与社会和谐的理想，也必须以人的更充分、更完善的发展为前提，或为基础，同时也为根本，因为这一发展不仅是科学和社会发展的条件，而且科学与社会的发展亦以保障人的发展为目标。耶鲁大学校长施密德特的话特别具有代表性（他下面的这段话中的“你们”即指学生）：“我非常高兴、非常自豪地对你们说，你们就是大学！这句话，我和我的前任用不同的方式对新生已说了将近三百年了。”同时，他自然地认为，“人文科学教育解放了人的个性，培养了人的独立自主精神”。耶鲁的医学是世界著名的，可正是“耶鲁优秀的医学教师开创了将医学研究与艺术及科学教师的研究相结合的先河。人文科学的研究也相辅相成，与社会科学、自然科学及专门学科自然地结合起来”，“跨社会科学及人文科学的新学科正为我们理解社会选择及公共哲学树立了新概念，奠定了新基础，我还可以从你们课程表的每一部分举例证实这一点”。一种鲜明的大学理念，使人文科学、社会科学、自然科学在人文的统领下融合并见诸于课程。

大学追求什么，这是必然要反映到课程上来的问题。

六、 大学文化素质教育与课程

中国大学的文化素质教育或人文素质教育于20世纪90年代广泛兴起。实际上，它也反映了中国大学理念的深刻变化，并且普遍影响到课程。

在中国，并不存在一个科学主义的哲学流派，如果追溯到半个多世纪以前，确曾有过这方面的代表人物。半个世纪以来，中国已不存在产生这种流派的土壤。但是，处在工业化、现代化进程中的中国，人们却不难隐隐约约地看到一股科学主义的潜流，虽然称不上成型的哲学流派。一些有远见的大学校长，无论他们是从什么地方出发的，他们事实上感觉到了这股潜流及其负面影响。在中国，似乎也不存在一个明确主张社会本位的流派。可是，社会本位观以更强有力的不同形态相当普遍地存在着，而且也非常强有力地影响着课程。虽然明确地注意到了这一点的人可能不及注意到了科学主义消极影响的人那么多。

文化素质教育的兴起有多方面的原因，以上两个方面是包含于其中的重要的、基本的原因。科学主义的潜流和社会本位主义的实际上的存在，是工具理性的根源，是阻碍学生向更高智慧挺进的基本因素。

倡导文化素质教育的人们及早地涉及了课程问题。而且，我们看到，那是从加强人文课程入手的，并且是从最重要的、最基本的人文课程（文，包括艺术，史，包括文学史、思想史、音乐史、绘画史等，哲，包括文化哲学、宗教哲学、生命哲学等）开始的，更明确地说，不是从加强科学课程（如数、理、化、天、地、生等）入手的，也不是从加强社会课程（如法律学、社会学、政治学、管理学等）入手的。倡导文化素质教育的人们事实上看到了大学课程结构中的严重问题，人文课程必须在所有不同类型的学校和专业受到更高程度的（也可能是程度不同的）重视。人文课程的薄弱是普遍的现象，人文课程应受到普遍重视也自成必然。人文课程的严重薄弱还只是现象，如果要思考一下它为何薄弱的问题，那就又要回到本段开头指出的那两个方面。虽然人文课程受到过排斥，人文课程却并不排斥科学课程、社会课程，而且它将使后者发挥出更好的作用、更大的力量，使后者更健康地运行。

文化素质教育及其对课程的影响，不仅反映了教育思想的变革与进步，在更宽的社会背景下考察即知，它也是党的十一届三中全会以来社会进步的结果。自那以来，人的地位极大地提高了，人的尊严、人的作用更被看重了，对人自身的思考也越来越多、越来越深入了，因而，人文的地位提高，人文课程的地位亦提高。所有这一切与文化素质教育相伴而行。中国在20世纪末面向未来世纪兴起的大学文化素质教育，既是一个重大事件，又是那样地显示出其历史的必然。

七、 大学隐性课程

我们的讨论并不是从课程概念出发的，在说到隐性课程时，就不得不在概念上稍加说明了。

当课程被理解为学生在学校所习得的文化时，课程概念的外延已足够宽广了，而我们通常言语之中的课程大都只是与学科相联系的。后来又有了第二课堂，相应地便有存在于其中的课程（第二课堂中的课程，或称之为第二类课程）。然而，第二类课程最好称之为活动课程，如杜威理解的那样。我们权且称与学科相联系的那种课程（即传统意义下的课程概念）为第一类课程，而称活动课程为第二类课程。但这样的两类课程并非课程的全部，亦即并非学生可从学校学习得的文化的全部。隐含于校园的大学精神、观念、信仰……所构成的文化，亦称学校隐性文化，它所构成的课程不是第一、二类课程所能涵盖的，它便是隐性课程。隐性课程概念不是逻辑的产物，而是在教育的实际生活中存在着并被人意识到。为了论述方便，我们权且称其为第三类课程。到目前为止，第一、二、三类课程构成了我们所知道的课程的全部。

在文化素质教育中，学生素质、教师素养、学校品位这三方面构成了其基本要素。对学校品位的重视，说到底即是对学校隐性文化的重视，对学校隐性课程的重视。因为，虽然第一、二、三类课程都影响学校品位，但第三类课程的影响最大（其内容、形式及特性的讨论在本文中从略）。隐性课程对学校品位的决定性影响，从大学的历史和现实中可进一步印证。不同大学对于学生的影响力（或称教育力）并不是仅从（显性的）教学计划和课程表中可以看出的；具有同样的课程表的不同大学并不会同样培养出杰出人才，其差别亦源自于隐性课程（它不见诸于课程表）。

绝对多数的大学把素质教育办公室隶属于教务处，这种作法客观上反映了大学对素质教育与隐性课程关系的正确认识，反映了将三类课程均纳入学校教学视野的正确观念。然而，对隐性课程建设最能把握、最起作用，因而也最有影响的是校长，或者是一任一任的校长。“科技以不断推翻陈说、标新立异而高歌猛进，而文化却不能完全丢掉自己立于其间的历史和传统，相反，它步步退却（寻根），不断返回存在的本源去发现生活的意义”（丹尼尔·贝尔的思想）。对于那些想使学校站在科学技术顶峰的大学来说，它们恰好要更自觉地关注性质上与科技如此不同的人文，这正是一所高水平大学其所以能高水平的要诀。

国家级重点学科的建设，国家级重点实验室的建设，都是重要而艰难的。但有一项较之更重要，其建设也更艰难的课题，即隐性文化和由此而生成的隐性课程的建设。人们说，唯有一批一流的学科才能成为一流的大学。恐怕还要补充说，没有一流的隐性文化也难以成为一流的大学。

可以预言，中国大学将会以更深邃的眼光来看待课程，课程及其改革将会在更广更深的层次上，以更壮阔的场面展开。

参考文献

［1］周远清．在高等教育面向21世纪教学内容和课程体系改革经验交流会开幕式上的讲话［A］//高等教育面向21世纪教学内容和课程体系改革经验汇编（Ⅱ）［C］．北京：高等教育出版社，1997：1.

［2］顾明远．教育大辞典［增订合编本（下）］［Z］．上海：上海辞书出版社，1998：1794.

［3］沈致隆．哈佛大学《零点项目》的启示［A］//中国大学人文启思录（第一卷）［C］．武汉：华中理工大学出版社，1999：44.

［4］陈宏薇．耶鲁大学［M］．长沙：湖南教育出版社，1990：3-7.

［5］朱应元．当代西方文艺理论［M］．上海：华东师范大学出版社，1997：365.

关于大学"去行政化"几个重要问题的探析①

/

钟秉林

自去年以来，关于大学"去行政化"的问题越来越引起高等教育界和社会各界的关注，已成为教育领域的热点问题之一。在今年召开的"两会"上，大学"去行政化"成为媒体报道中使用频次最高的关键词之一；不少委员、代表纷纷就这一问题各抒己见，由于理解不一、观点各异，使得大学"去行政化"问题进一步升温。总体看来，多数人对所谓大学"行政化"持否定态度，认为"行政化"导致大学背离了存在的本质，已成为深化高等教育改革、提高大学办学质量的障碍，主张"去行政化"。也有人对大学"去行政化"提出了保留意见，认为在当前"去行政化"和取消行政级别有可能贬低大学地位，将会制约大学的发展。笔者认为，在讨论大学"去行政化"问题时，必须保持清醒的头脑，首先应明确大学"行政化"的具体内涵及表现形式，明确"去行政化"要解决的具体问题；同时要深入分析大学存在"行政化"倾向的深层次原因。如果不搞清楚这几个问题，"去"起来也就可能无的放矢，甚至于自乱阵脚，反而会影响高等教育和高等学校的改革与发展。

一、大学"行政化"的内涵及表现形式

行政管理是随着人类社会早期公共事务和"公共权力"的出现而产生的古老的管理活动。严格意义上讲，行政管理是指国家行政机关依法对国家和社会公共事务进行的管理。我国对行政管理的理解比较宽泛，除政府机构外，还包括企事业单位中的管理活动。因此，可以从两种意义上理解大学行政管理：国家行政机构对大学的管理行为；大学内部的行政部门对大学施行的管理。

应该说，作为一种管理手段，行政管理在大学管理中应用的初衷，在于提高大学管理的效率，确保大学有效实现其组织目标，更好地实现其功能和使命。从这个意义上而言，大学行政管理本质上只是一种实现大学组织目标的管理模式和管理方

①全文摘录。文章来源于《中国高等教育》2010年第9期。

法，应该与当前广遭社会诟病的大学“行政化”区分开来。所谓大学“行政化”，是指以官僚科层制为基本特征的行政管理在大学管理中被泛化或滥用，即把大学当作行政机构来管理，把学术事务当作行政事务来管理。根据以上对大学行政管理的定义，可以从政府对大学的管理和大学的内部管理这两个层面来剖析大学“行政化”的实质及其表现形式。

首先，从大学和政府之间的关系来看，“行政化”主要体现在政府将大学作为行政机构或行政机构的延伸部门来管理，严格控制，管办不分。具体体现在以下四个方面：一是在管理职能上，存在定位不准、缺位、越位等现象。大学作为独立法人和办学主体应依法享有的人事、财务、学术、规划等方面的自主权，未能全面落实。同时，政府在制定标准、监督评价等方面应承担的职责亦未充分履行。二是在管理方式上，政府有关部门过多依赖行政命令手段管理大学，较少应用财政、法律等管理手段，规范性和法制性较差，随意性较大。三是在管理作风上，存在简单化现象，特别是个别政府工作人员存在官僚作风，讲究等级，与大学文化发生冲突。四是在管理文化上，大学倾向于依附政府及相关部门，更多关注的是如何获取行政配置的资源，缺少对办学规律的深入研究，难以彰显办学特色。

其次，从大学内部治理的角度来看，“行政化”集中体现为行政权力与学术权力的关系失衡、学术权力与行政权力的分割和对立、行政权力对学术权力的替代与压制。突出表现在以下几个方面：一是大学内部行政权力泛化。大学管理的“机关化”色彩过于浓厚，以行政权力干预或取代学术权力的现象比较普遍。行政权力对学术事务介入过多，忽视学者对学术事务的管理；大学中的学术组织（如学术委员会、学位委员会、教学指导委员会、教师职务评审委员会等）或者泛化为行政组织，行使某种行政职能；或者作为“虚位”组织，学术权力在大学的地位没有得到充分落实，往往难以发挥实际的作用。学术权力的弱化影响了行政决策的科学性，降低了决策实施的严肃性，大学管理中程度不同地存在着“议而不决、决而不行、行而未果”的现象。此外，由于与学术事务相关的资源分配权掌握在行政机关手中，学术事务被间接行政化，因此出现了个别学者热衷于到机关部处和院系所做官，部分行政机关的工作人员忙着读博士的现象。二是大学内部学术权力与行政权力的界限不清。行政权力和学术权力常常交织在一起，造成分工不明，责任不清，导致行政权力与学术权力的相互越位。一方面，行政权力常常替代学术权力，以行政管理的方式管理学术事务，甚至于包办学术事务；另一方面，也存在着学术权力使用不当，学者在学术事务中观点偏颇、意见不一致，或在非学术事务中发挥作用的意志过于强烈等现象，对行政权力的行使产生不利影响。三是学术权力的主体，教授及学术组织的作用不突出。高校的校级学术委员会中，学校和院系以及职能部门的负责人所占比例较高，学术组织的成员构成存在着明显的缺陷。学校和院系领导虽然也是相关学科的专家，但在学术事务决策思维上多少带有行政色彩。由于校务委员会、教代会制度不够健全，学者及学术组织缺少影响决策的制度化渠道，不能构成对行政权力的有效制约；在学校重大问题的决策中，学者及学术组织参与决策的途径和方式有限，权力得不到充分体现，影响了他们的积极性和创造性。四是缺乏相关法律制度及其实施细则的保障，学术权力的合法性和可操作性在实践中难以体现。按照《中华人民共和国高等教育法》的规定，大学学术委员会的职责是审议学科和专业的设置，制定教学和科研计划，评定教学、科研成果等，但在实际运行过程中，学术委员会主要发挥咨询审议的功能，且议事规则不规范，相关决议的效力不明。

二、大学“行政化”产生的原因

应该看到，我国大学管理中普遍存在的“行政化”或“泛行政化”现象有其深层次的产生原因：既有大学内部的原因，又有大学外部的原因；既有历史的原因，又有现实的原因。只有正确认识和分析产生大学“行政化”现象的原因，才可能提出破解大学“行政化”难题的策略和措施。

大学内部存在行政权力和学术权力的对垒，是产生大学“行政化”现象的客观原因。一般而言，大学内部事务可以分为学术事务和非学术事务（或行政事务）。与此相对应，大学内部存在着两大并行的权力系统。一种是以行政管理组织结构为网络的行政权力系统，另一种是以教授、专家、学者为核心，以学术组织为主体的学术权力系统。行政权力扎根于权力授予，来自组织的委派或任命，突出照章办事和等级服从，主要通过行政命令和指示自上而下贯彻执行，具有整体性、层次性和强制性，其价值定位是保障大学组织目标的实现，保证教育方针和办学思想得以落实。学术权力是学术组织及学术人员通过各种途径管理学术事务的权力，它不是外部赋予的，而是大学的内在要求，是大学本质特性的外化，主要依靠学者基于学术构建的权威对客体产生影响，具有松散性、非强制性、自下而上等特点，其价值追求是保证学术标准得以贯彻，学者所从事的学科得以发展，学术人员的学术权力得以保障。大学的行政管理和学术管理协调匹配、共同作用，才能保证大学在整体稳定有序的状态下不断发展和提高。一所大学组建后，行政权力便相应产生。随着大学职能日益多样化，大学组织的复杂性增强，对行政权力的依赖性加剧，使得行政权力在行使中不断强化。而学术权力的产生和培育相对缓慢，其权威性的树立需要较长时间，其有效履行的组织保障和制度保障均明显弱于行政权力，经常受到行政权力的压制，这在客观上导致了大学内部管理容易产生“行政化”现象。

新中国成立以来我国实行计划经济体制和高度集权的高等教育管理体制，是导致大学“行政化”的历史原因。新中国成立以后，我国高等教育管理体制主要是照搬“苏联模式”，大学近乎于政府的附属机构，对大学的管理以行政权力为主，学科专业设置、课程教材标准、学生招收录取、学历学位授予、教师职称评定、办学资金使用等，都必须经过政府批准、检查或审定，大学的办学自主权十分有限。大学内部管理基本上也是“上令下行”的行政管理方式，行政权力决定资源配置、人事安排、绩效评定等，学术权力一直没有发挥应有的作用，教授学者的积极性和创造性受到压抑，从而严重制约了大学的发展和高等教育水平的提升。改革开放以来，随着市场经济的逐步完善和高等教育管理体制改革的深入推进，这种状况已有明显改善。尽管如此，由于体制的惯性，前述种种大学“行政化”现象依然程度不同地存在，政府有关部门往往还习惯于用行政管理的逻辑和方式来管理大学，大学往往还习惯于依据行政机构的组织结构来设计大学的内部组织，按照行政组织的管理方式对校、院、系进行权力分配，并赋予其相应的行政级别，确立管理中的隶属和服从关系。政府与大学之间的关系在不少方面还是命令与服从的关系，这在无形中又成为了大学内部行政机关和学术组织之间关系的范本。在很大程度上可以说，当前大学管理中的“行政化”倾向，仍是计划经济思维和做法的延续。

大学办学自主权落实不到位、政府行政权力缺少监督制约，是产生大学“行政化”现象的现实原因。改革开放以来，我国高等教育改革的重点之一就是扩大高等学校的办学自主权。1985 年颁布的《中共中央关于教育体制改革的决定》确定了扩大高等学校办学自主权的方针；1993 年国务院颁布的《中国教育改革和发展纲要》进一步明确了高等教育改革要逐步建立政府宏观管理、学校面向社会自主办学的体制；尤其是 1998 年《中华人民共和国高等教育法》的颁布和实施，以法律的形式对高等学校的办学自主权作了明确的规定，为大学依法自主办学以及协调行政权力与学术权力之间的关系提供了法律依据，从而改变了几十年来中国大学办学无法可依、单纯依靠政策和行政手段指导工作的状况。尽管有关法律法规对高校办学自主权的规定是明确的，但还缺乏实施办法和细则。高校到底应该享有哪些办学自主权、如何保障高校办学自主权等关键问题仍未有全面和明确的答案。从实际情况来看，尽管有关法律法规明确规定高校享有办学自主权，但仍程度不同地存在着政府干预高校办学的现象。例如，与高校自主办学直接相关的预算、人事、规划、学科、人才培养等方面的权力，有待进一步落实和逐步扩大；高等教育资源主要由政府通过行政手段进行配置，分配到大学内部的资源仍然通过行政机关进行二次分配；政府对大学的行政权力缺乏有效监督和制约等。这些因素使得大学“行政化”和“泛行政化”的现象在某些方面愈加凸显。

此外，我国历史文化传统中形成的“官本位”意识突出，导致一些大学行政人员甚至是学术人员对行政权力“情有独钟”，学校内部行政机关为教师学生和教学科研服务的意识薄弱；社会往往也根据行政级别、行政权力等因素去判断大学从业人员的价值，使得大家用过多的精力去关注行政权力，这也是导致大学“行政化”的重要原因。

三、大学“去行政化”的基本思路及相关措施

在厘清大学“行政化”的内涵及其表现形式，分析产生大学“行政化”的深层次原因的基础之上，即可“对症下药”，提出大学“去行政化”的基本思路和相关措施。无疑，既然产生“行政化”的原因是多方面的，那么“去行政化”将是一个系统工程，涉及方方面面的工作。大学“去行政化”并非取消大学行政管理或简单地取消行政级别，关键是要从根本上铲除“行政化”产生的土壤。

完善大学内部治理架构，协调好行政权力和学术权力之间的关系。大学内部的行政权力和学术权力都有其存在的合理性，关键是把它们协调好，不能相互之间出现越位、错位或失位。现在的突出问题是，行政权力对于学术事务干预比较多，行政权力在很大程度上决定着学术资源的调配，甚至以行政决策代替学术决策。解决这一问题，一要进一步明确行政权力和学术权力的界限，严格限制行政权力放大或对学术权力进行干预；二要确立学术本位的观念和意识，充分尊重学者与学术组织在学术事务决策中的作用，高度重视并切实发挥学术权力在学术管理活动中的主导作用，积极营造尊重学术的大学文化；三要强化学术民主制度建设，健全校务委员会、学术委员会、学位委员会、教学委员会等相关制度，保障学术人员能充分参与大学管理和决策，切实享有对学术事务的主导权；四要充分保障大学教师和学生权益，完善“以教师为主体的教职工代表大会”制度，明确规定教代会的职责并确定学者代表的比例，使教代会的组成真正反映高校各种利益群体的要求，将教职工参与学校民主管理和监督的权力落到实处，同时也要高度重视学生群体对学校事务的参与；五要改善大学行政管理方式方法，克服官僚主义作风，尽快实现大学行政管理从官本位向学术本位转变，从以行政管理为主导的高度集中的管理模式向行政管理与学术管理相结合的管理模式的转变。总之，就是要推动学校行政管理部门能够真正以教师、学生和学术为中心，主动为教学和科研服务，做到行政权力和学术权力相互匹配、相互协调、相互制约、相辅相成。

切实转变政府职能，依法保障高校办学自主权。正确处理好政府和大学的关系，是大学“去行政化”的关键所在。一方面，大学提供的服务具有公共产品的性质，政府有义务为其提供必要的资源和制度保障，这不仅仅是权力，更是现代政府应该履行的职责。另一方面，大学的权力，尤其是公立大学的权力，主要来自于政府的授权，政府有责任也有权力对其进行调控，使其更好地发挥应有的职能。处理政府和大学的关系，必须正确定位政府的职能。政府是高等教育和大学的宏观管理者和调控者，其目标在于促进大学更好地开展教学、科研活动，更好地提供社会服务，推进高等教育健康、协调、可持续发展。政府有关部门应进一步转变职能，加强宏观管理，实施分类指导，不应直接干预大学内部事务，尤其不应直接干预大学内部的学术事务。政府对大学的管理不应过多依赖行政命令的方式，而应更多地采用财政、法律等宏观调控手段。具体而言，政府对大学的管理，应从直接的人财物控制转变到提供资源和制度保障，从直接干预办学行为转变到通过制定办学标准、经济杠杆调节、监督检查和信息服务等手段对大学进行导向和调控。在制定相关政策、研制质量标准、实施建设项目时，应遵循大学发展规律，尊重大学办学自主权；要减少和规范对学校的行政审批事项，清理名义上已作备案管理，实质上仍在行使审批权的事务；要尝试把学科评审和教学评估等工作委托给行业协会或其他中介机构。理想的政府和大学之间的关系，应既能依法保障大学的自主权，同时又能有效实现政府的宏观调控，引导大学遵循教育规律，面向社会依法办学。

加强大学的科学管理，进一步提高行政管理和学术管理效能。大学“去行政化”问题之所以引起社会广泛关注和热议，其重要原因在于大学管理效能较低，在人才培养、科学研究、社会服务等方面满足不了国家和社会公众的要求。“去行政化”不等于在大学取消行政管理，而是要加强科学管理，进一步提高管理效率，更好地服务大学发展目标。20 世纪末以来，加强管理、增强绩效是世界范围内高等教育改革与发展的基本趋势之一。发达国家加强高校管理主要有四个特点：一是科学化。在大学管理中引入各种先进高效的管理工具和方法，提高管理水平。二是专业化。世界知名大学都在全国或全球聘用专业管理人员承担管理岗位，并建立严格的聘用标准和聘用程序。三是重视能力提升。通过形式多样、内容丰富的培训项目，提高管理人员的相关能力。四是强调管理的文化内涵。倡导尊重学术，服务学生，服务社会。近年来，我国大学规模渐趋庞大，功能目标不断拓展，组织结构更趋复杂，大学除了学术事务之外，后勤保障、基本建设、学生管理、安全稳定等方面的任务越来越重，这对大学管理的科学性及有效性提出了更高的要求。目前我国大学的行政管理还存在诸多问题，例如：权力过多集中在学校一级，管理重心偏高且效益较低；行政机构臃肿，职责不够清晰且应变能力较差；二级院系设置过多，学术管理跨度较大且效能不高；管理理念和方法陈旧，适应不了复杂多变的形势等。针对这些问题，大学迫切需要以管理重心下移为重点，建立结构合理、责权分明、运转高效的科学管理体系，并结合大学内部人事管理体制改革和教育职员制的探索，建设一支整体素质优良的高效的职业化行政管理队伍，切实改善大学的管理效能。

应该看到，“官本位”意识在我国根深蒂固，大学的“行政化”或“泛行政化”现象是“官本位”意识在大学的集中反映，其根本原因在于符合我国国情的现代大学制度尚未建立。大学“去行政化”涉及大学外部管理与内部治理等方方面面的变革，涉及政府、大学和大学从业人员的共同责任。令人高兴的是，这一问题已经引起了各方面的高度关注，即将发布的《国家中长期教育改革和发展规划纲要(2010—2020年)》对此也予以了回应。

关于高等教育学科建设的反思①

/

潘懋元

二、 全面准确地理解教育基本规律及其在高等教育研究上的运用

（一）教育基本规律的提出

任何一门科学性的学科，都是以探讨其研究对象的运行、变化、发展的规律为其主要任务，教育学作为一门科学性的学科，也应以探讨规律为主要任务。例如，我国“文化大革命”后编著出版、发行量最大的《教育学》就改变了“文化大革命”前以诠释教育政策为主要任务的教育学教科书方式，开宗明义就指出：“教育学就是通过对教育现象和教育问题的研究，去揭示教育规律的一门科学。”我于1980年前后，在许多地方和高校开设有关高等教育理论的讲座，题目就是“教育基本规律及其在高等教育的运用”。所不同的是，我认为高等教育作为一门学科，不仅要研究一般教育规律，而且应着重研究一般教育规律在高等教育实践中的运用。同时，我明确地提出两条基本规律，即教育的外部关系规律与教育的内部关系规律。

应当申明，教育两条基本规律的名称是我首先提出的，但这两条基本规律并不是我所发现的。许多教育理论专著或教科书，对这两条规律的内涵已有所阐述与论证。但一般只从社会对教育的制约性和教育对学生成长的主导作用来揭示教育基本规律的内涵，既没有把两者作为基本规律做明确的界定，在内涵的论述上也不够全面。我所做的工作，是把教育系统同社会及其子系统的内在必然联系和教育系统内部诸多因素的必然联系，在实践经验的基础上，运用辩证的系统论方法，进行了比较全面的分析和明确的界定。为求通俗易懂，在口头报告或书面表述上，可能有文字的出入，但基本内涵前后是一致的。

（二）教育基本规律的内涵

全面理解教育基本规律，应当弄清下面几层含义，避免断章取义。

---

①部分节选。文章来源于《中国教育科学》2014年第4辑。

第一，教育内外部关系规律均要求相互适应。

教育外部关系规律，即教育与社会关系的规律，要求教育要与社会发展相适应。教育内部关系规律，即教育内部诸多因素关系规律，主要有教育活动与教育对象的身心发展以及个性特征的关系、全面发展教育各育（智育、德育、体育、美育）的关系、教育过程诸要素（教师、学生、教育影响）的关系。这些关系也是相适应的。

“适应”，包括两个方面的作用，一是“受制约”，一是“起作用”，即作用与反作用，也就是相互适应。教育外部关系规律：教育要受社会的经济、政治、文化等所制约，并促进社会的经济、政治、文化的发展。教育内部关系规律：教育过程要受教育对象身心发展（不同发展阶段的“年龄特征”）所制约，又要引导和促进教育对象身心健康发展；同理，全面发展教育的各育，教育过程诸要素，均存在相互制约与相互促进的关系。

第二，教育外部或内部的关系都存在复杂性。

教育外部关系包含教育这一社会子系统同其他子系统如经济系统、政治系统、文化系统、科技系统等的关系，以及同社会与自然的诸多因素，如人口、地理、交通、资源、环境、民族、宗教等的关系，从而构成了复杂关系，并非单一对应的线性关系。适应的非线性关系决定了教育同社会相适应的复杂性。在运用这一条规律时，要全面考虑教育与各个社会子系统、各种因素的关系，避免只适应某一系统或因素而损害其他系统或因素。教育内部关系也是如此。比如：既要适应不同阶段年龄特征，又要适应个别差异；既要促使学生全面发展，又要发展学生专长；既要发挥教师主导作用，又要尊重学生的主体性，启发学生的主动性，还要充分利用教育影响的中介作用。

第三，教育外部关系规律与教育内部关系规律存在必然联系。

内部关系规律的运用要受到外部关系规律所制约，外部关系规律要通过内部关系规律才能实现。一方面，人的成长，是在一定的社会环境中培养的，教育目的、培养目标、教育制度、教育内容与方法、办学条件等，不能不受社会所制约，其所培养的人才，也应当为社会发展服务。另一方面，社会发展所需要的人才，只能按照教育内部关系规律来培养才能实现。如果教育目的与培养目标不明，教育制度混乱，教育内容与方法错误，既贻害了年轻一代的成长，也影响了社会的发展。有人提倡高等教育要回到象牙塔中，“为学术而学术”，既不受社会所制约，也不考虑为社会服务。把高等教育的发展寄托在有闲阶层的“闲适好奇”上，在当代既不可取，也不可能。这种提倡，是开历史的倒车。

第四，教育与社会发展相适应，与个体成长相适应，都存在主动适应或被动适应的问题。

主动适应指对正确的、积极的、符合科学发展观的事物，要自觉地发挥其积极作用；对错误的、消极的、违反科学发展观的事物，要尽可能避免或减轻其消极的影响。被动适应指不加判断、选择，一概照搬、盲从。

例如，市场经济的转型，对高等教育具有引进竞争机制，促进改革发展，提高教育和科研质量与水平的积极面；也容易滋长一切向钱看，以金钱衡量人生价值，降低道德水平的消极面。办学者要充分发挥市场经济的积极作用，推动改革发展，提高教育科研质量与水平。对消极影响，完全杜绝是不太可能的；但应有清醒的认识，尽可能避免或减轻其消极影响。

社会的经济系统、政治系统、文化系统以及教育对象的个性特征，往往都存在一定的积极面与消极面，因此，教育工作者都要自觉地采取主动适应的态度与方法。

第五，如何判断事物的正确与错误，积极或消极，符合或违反科学发展观，以便采取主动适应的态度与方法？

运用外部关系规律时，要以是否符合内部关系规律为准绳，即以是否有利于教育对象的健康成长为依据；运用内部关系规律时，要以是否符合外部关系规律为准绳，即以是否有利于社会的发展为依据。

以上这几层含义，我在许多论文或专著中有所阐述。近来发现有些人在转述或应用时，理解不够全面，引起歧义，因此把它整理如上。

（三）对教育基本规律的进一步认识

对教育基本规律的认识，还有两点思考需要补充。

第一，如上所说，一般以普通中小学教育为研究对象的教育理论或普通教育学教科书，对两条基本规律的内涵，大多已有所论述，但不够全面，也不够深入。对于教育与社会发展的外部关系规律，只从历史性、阶段性论述其必然性；对于教育与个体成长的内部关系规律，只从遗传、环境、教育三者的关系论证教育起主导作用；从儿童、少年期一般的年龄特征，说明教育活动必须符合个体的身心发展。通过以高等教育为研究对象的高等教育科学，对两条基本规律，尤其是外部关系规律的研究能比较全面深入地揭示上述含义。因为高等教育是专业性的教育，又是就业性教育。高等教育的各科各类专业，同社会的各行各级的职业相对应；高等教育的课程，主要是专业性课程，直接反映社会生产与生活的方方面面。由此，研究高等教育问题，必须深入到学校以外的社会实践中，探讨教育与社会的关系规律以及培养与社会相适应的专门人才的规律。正因如此，有的高等教育专著或文章，干脆将之称为高等教育基本规律。准确的理解，应是教育的普适性规律及其在高等教育的运用。至于高等教育的特殊规律，作为教育基本规律的下位规律（特殊规律），还有待进一步的研究。

第二，我对外部关系规律的认识与表述：教育要受社会的经济、政治、文化等系统所制约，并促进社会的经济、政治、文化等系统的发展。这个界定没有错，但失之笼统。我在研究教育制度时，发现有些意义不能很好地表述。

首先，教育，尤其是高等教育与科学技术的关系特别密切，高等教育肯定要受科学技术制约并促进科学技术的发展。不仅高等教育的课程内容要反映科学技术的最新成就，高等教育制度、教学方法，以及高等教育理念，也与科学技术存在必然联系。西方中世纪大学转变为现代大学，就在于近代科学技术进入大学的课堂，并且很快地在教学与研究上占据了主要地位。高等教育与科学技术的关系，应该属于什么系统？经济系统还是文化系统？科技与经济的发展密切相关，但在知识经济时代之前，科技并不是经济的内涵；人们习惯上常常把科学与文化放在一起，称为“文化科学”，但科学技术同一般文化不同，所起的作用也不同。

其次，经济这个概念包含两个方面，一是生产力水平，一是经济制度，或者说，包含生产力与生产关系，两者对高等教育所起的作用是不同性质的。当前我国经济处在两个转型之中，一个是从粗放型向集约型的生产方式转变，这是生产力范畴；另一个是从计划经济向市场经济转变，属于经济制度范畴。前一个转变主要作用于教育内容，当然还有教育方法、教育技术。生产力提高，也就是生产力的科学技术水平含量提高，使得高校的教学内容要更新，使得高校可以利用更先进的科技手段提高教学效果。例如，现在的高等职业教育就不能停留在过去简单的、粗放的技术层面，而要引进高新科技，因而也就不应限定于专科层次。后一个转变，必然要作用于教育制度，如招生制度、毕业生制度、教师人事与待遇制度、财务制度等。可见，生产力和经济制度对教育的影响是不同的，现在都摆在“经济”系统中，显然失之笼统。

为此，我进一步把这些关系分解组合为：①教育要与生产力和科技水平相适应，把生产力和科技视为一体；②教育要与社会制度相适应，主要是指政治制度与经济制度；③教育要与文化相适应，主要是指文化传统。现简要说明如下。

——为什么把生产力和科技视为一体？因为在现代生产上，科技是潜在的生产力，生产力的高低，就视其科技含量的高低；而在知识经济时代，科技已成为现实的生产力组成部分。

——把原来笼统的“经济”分解为生产力与经济制度之后，一方面，生产力与科学技术一体化组合了，另一方面，经济制度与政治制度都是人类社会的基本制度。经济制度反映生产关系，而政治是经济的集中体现，归根到底，也是生产关系的间接反映。把两个密切联系的制度合在一起，作为社会基本制度。当然，社会制度不仅有经济制度、政治制度，家庭制度、文化制度等也很重要，也应包含在与社会制度之中，也对教育起重要作用。教育要受这些制度所制约，并促进这些制度的发展。

——原来对文化的提法也过于笼统。文化这一概念的内涵很复杂，歧义也很多，同教育尤其是高等教育关系最重要的是文化传统。首先是民族文化传统，其次是外来文化传统。文化传统并非是“排外”的，当外来的优秀文化被接纳了，就成为民族文化传统的组成部分，形成了富有活力的新的民族文化传统。文化传统对社会方方面面都起着渗透性的潜在的引领与制约作用，包括对教育系统的作用；而教育，尤其是高等教育，起着对文化的批判、选择以及继承、保存、创新文化传统的作用。这就是教育与文化相适应的意义。有人认为，大学应当远离社会，躲进象牙塔中，“为学术而学术”，才能研究高深学问，成为所谓的“世界一流大学”，其错误就在无视社会需要学术、包容学术。社会的发展，包含着学术的发展，甚至可以说是学术的发展引领与推动社会的发展。同时，学术也只有在社会中才能得到发展。

——生产力与科学技术、社会制度、文化传统只是三个主要的子系统，还有许多社会的以至自然的因素在起作用。有时，某一因素起主要的作用甚至决定性的作用。比如，中国沿海地区与西部地区教育发展程度不同，就是由于文化传统与地理、交通因素所引起；在少数民族地区，民族、宗教等因素的作用也非常重要。

如上所述，对于社会的经济、政治、文化几个主要子系统的分解组合，只是作为研究教育问题尤其是高等教育问题的精细化。作为教育基本规律的表述，仍可按原来的表述，即“教育要与社会发展相适应”或教育要与社会的经济、政治、文化相适应。

（四）教育规律与教育实践的矛盾

认识规律的意义不是为了满足“闲适好奇”，而是为了以理论指导实践，将规律应用于解释现实的现象与解决现实的问题。但是，规律与实践是存在矛盾关系的。教育规律与教育实践的矛盾体现在如下三个方面。

第一，规律的抽象性、一般性与实践的具体性、特殊性的矛盾。

教育规律是抽象的、一般的，而教育实践都是具体的、特殊的，从一般的规律到具体的实践，中间有许多环节，如果忽略了这些中间环节，规律就成为空洞的教条。直接套用到实践中，就是教条主义了。很多教育实际工作者，抱怨我们的教育理论脱离教育实践。不是理论本身脱离实际，凡是正确的理论，都是从实践中总结出来的，都有实践的根据。问题在于理论工作者在运用规律时，忽视对规律转化为实践的中间环节的研究。而规律、理论，一般是不可能直接转化为实践的，必须通过一定的中间环节。

规律、理论转化为实践，中间的环节有许多，概括起来主要有这么几个：一是规律要转变为原则，原则比规律具体，但仍然是抽象的；二是原则要转变成政策、制度，但有政策、制度还不够；三是政策、制度还应转变为措施、办法、方案等，然后才能转化为实践。如果缺乏这些中间环节，教育规律与教育实践的矛盾就很难解决。这是第一个矛盾。

第二，规律的客观性和实践的主观性之间的矛盾。

规律是客观的，而认识是主观的，这中间会产生矛盾。规律客观存在，不以人的意志为转移；原则是主观对客观的认识，所以原则具有一定主观性。但原则总是通过大量实践经验总结出来，并经过科学的论证和实践检验的，具有较高的客观性。教育原则还要转变为政策制度，就带有更多主观性，往往带有决策者或制度制定者个人或群体的主观意志。也就是说，对教育规律的认识，往往带有个人或群体的主观成分。比如说，你认为这样做是符合规律的，有时恰恰相反。人们凭自己的经验，总是认为自己的决定是正确的，直到陷入误区，感到不妙，已经造成了损失。在决策上要避免陷入误区，就要广泛听取教育理论工作者和教育实践者的意见，力求做到民主化。

第三，规律的存在是无条件的，规律的应用是有条件的。

规律无处不起作用，但规律的运用要有条件。所以具体问题要具体分析，一切要根据时间、条件而灵活对待。我们常常强调要符合国情、省情和校情，都是指时空、条件不同，不能生搬硬套。例如，20世纪有两个重要理念，一个是教育机会均等理念，一个是人力资本理念，二者对高等教育的影响很大，尤其是对亚洲的高等教育影响很大。20世纪下半叶以来，全世界的高等教育发展每10年差不多翻一番，就是这两个理念在起着推波助澜的作用。教育机会要均等，但是许多国家不看时间，也不看条件，就在短期间把全国高等教育几乎均等了，往往导致高等教育质量严重下降。再就是人力资本理论，鼓励国家大力发展教育，加大教育投资。人力资本理论是对的，人力资本的确是最重要的，大力培养专家、培养专门人才也是强国之本。但如果跟经济发展不配套的话，人力浪费、待业、失业反而会变成负面影响。总之，这两个理论都是对的，但是要看时间够不够，条件够不够，需要认真考虑。

正确的理论、规律，如果用在不符合规律的地方，也可能产生负面影响。比如，许多国家招生搞宽进严出，但在中国，不很好地考虑国情就套用宽进严出的话，就会出问题。20世纪80年代，成人高等教育曾搞宽进严出就出了问题。在中国，宽进容易，严出就难了，最后变成宽进宽出。中国跟外国不同，中国大学生的毕业率是95%以上。所以在其他条件不具备的时候，不能这么做。倒是自学考试乘这个机会发展起来了，为什么呢？因为它考教分离，它能做到宽进严出，而一般成人教育是考教不分离的，宽进易严出难。

总之，在规律被发现之后，认识规律不难，应用规律不易。上面所举的应用规律的例子，看起来似乎很简单，其实其过程很复杂。

三、 高等教育学科的变化、 发展

（一）变与不变是学科建设所要面对的问题

社会在变化发展之中，作为社会子系统之一的教育，相应的变化发展是必然的，也是必要的。人的认识也在发展提高中，对变革中的高等教育的认识不断加深、提高也是必然与必要的。因此，作为高等教育理论建设的高等教育学，必然也必要反映社会与认识的变化。

如上所述，近现代以前的高等教育，指的就是研究高深学问的大学或大学教育，而现在大学只是高等教育中的一个组成部分，还有许多并非研究高深学问的应用型、职业型的专业院校。高等教育这个概念的外延虽然扩大了，但还不足以概括所有建立在普通教育基础上的网络课程、培训班之类的教育，因此国际上又提出了第三级教育、中学后教育等外延更宽的概念。

大学教育——高等教育——第三级教育——中学后教育……概念的外延在不断扩大中。高等教育学，尤其是高等教育学科群的建设，不能不及时反映概念外延的扩大，将正规与非正规、学历与非学历都包括在研究范围之中。

在认识的变化方面，如素质教育、通识教育的提倡与实施，以生为本、大学生自主性的提高，大学教师发展理念的提出与实施，现代大学制度的建设，以及后现代主义思潮的汹涌，对课改的影响，如此等等，无不应当反映在高等教育理论建设中。

还有，网络课程的发展与推广对高等教育课程、方式与方法、制度、管理以及教育理念的冲击，方兴未艾。高等教育学科建设，不能不及时反映这一变化的态势。

但是，作为高等教育核心的内涵，也就是高等教育的本质——建立在普通教育基础上的专业性教育，是不应任意曲解或否定的。如果事物的本质变了，事物也就不复存在，或许变为其他事物。高等教育也许有一天融入终身教育体系之中而不存在了，或者作为终身教育的一个特殊的组成部分而继续存在。

（二）高等教育学科建设要反映从精英高等教育到大众化高等教育的变化

众所周知，将现代高等教育的发展分为精英、大众化、普及化三个阶段是马丁·特罗所提出的。马丁·特罗这一理论提出之后，很快为各国所认同，中国也于20世纪90年代引进这一理论并作为教育发展政策的指导思想。因为这一理论符合高等教育必须与经济社会发展相适应的规律。

就世界范围说，二战之后，发达国家的经济发展迅速，生产力的提高与技术的转型需要大量受过高等专业教育的人才。因此，世界大学生数，自1950年之后，开头30年，几乎每隔10年就翻了一番，其后20年，增长数也很惊人。根据联合国教科文组织1998年的世界教育报告，1950—1997年世界大学生数的增长可见下表：

1950—1997年世界大学生数（单位：万人）

年份	1950	1960	1970	1980	1990	1997
大学生数	650	1 210	2 810	5 100	6 860	8 820

又据2009年第二届高等教育大会公报称：2007年全球高等教育机构注册学生已达1.53亿人，几乎又翻了一番。

中国学者在20世纪90年代初就引进高等教育大众化的理念。但在政策层面上认同这一理念则是在世纪之交，反映了中国经济社会转型发展的需要。众所周知，中国经济的转型发展，要求生产力要从劳动密集的粗放型向技术密集的集约型转变，经济制度要从计划经济向市场经济转型。前者要求高等学校更多地培养应用型的高级专门人才，后者要求高等教育的体制、机制变革。这就是中国在世纪之交扩招并迅速进入高等教育大众化阶段的时代背景。

应当说，中国高等教育从精英阶段进人大众化阶段是正确的，是符合高等教育必须与社会发展相适应的规律的。但由于准备不足，发展太快，产生了两个方面的问题。

其一是显性的，表现为数量增长与质量下降的矛盾。如果说，世界高等教育的增长，半个多世纪以来，大学生数每10年就几乎增长了一倍，翻了一番，那么，中国从1998年到2008年的10年间，大学生数增长达6倍。由于教育资源，尤其是优质教育资源跟不上，质量的保障成了世界性的问题，1995年联合国教科文组织在《高等教育变革与发展的政策性文件》中，就把“质量”问题作为三大主要挑战之一。而对中国的挑战，更为严重。这就是为什么当前国家对各级教育的战略是：义务教育均衡发展，高中教育加快普及，职业教育大力发展，而高等教育则是提高质量。这一显性的问题是人所共知的。

其二是隐性的，表现为以传统的精英教育的眼光来看待、评价大众化高等教育与制定教育政策。人的认识，往往落后于客观事物的变化、发展。高等教育虽从精英阶段发展至大众化阶段，但许多人，包括学者、专家和决策者，思想认识往往还停留在传统的精英教育阶段，从而不能正确地对待大众化高等教育的变化发展，从而在制定政策上，不能公平、公正地的对待大众化阶段的新事物。

高等教育从精英阶段到大众化阶段的变化是方方面面的，比如：

——从培养为数不多的精英人才，到着重培养数量庞大的应用型专门人才；

——从以研究高深学问、追求学术价值为导向，到以适应人才市场需求为导向；

——从单一化教育模式，到多样化教育模式。

多样化是大众化的必然要求，也是大众化发展的必然趋势。在大众化阶段，精英高等教育仍然存在，并应加以保护与适当发展，但只能是多样化教育模式的一个组成部分。多样化体现于大众化的方方面面，包括培养目标与教育质量的多样化、层次与类型的多样化、办学形式与体制的多样化、经营方式的多样化，等等。多样化有利于新生事物的产生与发展，有利于高等教育大众化的发展。但人们习惯于用求同、统一的思维定式，对于多样化的事物很难适应，总想将多样化统一起来，这将不利于高等教育大众化的发展。

（三）以“和而不同”的理念协调高等教育变革中出现的矛盾

应当提倡以“和而不同”的理念，来协调高等教育大众化的多样化发展。在高等教育学科建设中，也应当以“和而不同”的理念，来协调高等教育变革中的矛盾关系。

高等教育从精英阶段进入大众化阶段，不仅是量的增长，而且引发许多质的变化，正如马丁·特罗所指出：高等教育大众化是一个量与质的统一的概念。质的变化包含教育理念的改变、教育功能的扩大、培养目标和教育模式的多样化，课程设置、教育方式与方法以及入学条件、管理方式等一系列的变化。这些变化，虽然大多数是体现在实践层面上的现实问题，但必然要反映到理论层面上。因此，高等教育学科理论建设是保持精英阶段的传统观念还是适应大众化阶段的变化，就突出地体现在高等教育的价值观、质量观、发展观的矛盾上，从而也体现在政策层面上。

1. 价值观的矛盾。

传统观念认为大学的本质是主观的认知理性，高等教育唯一的价值就是学术追求。高等教育应当“为学术而学术”，不应当要求其与社会的经济、政治、文化相适应，以致降低大学的学术水平。

大众化观点则认为高等教育与社会发展和个体发展相适应具有必然性与必要性。高等教育的价值就在于推动社会发展和个体成长，并在社会发展和个体成长中实现自身的发展。凡是符合社会发展和个体成长各级各类教育，都有其存在与发展的价值，都可以成为一流的院校。研究型的大学要在为社会的发展与个人的成长中不断提高学术水平，而应用型的院校则是在满足社会对专门人才的需求和个人的成长中实现其教育价值。其实，精英高等教育也要在同社会、个体的互动中才能实现其教育价值，而不应退回昔日的象牙塔中，只满足少数人的“闲适好奇”。

2. 质量观的矛盾。

传统观念以理论知识的多少、学术水平的高低作为衡量高等教育质量的唯一标准，因而认为高等教育大众化，一方面降低高考录取分数线；另一方面，在学期间，又减少理论课程，着重技术、技能的实训，势必导致高等教育质量严重下降。

大众化观点认为进入大众化阶段，应持多样化的质量观。学生掌握知识、提高能力、适应社会需求和自身全面发展，就是高质量。不应持单一的学术标准来评价多样化的大众化高等教育。

由此观之，对“高等教育质量下降了”这一判断，包含了一个真命题和一个假命题。真命题所指的是扩招太快，教育资源尤其是优质教育资源的增长跟不上大学生数的增长，因此，应当适度降低大众化的速度，加快人、财、物的投入，尤其是提高师资水平，从而逐步提高质量。假命题所指的是以传统的精英教育质量标准来衡量应用型、职业型的教育质量。不少学者、专家，正是自觉不自觉地用传统的质量标准来评价当前多样化的高等教育，从而陷入马丁·特罗所指的“传统的扩张主义者”的窠臼：他们欢迎高等教育规模扩大，但要维护传统精英高等教育的质量标准，从而阻碍了大众化的发展。

3. 发展观的矛盾。

维护传统的精英高等教育价值观与质量观，虽然也欢迎高等教育规模扩大，但实际上是不赞成高等教育大众化的。如上所述，大众化是一个量与质统一的概念，没有量的增长，既不能满足经济社会发展、转型的要求，也不能满足个体在民主、平等的社会中对教育机会均等的要求。前一个时期，中国由于扩招太快而影响质量的保持与提高，但总的趋势是积极发展的，近年来已做了适度的调整。

4. 政策上的矛盾。

价值观、质量观、发展观必然体现在政策层面上。尤其是传统的求同、统一的思维定式对政策的影响，阻碍了高等教育大众化的变革与发展。例如：大规模的统一高考，重视理论知识而轻视实践技能，不利于应用本科与高职院校选择合适的人才；统一的办学条件不利于大众化多样化办学；以传统教育为基准所制定的统一评估制度驱使高等院校同质化。自2010年《国家中长期教育改革和发展规划纲要(2010—2020年)》颁布施行以来，有的政策已经有所改变，如高考政策、评估政策，但举步维艰。例如，关于去行政化的政策、对民办教育的歧视政策、不利于高职发展的重本轻专政策，等等。

高等教育的理论研究不可能代替政策研究，因为政策的制定，还需要结合现实条件。但是，理论研究负有引导政策的社会责任。面对高等教育的变革与发展，高等教育学学科建设应当与时俱进，从发展的趋势中预见未来，指引政策的制定，推动教育的变革与发展。

谈谈电化教育的几个理论和实际问题[①]

/

南国农

一、 名词、 定义问题

电化教育这个名词，是20世纪30年代我国开始使用的，意思是指利用电影、广播、幻灯等工具来施行教育。新中国成立后，我们沿用了这个名词，一直到现在。

近几年来，报刊上出现了一些与此有关的新名词，如现代化教学手段、教育技术，以及视听教育、电化教学等。这些名词与电化教育有无区别，有什么关系？对于这个问题，有两种不同的看法：

第一种看法认为，它们之间没有区别，好像医生与大夫、电动机与马达，是不同名词表达了同一概念。

第二种看法认为，它们之间有区别。把它们作为同义词来使用，不太合适。

现代化教学手段、教育技术和电化教育并不是一回事。前者主要是指各种现代化的教育媒体，包括硬件和软件，是物的概念；后者是过程的概念，它所指的主要是运用电教媒体进行教学、教育的全过程。不能把两者等同起来。

视听教育和电化教育也不是一回事。在国外，视听教育的内容和范围很是广泛，凡是运用照片、图表、模型、标本、仪器、唱片、录音、广播、幻灯、电影、电视等视听工具进行教学、教育活动，以及直接由视听获得知识的教学、教育活动，如参观、旅行、表演、展览、实验、实习等，都属视听教育的内容与范围。电化教育的内容与范围没有这么广泛。

电化教学和电化教育也不完全是一回事。电化教育是一个比较广泛的概念。在学校教育和社会教育中，运用电教工具进行教学、教育活动，都属电化教育。单纯用于教学活动，就叫电化教学。

对于上述两种看法，我们赞成第二种，即有区别的那一种。

---

①全文摘录。文章来源于《电化教育研究》1981年第2期。

目前，对于电教这个事，使用名词很多，使人颇有混乱之感。有人提出应统一使用名词，颇为有理。那么，应该用哪个名词来统一？我们认为，暂时还是用“电化教育”。理由是，这个名词虽不理想，其他几个名词也不理想，而“电化教育”这个名词，含义比较明确，在我国已经用了将近半个世纪，大家比较熟悉了，暂时还用它，等将来有机会审定学术名词时，再去讨论确定。

关于定义问题，近几年来，书刊上对电化教育所下定义，多种多样。举例如下：

例一，《辞海》上的定义：“电化教育是通过广播、电视、电影或幻灯的放映，向人民群众进行教育。”

例二，某教育杂志上的定义：“把电影、电视、录像、录音、幻灯、广播、语言实验室等现代化的视听工具，应用于教学过程，叫作电化教育。”

例三，某科技杂志上的定义：“电化教育在国外又称作视听教育，一般是指使用幻灯、投影、电影、录音、电视、录像和语言实验室等技术和设备，进行教学活动。”

我们也曾给电化教育下过定义：“运用电教工具，进行教学、教育，就是电化教育。”

概念的定义，是在揭露事物的本质。上述几种定义，是否揭露了电化教育的本质呢？今天看来，还是值得研究的。

电化教育的本质是什么呢？它是属于现代教育范畴的一种新的教育方式。它体现了现代的教育思想、内容、方法和组织形式。它是运用电教媒体，并与传统媒体恰当结合，使用先进的教育方法，控制教育过程的各种信息，并加以正确利用，以取得最优的教育效果。

定义不是一成不变的，是可以变化的。因为，客观事物在不断发展变化，人们的认识永远不会停留在一个水平上。例如，在古代，对“人”这个概念所下的定义是“人是会思维和两足直立的动物”。而在今天，人们认为，人的本质是能够制造和使用生产工具的动物。显然，“人”这个概念的定义，随着人们认识的深入而发生了变化。但是，在同一时期内，对同一概念有多种不同的定义，这对人们对它的正确认识和实践是不利的。我们希望能在深入开展电教科研的基础上，对电化教育这个概念产生一个大家公认的、较有权威的定义。

二、 对象问题

电化教育的研究对象是什么？有人把欧美各国的程序学习、发现学习、小队教学、不分级制，以及学校建筑、教室结构、黑板、课桌椅、实验仪器等，统统归入电教研究范围。把构成教育过程的诸因素：教师本身及其活动、学生本身及其活动、教材、教法、教具、教室等，都归为电教研究对象。这是不是把电教研究领域扩大化了？这样一来，电教研究对象和普通教育学的研究对象的区别在哪里？电教失去了它特定的研究对象，也就不能成为一门独立的学科了。这种看法是有问题的。

也有人认为，电化教育的研究对象就只是（或主要是）卫星电视和电子计算机。这种看法显然也是有问题的。

我们认为，电化教育的研究对象和范围（这里，作为一门学科，更准确的提法，应是电化教育的研究对象和范围）主要包括以下六个方面：

1. 电化教育的一般理论。包括电化教育的概念、性质、任务、特点、作用、发展史等。

2. 电教媒体及其使用技术。包括各种电教媒体的基本原理、特点、功能，使用方法等。

3. 电化教学、教育过程的规律。

4. 电化教材、资料的编制与使用。

5. 电化教育和教学改革与教学过程最优化。

6. 电教行政与管理。包括电教的组织机构和人员，电教建筑、设备及资料的管理，等等。

三、 作用问题

电化教育的作用如何？它在培养人才方面，在教学、教育中到底起着什么样的作用？对于这个问题，人们看法不一。

看法不一，不足为奇。任何时代，凡是看到巨大的发明、新技术的产生、新生事物的出现，总会在人们之间引起一阵对立的，有时是强烈的反应：有的热情地欢迎，有的冷言冷语，有的表示敌视。这方面的例子很多，对电视的出现的看法，就是一个比较典型的例子。有人说，电视技术的问世，是 20 世纪的一项伟大成就，它使人们增长了智慧，给人们的生活带来了便利，因而，把它看成“天使”。而另有一些人，则把它看成“魔鬼”，他们说“世界上没有一项发明，比电视更浪费人们的时间，更有害人们的生活和意识”。

对电视的看法，不等于对电化教育的看法，电视只是电化教育使用的一种手段。那么，对电化教育的看法又是怎样的呢？也是有的赞成，有的漠视，有的反对。赞成者说，电化教育的出现，是教育上的一次革命，它使教育摆脱了“手工业方式”的束缚，走向现代化的道路。反对者说，电化教育分割了学习，限制了师生的感情交融，使人情与技术之间的矛盾日益突出，在教育上没有起积极的作用。漠视者则不闻不问，听之任之。

我们的看法是怎样的呢？我们不是电化教育的盲目信奉者，不认为它是万应灵丹，能治教学、教育上的百病。但是，它对提高人们的科学文化水平、提高教学质量、发展教育事业是可以起积极作用的。

电化教育在教学、教育中的作用，概括起来，有以下几点：(1) 它易于激发学生的学习兴趣和内部动机，为学生学好提供有利条件；(2) 它能使学生对所学教材得到充分的感知；(3) 它能使学生对所学教材易于理解，便于记忆；(4) 它有助于学生的技能训练和智力发展；(5) 它能更好地适应学生的个别差异，实现因材施教；(6) 它能促进学生共产主义思想品德的形成；(7) 它能加快教育事业的发展。总之，电化教育在提高教育质量，发展教育数量，为四化建设多快好省地培养人才方面是可以发挥积极作用的。对此，我们电教工作者必须要有足够的认识，才能坚定信心，克服困难，不断前进。

四、 电教课的标志问题

电教要在教学、教育中起作用，一定要深入学科、深入课堂。看一个学校电教工作开展得怎样，标志之一，是上电教课的数量和质量，上了多少电教课，上得好不好。以我们学校来说，1980 年，我校 13 个系，教学总数近 5 000 学时，上电教课 432 学时（外语系、化学系在自己的电化教室上的课未计入），占教学总数不到 10%，数量是少的。质量呢？也不够理想，有的课只能说是具有电教因素，离真正的电教课还有一段距离。举几个例子来说：

例一，有这么一堂化学投影幻灯课，上课时，教师宣布课题，然后打出一张投影片，上面写着提纲和定义，写得满满的，教师照着从头到尾念了一遍，学生紧张地逐字逐句地抄着，抄完，再打一张，如此打过三四张，下课铃响，上课结束。这样的课，算不算电教课？

例二，有这么一堂数学录像电视课，共 50 分钟，教师在电视屏幕里讲着、板书着，学生在电视旁听着、抄着，看不出同传统上课有什么差别，只不过是通过录像把传统课堂搬上了电视屏幕。这样的上课，算不算电教课？

例三，有这么一堂语文电影课，讲鲁迅的作品，看了两部片子：《祝福》和《中美篮球赛》，共 170 分钟，映前无提示，映后无小结，讲的这种课题，映的那种材料。这样的上课，算不算电教课？

上述三种上课，都不能算是真正的（或合格的）电教课，最多只能说是带有电教因素的课。说带有电教因素，是因为有电教媒体参与了教学过程。

怎样才算是合格的、好的电教课呢？好的电教课不是老的传统教法加新的电教手段，而是围绕着电教媒体的正确运用，把参与教学过程的各种因素最佳地组合起来，以最大限度地提高教学效果，实现教学的最优化，使学生学到的东西更多、更快、更好。

五、 下一步如何走的问题

我国办电教，开始于20世纪30年代，到现在已有40年的历史，但是，新中国成立前，由于政治、经济、科技等原因，进展缓慢。新中国成立后，20世纪50年代长出的一点新苗，因为种种原因，又被摧残殆尽。粉碎“四人帮”后，我国的电教获得了新生，进入了一个旺盛的健康发展时期。1978年以来，我们前进的步子是大的，取得的成绩也是大的。三年来，我们制订了明确的电教方针；建立了各级电教机构；组成了一支电教专业队伍；购置了基本的电教设备；制作了一批教学软件；积累了一定的电教经验。当然，也不是没有困难和苦恼。

我们胜利地走了第一步，下一步该如何走？应该主要抓什么？

我们认为，下一步，应该着重抓三件事：

第一件，教学软件的制作与交流。

目前，进一步开展电化教育最大的问题是什么？是软件不足。软件不足，这也是世界性的问题。美国单16毫米教学影片就有30万部，但是，他们也在大声疾呼“我们要更多地注意软件!”我们今后进一步开展电化教育，也要在软件上多下功夫，解决三片二带问题。

要解决这个问题，首先要抓制作。制作教学软件时，有四点值得注意：

1. 依靠两种人：各种任课教师；电教专业人员。

2. 做好四件事：选题；选媒体；写稿本；制作。

3. 考虑三句话：先基础课，后专业课，有力量也可齐头并进；单干不如协作；一片一题，最后成龙配套。

4. 注意四要求：教育性；科学性；技术性；艺术性。

其次要抓交流。可以举办分科的或综合的教学片，从中择优复制推广，要编印《电教资料目录》，以通情报；成立电教资料发行机构，统一发行工作。

第二件，电教人员的培训。

电教人员是发展电教事业的决定因素。没有一支足够数量的优良的电教队伍，要发展电教事业是不可能的，而这支队伍不会自发产生，要靠培训。

电教人员，主要包括这样四部分人员：技术人员；管理人员；教学人员；科研人员。

电化教育，从字义讲，就是用电化工具进行教育活动，从事电教的人，必须于懂得电化工具之外，还要懂得教育。只懂得电化工具而不懂教育，或相反，都不是理想的电教人员，这样的人也做不好电教工作。我们的电教人员，应该是电教工作的多面手，一专多能的人。他们应具备以下几个基本条件：（1）懂得电化教育的一般理论；（2）懂得常用的电教工具的使用技术；（3）懂得运用各种电教工具进行教学、教育的方法；（4）热爱电教工作。目前，我们电教队伍中，并不是所有的人都具备这些条件。

关于电教人员的培训，可以采取多种形式，如举行电教短训班、在高等院校开设电教课、设置电教专业等。几年来，我们各级电教机构在这方面做了不少工作。今后还应做得更多些。要注意总结经验。

第三件，电教科研和实验。

要提高电教工作质量，必须把电教科研搞上去。电教科研课题广泛，有理论的、技术的、方法的、管理的等。在这方面，我们做得还很不够。从现在起，应好好抓一下这个工作。若能集众人之力，在较短的时间内编出一本我国自己的《电化教育学》，那就好了。

关于电教实验，我们做得更少。因此，当我们说电化教育比传统教育如何如何优越时，往往拿不出足够的数据和有力的证明。今后，一定要在电教实验上下点功夫，如此，我们的电教理论才不会是苍白无力的。

信息技术与课程深层次整合的理论与方法①

/

何克抗

三、 如何通过信息技术与课程的深层次整合实现基础教育的跨越式发展

关于这个问题，可以从以下四个方面进行分析：教育信息化深入发展进程中的瓶颈问题；解决这一瓶颈问题的出路何在（敢问路在何方）；信息技术与课程整合对我国当前教育深化改革的重要意义；通过教育创新和信息技术与课程的深层次整合实现基础教育的跨越式发展。

（一）教育信息化深入发展进程中的瓶颈问题

1. 教育信息化发展现状。

自 2000 年 10 月召开第一次全国中小学信息技术教育工作会议（在我国教育信息化进程中这是一次具有里程碑意义的重要会议）以来，由于政府的大力推动，我国教育信息化有了长足的发展。就基础教育领域而言，教育信息化的硬件设施与 4 年前相比，增长了 10 多倍。例如，中小学已经建立的校园网数量，在 2000 年 10 月召开那次会议的时候只有 3 000 个左右；2003 年 3 月基础教育司的统计已达 26 500多个；到 2004 年底尚未有新的官方统计数字发表，但据部分教育信息化专家估计，目前这一数字应在 40 000 至 45 000 之间。不仅中小学校园网的数量有了极大的增长，校园网络的带宽与传输速率也有大幅提升——4 年前校园网络的普遍情况是百兆主干、十兆到桌面；而现在虽说千兆主干、百兆到桌面的情况还不能算普及，但也正以很快的速度在发展，与 4 年前的情况不可同日而语。

教育信息化硬件设施的大幅增长本来是件令人高兴的事，但是花费了几百亿元建设起来的几万个中小学校园网，目前却绝大部分未能充分发挥作用，造成资源的极大浪费。这种状况又着实让人为校园网的应用状况担忧。据我们对南方局部地区的抽样调查统计，目前我国中小学校园网的应用状况大致如下：

---

①部分节选。文章来源于《电化教育研究》2005 年第 1 期。

(1) 80%以上只用于开设“信息技术教育”必修课，没有其他的教育教学应用。

(2) 在其余20%已开展“信息技术教育”必修课以外的应用中，有一部分用于教育行政管理（如校长办公系统、电子图书馆、财务报表、学生成绩统计等）；另有一部分则用于辅助教学（大多停留在多媒体加 Power point 的应用水平）。

(3) 真正能在各个学科的教学中，通过开展信息技术与课程的有效整合实现教育深化改革的学校（即能够真正围绕改变传统的“以教师为中心”的教学结构，形成“主导—主体相结合”新型教学结构这一目标来进行整合的学校）不到5%。

由于上述调查统计是在南方某个经济比较发达、信息技术教育应用水平也比较高的地区进行的，所以就我国当前绝大多数地区而言，其应用状况实际上还达不到上述水平。

2. 制约教育信息化发展的瓶颈。

校园网建设需要很大投入（少的几十万元，中档的一百多万元，高档的二三百万元以上，有些学校投入更多）。大投入应有大产出，高投资应有高效益。学校的产出是高素质人才，学校的效益应体现在各学科教学质量与教学效率的大幅提升。而目前的实际状况与这一目标有较大的距离，大投入没有大产出，高投资未能体现高效益。很多学校的信息技术环境（尤其是网络环境）只用于开设信息技术必修课，而不能促进教育的深化改革，不能提升中小学各学科的教学质量（更不用说大幅度地提升）——这是当前教育信息化进程中普遍存在的问题，也是制约我国教育信息化深入发展的瓶颈（关键所在）。

当然，信息技术课作为必修课开设，无疑对提高学生的信息素养、信息能力是大有好处的，但是校园网工程的大量投资若仅仅体现在“信息技术教育”这一门课的效益上，那样的效益与投入相比就太不相称了（如果只是开设信息技术教育课，每所学校建一两个联网的计算机教室就够了，不必花上百万元甚至几百万元的资金去搞校园网）。

所以，能否运用信息技术环境（尤其是网络环境）来促进教育深化改革，大幅提升各级各类学校的学科教学质量，实在是当前教育信息化健康、深入发展的关键所在——信息技术与课程整合必须在提升各学科的教学质量与教学效率方面狠下功夫。

如何运用信息技术环境（尤其是网络环境）来促进教育深化改革、大幅提升各级各类学校的学科教学质量与效率的问题，不仅是中国教育信息化健康、深入发展的关键问题，也是当今世界各国教育信息化健康、深入发展的关键问题。从2003年12月召开的ICCE（计算机教育应用）国际会议的主题“ICT教育应用的第二浪潮——从辅助教与学到促进教育改革”，以及微软于2004年11月举办的信息化国际论坛中也强调要运用信息技术来促进教育改革并实现教育的蛙跳式发展即可看到这种发展趋势。

怎么办——解决上述问题的办法、出路究竟在哪里？

（二）敢问路在何方

目前国际上普遍认为只有通过信息技术与课程的有效整合才有可能解决上述问题，但是，有效的整合又该如何实施？整合的途径方法（尤其是深层次整合的途径方法）又在哪里？在本文的开头部分曾经指出：任何一种关于信息技术与课程整合的理论（如果称得上是科学理论的话）都必须能够对信息技术与课程整合的目标、内涵、方法等三方面的问题做出科学的回答。在本文第二部分我们已经对前两方面的问题（即信息技术与课程整合的目标与内涵）做了较全面的阐述，下面再来寻求第三方面问题（即整合途径与方法）的答案。显然，这是信息技术与课程整合理论中最核心、最关键、最难以解决的问题，也是广大教师最为关注的问题。我们不妨从国外和国内两个方面来探索一下这一问题的解决办法。

第一，发达国家关于信息技术与课程整合的理论研究。

有关信息技术与课程整合的文章、论著在国际会议和国外有关文献上不胜枚举，但是真正具有一定理论深度的研究却不多，能对上述三方面问题给出全面而深刻论述的文章就更是凤毛麟角。通过广泛的文献调研，我们发现在众多进行信息技术与课程整合的研究论文中，美国教育技术 CEO 论坛的第三年度（2000 年）报告比较系统、完整地从上述三个方面阐述了信息技术与课程整合的理论与方法，而且就其撰写人的研究水准与资历来说，在美国乃至国际上都称得上一流，因此最具有权威性与代表性，可以作为我们研究的借鉴。该报告指出：“数字化学习的关键是将数字化内容整合的范围日益增加，直至整合于全课程，并应用于课堂教学。当具有明确教育目标且训练有素的教师把具有动态性质的数字内容运用于教学的时候，它将提高学生探索与研究的水平，从而有可能达到数字化学习的目标……为了创造生动的数字化学习环境，培养 21 世纪的能力素质，学校必须将数字化内容与各学科课程相整合。”

这里所说的“将数字化内容与各学科课程相整合”就是我们通常所说的“信息技术与学科课程相整合”（在国际上这两种说法是完全等价的，因为数字化内容不论就其产生、存储、加工、传输或应用的哪一个环节而言，都离不开信息技术）。这是迄今为止国际上关于信息技术与学科课程相整合最为系统而权威的论述。它阐明了整合的目标——培养具有 21 世纪能力素质的创新人才，也揭示了整合的内涵——创造生动的数字化学习环境。能从培养具有 21 世纪能力素质的创新人才的高度来认识信息技术与课程整合的目的和意义（而不是像传统观念那样，把信息技术教育应用的意义局限于改进教与学过程的某个环节或者只是为了提高信息素养），这种观点是很有见地的，表明作者对整合的目标具有科学而客观的认识；能从创建数字化学习环境的角度来界定整合的内涵（而不是像传统CAI或CAL那样，只是把以计算机为核心的信息技术看作是辅助教或辅助学的工具手段），这种看法是入木三分的，表明作者对整合的本质具有深刻而全面的洞察。可见，上述理论研究成果确实很有价值，值得我们借鉴。事实上，在本文第二部分关于信息技术与课程整合目标的阐述中已经直接引用了上面的观点；而关于信息技术与课程整合内涵的分析，则是在上述看法的基础上，结合我国的国情和我们自己多年的实践经验，加以补充、深化与拓展而形成的。

为了帮助广大教师解决有效实施信息技术与学科课程整合的问题，美国教育技术CEO论坛第三年度（2000年）报告还为此开出了“处方”——提出了进行有效整合的步骤方法如下：

步骤1，确定教育目标，并将数字化内容与该目标联系起来。

步骤2，确定课程整合应当达到的、可以被测量与评价的结果和标准。

步骤3，依据步骤2所确定的标准进行测量与评价，然后按评价结果对整合的方式做出相应的调整，以便更有效地达到目标。

通过上面的介绍可以看出，美国教育技术CEO论坛第三年度（2000年）报告，对信息技术与课程整合理论所面对的三大问题（整合的目标、整合的内涵、整合的方法）都做出了明确的回答。其中，对前两个问题的回答相当中肯，甚至切中要害（尽管有些观点还缺乏充分的论证与展开）。令人感到不足的是，对第三个问题的回答（整合的步骤方法）似乎缺乏深入的研究。因为这样的步骤方法既不涉及整合的指导思想，又不涉及整合的教学设计、教学资源与教学模式，就事论事，我们感觉对老师们可能没多大帮助（事实上，我们也曾经将上述所谓有效整合的“处方”，拿到我们的一些试验学校去让老师们试用，结果不出所料，效果并不理想）。

第二，发达国家实施信息技术与课程整合的现状及效果。

其实，上述“处方”是否管用，不一定要让我们的老师去实际试用，只需看看发达国家（特别是美国和英国）开展信息技术与课程整合的实际状况及效果，就可以一清二楚。下面所举的几个事实，就是想通过几个侧面来说明这一问题。

（1）美国从事信息技术教育的学者普遍认为，信息技术应用于教学主要是在课前与课后，包括资料查找，以及在学生与学生之间、学生与教师之间进行交流与合作；而课堂教学过程的几十分钟，一般难以发挥信息技术的作用，还是要靠教师去言传身教。在这种主流观念的指引下，多年来美国（乃至整个西方）教育界关于信息技术与课程整合，一直是在课前及课后下功夫，而较少在课堂上（即课堂教学过程的几十分钟内）去进行认真的探索；我们中国则相反，我们历来比较重视信息技术在课堂上的有效运用。显然，在这方面难以从美国或西方找到现成的经验。

（2）从美国目前实施的信息技术与课程整合的基本模式上看，也确实可以看到上述主流观念所起的作用。自20世纪90年代中期以来，美国实施信息技术与课程整合的常用模式不外乎以下几种：适时教学模式、基于网络的探索、基于问题的学习、基于项目的学习和基于资源的学习等。其中适时教学模式主要应用于课前（教师利用这种方式在课前将讲授内容、相关资料、重点难点以及预习要求，事先通过网络发布，使学生在上课前能做好充分准备，若有疑问还可随时和教师进行沟通与交流）；基于问题的学习、基于项目的学习、基于资源的学习和基于网络的探索则属于同一类模式——“基于网络的专题研究性学习模式”。由于这类模式是围绕自然界或社会生活中的真实问题而展开，往往是多个学科的交叉，多种知识的综合运用，要进行大量的实际调查、访谈或测量，需要花费许多时间，只能利用课外活动来完成，所以不适合作为课堂上的常规教学模式。在2003年12月由美国《Teaching&Learning》杂志评选出的全美十佳“教育技术应用项目”中，无一例外都是属于“基于网络的专题研究性学习模式”，由此即可看出上述主流观念的深刻影响。

（3）2003年11月英国有十所名校的中小学校长组成访华团到我国访问。在他们逗留广州期间，偶然观看了我们跨越式实验学校小学二年级的两节现场公开课（一节语文、一节英语），学生们的自信和流畅的语言表达能力（包括汉语和英语能力）以及熟练的电脑操作，给英国的校长们留下了深刻印象，他们不仅全神贯注地听完总共80分钟的两节课，还连连表示赞叹，并说：“英国的小学虽然大部分都建立了网络教室，但是很多老师还不知道怎么用到教学中去。真没想到中国的同行们能在小学低年级把网络用得这么好！”

（4）在微软于2004年11月举办的信息化国际论坛上，新加坡的一所中学展示了一堂基于电子书包的“信息技术与地理学科整合示范课”。在这节课上，学生实现了基于资源的探究性学习和基于网络的协作式学习，效果是不错的，但是必须有电子书包的支持，每个电子书包价值3 000新加坡元，相当于人民币15 000元。而且由于强调以学生为中心，教师的作用似乎没有得到充分的发挥（笔者在新加坡现场听了这节示范课）。

（5）美国教育部一位高官在2002年6月曾对我国教育部的一个高级访美代表团坦率地说出了他对当前美国教育的看法——“近几年美国基础教育质量没有提高反而下降”。当时该官员把质量下降的原因归结为受极端建构主义理论的影响（上述美高官看法来源于我访美代表团团长讲话记录）。

以上种种事例表明，尽管美、英等西方发达国家早就在中小学建立了信息技术环境（例如1999年就已经是美国中小学基本实现网络化的“网络年”），为实现信息技术与学科课程的整合创造了良好条件，但是他们的基础教育质量并未因此有明显的提高甚至还有所下降（极端建构主义理论固然难辞其咎，信息技术与学科课程未能在科学理论的指导下实现有效的整合，从而使信息技术环境未能真正发挥作用也是重要原因之一），这就证明西方的上述整合理论还有缺陷，还未能真正解决实际问题。

总之，西方的先进经验要借鉴，但未必拿来就能用，路还要靠我们自己走。

第三，中国学者提出的信息技术与课程整合的理论与方法。

在借鉴国外先进经验的基础上，结合国内十多年的实践探索，中国学者对信息技术与课程整合也逐渐形成一套比较系统完整且具有中国特色的理论与方法。这一理论力图全面地、科学地回答本文开头所提出的有关整合的三个基本问题（即整合的目标、内涵和方法问题）。如上所述，对第一个问题的回答我们是直接引用了美国教育技术CEO论坛第三年度（2000年）报告的观点；对第二个问题的回答则是在借鉴该年度报告的基础上，结合我国的国情和我们自己多年的实践经验，加以补充、深化与拓展而形成；而要解决第三个问题，则基本上没有现成的经验可以照搬，只能通过我们自己的实践去探索。

有效整合的方法必须在对整合的内涵有科学认识的基础上才有可能形成。我们对整合内涵与本质的认识尽管源于西方的观点（即从建构新型教学环境的角度来理解整合），但我们又结合中国的国情和自己多年的实践经验补充、深化并拓展了这一观点。换句话说，我们对于整合的内涵与实质有更为切合实际的深刻认识，因而完全有可能在此基础上提出我们自己的有效整合乃至深层次整合的独特途径与方法。

由于“教无定法”，谁也不可能提出一套适合所有学科的“包医百病”的整合方法。但是不同学科要实现与信息技术的整合都需要信息技术环境的支持，因而需要遵循共同的指导思想与实施原则。只要掌握了这种指导思想与实施原则，各学科的老师完全可以“八仙过海，各显神通”，在教学实践中结合相应的学科创造出多种多样、实用有效的整合模式与整合方法来。若从这个意义上说，各学科的整合都应遵循的共同指导思想与实施原则，也未尝不可以看作是一种宏观的实施方法或途径。

第五编

教育心理学研究

儿童心理的发展[①]

/

朱智贤

二、 儿童的实践活动是儿童心理发展的基础和泉源

当辩证唯物主义谈到人的心理、意识的发展的时候，一方面，坚决反对唯心主义的曲解，这种观点认为：人的心理、意识都是由什么本能、目的性等来决定的。另一方面，也坚决反对机械唯物主义的曲解，这种观点认为：人的心理、意识只是人脑像镜子一样对外界事物的消极的、机械的反映。与这些曲解相反，辩证唯物主义认为：人的心理、意识是在人的实践活动中形成和发展起来的；同时，人的心理、意识又积极地反作用于人的实践活动。毛泽东同志在“实践论”中明确指出：人的认识来源于实践，同时又服务于实践。因此，他把“实践、认识、再实践、再认识”这一命题表述为认识论的基本公式。

在儿童心理发展上，也是一样。唯心主义的儿童心理学认为：儿童心理发展是由先天遗传来决定的，而机械唯物主义的儿童心理学则认为：儿童心理的发展是机械地受环境所决定的。这两种观点有一个共同之处，即都是把认识和实践、心理和活动割裂开来，因此，它们同样都不能全面地说明儿童心理发展上的客观决定性和主观能动性的辩证统一。

辩证唯物主义的儿童心理学认为：儿童心理也和成人的心理一样，是在他的实践活动中形成和发展起来的，儿童的实践活动乃是儿童心理发展的基础和泉源；同时，儿童的心理又作为活动的必要组成部分不断地对儿童的活动起着调节支配作用。

首先，儿童心理并不是外界事物的直观的、刻板的、机械的反映，而是在儿童自己的积极的活动中，在和周围事物积极交往中的能动的反映。

儿童从出生开始，就不是消极地接受外界刺激，而是在和周围环境相互作用过程中积极地反映现实。例如，饿了就叫起来，饱了就安然睡去，对甜的东西表示欢

①部分节选。文章来源于《心理学报》1961 年第 1 期。

迎，对苦的东西表示拒绝等。当然，在这个时候，动作的有意性是很低的，但他正是在这样和客观事物相互作用的过程中反映了或逐步认识了客观事物的性质。

儿童动作的发展是儿童实践活动发展的直接前提。因此，了解一下儿童早期动作发展的历史，以及它在儿童心理发展上的意义，是很有必要的。

许多观察研究证明：儿童动作的发展，从一开始就和动物动作的发展采取了完全不同的路线。动物出生不久，动作能力就发展得很好，可以自由行动起来。而人类的幼儿在出生以后的前半年，首先发展的是一些感觉能力，至于动作，特别是手的动作和直立行走等运动能力，却发展得较慢。这个事实表明：具有高度复杂性的儿童的动作，如手的动作和行走等机能是在大脑皮质的直接参加和控制下发展起来的。而动物的运动机能则在出生后不久就成熟了，但其大脑皮质的支配作用是远远不能与儿童相比的。

作为人类特点之一的手的动作的发展，在儿童心理发展上，具有非常重大的意义。

儿童从出生后的第三、四个月起，一种不随意的手的抚摸动作就开始了。他无意地抚摸着被褥，抚摸着自己的小手。到第五、六个月的时候，由于抚摸动作的不断反复，就成为“学会了”的动作，这就使动作带上了最初的随意性。此后，当他看见亲人或玩具的时候，他不但会发出快乐的声音，而且要伸手来抓抓摸摸，这就形成了最初的抓握动作。在抓握动作中，儿童开始把手作为认识的器官来感知外界事物的某些性质。

儿童的手的抓握动作具有自己独特的，即动物所没有的特点：第一，儿童逐步学会了拇指与其余四指对立的抓握动作，这是人类操作物体的典型方式。随着这种操作方式的发展，手才有可能从自然的工具（和动物的肢端一样五指不分）逐步变成工具的工具。第二，在儿童抓握动作中，逐步形成眼和手，即视觉和触觉的协调运动，这就发展了儿童对隐藏在事物中的复杂的属性和关系进行分析综合的能力，这也就是发展了儿童的知觉和具体思维的能力。

手的动作继续发展下去，情况就越来越复杂了。从两只手在眼的合作下玩弄一个物体，到同时玩弄两个物体，到用种种不同的方式来玩弄各种物体。例如，把小盒子放在大盒子里，用小棒敲击铃铛等，儿童就进一步认识了事物的各种联系和关系。

儿童直立行走动作的发展在儿童心理发展上的意义也是非常巨大的。行走动作的发展同样要经过一个漫长的道路。首先，大约三个月的时候，儿童开始能翻过身来。到第六个月的时候，就可能坐起来。六个月以后，开始会爬，而到第一年末的时候，就有可能开始行走。开始行走就使儿童有可能主动地去接触各种事物，从而大大地扩大了他认识的机会和范围。

由此可见，儿童对外界事物的认识，儿童心理的发展，都是和儿童的动作活动的发展分不开的。

其次，儿童的心理也不是儿童活动的消极的、可有可无的副产品，而是始终积极地参与在儿童的活动中的，它作为活动的前提，参与在活动的计划、执行的全部过程中。同时，它又作为活动的结果，在儿童改变外界事物时也改变和发展着自己的心理。

前面说过，儿童最初的动作带有极大的无意性，这是和儿童心理发展处于低级水平这一事实分不开的。根据谢切诺夫的意见，随意运动首先是和大脑反射的中间环节分析综合的调节作用密切联系的。出生后前半年的儿童，只有一些简单的感觉，因而这个中间环节的调节作用还很低，以致动作的随意性很差，这完全是可以理解的。

从儿童出生后的后半年开始，儿童觉醒的时间逐渐增多，因而动作的机会也就日益增多起来。通过动作的不断反复，儿童就会直接感知到同一动作总是引起同一后果，这就形成了反映事物最初关系的稳固的感觉和运动表象。从而促使具有最初方向性和“预见性”的随意动作逐步形成和发展起来。

从随意性动作向有目的、有计划的活动的过渡，是和儿童言语的发展分不开的。只有儿童掌握了言语，才能使儿童自己的动作具有真正的目的性和预见性。儿童对活动过程和结果用言语（出声的或不出声的）加以表述，乃是形成人所特有的随意动作、人的实践活动的直接前提。从这时开始，儿童不但能够逐步清楚地意识到活动本身的进程和结果，而且也能够意识到自己的主观力量，形成了自我意识。

儿童有目的、有意识的实践活动的发展，要经过一个很长的过程。一般说来，两三岁的孩子，还不能在活动之前通过言语来预见活动的后果和计划活动的进程。实验表明：当他们遇到困难任务时，例如，球滚到床下，要设法拿出来，这时，他或者立刻开始行动，往床底下爬，或者彷徨一会，就把注意力转移到别的事情上去了。到了五六岁的时候，才明显而经常地看到通过言语而实现的预见和计划的环节逐步移到活动之前。当儿童遇到困难任务的时候，就大声地或不出声地对活动本身进行分析综合。

当儿童进入学校以后，在教学的影响下，儿童要回答教师的问题，完成学习作业，都需要事先的思考、计划，从而活动的自觉性，即意识在活动中的调节作用也就日益增长起来。

如上所述，可以看到：马克思主义认识论关于人的认识来源于实践而又服务于实践的原理，在儿童发展过程中，也同样获得了生动的体现和证明。

在这里，还必须附带指出：儿童的实践活动和成人的实践活动，既有其共同点，也有其差别点。只看到共同点而看不到差别点，以致把儿童当作成人看待，向儿童提出不符合实际的要求，会给儿童心理的发展带来不必要的损害。当然，过分夸大儿童实践活动和成人实践活动的区别，从而否认儿童也有实践活动，否认儿童也能参加劳动生产、参加阶级斗争，把儿童和生物，甚至和瓶子等同起来，也是极端错误的。

众所周知，一般人的实践活动，首先是改造世界的生产劳动、阶级斗争以及科学艺术活动。而儿童从出生以后，主要是在成人的照料和教育影响下学习着参加社会实践活动的。因而，严格说来，儿童的活动只能算是一种广义的实践活动，这乃是人的实践活动，特别是生产劳动和阶级斗争活动的准备阶段。

儿童最初的主要的实践活动形式乃是游戏。

儿童2岁以前的时期，一般说来，是各种动作能力发展的时期，如手的动作、直立行走等，这些动作的发展，使儿童有可能学会玩弄物品（如玩具），使用日常用具（如杯、筷）。同时，由于言语的发展，儿童开始掌握事物的名称、属性和简单的关系，从而有可能初步地模仿和重复成人的某些生活活动。

到了两三岁的时候，儿童在模仿成人动作活动的基础上，出现了最初的主要的实践活动形式——游戏。在游戏中反映着人的社会实践生活：生产劳动和阶级斗争。例如，用匙子“喂”洋娃娃、小狗或积木，用棍子当小马、铲子或步枪等。当然，这种活动还是很低极的：第一，只有当物体在面前的时候，他才开始游戏，把物体（如洋娃娃、匙子）移开了，游戏也就随之停止。第二，这种游戏是极为单调而简陋的，几乎没有什么情节，也很少有想象的成分。但是无论如何，这已经可以算是一种最初的有目的、有意识、有系统的活动形态，或者说，这是社会实践活动的萌芽形态。

在整个学前年龄时期，游戏是儿童的一个主要的活动形式。在教育影响下，随着儿童的发展，游戏活动的水平一天一天地提高，游戏的内容一天一天地丰富。起先是主题和计划不明显的角色游戏，以后是主题和计划明显的规则游戏；起先是扮演喂洋娃娃吃奶、喝水，以后是扮演开汽车、开铺子等。通过游戏活动，儿童更深刻地体验着成人的社会实践生活。

在学前年龄时期内，除了游戏这一主要活动形式之外，还有初步的学习（作业）活动、劳动活动和其他活动形式。在幼儿园里，我们可以看到儿童已有可能初步参加生产劳动和阶级斗争的实践活动，他们开始参加一些最简单的劳动活动，他们开始能分辨好人和坏人、好事和坏事，并从行动上表达自己的选择意见。

当学前年龄将要完结的时候，由于儿童心身的发展和社会生活条件的影响，儿童就开始逐步过渡到以学习为主要活动形式的新的阶段。

进入学校的孩子，虽然也还喜欢游戏，但更重要的是学习。如果教师完全像幼儿园一样主要的是教他们游戏，那儿童就有意见了。观察证明：一年级的孩子对于作为学习评价的分数怀着一种特殊的向往和喜悦的心情。

在各个不同的学龄阶段，学习的要求和水平有着不同的质的区别。虽然可以说学习也是一种劳动，但毋宁说它是劳动的准备。除了学习之外，他们也要游戏和劳动，不过，游戏的时间愈来愈少些，而且方式也在变化着；而劳动，特别是生产劳动的时间则愈来愈多些。随着学龄时期的结束，儿童就开始以正式社会成员的身份独立地参加以生产劳动为主的社会实践活动。

马克思在“给临时中央委员会代表的关于几个问题的指示”中指出：“在合理的社会制度下，每个儿童从9岁起，都应当成为生产工作者……”同时，他提出要根据儿童发展的情况，逐步增加儿童从事生产劳动的时间：第一类，9～12岁的儿童，每日劳动两小时；第二类，13～15岁的儿童，每日劳动四小时；第三类，16～17岁的儿童，每日劳动六小时。马克思的这些预言，在我国的社会主义社会条件下，在党的教育方针指导下，已经成为实际的现实。

同时，也应看到：在我国社会主义制度和教育的优越条件下，儿童不但参加生产劳动，而且也参加无产阶级阶级斗争的实践，发展着共产主义的道德品质。当然，在我国，阶级斗争还没有完全熄灭，资产阶级的思想影响还在不断侵蚀着我国儿童的心灵，为此，大力加强儿童的政治思想教育，使新的一代从很小的时候起，就能和革命先辈一样，为共产主义的崇高理想而积极奋斗，并能自觉地抵制资产阶级和现代修正主义思想的毒害。

儿童从最初的简单动作发展到正式参加社会实践活动，大体上经历着如上的一段复杂的过程。在这里，我国社会主义的社会条件，特别是党的教育方针起着巨大的作用。

参考文献

[1] 毛泽东．实践论［M］．北京：人民出版社，1958：3，18．

[2] 卡萨特金．幼小婴儿的条件反射活动［A］//理论医学与实践医学中的巴甫洛夫学说［C］．北京：人民卫生出版社，1957：407．

[3] 沃罗基亭娜．一年级学生心理学概论［M］．北京：人民教育出版社，1957：41-42．

教育心理学的结构和体系初探[①]

/

章志光

每一门科学都有自己的结构与体系。结构与体系属于科学的形式方面，它是科学对象内在逻辑的反映，是科学对象的存在形式在科学上的摹写。因此，科学结构与体系的确立、变动与发展应以科学对象的内在逻辑的揭露为转移。

关于教育心理学的结构与体系，目前在报刊上虽然还没有出现公开的争论，但是就现有教科书的体系安排和各种议论来看，分歧是十分明显的。拥护采用普通心理学的体系，即主张按照心理过程和个性两个方面来安排材料（如詹姆士著《教育心理学谈话》和哥尔文、裴葛兰合著的《教育心理学大意》两本书中所采取的办法）的人现在渐渐少了，但是强调和普通心理学相呼应采取上述体系的变形的则大有人在。其中一种变形是：按照心理过程的逻辑顺序阐述教学心理，利用情感、意志和个性材料阐述教育心理。（见沙尔达可夫著《中小学生心理学概论》和弗·姆·爱克捷姆普良斯基著《学校教导工作心理学概论》，以及1957年出版的列维托夫著的《教育心理学》）第二种意见是主张部分地或全部地采用儿童心理发展的年龄阶段的体系。（见《心理学译报》1958年第6期第39页多布雷宁所提出的《儿童和教育心理学大纲》及列维托夫著《儿童和教育心理学》一书）最近还有一些人主张采取五育体系——即把教育心理学分成德育心理、智育心理、体育心理、美育心理和劳动心理五个部分。我们认为，以上所提到的几种体系都还不能确切地反映出教育心理学对象所独有的存在形式和发展逻辑，因此它们的正确性是值得怀疑的。为了寻找教育心理学的科学体系，探索一下教育过程中心理现象的存在形式与发展逻辑是非常必要的。

教育作为上层建筑现象，它为一定社会的政治经济所决定，同时也反过来为一定社会的政治经济服务，这种服务是通过学校中教学和教导的形式培养这一社会所需要的人才（在阶级社会，它所要培养的是统治阶级所需要的人才）来实现的。根据生产斗争和阶级斗争的需要，"教育首先是传授和学习知识"，同时也要使受教育

---

①全文摘录。文章来源于《北京师范大学学报》1963年第2期。

者形成社会所要求的各种品格，而这种品格，在我国主要是指“共产主义的情操、风格和集体英雄主义的气概”等内容。学生在教育条件下的心理活动是极其复杂的，但是概括起来，主要不外乎知识掌握和品格形成两种过程。在不同的社会中，教育的目的、内容以及某些教育方式是有着本质上的差别的；然而就学生掌握知识与形成品格的心理过程及其规律性来说，多半又是相同的。确定教育目的、规定教育内容、探讨教育方式属于教育学的范围；揭示学生掌握知识与形成品格的心理过程及其规律性是由教育心理学来完成的。教育心理学根据它的对象所表现的两个主要方面分列为学习心理（或称掌握心理）和品格培养心理两个部分，不是没有理由的。（按教育心理学的传统称法，这两个部分也叫作教学心理和教导心理，我们认为这个提法没有从学生心理方面来体现问题，因此可以考虑放弃）下面我们就这两方面进行一些剖析：

人类的学习不同于动物的学习。动物的学习只能通过个体经验的获得来实现，即通过第一信号系统的条件联系的建立来实现，而人类的学习除了依靠个体直接经验之外，还可以通过社会经验的获得来实现，即通过第二信号系统的条件联系的建立来实现（这个特点是由人类社会生活条件所决定的，是由于人在生产过程中出现语言与意识才产生的）。教育心理学中的行为主义者抹杀了动物学习和人类学习的质的区别，因而他们把动物学习中的“尝试错误”当成了人类学习的主要规律。而教育心理学中的格式塔学派则夸大了理智、意识在人类学习中的作用，忽视人类学习对于个体直接经验的依赖关系，否认学习的反映实质，所以他们所主张的“顿悟说”的理论也同样是错误的。

掌握是人类学习的一种主要形式，它是个人占有人类社会所积累的知识经验的过程。掌握对我们的年轻一代来说非常重要，“只有用人类创造的全部知识财富来丰富自己的头脑，才能成为共产主义者”。列宁在这里所说的，经过自己的深思熟虑，吸取人类的全部知识的过程也就是掌握的过程。掌握可以在学校中进行，也可以在校外进行。学校中的掌握具有以下几个主要特点：第一，它虽然也依赖于个体实践的直接经验，但更多的属于一种间接认识的过程。毛泽东说：“人不能事事直接经验，事实上多数的知识都是间接经验的东西。”在有限的年月内处处通过直接实践来掌握人类几千年所积累的知识经验，实际上是不可能的，而这个任务只有留待离开学校参加社会生活时来逐步实现。第二，它是在教育者有目的的、有计划的影响下进行的，所以在颇大程度上依赖于教师的系统讲解和合理的教学组织工作等外部因素。当然这些外因之所以能发生很大作用，是因为教育者利用了教育过程中的规律，其中包括学生心理活动的规律。第三，掌握的终极目的是为了应用，掌握本身包含着“能够应用”的成分，应用也是掌握知识的一条重要途径，但学校中的掌握却不一定要求处处通过应用和即刻全面地加以应用。在一定阶段内，它也可能只是为日后的掌握与应用去准备条件，即提供基础知识与进行智能训练。不区分学校中的掌握和校外的掌握的特点也会在教育方面引出错误的结论，并给实践带来损害。无论是杜威所提倡的“教育即生活”的论调或是其他教育家所提出的“生活即教育”的主张，撇开它们的哲学观点和外部差异不谈，只从理论本身来看，它们的一个共同性的错误便是抹杀学校中的掌握和校外的掌握的质的差别。利用和坚持这些理论不仅会降低学校教育的质量，而且还会为“学校消亡论”打开方便之门。

如果把学习看成是一种认识过程的话，那么，掌握和认识也不能被看成是等同的概念。熟知普通心理学中认识过程的知识对于我们去了解掌握过程是有帮助的，但是还很不够。掌握过程，特别是学校中的掌握过程具有自己独有的问题和特殊的规律性，要想彻底了解掌握过程还必须对它做专门的研究。

为了使学生有效地掌握知识技能，必须首先激起他们对学习的需要，发挥他们的主观能动性。这就是学习动机的问题。不少研究表明，学习动机的内容、范围、水平与学习成效有着密切的关系，而学习动机是按照一定的规律形成起来的，例如，利用其他动机的迁移，通过学习兴趣的激发与学习目的性的培养等。

掌握包括领会、巩固与应用三个基本环节，三者相互联系而又有区别。只有领会了，才谈得上巩固；只有巩固了，才谈得上应用。在领会中包含有巩固、应用的成分，巩固也可能是一种初步的应用，并使知识获得进一步的领会；应用是真正领会与巩固的标志，同时通过应用可以使知识得到进一步的领会与巩固。所以三者是不可分的。但是领会只是解决知与不知的矛盾问题，它还不等于巩固；巩固是解决保持与遗忘的矛盾问题，它也不等于应用；应用是解决呆记与活用的矛盾问题。只有全部地解决了这三方面的问题，才可以说学生掌握了某些知识。为了帮助学生解决上述三方面的问题，必须充分揭露与利用其中的心理规律性。例如，许多研究表明：过去经验在领会中具有积极作用或消极作用；符合注意感知及想象等规律的直观有助于感性经验的获得；能引起高度定向反应的词与直观结合的形式对领会有最大的成效；变式或突出本质特征可以提高领会概念的质量；智力技能的形成有助于对知识的领会，不同的比较方式具有不同的领会效果；编拟提纲对领会课文内容具有一定的意义等。这仅仅是领会过程中的一部分规律性知识。在巩固、应用方面也同样有许多重要的规律性知识。了解与运用这些知识，无疑可以提高掌握的效能。

技能是在应用知识的过程中渐渐形成的，但并不是任何知识的应用都立刻会转化为技能。技能是在长期联系中利用一定的方法知识解决问题时所形成的一种熟练的行为方式。智力活动的技能是一种特殊的技能，它是由与词相关联的外部的分析与综合活动内化为内部言语系统的活动而形成起来的一种心理活动的方式。我们自己的实验研究表明，当告诉学生关于运算的思维步骤的方法知识，并严格要求他们按照这些步骤来进行解题练习（要求在所做的习题后面写出解题步骤），学生就可以逐渐形成这种智力的技能，从而大大提高解题的质量。智力技能是由知识掌握引向智力发展的中介桥梁。由具体的智力技能引起智力上的质变还依赖于一系列条件，这些条件目前还没有完全揭示出来。某些研究表明，智力技能的迁移和概括在其中起着决定性作用。充分认识和利用学生各种技能形成与发展的规律性，就可以更好地培养学生的技能和发展他们的能力。

知识与技能的培养除了有一般的过程和共同的规律外，在各门学科知识的掌握中还存有各自的特点与具体规律。所有这些特点在很大程度上是被知识内容本身的特殊性所决定的。例如，在掌握了若干基本字后认识汉字时采用“结构分析法”比采用“笔画分析”效果要好，这样一个具体事实似乎只是在识字过程中，而且只是在汉字识记过程中才存在，这是因为它和汉字结构的特点有着十分密切的关系。语文知识的掌握与数学知识的掌握，自然学科知识的掌握和社会学科知识的掌握，以及其他学科知识的掌握都具有各自的特点。不断揭露上述的特殊性不仅对于具体学科知识的掌握是有益处的，而且对于进一步理解与发现“掌握”的一般过程与共同规律也是十分必要的。

品格的发展依赖于知识的掌握，但知识的掌握不等于品格的形成。由道德行为准则的掌握到道德品质的形成需要经历一段过程，这个过程具有复杂的心理结构，这里有道德认识（知识、信念）问题，有道德感问题，还有道德意志与行为习惯问题。道德品质的发生、发展依赖于一系列条件。唯智论者只注意到智力方面的培养而忽视行为习惯的训练，习惯论者片面强调行为习惯的训练而放弃动机的教育。我们自己的实验研究表明，在道德动机教育的基础上对学生进行行为训练具有很大的必要性。虽然两组学生都意识到了认真学习的意义与行动的具体要求，但只有在具备示范、监督与开展自我评价等条件下，经过长期、反复的行为练习的一组学生，才会更好地出现学习上的责任态度。当这种责任态度发生迁移并和其他责任态度一起得到概括与巩固时，真正的责任心品质，才有可能得以形成。道德品质是通过多种途径来培养的，其中生产劳动起着特别重要的作用。由于社会上还存在资产阶级的影响与旧社会的习惯势力，所以学生品质的形成不可能是一帆风顺的，这里经常有曲折、有反复。研究学生不良品质形成与转变的心理规律性与研究一般道德品质问题一样具有非常现实的意义。

学生的才能与知识技能的掌握、智力的发展有着极其密切的关系。真正的才能只有在要求某种才能解决实际问题的活动中，只有当人们出现了某种实际的需要和原有才能的有限水平的矛盾时，才有可能产生与发展起来。学生的才能也是通过多种课外活动与特别训练培养起来的。揭露各种条件与上述矛盾产生、解决的必然联系，对于学生的才能培养非常重要。

无论是知识掌握或品格形成都存在着个别差异。这种差异是由不同的素质、不同的气质类型、不同的生活经历和知识基础、不同的智力水平，以及不同的态度或性格特征等构成的。它们的原因是多种多样的。鉴定学生的不同类型，研究各种类型学生在知识掌握与品格形成中发展的可能性，对于人才选拔和实现因材施教来说十分必要。

教师是教育过程的组织者与领导者，它是影响学生心理发展的一个主要条件。研究教师必备的品质，特别像教育才能、威信等形成的规律以及它和学生心理的关系，不仅可以帮助教师提高素养，而且也是为了促使学生心理的迅速成长。

教育过程中心理现象的表现形式及其内在逻辑当然还没有完全揭露出来，上面只是对它的轮廓做了粗线条的描绘。即使在这种情况下，规划出教育心理学的一个大略的结构与体系也是有可能的。我们认为，教育心理学的基本结构与体系可以做以下考虑：

第一部分　总论

一、教育心理学的对象、任务与方法

二、教育心理学的基本理论（包括学生心理发展的动力，教育、掌握与发展的关系，学习的理论，品格的理论等问题）

第二部分　学习心理

三、学习动机与学习积极性

四、知识的领会

五、知识的巩固

六、知识的应用

七、技能（包括智力技能）及其形成

八、学科心理（着重介绍语文、数学及外语三科，有条件时还可以涉及其他学科并单独成为一个部分）

第三部分　品格培养心理

九、道德品质及其形成（包括不良品德的改造问题）

十、学生在劳动过程中的心理

十一、个性差异与因材施教（包括学生才能与性格的差异与鉴定，学习和品德差异的心理分析，因材施教的心理学问题等）

第四部分　教师心理

十二、教师的心理品质及其形成

现在，我们再来谈一谈对其他几种体系的意见。

用普通心理学体系替代教育心理学的体系，是把教育心理学仅仅看成是普通心理学知识在教育领域中的简单应用。主张者没有看到教育心理学具有自己的独立对象，他们的着眼点不是教育领域中的心理问题，而是实验室中的实验。他们满足于把实验室中找到的一些规律向教育实际搬移。这种做法可能解决教育领域中部分的或个别的心理学问题，但是它们不能综合利用各方面心理学规律来解决教育实际上需要解决的具体问题，如学习动机问题、各学科知识掌握问题、纪律和不良品德问题、劳动教育中的心理问题等。总的来说，这个体系包含着脱离实际的危险，它不能满足教育实际对这门学科的要求。

采用年龄发展阶段的体系，实际上是把教育心理学和儿童心理学混为一谈。主张者仅仅看到了学生心理具有年龄特征与发展的纵面，而忽视了学生心理还具有非年龄的特征（如同年龄的个别差异）与发展的横断面（即各种不同年龄儿童在教学与教导过程中所共有的掌握知识及品德形成的过程）。这种做法会削弱甚至导致排斥对教育心理学对象的研究，从而也不可能对教育过程中的心理学问题做出全面的阐明。加强这两门学科的联系是必要的，而且也是允许的，比如儿童心理学在讲到学龄儿童年龄特征时，可以联系到在教学与教育工作上的应用，同样当教育心理学讲到若干问题时，也应考虑到不同年龄儿童的表现特点及不同的培养方法。但是，它们所联系到的内容绝不应该成为这门学科的主要内容，更不应该成为全部内容。仅仅为了对象间存在联系而把两门学科合并在一起也是没有必要的。因为这样做不仅会混淆两种学科的对象，而且也会在研究上或教学上造成互相替代，影响了各门学科向各自方向做专深探索。同时还必须看到，两种体系的合并是十分困难的。或者是一种体系吞并另一种体系（如多布雷宁的方案），这样就削弱或取消了其中一门学科的系统性；或者是采取各占一半的混合办法（如列维托夫在《儿童和教育心理学》中所采取的方案），采用这种貌合神离的体系形式实际上和分成两门学科并无两样。

“五育”体系实质上是一种教育学的体系。主张者所持的理由主要是教育心理学的任务之一是为教育学寻找心理依据，因此，教育学所要研究的五育问题当然也就是教育心理学所要考察的问题。我觉得，这个理由是不充分的。“五育”可否作为教育工作的任务，还是个有争论的问题。即使把五育作为教育的任务，它们在实施中又都是通过全部学科的教学，即知识的掌握和通过课内外的各种活动进行品格培养来实现的。换句话说，在五育实施过程中，学生的心理活动形式及其主要规律性大致上是相似的。利用五育体系来安排教育心理学材料将会造成两种后果：一是材料上的重复（因为任何一育都涉及知识的掌握与品格的形成）；二是阐述上的简单化（如只用美育或体育教学来说明整个美育或体育的教育任务问题）。此外，教育心理学要为教育学提供心理依据是义不容辞的，但是以心理事实系统地说明教育原理的工作，主要属于教育学者的任务，正如以高级神经活动事实说明心理现象属于心理学者的任务一样。教育心理学本身的主要任务则是要揭示教育过程中心理现象的存在形式及其规律性，只要这种揭示符合于真实的内容，它就可以为教育学理论找到科学的说明。把教育心理学变成为一门“教育学的诠释”是大可不必的。正如用心理学体系来论述高级神经活动不会为生理学家所同意一样，以教育学的体系来阐明心理事实也不能为心理学家所同意。

总之，我不同意上述三种体系形式的主要理由是它们混淆了普通心理学、儿童心理学及教育学的对象和教育心理学对象的界限，只是看到了各门学科对象间联系的一面，却无视它们之间质的区别。体系形式上的争论不仅关系到一门学科能否独立存在的问题，而且也牵涉到对科学对象实质的理解问题，所以它也是一场方法论上的争论。这种争论的谁是谁非，最后要看哪一种体系能经得住我国教育实践的考验来决定。当然，任何一种科学的体系不能一开始就十全十美，它是在长期的实践中逐渐完善起来的。我们在这里所讨论的问题的焦点不是体系的细节，而是确立体系的“决定论原则”与体系的基本方向。陆定一同志在《教学必须改革》一文中说：“经过试验，新的学制，新的教学法，新的教科书，将从实践中产生出来，并逐渐配成新的一套，形成新的教育学和心理学理论。”我们深信，新的教育心理学体系将会在我们这一代人的手中建立起来。

参考文献

[1] 陆定一. 教育必须与生产劳动相结合 [J]. 红旗，1956 (1).

[2] 列宁. 青年团的任务 [A] //列宁全集（第 31 卷）[M]. 北京：人民出版社，1958：254.

[3] 毛泽东. 毛泽东选集（第一卷）[M]. 北京：人民出版社，1953：287.

[4] 鲍若维奇. 儿童时期的认识兴趣及其形成条件 [M]. 北京：科学出版社，1958.

[5] 列昂节夫. 关于智力活动形成的研究的发展 [A] //苏联心理科学（第一辑）[C]. 北京：科学出版社，1962：442.

[6] 冯忠良. 智力活动的组织性对运算正确性的影响 [J]. 北京师范大学学报，1962 (1)：11.

[7] 沈晔. 小学一年级学生在语文课中识字问题的初步研究 [J]. 心理学报，1959 (6).

人格研究中国化之我见[①]

/

黄希庭

今天是第一届全国心理学专业《人格心理学》任课教师培训班的第一讲，我想讲讲我一直坚守的一个学术理念。这个学术理念就是：人格研究中国化。下面讲四个问题：何谓人格研究中国化，为什么人格研究要中国化，在教学中怎样引导学生开展中国化的人格研究以及我的一点体会。

一、何谓人格研究中国化

人格研究中国化就是从中国的实际出发研究中国人的人格，努力创建具有中国特色的人格心理学，更好地为我国的人才培养和社会发展服务。在这里，我强调三点：一是强调我们的人格心理学研究必须要从中国的实际出发；二是强调我们的目标是建设有中国特色的人格心理学；三是强调只有这样才能更好地为我国的人才培养和社会发展服务。

人格心理学研究现实的人，探求、描述和解释个人的人格特质、人格结构、人格动力、人格发展和人格适应等问题。人格心理学所要探究的问题十分广泛且令人神往；既有深奥的理论问题，也有生活实践急需解决的应用问题。无论是人格心理学的理论问题或是应用问题，都需要我们教师传道、授业和解惑，从而使我国这块学术田野产出有生命力的东西。宋代理学家朱熹的诗云："半亩方塘一鉴开，天光云影共徘徊。问渠那得清如许？为有源头活水来。"（《观书有感二首·其一》）能够催生我国人格心理学勃勃生机的源头活水在哪里呢？我认为，我国人格心理学赖以生存和发展的源头活水就是人格研究中国化。

①全文摘录。文章来源于《心理科学》2017年第6期。

二、 为什么人格研究要中国化

为什么人格研究要中国化？我想起码有三条理由。

（一）人格基本词义中、西方有差别

人格这个词我们是从英语“personality”翻译过来的。而 personality 是由 person 衍生而来，person 又是源于拉丁文 persona，意指戴有面具的人。因此人格也就有了外显人格和内隐人格；由外显人格推论到内隐人格的问题，或者把外显和内隐人格结合起来加以推论的问题。在当今西方心理学中有许许多多人格定义，无论怎样定义，其核心内涵大概如下：人格是一个独特的人，一个与众不同的人；人格是一个整合的人，是个完整的人；人格特质具有稳定性，也具有一致性。这是西方人格心理学指涉人格的基本词义。

我国古代没有人格一词，但有“格”这个词。《说文》中“格”指“木长貌”，即“样子”“格局”的意思。《广韵》中“格”指“度也，量也”，即衡量的“准绳”“规格”的意思。虽然我国古文没有人格一词，但有“为人”“人品”等说法。《论语·述而》中说：“叶公问孔子于子路，子路不对。子曰：‘女奚不曰，其为人也，发愤忘食，乐以忘忧，不知老之将至云尔。’”意思是说，楚国的大夫叶公问子路孔子的为人怎样，子路没有回答他。孔子对子路说：“你为什么不这样说，他的为人，用功便忘了吃饭，快乐便忘了忧愁，不知道衰老会要到来，如此罢了。”《礼记·缁衣》中说：“子曰：‘言有物而行有格也，是以生则不可夺志，死则不可夺名。故君子多闻，质而守之。’”意思是指，孔子说，一个人的行为规格是生死不渝的，生时是这样子，死后才有名分。君子虽然有多种传说，但是他的存在方式是一贯坚守的。中国现代学者使用“人格”也都是指其社会属性。例如，梁启超在《新民说》一文中说“忠孝二德，人格最要之件也”。陈学昭在《工作着是美丽的》一文中说“又没有卖淫，损害了家庭的名誉和自身的人格”。瞿秋白在《赤俄之归途》一文中说“把一般争人格的青年学生，打得落花流水”。茅盾在《动摇》一文中讲到“由公家发配，太不尊重女子人格”。从我国古代先哲到现代学者对于“人格”都是从道德品行、社会责任和义务来理解的；关注的是人格的社会属性，而不是指个人的独特性。

中国古籍中有着丰富的人格心理学思想。例如，中华文化提倡“天人合一”，强调“仁道”，把个人放到跟他人、跟集体、跟社会、跟大自然的关系当中来看：不仅追求人与人之间的和谐、追求家庭的和谐、追求社会的和谐，而且追求国家与国家之间、民族与民族之间，以及人与自然、天地万物之间的和谐。这也不同于西方人格心理学家从个人的独特性来看人的。

（二）人格结构中、西方有差异

特质论认为基本的人格结构单元是特质。西方人格心理学家是怎样用特质的概念来描述人格的基本单元的呢？从20世纪30年代开始Allport（1897—1967）认为一种特质就是以某种特别方式做出的一种反应倾向，并区分出首要特质、中心特质、次要特质，把人格视为多种特质构成，提出了人格多因素模型。Cattell（1905—1998）用人格特质形容词词表进行因素分析法，提出16种人格因素。Eysenck（1916—1997）提出了人格三因素的层次模型：外倾性、精神质、神经质。20世纪90年代美国心理学家McCrae和Costa（1990）、McCrae和John（1992）提出了五因素模型：神经质、外倾性、经验开放性、宜人性、认真性，用英文单词第一个字母表达即为OCEAN。他们通过自评、他评、跨文化研究、人格障碍研究、进化论和遗传学的研究，纵向和横向的研究都发现有这五个基本维度，于是认为，这是人格心理学的一个转折点。是不是中国人也具有同样的这五个基本维度呢？我国有两组心理学家来验证他们的研究结果。一组是北京大学的王登峰和崔红（2005），采用了和西方完全相同的词汇法，结果发现中国人的基本人格结构是七个因素，而不是五个因素。这七个因素是外向性、人际关系、行事风格、智慧、情绪性、善良和处事态度。另一组是香港中文大学的张妙清、梁觉和中国科学院心理研究所的宋维真、张建新等，他们用西方的方法发现中国人的基本人格结构也不同于西方心理学家的五因素，而是多出一个因素，即人际关系特质（1996）。可见，由于社会文化上的差异，中、西方在基本人格结构上是不相同的。

当前人格心理学中的人格动力特征的研究基本上都是来自西方心理学家的理论，例如Freud（1856—1939）的力必多理论，行为主义的S-R理论，Murray（1893—1988）的需要—压力理论，Festinger（1957）的认知失调理论，Bandura（1997）的目标管理自我效能理论，Little（1999）的个人计划研究，Emmons（1989）的个人奋斗研究，Cantor（1994）的生活任务研究等。这些研究或理论都没有涉及中华文化“义以为上”的人生追求和价值观。孔子说：“志士仁人，无求生以害仁，有杀身以成仁。”（《论语·卫灵公》）“君子义以为上”（《论语·阳货》），要求人们“见利思义”（《论语·宪问》）、“见得思义”（《论语·季氏》），“义然后取”（《论语·宪问》），“不义而富且贵，于我如浮云”（《论语·述而》），主张用义来规范求利行为。孟子说：“生亦我所欲也，义亦我所欲也；二者不可得兼，舍生取义者也。”（《孟子·告子上》）“义”就是“人皆有所不为，达之于其所为”（《孟子·尽心下》），“羞恶之心，义也”（《孟子·告子上》）。墨子说：“万事莫贵于义。”（《墨子·贵义》）墨子的义是利人、利天下的公利。荀子说：“义之所在，不倾于权，不顾其利。”（《荀子·荣辱》）据陈来的研究，经历两千年的发展，中华文明已经形成了自己的价值偏好，主要有：责任先于自由，义务先于权力，社群高于个人，和谐高于冲突（陈来，2015）。今天，义仍然是我国人民敢于承担责任和勇于跟邪恶势力做斗争的内心强大动力。义不容辞、大仁大义、见义勇为、义无反顾、舍生取义、大义凛然、重情重义、大义灭亲等已成为中华民族褒奖英雄行为的美好赞词。

西方人的自我结构中个人跟社会是分离、对立的，强调个人的独特性；个人跟社会的界限是很清楚的，甚至夫妻之间也是如此。但是中国人的自我结构则比较复杂，至少包含两个成分：个人成分和关系成分。中国人的自我结构中有个人成分，其关系成分就比较复杂，包括：家人关系，如父母兄弟姊妹、子孙等；婚姻关系，如夫妇、岳父母、内兄弟等；熟人关系，如地缘关系——小同乡大同乡、师生关系等；还有陌生人关系。

总之，人格是一个人的存在方式。人不是一个纯自然范畴，而是受社会文化和历史制约的。已有研究表明，中国人在基本的人格结构、人格动力特征以及自我结构上不同于西方人。

（三）当代人格心理学不是普世的人格心理学

为什么说当代人格心理学并不是普世的人格心理学而似乎更像西欧和北美的本土人格心理学呢？首先，当代人格心理学的人性假设，例如弗洛伊德的人性假设、生物学的人性假设、人本主义的人性假设都是西方哲学的人性观。即便人本主义所提出的“以人为本”，也与中国文化中的“以人为本”是不一样的。西方人本主义理论中，“以人为本”是以“个人”为本，而中华文化中的“以人为本”则是以“社群”为本的。其次，西方人格心理学研究的取样也有偏差。西方人格心理学研究的被试主要集中在美国、西欧、加拿大、澳大利亚和新西兰，这些国家总人口占世界总人口的10.84%，而我国大陆人口占世界总人口的18.53%，没有深入中国实际对中国人的人格进行研究，这样的人格心理学难以成为普世的人格心理学。此外，西方人格心理学研究的被试主要是大学二年级的学生，他们大多来自中产阶级以上，有高度个人主义和独立自主的品格（Henrich，Heine，& Norenzayan，2010）。总之，当今世界，民情、国情、社会文化丰富多彩，现今的人格心理学并不是普世的人格心理学。

三、 在教学中怎样引导学生开展中国化的人格研究

在教学中，教师怎样引导学生开展人格研究中国化的工作呢？我在教学中主要做了以下四个方面的工作。

（一）厘清概念，检验国外的研究

为什么要厘清人格心理学研究的有关概念呢？因为概念是代表研究领域中各类现象的抽象元素，它既是构建理论的基本单位，也是我们提出研究问题的基本单

位。一旦确定了概念的含义，我们就可以确定描述概念的指标（indicator）和概念的不同方面即维度（dimension），从而去度量概念所指涉的内容。研究所指涉的概念，既是研究的起点也是终点，必须十分关注。例如，人格是一个现实的人，是个体遗传与环境交互作用的结果，即个体的生物性、文化性和社会性交互作用的结果。个体的生物性是个体的遗传结构及有此结构的有机体；它是人格的基础，没有这个基础，人格便无从产生。但是，一个现实的人的存在方式，取决于其所处的特定社会文化模式，是个体社会化的结果。既然中西方社会文化不同，那么人格作为受到社会文化影响的结果，也必然不同。因此，建设具有中国特色的人格心理学，就不能脱离我们自己的社会文化实际，不能仅仅依靠翻译、模仿、照搬西方人格心理学的概念和研究成果。对于西方人格心理学研究所指涉的概念，首先应当厘清它所指涉的是哪一类心理和行为现象，这种指涉是否符合我国人们的生活实际，切不可盲目搬用西方人格心理学的概念和研究成果。厘清概念，检验国外的研究，确实很重要。

举两个例子。self-esteem，我国心理学界把它翻译成“自尊”，看来是有问题的。self-esteem 最早由 James（1890）引入心理学，指个体对自己的整体的积极感觉，而非消极的感觉，即个人的自我感觉良好。这跟国人理解的“自尊”是不一样的。《现代汉语词典》说：自尊指“尊重自己，不向他人卑躬屈膝，也不允许别人歧视、侮辱”。词典虽然是形式化的，但却是该社会文化下人们的共识。由于没有厘清概念，国内这方面研究的科学性是令人质疑的。我希望大家都要想一想外国人的概念跟中国人的概念到底在哪些方面相同，哪些方面不同，千万不要把外国人的概念硬往中国人身上套，把中国人当作洋人来做研究（黄希庭，2014）。又如 self-presentation（自我呈现或自我表现），西方文化强调表达积极的自我，推销自我，特别是在现今商品经济发达的社会里；而中华文化则强调要自谦，也说明这两种文化上的差异。

人格心理学中的概念所指涉的含义可能是不同的；即使所指涉相同含义的概念，不同社会文化下人的心理和行为也可能不同。我们研究中国人的人格就应当有自己的立足点，这个立足点就是我们的社会文化和历史根基。对于西方人格心理学家的研究成果我们要厘清概念，实事求是地进行检验，吸收其合理因素，目的是创建具有中国特色的人格心理学理论、概念和工具。要做出有特色的研究成果，就不能只当搬运工，只做模仿别人的事；如果我们一直只当搬运工、干着模仿他人的事，这实际上就是漠视我们自己的社会文化和历史，说得严重一点就是藐视我们自己的社会文化和历史，在人格心理学领域这还能做出创造性的研究成果？

（二）深入中国实际，努力做中国人的人格研究

要研究中国人的人格，就必须深入中国人的生活实际，观察他们日常生活中的

心理和行为现象，提炼出指涉人格有关的概念作为研究主题。比如我的一位学生说，她经常在车站里、超市里看到一些好管闲事、乐于助人的人，这到底是一种什么样的人格行为？我鼓励并支持她去研究，通过深度访谈发现这可能是“人际责任感”问题。又如，有学生看到一些老年人喜欢锻炼，有些年轻人也喜欢体育锻炼，坝坝舞十分火热，这背后是什么原因，通过深度访谈发现可能是“健康信念”问题。我还利用寒暑假了解社情、民情，指导学生做生活实践急需解决的人格心理学问题研究。

我引导学生关注我国传统文化和当今社会所提倡的优秀品格作为自己的研究主题。在这一方面我的学生们曾做过“自立”“自信”“自强”“自谦”“诚信”“勇气”“节俭”等研究，现在还有学生正在做“自省”研究。总之，我们要鼓励并支持学生关心我们国家现实生活中的人和事，深入中国人的生活实际，力求使我们的人格研究，为“两个一百年”奋斗目标和实现中华民族伟大复兴的中国梦服务。

（三）采用质性和量化相结合的方法探索中国人的人格

开展中国化的人格研究是一项开创性的事业，如果采用假设—演绎的量化研究范式，就会使研究陷入困境，我们开始时先采用质性研究。我们研究的基本程序是从现实生活或我国文献（如四库全书或民间谚语）中找出某个人格概念（如勇气、节俭等）并探究其基本内涵；通过深度访谈，经内容分析并与文献分析发现的维度相参照，找出表征该人格概念的指标和维度；编制出初测问卷；通过较大规模的调查，经探索性因素和验证性因素分析，编制出信效度较高的正式问卷；然后进行后续的实验或调查；最后提出应用建议。这里特别需要指出的是，厘清概念是一个持续不断的过程。特别是对于质性研究，厘清概念更加重要。厘清概念不仅是选题的需要，而且在问卷设计，甚至最后撰写论文的时候也要反复推敲。在我看来，质性研究不可以马马虎虎，更需要多的事实为依据。心理学中的所有概念都是开放的、发展的；即使是操作性定义也不是一劳永逸的，而是根据研究的发展而变化的。心理学家对 IQ 的研究已经历经 150 多年的历史，其定义仍然在不断更新。这说明，科学研究永无止境，概念的定义也会不断更新。

（四）尝试构建健全人格理论模型

我对于健全人格的研究是从 1982 年开始的，那时我承担中国社会科学院“六五”规划的重点课题“大学生心理研究”。当时我想从整体的视角来研究大学生，此后一直在思考这方面的问题。2003 年我给大学生上课时，对他们做了一个调查。后来把这个调查结果写入了《自信心及其培养》这本书的“序”里。这个调查的一个主要问题是“你认为什么样的行为是心理健康者的特征性行为？依据你的看法请写出 5 至 10 条”。一共收到 393 条回答，归纳为 12 条。后来又经过几次修改，2015 年我正式提出了健全人格的理论。什么叫作健全人格呢？健全人格是一个开放系统，是指一个人按照自己设定的人生目标，不断充实自己、发掘自己的潜能，按照自己选择的人生目标不断幸福进取的人。因此，健全人格模型也称为幸福进取者模型（黄希庭，尹天子，2016）。要成为幸福进取者，应当从哪些方面进行努力呢？他们必须具备以下三类最重要、最基本的人格特征。

要成为幸福进取者，首先必须拥有正确的价值观。因为价值观是一个人判断是非、善恶、得失的信念系统，它不断引导着人们追寻自己的理想，还决定着人们在生活中的各种选择。虽然价值观不等同于能力的大小。但有了正确的价值观，人们就可以更好地完善自己的人格，发展自己的潜能，为社会做出更大的贡献；一个人如果价值观不正确，就会在错误的道路上越走越远，他的本领越大，对社会的危害也越大。在人生的征途中，价值观是人生成败与幸福的决定性因素。

要成为幸福进取者，还必须具有积极主动的自我观。幸福进取全靠个人的积极主动性，要自爱、自立、自信、自省和自强。自爱，即悦纳自己、爱惜自己；包括爱惜和敬重自己的身体、品德、能力、信誉、地位和前途。如果一个人不爱自己，别人就不可能爱你；如果一个人不尊重自己，别人也更不会尊重你。自立，是指一个人从过去依赖的事物那里独立出来，自己的事，自己负责、自己解决。自立立他德行天下。自信，即个人在认识自己的基础上相信自己有足够的潜能获得成功。自省，就是自我反思，“见贤思齐，见不贤而内自省也”（《论语·里仁》）。自强，即在挑战面前勇往直前、永不懈怠的品格。

幸福进取者是一个具有人生理想的人，而要达成美好的人生理想，就必须具备勤于学习、善于思考、心胸宽广、追寻理想、人际和谐、心境平和、勇于担当等优良品格。

总之，健全人格（perfect personality）即完美人格、理想人格，而不同于健康人格（healthy personality）。如果把心理健康视为一个连续体，其最差的一端为人格障碍或心理疾病，其最佳的一端即为健全人格；而最差至最佳的中间状态可以称为健康人格的心理。所有的人，不同职业、不同社会地位的人们，都可以成为健全人格的人，都有一个发展过程，并且是个性化的。

四、我的一点体会

最后，我想讲讲35年来我研究和讲授人格心理学的一点体会：学以致用、优化人格。可从以下两方面来看。

一是学以致用，优化他人的人格。早期我们曾在中学师生中开展优化人格的科研并取得过相当好的结果。后来我领导学生面向公众撰写关于健全人格的科普著作，出版了《健全人格与心理和谐》（重庆出版社，2010年版），2013年获教育部高校科学研究成果普及奖；《做幸福进取者》（江苏人民出版社，2016年版），该书获教育部专项基金资助。与此同时，我还到过一些单位做健全人格的科普讲座。

二是学以致用，优化教师自己的人格。学习和研究心理学（包括人格心理学），对我们很有好处。心理学是探寻心迹，理解人生，点燃人类真善美的一门学问。探寻心迹，就是探寻心理的轨迹，包括各种心理和行为的性质、结构、机制、功能和规律。例如，我们要探讨注意是一种什么性质的心理现象，由哪些成分构成，其心理生理机制是什么，有什么功能，有什么规律等。心理学不像物理学、化学、生物学那样探寻过硬的规律，它主要是探寻心迹的性质、结构、机制和功能；同时心理学也是要理解人生的。在人生追求、人生态度、人生智慧、人生修养等领域都有许多心理学问题需要研究。我们心理学家的使命就是点燃人类心灵真善美。要点燃人类心灵真善美，你自己就应该先点燃，先点燃自己心灵真善美。这是我们心理学家的人生境界，也是对我们学习研究心理学的最高奖赏。所以我们当老师的要言行一致，以身作则！

中华文化博大精深，又具有开放性、包容性，它一方面吸收外来的文化的精华以滋养本民族文化的血脉，另一方面，又与外民族文化的交流中也传递出它独有的智慧之光，从而对人类文化的发展做出了自己的贡献。同样，我们提倡人格研究中国化，就是从中国的实际出发研究中国人的人格，在这一过程中，我们要吸收西方人格心理学中合理的成分来滋养中国化的人格研究，用于我们创建具有中国特色的人格心理学概念、理论、方法，这也是对普世的人格心理学的一种贡献。现在我有一个奢望，很想写一本具有中国特色的人格心理学著作，它包含人生追求、人生态度、人生智慧、人生修养四篇，把中华文化融入其中，同时也吸收国外人格心理学的合理成果。要做成这件事看来是很困难的了；现在我已是耄耋之年，已是力不从心了。我寄希望于年轻才俊去完成人格研究中国化的事业。通过一代又一代的努力，我相信具有中国特色的人格心理学一定能建立起来！因为这个方向是正确的，充满生机活力。让我们一起努力吧！